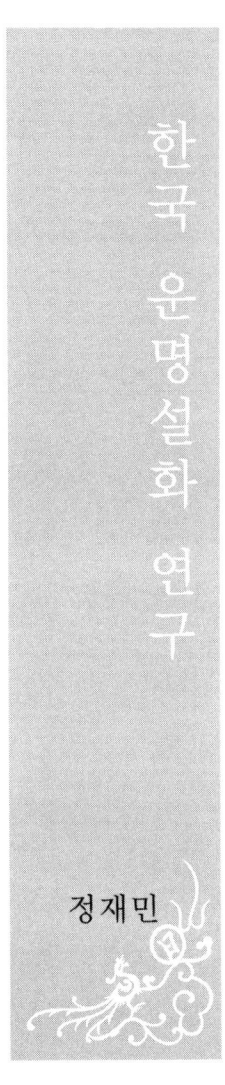

한국 운명설화 연구

정재민

Publishing Company

머리말
책을 묶으면서

　설화는 우리들 삶의 이야기이다. 우리 주변에서 살아가는 나의 가족, 이웃, 친구들이 설화 속에 등장하고, 그들의 삶이 이야기 속에서 재구된다. 그저 이야기 속에서 그들의 삶이 재현되는 것만은 아니다. 우리들의 정서와 인식을 텃밭으로 하여 이야기들이 만들어지고, 한번 만들어진 이야기는 생명력 있게 퍼져 나간다. 가벼운 소일거리 정도로 치부될 수 있는 설화가 결코 가벼울 수 없는 이유가 여기에 있다.
　설화의 세계 속에서 다양한 사람들의 삶을 둘러보는 일은 매우 흥미롭다. 설화 속에는 유별난 사람들의 유별난 행각들이 전개되기 때문이다. 역사를 이끌어가는 영웅다운 영웅이 등장하기도 하지만,

그와 달리 몹시 평범한 인물도 등장한다. 하물며 수준 이하의 바보 천치도 주요한 인물군이다. 그들이 활동하는 무대는 일상 그 자체이기도 하며 일상의 지평을 벗어나기도 한다. 그뿐만 아니라 이승과 저승을 손쉽게 넘나들기도 한다. 그렇지만 설화에 드러난 폭넓은 삶의 모습만을 완상하는 것은 작은 즐거움이라고 할 수 있다.

사실 설화의 진정한 맛은 평범한 이야기 속에 감추어진 인식의 깊이에 있다. 시골집 마당에 들어 앉은 깊은 우물처럼, 설화 속에는 오랜 세월 동안 정제된 인류의 인식이 자리하고 있다. 그 인식은 마치 오래된 우물에서 퍼낸 차가운 샘물과 같다. 때로는 시원하고 통쾌하게, 때로는 안타깝고 아릿하게 느껴지는 설화의 맛은 깊은 즐거움을 주기에 충분하다. 그러나 설화는 쉽게 그 내면을 보여주지는 않는다.

운명설화 역시 깊은 속내를 가진 이야기들의 집합이다. 세상의 온갖 국면들이 운명과 연관되어 있으며, 이런 다면적인 연관성이 운명 이야기를 만들어낸다. 탄생과 죽음, 부유와 가난, 혼인과 출산, 행운과 불행 등등 삶의 모퉁이에서 만나는 운명의 얼굴은 이루 헤아리기 어려울 정도로 많다. 또한 우리 민족은 운명을 여러 가지 이름으로 부르기도 했다. 사주와 팔자, 점복, 예언, 금기, 속신에 이르기까지 다양한 신앙과 풍속들이 운명이라는 관념과 연결되어 있다. 그만큼 운명이라는 화두 자체가 만만치 않은 폭과 깊이를 지니고 있다고 할 만하다.

이 책에서는 설화에 나타난 운명인식을 탐구해 보고자 했다. 선학들에 의해 간간이 연구되어 왔던 운명설화를 한자리에 모아 그들 유형군에 투영되어 있는 운명관을 포괄적인 시각으로 살펴보고자 했다. 특히, 연명설화와 같은 운명설화는 활발하게 전승되는 유형인지라 연구가 집중되어 있다. 마치 연명설화가 운명설화를 대변하는 것과 같은 느낌을 주기도 한다. 이는 유형적 특성이 분명한 이야기들이 연구자들에 의해 먼저 주목되고 연구되기 때문에 일어나는 자연스러운 현상이라고 할 수 있다. 하지만 이번 연구에서는 전승되는 운명설화 유형을 모두 포괄하려 노력하는 한편으로 각각의 유형이 가지는 내밀한 면모까지 고찰하려 노력했다. 총론과 각론 내지는 전체와 부분이 가지는 통일성과 전체성을 살펴 전반적으로 균형감을 잃지 않고자 노력했다.

그러나 언제나 그러하듯이, 한 뭉치의 연구가 끝난 뒤에 느끼는 알 수 없는 허전함과 두려움은 어쩔 수 없는 것 같다. 이런 허전함과 두려움은 지금 이 순간에도 전혀 줄지 않고 있다. 이번에 책을 내면서 다시 일독해 보니 좀 더 치밀하지 못한 부분이 많을 뿐만 아니라 미처 착안하지 못했던 국면들도 어렵지 않게 눈에 띈다. 그럼에도 불구하고 졸고를 묶어 책을 내는 까닭은 그러한 부끄러움을 인정함으로써 나 자신을 다잡기 위함이며, 또한 한걸음 나아가는 길이라고 믿기 때문이다.

나의 책상 서랍에는 전국을 답사하면서 찍은 사진들이 수북하다. 제대로 정리하지도 못한 사진더미를 가끔 뒤적이다 보면 지나간 시간들이 불쑥 얼굴을 내밀곤 한다. 한 사람, 한 사람, 사진 속의 얼굴들을 바라볼 때마다 흘러가 버린 시간들에 대해 야속함을 느낀다. 그렇지만 이런 야속함은 잠깐일 뿐, 구비문학을 공부하면서 행복했던 지난 시간들이 오히려 그립다. 왜냐하면 구비문학이라는 학문적 여정을 함께 했던, 운명 같은 스승님과 동학들이 있었기 때문이다.

특히, 늘상 자상하면서도 학문적 엄정함으로 나를 이끌어주시고 지켜보아 주신 스승님들께 이 자리를 빌려 감사드린다. 국문학의 길로 이끌어 주신 신동일, 임영환, 김종윤, 윤호병, 이기윤 교수님, 그리고 고전문학에 대한 시야를 열저주신 김진세, 민병수, 이상택, 김병국, 조동일, 서대석, 권두환 선생님께 진심으로 감사의 마음을 전하고 싶다. 여러 가지로 모자란 제자를 엄하면서도 따뜻하게 보듬어 주신 지도교수 담촌 선생님께는 마음의 큰절을 올린다. 또한 함께 공부하고 토론하면서 나의 부족함을 채워주었던 선후배 동학 여러분들께도 진심으로 감사드린다.

아울러, 오늘에 이르기까지 무수히 많은 혜택과 기회를 베풀어준 나의 모교 육군사관학교와 군에도 심심한 감사를 드린다. 육사를 졸업하고 위탁교육을 받은 후 모교의 교수로 재직할 수 있게 된 것은 내 생애에 있어 커다란 행운이었다고 할 수 있다. 또한 늘 바쁘다는 핑계로 떠돌던 남편을 믿고 말없이 내조해준 아내 김애경과, 밝고 건강하게 자라준 두 아들 규온·규하에게도 고마움을 전한다.

지금 생각해보면, 이 세상 어느 것 하나 그냥 이루어진 것은 없는 것 같다. 옹졸한 인간의 눈에 보이지는 않더라도 무엇인가 까닭이 있는 것이 아닐까 한다. 용문산 중턱에서 태어난 말수 적은 소년이 육사에 입학한 것이나, 또한 사관학교에서 국문학을 전공하고 구비문학을 평생의 업으로 삼은 것은 그저 우연일 뿐일까. 이것이 바로 인간의 인식을 넘어서는 운명이 아닐까 한다. 고향마을에서 내려다 보던 남한강처럼 잔잔하면서도 도도했던 운명의 물줄기라고 믿고 싶다.

끝으로, 최근 심화되어 가는 불경기에도 불구하고 출판을 허락해

준 제이앤씨 출판사에 감사드린다. 아울러 산만한 원고를 반듯한 책자로 다듬어 편집하는 수고를 아끼지 않은 제이앤씨 가족 여러분께도 고마움을 전하고 싶다.

화랑대에서
저자 씀

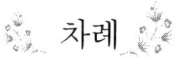

차례
- 한국 운명설화 연구 -

• 머리말 / 3

제1부
∴ 한국 운명설화에 나타난 운명관 연구

1. 서론 / 17
   1.1. 연구 목적 ··· 17
   1.2. 선행 연구 및 연구 범주 ······························· 21

2. 운명대응방식으로 본 운명설화의 유형 / 30
   2.1. 유형의 구분 ··· 31
   2.2. 운명실현형運命實現型 유형 ·························· 38
      2.2.1. 타고난 운명대로 불행해지기 ············· 39
      2.2.2. 타고난 운명대로 행복해지기 ············· 46
      2.2.3. 변역이 좌절되어 불행해지기 ············· 53
      2.2.4. 변역이 좌절되어 행복해지기 ············· 67
   2.3. 운명변역형運命變易型 유형 ·························· 99
      2.3.1. 타력으로 불운을 변역하기 ················· 99
      2.3.2. 타력·자력으로 불운을 변역하기 : ··· 183

　　　　　　　＜차복설화借福說話＞
　　　　2.3.3. 자력으로 불운을 변역하기 : ················· 210
　　　　　　　＜구복여행설화求福旅行說話＞
　　2.4. 운명대응방식으로 본 '운명 - 인간'의 관계 ············ 245

3. 설화의 운명대응방식과 운명관과의 비교 / 254
　　3.1. 운명관의 실상과 관점 ························· 256
　　　　3.1.1. 운명은 정해져 있다는 관점 ················· 257
　　　　3.1.2. 운명은 바꿀 수 있다는 관점 ················ 269
　　　　3.1.3. 운명은 만들 수 있다는 관점 ················ 278
　　3.2. 설화의 운명대응방식과 운명관의 상관성 ············ 292
　　　　3.2.1. 운명은 정해져 있다는 관점과 운명실현형 ······· 293
　　　　3.2.2. 운명은 바꿀 수 있다는 관점과 타력변역형,
　　　　　　　타력・자력변역형 ························ 300
　　　　3.2.3. 운명은 만들 수 있다는 관점과 자력변역형 ······ 309
　　3.3. 비교를 통해 본 전통적 운명관의 특성 ·············· 313

4. 설화에 나타난 운명관의 의미 / 317
　　4.1. 정신사적 측면 ······························· 317
　　　　4.1.1. 등장인물의 상호관계와 역할 ················ 317
　　　　4.1.2. 시간・공간의 설정과 성격 ·················· 329
　　4.2. 사회문화적 측면 ····························· 340
　　　　4.2.1. 한국인의 복 인식과 운명설화의 주제의식 ······· 341
　　　　4.2.2. 점복문화와 설화의 운명인식 ················ 347
　　4.3. 한국인의 의식구조적 측면 ······················ 360

5. 결론 / 368

제2부
∴ 연명설화의 소설적 변용양상에 대한 예비적 고찰

1. 서론 / 385

2. 화소 및 삽화 차원의 변용양상 / 387
    2.1. 화소 차원 : <매화전>의 경우 ··· 387
    2.2. 삽화 차원 : <이진사전>의 경우 ··· 391

3. 유형 차원의 변용양상 / 395
    3.1. <홍연전> ··· 395
    3.2. <반필석전班弼錫傳> ·· 400
    3.3. <전관산전全寬算傳> ·· 404
    3.4. <사대장전史大將傳> ·· 409
    3.5. <십생구사十生九死> ·· 412
    3.6. 종합적 고찰 ··· 416

4. 결론 / 420

∴ 연명설화의 소설화 기법 연구

1. 서론 / 425

2. 연명설화 소설화에 따른 세 가지 성향 / 427
    - 2.1. 유형화類型化 성향 ································· 429
        - (1) 상황과 인물의 설정 ························· 429
        - (2) 서사구조 ······································· 432
        - (3) 서술방식 ······································· 436
    - 2.2. 확대화擴大化 성향 ································· 443
        - (1) 사건의 반복 ·································· 443
        - (2) 사건의 삽입 ·································· 448
        - (3) 사건의 첨가 ·································· 449
    - 2.3. 현실화現實化 성향 ································ 451
        - (1) 화소와 내용 ·································· 452
        - (2) 서술방식 ······································· 454
        - (3) 주제의식 ······································· 456

3. 연명설화 소설화의 문학사적 의미 / 460

4. 결론 / 463

∴ 설화에 나타난 한국인의 행복관

1. 세 선비의 소원과 오복五福 / 467

2. 장수長壽에 대한 소망 또는 비명非命에 대한 회피 / 470

3. 부귀에 대한 소망 또는 빈천한 삶의 탈피 / 475

4. 다남多男 혹은 자손번창에 대한 소망 / 480

5. 오복관념의 진실 혹은 가르침 : 무수옹無愁翁의 행복 / 482

• 참고문헌 /489
• 저자약력 /501

제1부 한국 운명설화에 나타난 운명관 연구

1. 서론
2. 운명대응방식으로 본 운명설화의 유형
3. 설화의 운명대응방식과 운명관과의 비교
4. 설화에 나타난 운명관의 의미
5. 결론

한국 운명설화에 나타난 운명관 연구

1. 서론

1.1 연구의 목적

   설화는 전승집단의 의식과 문화를 바탕으로 하여 형성된다. 설화가 활발하게 전승된다는 말은 곧 설화가 전승집단의 의식과 문화를 잘 반영하고 있다는 것을 의미한다. 반대로 설화의 전승이 미약하다는 말은 설화가 전승집단의 의식과 문화를 효과적으로 반영하지 못하고 있다는 것을 뜻한다. 설화의 변이가 생기는 이유도 전승집단의 의식과 문화를 포괄하기 위한 자기수정의 한 양상이라고 할 수 있다. 의식과 문화가 달라짐에 따라 설화도 변이될 수밖에 없기 때문이다.
   그러나 설화가 변이되었다고 해서 이전의 내용이나 의식이 완전하게 사라지는 것은 아니다. 설화는 변이되면서 이전의 내용이나 의식을 적층시켜 두게 마련이다. 구비문학을 적층문학積層文學이라고 하는 것도 이 때문이다.1) 이런 점에서 구비문학은 계속 변하면서도 이러한 변화를 내부에 계속 누적시켜 놓고 있는 문학이라는 특성을 지닌다고 할 수 있다. 이와 같은 '적층성積層性'은 구비문학을 살아있는 문학으로 존재하게 하는 한편, 새로운 의식이나 문화에 적응할 수 있게 하는 근원적인 힘이라고 본다.

이는 적층성 자체가 하나의 연구대상임을 말해준다. 설화 속에 적층되어 있는 의식세계를 드러내는 일 혹은 이전 문화의 흔적을 추출하는 일이 구비문학 연구의 중요한 연구 대상이 될 수 있다는 것이다. 설화의 경우 이러한 연구가 다양하게 진행되어 온 것이 사실이다. 전설이나 민담을 대상으로 하여 신화적 면모를 살펴보기도 하고,2) 의식과 문화의 변화에 입각하여 설화의 변이를 살펴보기도 하였다.3) 이처럼 설화 속에는 이전 시대의 문화와 의식이 잔존되어 있다고 할 수 있다.

운명설화運命說話의 경우도 마찬가지이다. 운명설화에는 상이한 성격의 의식과 문화가 적층되어 있다고 할 수 있다. 물론 유형군類型群으로서의 운명설화는 여러 가지 상이한 내용의 이야기로 구성되어 있어서, 별다른 관련이 없는 이야기가 모여 있는 것처럼 느껴질 수도 있다. 그렇지만 운명설화를 뒷받침하고 있는 운명인식運命認識

---

1) 장덕순 외, 『구비문학개설』, 일조각, 1971, 1쪽.
2) 서대석·강진옥·천혜숙 등의 논의가 대표적이라고 할 수 있다.(서대석, "구렁덩덩 신선비의 신화적 성격," 《고전문학연구》 3집, 고전문학연구회, 1986 ; 강진옥, "구전설화 유형군類型群의 존재양상과 의미층위," 이화여자대학교 박사논문, 1986 ; 천혜숙, "전설의 신화적 성격에 관한 연구," 계명대학교 박사논문, 1987.)
3) 강은해와 박종성의 논의가 대표적이라고 할 수 있다.(강은해, "한국 도깨비담의 형성·변화와 구조에 관한 연구," 서강대학교 박사논문, 1986 ; 박종성, "사신설화蛇神說話의 형성과 변이," 국문학연구 103집, 1991.)

에 초점을 맞추어 보면, 상이한 이야기로 구성된 운명설화에서도 일정한 흐름이 찾아질 수 있을 것으로 보인다. 이러한 생각에 입각하여 본고에서는 운명설화를 대상으로 하여 그 속에 적층되어 있는 전승집단의 다층적多層的인 의식세계를 드러내 보고자 한다.

이를 위해서 본고에서는 세 단계로 나누어 논의를 진행하기로 한다. 첫 번째 단계에서는 운명설화의 전승양상을 정리하고, 설화에 나타난 운명관을 분석하기로 한다. 이를 효과적으로 논의하기 위하여 운명에 대한 인간의 태도 혹은 자세에 의거하여 운명설화를 구분하고자 한다. 이때 운명에 대한 인간의 자세 혹은 태도를 운명대응방식運命對應方式이라고 부르기로 한다. 이는 곧 운명대응방식에 따라서 유형군으로서의 운명설화를 하위구분하고, 이를 살펴보는 일과 같다고 할 수 있다. 이를 통해서 유형군으로서의 운명설화가 어떻게 범주화되어 있는지 드러나게 될 것이다.

두 번째 단계에서는 설화에 나타난 운명관을 동양고전과 선조들의 철학적 논설과 대비하여, 그 특성을 밝히기로 한다. 동양고전은 주로 제자백가서諸子百家書를 대상으로 할 것이다.

제자백가서는 비교적 이른 시기의 운명관을 보여주는 한편으로 우리 민족에게도 심대한 영향을 끼쳤다고 할 수 있다. 이 점에서 제자백가서는 운명관의 변화를 보여줄 수 있는 하나의 기준이 될 수 있다고 본다. 또한 제자백가서에서 추출한 운명관運命觀을 선조들이 남긴 철학적 논설과도 비교하여 보기로 한다.

물론 선조들이 남긴 철학적 논설을 모두 포괄하는 것은 아니다. 제자백가서의 운명관에 견줄만한 대표적인 철학적 논설을 하나씩 들어 서로의 운명인식이 어떻게 같고 다른지 살피게 될 것이다.[4] 이와 같이 동양고전과 선조들의 철학적 논설을 설화에 나타난 운명관과 대비함으로써, 설화에 나타난 우리 민족의 운명관이 어떠한 특징을 가지고 있는지 고찰하게 된다.

세 번째 단계에서는 설화에 나타난 운명관이 가지는 의미를 검토하기로 한다. 이는 정신사적 측면, 사회문화적 측면, 한국인의 의식구조적 측면으로 나누어 살펴보게 될 것이다. 정신사적 측면에서의 의미는 등장인물과 시간·공간에 나타난 초월성과 현실성의 관계를 살펴보기로 한다. 다음 사회문화적 측면에서는 한국인의 복 인식과 점복문화에 비추어 그 의미를 살펴보기로 한다. 마지막으로 한국인의 의식구조적 측면은 한국인은 숙명적이라는 기존의 견해가 타당한 것인지 살펴보기로 한다. 또한 이를 운명설화에 나타난 운명인식과 관련지어 과연 숙명적이라고 할 수 있는지 검토하게 될 것이다.

결국 본고는 운명설화에 나타난 운명관과 그 의미를 살펴봄으로써 결과적으로는 한국인의 운명관에 대한 전반적인 이해를 가능하게 할 것으로 보인다. 이와 같은 논의는 한국인의 운명인식의 실상을 보여준다는 점에서 그 의의가 크다고 할 수 있다.

사실 운명에 대한 한국인의 지대한 관심에 비하여 그에 연구는 미진했던 것으로 보인다. 운명이라는 주제는 문학, 철학, 종교학, 사회학 등 여러 분야의 접점에 위치하고 있던 관계로 어느 분야에서도 본격적인 논제로 대두되지 않았던 것으로 생각된다. 그렇지만 운명

---

4) 여기서 말하는 철학적 논설이란 이른바 '운명론運命論'이라고 할 수 있다. 즉 운명에 대한 철학적인 논설이라고 할 것이다. 본고에서 언급한 선조들의 철학적 논설 이외에도 더 많은 운명론이 있겠으나, 본고에서는 대표적인 것만을 들어 논의를 진행하기로 한다. 이는 본고가 설화에 나타난 운명관을 드러내는 것이기 때문에 어쩔 수 없는 한계라고 생각된다.

에 대한 관심이 지대하다는 점에서 어느 분야에서든지 반드시 논의되어야 할 주제라고 생각된다. 이런 점에서 운명설화는 한국인이 가지고 있는 운명관의 일면을 보여줄 수 있을 것으로 기대된다.

1.2. 선행 연구 및 연구 범주

운명설화에 대한 선행 연구는 주로 두 가지 방향에서 이루어졌던 것으로 보인다. 하나는 설화의 유형적 차원에서 이루어진 논의이고, 다른 하나는 주변 장르와의 관련성에 주목한 논의이다. 이중에서 후자는 주로 소설과의 연관성을 다룬 연구들이 있는데, 이는 운명설화 그 자체에 대한 관심보다 소설적 변용양상이 관심을 두고 있다.5) 따라서 이들 연구는 설화와 소설의 연관성에 관한 중요한 연구이기는 하지만, 운명설화에 대한 본격적인 연구라고 보기에는 한계가 있다고 생각된다.

한편, 운명설화에 관한 유형적 차원의 논의는 <연명설화延命說話>를 중심으로 진행되어 왔다. 연명설화는 손진태孫晋泰의 선구적인 연구에 이어 정규복丁奎福과 최인황崔仁滉에 의해 여러 차례 논의된 바 있다. 먼저 손진태는 <남북두칠성과 단명소년> 설화를 중국에서 전파된 설화로 보았다.6) 즉 <남북두칠성과 단명소년>과 『수

---

5) 이와 관련된 대표적인 논의를 제시하면 다음과 같다. 소재영, "반필석전 논고," 《한국문학》 1975년 1월호 ; 김정석, "홍연전 연구," 《성대문학》 제27집, 1991 ; 김근태, "연명을 위한 탐색 이야기의 한 변형," 《숭실어문》 제8집, 숭실어문연구회, 1991 ; 김정석, "단명담·추노담의 소설적 변용과 그 성격," 성균관대학교 박사논문, 1994 ; 조희웅, "고전소설 속의 설화" 《어문학논총》 제14집, 국민대학교 어문학연구소, 1995 ; 조상우, "전관산전 연구," 단국대학교 석사논문, 1995.

신기搜神記』에 실려있는 <관로설화管輅說話>를 비교한 후, 우리 자료가 중국의 설화를 비교적 충실하게 전해 온 자료라고 하였다.

손진태에 이어 정규복은 『삼국지연의三國志演義』의 자료를 추가로 예시하고, 우리의 연명설화가 『수신기』의 자료보다 『삼국지연의』의 자료와 더욱 근사함을 논증하였다.7) 나아가 <북두칠성과 단명소년> 설화가 『수신기』의 전파에 따라 '수신기형搜神記型'이 전승되다가, 조선조 중엽 『삼국지연의』가 유행되면서 '삼국지연의형三國志演義型'으로 변모되었을 것으로 추정하였다. 손진태와 정규복의 논의는 전파론傳播論에 입각한 비교민담학적 논의라는 공통점을 가진다. 기초적인 연구 자료의 축적이 절대적으로 부족한 상황에서 이루어진 논의이기는 하지만, 한·중 양국 사이의 전파양상을 잘 보여주었다고 본다. 그렇지만 두 논의는 <북두칠성과 단명소년>이라는 특정한 각편만을 비교 대상으로 했다는 점에서 아쉬움이 남는다.

최인황은 연명설화의 변이양상과 서사적 전승양상을 함께 살피고 있어, 한층 진전된 논의를 보여주고 있다. 그러나 그는 연명설화의 하위유형을 설정하면서 상당수의 각편을 제외시키고 있는 점,8) 변이양상에 대하여 이인의 행적에 관심이 있는 '전설형傳說型'에서 소년의 연명 과정에 관심을 두는 '민담형民譚型'으로 이행했을 것이라고 추정한 점9)은 재론될 필요가 있다고 본다. 특히 전설형에서 원조자의 위치가 약화되면서 민담형으로 변모했을 것이라는 주장은 재

---

6) 손진태, 『한국민족설화의 연구』, 중판, 을유문화사, 1987, 11~14쪽.
7) 정규복, "연명설화고," 《어문논집》 제11집, 고려대학교 국어국문학회, 1968, 7~21쪽.
8) 논의 대상으로 삼은 48편의 각편 중에서 13편을 하위분류에서 제외시키고 있다.
   (최인황, "한국 서사문학에 나타난 연명담 연구," 숭실대학교 석사논문, 1992, 27쪽.)
9) 위의 논문, 34쪽.

고되어야 한다고 본다. 이때의 원조자는 바로 이인을 말한다. 이들 이인은 정렴, 서경덕, 이이, 이황, 소광렬, 허목 같은 조선 중기 이후의 인물들이다. 만약 이러한 추정이 사실이라면, 연명담은 조선 중기 이후에 생겨나서, 그 이후에 민담화되었다는 것을 의미한다.

그러나 다음과 같은 두 가지 이유를 생각하건대, 이는 그렇지 않을 가능성이 높다. 첫째, 조선 중기 이전에도 연명담이 전승되었을 가능성이 크기 때문이다. 『수신기』가 전파된 시기에 비추어 볼 때,10) 적어도 '축원형祝願型'은 10세기 이전에 전승되었을 것이라고 본다.

둘째, 연명설화의 본질은 단명자의 연명에 있다는 점을 감안한다면, 전설형보다 민담형이 더욱 그 본질적인 요소를 가지고 있다는 점이다. 전설형은 이인의 초월적 능력을 보여주는데 비중이 있다면, 이는 이미 연명담으로서의 성격이 약해졌다고 보아야 한다. 이러한 두 가지 이유를 종합해 보면, 연명설화의 본질적 성격을 지닌 민담형이 조선 중기 이후에 이르러 시대적 상황과 결부되어 전설형을 파생시킨 것이 아닌가 한다. 이는 조선 후기에 이르러 시대적 상황에 의거하여 신선설화神仙說話가 새로이 주목된 것11)과 동일한 현상이라고 할 수 있다. 따라서 최인황의 연명설화의 변이과정 추정은 새로이 논의될 필요가 있다고 생각된다.

한편 필자는 설화의 온당한 비교를 위해서는 우리나라 자료의 전반적인 양상을 고려할 필요가 있다고 전제하고, 연명설화의 제반 변

---

10) 우리나라 문헌에서 확인되는 『수신기搜神記』에 대한 가장 오래된 기록은 고려 선종 8년(1091)의 기록이다.(『고려사高麗史』 세가 권10.) 그러나 『수신기』가 4세기 전반에 저술되었다는 점을 감안한다면, 이 책이 우리나라에 전래된 시기는 2~3세기 소급될 수 있다.(조희웅, "수신기 연구," 《구비문학》 4집, 한국정신문화연구원, 1980, 112쪽.)
11) 박희병, "이인설화와 신선전," 『한국고전인물전연구』, 한길사, 1992, 190~204쪽.

이양상을 검토하고자 하였다.12) 이 논의에서는 연명설화를 치성감 응형致誠感應型과 출가도액형出家度厄型으로 나누어 각각의 변이양상 을 살핀 후에 이야기 속에 반영된 운명인식을 살펴보았다. 그러나 치성감응형과 출가도액형 사이의 관련성에 대해서는 본격적인 논의 를 유보하였으며, 매우 근접한 거리에 있는 <호환도액설화虎患度厄說 話>와의 연계성에 대해서도 본격적인 논의를 펼치지 못하였다.

연명설화 이외에도 호환운명설화13)와 구복여행설화 등에 대한 논 의도 이루어졌다. 먼저 호환운명설화에 대해서는 강진옥의 논의가 있다. 설화의 문제와 문제해결방법이 서사적 의미를 효과적으로 파 악할 수 있다고 전제하고, 호환운명설화를 하나의 예로 들고 있다.14)

운명적 재액災厄으로 주어진 호식에 대해 이인의 반운명적인 방안 이 시도되는 양상을, 초자연적 존재에 대응하는 이인의 출현을 꿈꾸 어온 인간의지의 결과로 보고자 하였다. 결국 이 논의는 문제당사자 와 문제해결자의 관련 속에서 이루어지는 인식의 의미를 규명하였 다는 의의를 가진다. 다음 구복여행설화에 대해서는 조희웅에 의해 서 유형적 논의가 이루어진 바 있다.15) 이는 설화 유형에 대한 일련 의 비교 논의 중의 하나로서 각국의 자료를 수집하여 한국 자료와 비교하고, 한국 자료의 유형적 특성을 드러내고자 하였다.

---

12) 졸고, "연명설화의 변이양상과 운명인식," 《구비문학연구》 3집, 한국구비문학회, 1996, 349~378쪽.
13) 여기서 말한 '호환운명설화'는 잠정적인 명칭임을 밝혀둔다. 즉 호환 운명이 실현 되거나 변역되는 모든 이야기를 포괄하는 개념으로서 임시적으로 사용한 것이다. 이에 대해서는 2장에서 다시 한 번 논의될 예정이다.
14) 강진옥, "설화의 문제해결방식을 통해 본 '인식'과 그 의미," 《구비문학연구》 3집, 한국구비문학회, 1996, 280~287쪽.
15) 조희웅, "구복여행(AT 460·461)," 『한국설화의 유형』, 증보개정판, 일조각, 1996, 167~205쪽.

이상으로 운명설화의 유형적 측면에서의 기존 논의를 살펴보았다. 그 결과 연명설화에 대한 논의가 몇 차례 이루어진 바 있고, 구복여행설화에 대해서 비교연구가 이루어졌으며, 호환운명설화에 대해서는 부분적인 논의가 이루어졌음을 알 수 있다. 그렇지만 아직 운명설화 전반에 대한 본격적인 논의는 미비한 상태이다. 운명설화의 범주에는 이상에서 언급된 유형 이외에도 몇 가지가 더 포함될 수 있는 것이 사실이다. 이러한 다양한 설화 유형들은 하나의 설화군說話群16)이라고 할 수 있으며, 이들에 대한 연구도 설화군의 차원에서 포괄적으로 이루어질 필요가 있다. 그래야만 운명설화의 전반적인 실상을 드러낼 수 있을 뿐만 아니라, 그 속에 담겨져 있는 운명관을 찾아낼 수 있기 때문이다.

 다음 본고의 연구 대상을 한정하기 위해서는 먼저 운명설화의 개념부터 정의할 필요가 있다. 운명설화는 운명을 다룬 이야기 정도로 정의될 수 있지만, 이러한 개괄적인 정의만으로는 연구대상을 확정하기 어렵다. 현실적으로 운명이라는 말은 매우 광범위하고 다층적으로 쓰이고 있으며, 그 의미 또한 다양하기 때문이다.

 먼저 운명은 개인의 길흉화복을 의미하기도 하지만, 집단의 흥망이나 성쇠를 의미하기도 한다. 국가의 운명을 '국운國運'이라고 하고, 회사의 운명을 '사운社運'이라고 하는 것이 그러한 예이다. 이러한 국

---

16) '설화군'이라는 용어는 유형 보다 더 큰 단위를 말한다. 설화군은 줄여서 '화군話群'이라고도 하며, 이에 해당하는 영어 표현은 'cycle'이다. 설화군은 서로 다른 서사적 내용을 가지고 있지만 주요 등장인물이 같거나 내용상의 일치를 보이는 유형을 합친 개념이다. 예를 들어 <김선달이야기>나 <암행어사이야기>, <바보신랑이야기> 등을 들 수 있다. 이들 설화에 속하는 각편의 내용은 천차만별이지만 등장인물이 동일하거나 유사하며, 내용이 지향하는 바도 유사하다고 할 수 있다. 그러나 이는 등장인물의 성격이 유사하거나, 서사구조 상의 공통성을 지닌다면 설화군으로 묶어도 무방하리라고 본다.(조희웅, 『한국설화의 유형』, 위의 책, 3쪽.)

가나 회사의 운명을 다룬 이야기도 넓게 본다면 운명설화의 범주에 드는 것은 틀림없는 사실이다. 그렇지만 본고에서는 개인 차원의 운명설화에만 제한을 두고자 한다. 국가나 집단의 흥망성쇠를 다룬 설화는 운명설화의 본령이 아닐 뿐만 아니라, 전승양상도 상대적으로 미약한 편이다. 따라서 이에 관한 이야기까지 포함하여 유형적 차원의 연구를 진행하는 것은 쉽지도 않고, 적절하지도 않다고 본다.

다음 여러 유형의 설화에서도 부분적으로 운명에 대해 언급하거나 그러한 인식이 관여하는 경우가 많이 존재한다는 점이다. 예를 들어, 시집살이를 다룬 설화에서도 고달픈 시집살이는 모두 팔자 때문이라고 하면서 운명을 거론한다. 이러한 경우는 팔자를 언급하기는 했지만 구연자의 관심이 운명에 집중되는 것이 아니라, 고달픈 시집살이에 놓여 있다고 할 수 있다. 그러므로 운명을 언급하고 있고, 운명관이 피력되고 있다는 점은 분명한 사실이지만, 본격적인 운명설화라고는 할 수 없다고 본다.

따라서 본고에서 말하는 운명설화는 개인의 운명을 다룬 이야기에 국한하고자 하며, 이때 운명이 서사적 전개에 필연적인 역할을 담당하고 있는 경우만을 연구대상으로 삼고자 한다. 이는 운명에 대한 구연자의 인식이 소재 차원을 넘어서서 주제와 구조 차원에 이르러야 한다는 뜻이다. 결국 운명설화는 운명에의 외경이나 불운의 역전 같은 주제를 가져야 하고, 등장인물과 그들의 행위는 이러한 주제와 밀접한 관련이 있어야 한다는 것을 의미한다.

따라서 본고에서 말하는 운명설화란 개인의 운명을 소재로 하여 운명의 실현이나 변역變易[17])을 중점적으로 다룬 이야기라고 정의할 수 있다. 여기서 개인의 운명이란 생사수요와 빈부귀천의 범주를 의미하며, 운명의 실현이나 변역을 다룬다는 것은 운명이 서사적 전개에 필수적인 역할을 담당한다는 것을 뜻한다.

물론 운명설화는 주변의 유사한 인식의 범주와도 중첩되어 있는 것이 사실이다. 운명설화는 그 속에 운명에 대한 예언이 들어 있고, 그러한 예언을 하는 이인이 등장하기도 한다. 이런 점에서 운명설화는 예언설화豫言說話나 이인설화異人說話와도 중첩되는 것이 사실이다. 그렇지만 예언설화는 운명에 대한 예언뿐만 아니라, 기상이나 전쟁 등 미래사에 관한 예언까지도 포괄한다는 점, 그리고 예언이 제시되는 것이 필수적이라는 점에서 운명설화와는 다르다고 할 수 있다. 또한 운명설화 중에는 경우에 따라서 예언 화소가 나타나지 않기도 하기 때문이다.[18] 결국 예언설화가 예언의 제시 및 실현에 초점이 놓여 있다면, 운명설화는 운명의 실현이나 변역에 초점이 놓여 있다고 할 수 있다. 따라서 운명설화와 예언설화는 상당부분이 중첩되어 있기는 하지만, 이들이 반드시 일치하지는 않는 것으로 보인다. 이인설화 역시 마찬가지이다. 운명설화 속에 이인이 등장하는 경우도 있고, 그렇지 않은 경우도 있다.[19] 그러므로 운명설화와 이인설화도 중첩되기는 하지만, 그 구분은 명확하다고 할 수 있다. 주

---

17) '변역變易'이라는 말은 말 그대로 운명을 바꾼다는 의미로서 '이역移易'이라는 말과 같다. 이는 '극복克服' 혹은 '역전逆轉'이라는 말과 유사한 의미를 가진다. 하지만 엄밀하게 말해서 변역과 이역은 극복이나 역전보다는 소극적인 의미를 가진다. 극복이나 역전이 운명과 대결하여 승패를 가른다는 의미가 강하다면, 변역과 이역은 운명을 회피한다는 의미가 강하다.
18) 차후에 자세히 다루겠지만 <손복설화損福說話>와 같은 유형에서는 운명에 대한 예언이 이루어지지 않는다.
19) 이인이 등장하지 않는 경우로 <차복설화>와 <구복여행설화>, <다남운설화>를 들 수 있다. 물론 일부 자료에서는 이인이 등장하여 운명을 예언하기도 하지만, 이들 유형에서는 이인의 등장이 필수적이지는 않은 것으로 보인다.

변의 유사한 내용의 설화와 비교해 보면, 운명설화의 범주는 더욱 분명해질 수 있다고 본다.

이러한 운명설화의 범주를 한정하는 데에는 기존의 설화 분류에서 단서를 얻을 수 있다. 특히 장덕순의 설화 분류[20]는 운명설화의 범주를 선정하는 데에 있어서 좋은 지침이 된다. 그의 설화 분류는 아홉 개의 항목으로 이루어져 있다. 그것은 A. 신화적神話的 내용, B. 동물담動物譚, C. 일생담一生譚, D. 인간담人間譚, E. 신앙가치담信仰價値譚, F. 영웅담英雄譚, G. 괴기담怪奇譚, H. 소화笑話, J. 형식담形式譚으로 나누어져 있다. 이 중에서 운명설화 유형을 포함하고 있는 항목은 신앙가치담이다.

신앙가치담 중에서는 <연명설화延命說話>, <호환운명설화虎患運命說話>, <운명실현담運命實現譚>, <천생연분설화天生緣分說話>, <차복설화借福說話>, <구복여행설화求福旅行說話>가 운명설화의 하위유형으로 분류되어 있다.[21] 먼저 <연명설화>는 단명할 운명을 타고 난 소년이 이인의 도움을 받아 연명하게 되었다는 내용의 이야기이다. 이는 소년에게 주어진 운명의 예언豫言과 변역變易을 중심으로 하여 이야기가 진행되고 있고, 또한 운명에 대한 전승집단의 인식을 잘 보여줄 것으로 보이는 대표적인 유형이다.

<호환운명설화> 역시 <연명설화>에 견줄만한 대표적인 유형이

---

20) 장덕순,『한국설화문학연구』, 서울대학교출판부, 1978, 11~42쪽.
21) 이러한 운명설화의 범주는 톰슨의 설화 유형 분류를 통해서도 그 타당성을 찾아볼 수 있다. 톰슨의 분류에 의하면 운명설화(Tales of Fate)는 930~949유형에 해당되는데, 그 중에서 천생연분 이야기, 비명횡사를 피하려다 실패하는 이야기, 지혜로써 가난한 운명을 극복하는 이야기 등이 우리의 자료와 일치하는 것으로 볼 수 있다.(Stith Thompson, *The Types of the Folktale*, Helsinki : Suomarainen Tiedeakatemia, 2nd re., 1973, pp.325~335.)

다. 여기에는 호환운虎患運이 실현되는 이야기와 이를 변역하는 이야기가 모두 포함된다. 이 두 가지 이야기는 운명실현의 향방이 정반대이고, 운명인식 또한 상이하다. 따라서 전자는 운명의 실현을 형상화한 이야기에서 다루기로 하고, 후자는 <호환도액설화虎患度厄說話>라고 명명하여 연명설화와 함께 다루기로 한다.

<천생연분설화>는 남녀의 인연은 초월적으로 정해진다는 내용의 이야기이다. 이는 천연과 인간 사이의 갈등을 중심으로 하여 서사적 전개가 이루어지고, 그 이면에는 전승집단의 운명인식의 일면을 잘 보여주는 유형이다. 이들 유형은 운명설화의 범주에 든다는 것은 두말할 필요가 없다고 본다.

그런데 문제는 <차복설화>와 <구복여행설화>에 있다. <차복설화>는 가난한 운명을 타고난 총각이 우연히 초월계에 가서 복을 빌려와서 잘 살게 되었다는 이야기이다. <구복여행설화> 역시 가난한 총각이 복을 타러 초월계에 갔다가 선행의 대가로 잘 살게 되었다는 이야기이다. 이 두 가지 이야기는 일생담과 괴기담에도 이중적으로 포함되어 있으며,[22] 그 성격상 이계여행담에 포함시킬 수도 있다. 그러나 이들 이야기 역시 재복財福에 관한 운명설화임에 틀림없다. 둘 다 박복한 운명을 타고난 사람이 타의적 혹은 자의적으로 이계를 다녀온 후 잘 살게 되었다는 이야기이기 때문이다. 또한 이들 이야기에는 전승집단의 운명인식이 용해되어 있어 운명인식의 일단을 엿볼 수 있게 한다. 따라서 본고에서는 이들을 운명설화의 범주에 포함시켜 논하고자 한다.

---

22) 위의 책, 24쪽 및 33쪽.

이들 유형 이외에도 <다남운설화多男運說話>도 운명설화에 포함된다. <다남운설화>는 다남할 운명을 타고난 남자가 현실적 가난 때문에 이를 변역하려다가 실패한다는 이야기이다. 다남운을 회피하려는 주인공의 행적을 따라 이야기가 진행되고 있으므로, 이 또한 운명설화에 포함된다고 할 수 있다.

따라서 본고의 연구 대상은 이들 운명설화 유형에 국한하고자 한다. 운명인식의 추이에 비추어 이들 설화유형을 포괄적으로 살피게 될 것이다. 이때 대부분 작품론적 논의가 이루어지지 않았으므로, 작품론적 논의를 통하여 각각의 유형의 변이양상과 의미를 드러내기로 한다. 논의 자료들은 『한국구비문학대계』에 실려 있는 자료를 주로 이용하기로 하며, 여타 자료집도 함께 이용하기로 한다.

2. 운명대응방식으로 본 운명설화의 유형

운명설화는 유형군으로서 존재한다. 여러 가지 다른 내용으로 이루어진 설화 유형들이 모여 하나의 유형군을 구성하고 있다는 말이다. 이들 이야기들은 등장인물도 다르고 상황이나 사건도 상이하다. 따라서 적절한 기준으로 구분되지 않고서는 효과적인 연구가 불가능하다. 이런 필요성에 입각하여 본고에서는 운명대응방식運命對應方式에 입각하여 운명설화를 살펴보기로 한다.

운명대응방식이란 운명에 대하여 인간이 취하는 자세 혹은 태도라고 할 수 있다. 즉 운명대응방식은 초월적으로 주어진 운명에 대하여 인간이 어떠한 자세 혹은 태도를 지니고 있는지를 의미한다.

이는 결국 운명과 인간 사이에 형성되는 상관관계라고 규정될 수 있다. 왜냐하면 운명설화는 결국 운명에 대한 인간의 다양한 대응을 형상화한 이야기라고 해도 과언이 아니기 때문이다. 주어진 운명을 인간이 어떻게 받아들이고 있는가 하는 것이 바로 운명설화의 근본적인 인식이라고 할 수 있는 것이다. 따라서 운명대응방식은 유형군으로서의 운명설화를 구분할 수 있는 좋은 기준이라고 본다.

2.1. 유형의 구분

운명설화 속에 나타난 운명과 인간의 관계는 매우 다양하게 나타난다. 즉 품정稟定된 운명에 대하여 인간이 어떠한 자세를 취하는가에 따라 여러 가지 다른 양상을 보여주고 있다. 예를 들어 운명을 절대적으로 인식하는 경우에는 정해진 운명은 반드시 실현되는 것으로 나타난다. 주인공은 아무런 의심도 없이 운명에 순종하기도 하고, 또는 정해진 운명을 모면하려 하다가 좌절하기도 한다. 숙명적으로 순종하거나 좌절하지만, 어느 경우에나 운명은 정해진 대로 실현된다는 점은 동일하다. 이와는 반대로 적절한 방책을 모색하여 불운을 변역하는 경우도 있다. 신의 도움을 받거나 혹은 이인의 보호를 받기도 하고, 아니면 인간 스스로의 노력으로 불운을 벗어나기도 한다.

이와 같이 다양한 내용의 이야기가 전승될 수 있는 것은 근본적으로 운명에 대한 인간의 대응방식이 다양하기 때문이다.

이는 운명인식運命認識에 있어서도 마찬가지이다. 흔히 운명인식은 두 가지로 양분할 수 있다고 한다. 하나는 운명을 초월적으로 품부稟賦되어 정해지는 것으로 인식하는 경우이고, 다른 하나는 운명을 인간 스스로의 의지와 노력으로 개척하는 것으로 인식하는 경우이다. 전자와 같은 인식에서는 사람들은 운명을 숙명적으로 받아들이고, 이에 순종하는 태도를 보여준다. 하지만 후자의 인식에서는 사람들은 자신의 의지와 노력에 따라서 운명이 좌우된다고 생각한다. 이렇듯 운명에 대한 인간의 상이한 태도는 서로 다른 인식에 기초하고 있다고 할 수 있다.

이렇게 본다면 운명설화에서도 매우 다양한 운명대응방식이 형상화되고 있을 것으로 짐작된다. 운명과 인간 사이에 형성되는 이러한 운명대응방식은 바로 운명설화의 핵심적인 요소라고 할 수 있다. 운명대응방식에 따라 설화의 내용이 달라질 수도 있고, 설화의 구조에도 영향을 줄 수 있으며, 설화 속에 투영된 전승자의 운명인식도 상이할 수 있기 때문이다.

그러면 설화 속에는 어떠한 운명대응방식이 그려지고 있는지 구체적인 자료를 들어 살펴보기로 한다.

(가) 옛날에 어떤 총각이 살았는데, 늦도록 장가를 들지 못했다. 하루는 어느 곳을 가다가 어떤 할머니가 청실과 홍실을 묶어 부부의 인연을 맺어주고 있었다. 총각이 자신의 배필이 누구인지 물으니, 올해 세 살 난 여자아이라고 하였다. 할머니의 말에 실망한 총각은 세 살배기 여자 아이를 찾아가 돌멩이로 이마를 찍어놓고 도망쳤다. 그 후 총각은 어떤 고을의 원님이 되어 어떤 처녀와 혼인하였는데, 색시는 이마와 얼굴에 빨간 점을 칠하고 있었다. 첫날밤에 그 연유

를 물으니 세 살 때 입은 이마의 상처 때문이라고 하였다. 총각은 그제야 천생연분은 어쩔 수 없다는 것을 깨닫게 되었다.[1]

㈔ 어떤 사람이 독자獨子를 기르고 있었는데, 하루는 지나가던 신승神僧이 아이의 관상을 보고 열아홉 살에 단명할 것이라고 하였다. 아버지가 아이를 살려낼 방법을 간청하니, 남산 꼭대기에 올라가 바둑을 두는 스님에게 애원해 보라고 했다. 다음날 소년은 신승이 가르쳐준 대로 남산의 두 스님을 찾아가 애원하였다. 그러자 추한 얼굴의 스님과 고운 얼굴의 스님이 서로 논쟁을 하다가 결국 고운 얼굴의 스님이 간청한대로 살려주기로 하였다. 추한 얼굴의 스님은 명부命簿를 꺼내어 소년의 정명定命을 '십구十九' 세에서 '구십구九十九' 세로 고쳐 주었다. 소년은 그 후 장수하게 되었다.[2]

㈐ 어떤 나무장수가 좀더 잘 살아보기 위하여 하루에 나무를 세 짐씩 하였으나, 밤마다 나뭇짐이 없어졌다. 그래서 할 수 없이 나무장수는 나뭇짐 속에 숨어서 지키기로 했다. 하루는 나뭇짐 속에 들어가 있다가, 나뭇짐과 함께 하늘로 올라갔다. 나무꾼은 옥황상제에게 좀 더 잘살게 해달라고 간청하니, 옥황상제가 '차복借福'이라는 사람의 복을 빌려주면서 훗날 복 주인이 태어나면 돌려주라고 하였다. 그 후 나무꾼은 금방 부자가 되었다. 드디어 차복 기한이 된 어느 날 마차 위에서 하룻밤을 묵던 그릇장수 내외가 아들을 낳았는데 '차복'이라는 이름을 지어주었다. 나무꾼은 자기 아들과 차복이를 의형제를 맺어주고, 평생 동안 함께 부유하게 살았다.[3]

㈑ 가난한 아이가 하느님이 복을 준다는 말을 듣고, 복을 구하러

---
1) <연지와 곤지의 유래>, 『대계』 2-9, 81~84쪽.
2) <남북두칠성과 단명소년>, 손진태, 『한국민족설화의 연구』, 을유문화사, 1947, 11~12쪽.
3) <나무꾼 차복이>, 『대계』 4-1, 100~103쪽.

집을 떠났다. 도중에 어떤 부자 집에 유숙하였더니, 아들이 앉은뱅이가 된 이유를 물어봐 달라고 부탁하였다. 다시 길을 가다가 어떤 집에 유숙하였더니, 여인이 남편 복이 없는 이유를 물어봐 달라고 당부하였다. 또 다시 길을 가다가 강가에 당도하였는데, 이무기가 승천하지 못하는 이유를 물어봐 달라고 하면서 하늘나라에 데려다 주었다. 아이는 하느님한테 부탁받은 질문의 답을 얻어 돌아오면서 해답을 알려주고, 그 대가로 보상을 받아 잘 살게 되었다.[4]

㈎~㈑는 각각 천생연분설화, 연명설화, 차복설화, 구복여행설화에서 하나씩 뽑은 것이다. 이들에 대한 세부적인 논의는 차후에 진행하기로 하고, 여기서는 운명에 대한 인간의 대응 양상에 국한하여 살펴보기로 한다.

㈎에서 주어진 운명은 남녀 간의 연분이다. 그런데 주인공은 이러한 연분을 끊어버리고자 한다. 하지만 결국에는 정해진 연분대로 혼인하게 되고, 이를 인정하게 된다. ㈏에서는 단명할 운명이 주어진다. 이러한 불행한 운명에 대하여 주인공은 신에게 치성을 드림으로써 자신에게 품정된 단명할 운명을 변역시키고 있다. ㈐에서는 박복한 운명이 문제가 된다. 주인공은 자신에게 주어진 가난한 운명을 벗어나기 위하여 신으로부터 다른 사람의 복분福分을 빌리는 한편, 그 자신이 인위적인 방책을 모색하고 있다. 신의 도움과 스스로 모색한 방책을 통하여 자신에게 주어진 박복한 운명을 변역시키고 있는 것이다. ㈑에서도 박복한 운명이 문제가 된다. 주인공은 복을 구하기 위하여 하늘나라로의 여행을 다녀오고, 도중에 타인의 문제를 해결해 줌으로써 보상을 받는다. 어찌되었든 박복한 현실을 벗어나

---

4) <구복여행>, 『대계』 1-1, 467~473쪽.

잘 살게 되었던 것이다.

　이와 같은 네 가지 자료를 살펴보면 몇 가지 측면에서 분명한 차이가 있음을 알 수 있다. 먼저 ㈎와 ㈏・㈐・㈑는 품정된 운명이 그대로 실현되는가 아니면 변역되는가 하는 점에서 분명하게 구분된다. ㈎는 주인공의 회피에도 불구하고 운명은 정해진 대로 실현되고 있다. 주인공은 결국에는 천생연분의 필연성을 긍정하고, 그에 순종하고 있는 것이다. 이와 달리 ㈏・㈐・㈑에서는 품정된 운명이 바뀌고 있다. 이들은 모두 모종의 방책을 실행함으로써 정해진 운명과는 다른 삶을 살게 된다. 이런 경우 운명은 적절한 방책을 통하여 변역이 가능한 것으로 인식되고 있으며, 인간은 정해진 운명을 그대로 받아들이지는 않는다. 이와 같이 ㈎와 ㈏・㈐・㈑는 운명의 실현 여부에 있어서 분명한 차이를 보여준다. 이는 바로 운명을 불가피한 것으로 보는가, 아니면 경우에 따라 바꿀 수 있는 것으로 보는가 하는 인식적 태도의 차이라고 할 수 있다. 즉 운명대응방식에 있어서의 차이라고 할 것이다. 이러한 차이를 감안하여 ㈎는 '운명실현형運命實現型'이라고 부르기로 하고, ㈏・㈐・㈑는 '운명변역형運命變易型'이라고 부르기로 한다.

　그런데 운명실현형은 어떻게 운명이 실현되는가에 따라서 사뭇 다른 양상을 보여준다. 우선 주어진 운명에 대하여 변역을 시도하는가, 그렇지 않은가에 따라서 크게 구분할 수 있다. 물론 이때의 변역 시도는 반드시 좌절하게 된다. 만약 시도가 좌절되지 않는다면, 곧 운명이 변역되는 이야기에 해당하기 때문이다. 또한 운명 실현의 결과에 따라서도 또다시 구분이 가능하다. 즉 운명의 실현이 행복을 가져왔는가, 아니면 불행을 가져왔는가에 따라서 다시 양분할 수 있는 것이다. 이와 같이 변역 시도 여부와 운명 실현의 결과에 따라서, 운명실현형은 다음과 같은 네 가지 이야기로 이루어져 있다고 할 수 있다.

> 타고난 운명대로 불행해지기
> 타고난 운명대로 행복해지기
> 변역이 좌절되어 불행해지기
> 변역이 좌절되어 행복해지기

한편, 운명변역형은 변역 시도가 성공하는 이야기를 말한다. 이러한 이야기는 대부분 행복한 결말을 보여준다고 해도 과언이 아니다.
왜냐하면 변역의 대상은 불운만이 해당하기 때문이다. 행운은 애당초 변역의 대상이 될 수 없다. 그러므로 운명 변역의 결과가 행복인가 아니면 불행인가는 아무런 의미를 가지지 못한다. 오히려 운명변역형에서는 어떻게 변역이 성공할 수 있었는가 하는 점이 중요하다고 본다. 즉 어떤 방법으로 혹은 어떻게 해서 변역이 성공할 수 있었는가 하는 것이 의미가 있다는 말이다.
위에서 제시했던 예화를 통해서 이를 살펴보기로 한다. 운명변역형에 속하는 (나)·(다)·(라)를 보면, 변역을 가능하게 한 결정적인 역할이 누구에게 있는지 분명한 차이를 보여준다. (나)에서는 신의 역할이 결정적이다. 소년이 아무리 정성을 다했다고 해도, 신이 이를 받아들이지 않았다면, 소년은 결코 연명할 수 없었을 것이다. 그만큼 신의 역할이 중요하다고 할 수 있다. 이에 비하여 (다)에서는 신의 역할뿐만 아니라 주인공 자신의 역할 또한 중요시 된다. 신이 타인의 복분을 빌려주지 않았거나, 또한 주인공이 근면하게 노력하면서 방책을 모색하지 않았다면, 변역 시도는 성공하기 어려웠을 것이다. 신과 주인공의 역할이 모두 결정적인 역할을 하고 있다고 할 것이다.

한편 ㈔에서는 주인공 자신의 역할이 더욱 중시되는 것을 볼 수 있다. 주인공은 자의自意에 따라 구복여행을 결행하고, 타인으로부터 부탁받은 질문을 해결해준다. 이러한 모든 행위는 주인공 자신에 의해서 선택되고 결정된 것이다. 그만큼 주인공 자신의 의지와 판단이 중시되고 있다고 할 것이다.

이와 같이 ㈏·㈐·㈔는 모두 운명이 변역된다는 점에서는 동일하지만, 어떤 방법과 과정을 통해 변역이 이루어지는가에 있어서는 뚜렷한 차이가 있음을 알 수 있다. 즉 누가, 어떻게 해서 불운이 변역되는가 하는 양상이 중요한 변별점이 될 수 있음을 시사해 준다.

즉 신과 같은 초월적 존재의 역할이 필요한가, 아니면 신과 인간의 역할이 함께 요구되는가, 인간의 역할이 더욱 필요한가에 따라서 운명변역형을 구분할 수 있다는 것을 의미한다. 이렇게 본다면, ㈏는 초월적인 존재의 역할이 결정적이고, ㈐는 초월적 존재와 인간의 역할이 동시에 필요한 경우이며, ㈔는 인간의 역할이 더욱 비중이 높은 경우라고 할 수 있다.

이런 차이점을 고려하여 초월적인 제3자의 역할이 중시되는 경우는 '타력적他力的 변역'이라고 한다면, 주인공 자신의 역할이 중시되는 경우는 '자력적自力的 변역'이라고 할 수 있다. 또한 제3자와 주인공 자신의 역할이 동시에 필요한 경우에는 '타력·자력적他力·自力的 변역'의 성격을 지니는 경우라고 하겠다. 본고에서는 이와 같은 변역 양상을 감안한다면 운명변역형은 다음과 같이 구분할 수 있다.

타력으로 불운을 변역하기
타력과 자력으로 불운을 변역하기
자력으로 불운을 변역하기

결국 운명설화는 크게는 운명실현형과 운명변역형으로 나눌 수 있고, 이는 다시 몇 개의 하위유형으로 구분할 수 있음을 알 수 있다. 이러한 유형들은 유형군으로서의 운명설화를 살피기 위한 잠정적 유형이다. 이들 유형은 구조적으로는 물론이고 운명인식에 있어서도 상이한 면모를 가지고 있을 것으로 추정된다. 따라서 우선 이러한 유형 구분에 의거하여 해당되는 설화 유형을 세밀하게 살펴보기로 한다. 그런 후에 이들 네 가지 유형을 상호 비교·대조하여 종합하는 순서로 논의를 진행하기로 한다.

2.2. 운명실현형運命實現型 유형

본절에서는 앞에서 설정한 유형들을 개별적으로 살펴보고자 한다. 이는 각 유형의 전반적인 면모를 드러내기 위한 각론적 논의에 해당한다. 이를 위해서 각 유형에 속하는 설화의 변이양상, 갈등 및 주제의식, 운명인식의 특성을 차례로 살펴보기로 한다.

먼저, 운명실현형은 품정된 운명이 그대로 실현되었다는 내용을 가진 일군의 이야기를 가리킨다. 여기에는 변역이 시도되는가, 그리고 운명 실현의 결과가 어떠한가에 따라서 네 가지 유형을 설정할 수 있었다. 그렇지만 이들 유형에 해당하는 자료의 양이나 전승양상은 일정하지 않다. 단편적인 자료로 전승되는 이야기도 있는 반면에, 하나의 유형을 형성할 정도로 왕성하게 전승되는 이야기도 있다. 이와 같은 자료의 전승양상을 고려하여 각각 적절한 예화와 방식을 사용하여 논의를 진행하기로 한다.

2.2.1. 타고난 운명대로 불행해지기

단순히 운명의 실현만을 보여주는 이야기는 대체로 간단한 내용을 가지고 있다. 이들 설화는 '어떤 사람이 어떤 불운을 타고났는데 그대로 실현되었다.'라는 정도의 서사적 전개를 가지고 있다. 그러므로 등장인물의 성격도 매우 단순한 것이 일반적이며, 발생되는 사건 역시 매우 단조롭다. 이런 특징을 잘 보여주는 자료가 <호식(1)>이다.

> 개미골이라는 마을에 오누이가 살고 있었다. 열일곱 살 먹은 누이동생이 저녁밥을 짓는데 호랑이 울음소리가 들렸다. 그날 밤 저녁밥을 먹은 후 누이동생은 호랑이에게 물려갔다. 호랑이 밥에 걸리면 그렇게 들린다고 한다.[5]

이 이야기는 서사적으로 볼 때에는 매우 간단한 이야기에 불과하다. 어떤 처녀가 호랑이 울음소리를 들은 날 밤에 호식을 당했다는 것이 이야기의 전부이다. 이러한 내용만을 본다면 이 설화의 가치는 높다고 할 수 없다. 그럼에도 불구하고 이러한 이야기가 진지하게 구연되고 있는 것은 주목할 만한 일이다. 그것은 바로 이야기 속에

---

5) <호식(1)>, 『대계』 6-2, 814~815쪽.

반영되어 있는 전승집단의 운명관 때문이다. 즉 운명에 대한 인간의 태도가 심상치 않다고 할 수 있는 것이다.

이는 오누이의 대화 부분과 채록기探錄記를 통해서 분명히 드러난다. 저녁밥을 지을 때 오누이는 간단한 대화를 나눈다. 이들의 대화 부분만을 추려내어 옮기면 다음과 같다.

"성님! 성님!"
"멀라냐?"
"저 산에 호랭이가 울어쌌오."
"먼 시방 호랭이가 울라던가?"6)

누이가 호랑이가 운다고 하자, 오빠는 '무슨 호랑이가 울겠는가?' 라고 반문한다. 이는 호랑이 울음소리를 듣는 오누이의 태도가 상이함을 말해준다. 누이는 호랑이 울음을 심상치 않게 들었음에 비하여, 오빠는 그렇지 않았음을 짐작할 수 있다. 아니 오빠에게는 호랑이 울음이 들리지 않았을 가능성도 있는 것이다. 이는 비록 언급되지는 않았지만 누이가 호환될 운명을 타고났음을 암시한다. 누이는 바로 그날 밤 호환을 당할 운명을 타고났기에, 오빠와는 달리 호랑이의 울음소리를 심각하게 받아들인 것으로 보인다.

또한, 채록기를 통해서도 전승집단의 운명관을 보여줄 만한 단서를 찾아볼 수 있다.

[조사자 : 호식한 이애기나 하나 해주십시오. 호식한 이애기. 옛날.]
[제보자 : 대개 간단할 뿐 아니라……]

---

6) 위의 책, 814쪽.

[조사자 : 간단해도 상관없어요.]
[제보자 : 호식허는 것도 팔자예요. 팔자고 발에 걸려야 호랭이 밥이 되제 호식 안허먼 안 되야라우.]7)

이야기를 시작하기 전에 조사자와 제보자가 주고받은 대화이다. 조사자가 호식한 이야기를 해 달라고 요구하자, 제보자는 이야기가 간단하다고 하였다. 이야기가 간단하다는 것은 서사적 내용이나 구조가 간략하다는 말이다. 그런데 더욱 주목되는 부분은 '호식하는 것은 팔자'라는 말이다. 이 말을 통해서 누이가 호랑이 울음을 심상치 않게 인식했던 까닭을 알 수 있다. 누이는 바로 그날 밤에 호환될 운명을 타고났기 때문에, 오빠와 다른 반응을 나타냈던 것이다. 이러한 누이의 행동은 운명적 차원에서 설명되고 이해될 수 있는 것이다. 제보자의 말처럼 호식은 안 하면 안 되는 필연성을 가지고 있는 것으로 인식된다.

이러한 인식은 이야기의 사실성을 믿는 것으로 이어진다. 설화를 구연한 후에 제보자와 조사자의 대화에서 이를 확인할 수 있다.

[조사자 : 그래서 호식해 갔습니까?]
[제보자 : 예. 호식했다우.]
[조사자 : 그런 이얘기가 있던가요? 사실이….]
[제보자 : 정연이 그랬다우.]
[조사자 : 그랬어요.]8)

---

7) 같은 곳.
8) 위의 책, 815쪽.

제보자는 누이의 호식을 사실로 인식하고 있음을 알 수 있다. '정연히 그랬다.'라는 말에서 이를 분명하게 짐작할 수 있다. 제보자에게 있어서 이 이야기는 허구가 아니라 사실인 것이다. 이러한 인식은 곧 제보자가 호환을 단순한 사건이 아니라 외경스러운 사건으로 받아들이고 있음을 시사한다. 따라서 제보자에게는 호환이라는 것은 우연적인 재난이 아니라, 필연적이고 초월적인 운명으로서 이해되고 있음을 알 수 있다.

이러한 전승자의 태도와 운명관은 다음 예화에서도 찾아 볼 수 있다.

> 호식될 팔자를 타고난 사람이 마흔 살 정도 되었다. 어느 날 저녁에 산속에 있는 친척집에 가기 위해서 막차를 탔다. 밤 열 시쯤 산중에 도착하였는데 산신령(호랑이)이 나타나 길을 막았다. 그러자 운전수가 옷을 벗어 던져 보자고 했다. 버스에 탄 사람들이 차례로 윗도리를 벗어던졌는데, 호랑이는 유독 그 사람의 옷을 입에 물었다. 그는 버스에서 내려 참나무 위로 올라가 호랑이를 피하고자 했다. 호랑이는 참나무 위를 쳐다보면서 주위를 빙빙 돌았다. 얼마 후 그 사람은 나무 아래로 떨어져 죽었다. 호식될 팔자는 호랑이가 물어가지 않아도 죽는다고 한다.[9]

호식될 팔자를 타고난 주인공이 어느 날 갑자기 산속에 사는 친척집을 방문하러 갔다가, 도중에 호환을 당했다는 이야기이다. 호랑이에게 잡아먹히는 장면이 길게 부연되어 있으나, 이야기의 골격은 운명실현형의 그것을 크게 벗어나지 않는다. 왜냐하면 이야기의 핵심

---

9) <호식으로 죽을 운명>, 『대계』 8-13, 402~403쪽.

은 어떤 남자가 호식될 팔자를 타고났는데, 그대로 실현되었다는 것으로 요약될 수 있기 때문이다.

<호식(1)>과 비교해 보면, 버스를 타고 산중을 지나간다는 화소, 옷을 벗어 사람을 가려내는 화소가 길게 이야기되고 있음을 알 수 있다. 버스를 타고 산중을 지나간다는 화소는 최근의 현실을 반영한 것이라면, 옷을 벗어 사람을 가려내는 화소는 오랜 역사를 가진 것이라고 할 수 있다. 이런 화소는 일찍이 거타지설화居陀知說話,10) 호경설화虎景說話와 작제건설화作帝建說話11)에도 나타나고 있으며, 최근에 채록된 <성병사의 담력>12)과 같은 구비설화에서도 찾아볼 수 있다. 이렇게 옷이나 관冠을 던져 희생자를 선정하는 방법은 초월적 존재의 의사를 묻는 방법으로서, 또한 운명을 점치는 방법으로서 의미가 있다.13) 이러한 화소는 운명설화로서의 면모를 한층 부각시켜 주는 효과가 있다고 할 수 있다.

결국 이 예화는 운명실현형의 면모를 충실히 보여주었다고 본다. '한밤중·막차·산골'이라는 상황의 설정에서부터 시작하여, 희생자의 선정, 호식 장면 등을 통하여 운명 실현의 필연성을 뚜렷하게 부각시킬 수 있도록 형상화하고 있다고 할 것이다. 더욱이 구연자의 논평은 전승집단의 인식을 잘 보여준다고 할 수 있다.

구연자는 남자의 호식에 대하여 '호식당할 사람은 호랑이가 직접

---

10) 일연, 『삼국유사』 권2.
11) 『고려사』 <세계世系>.
12) 『대계』 6 - 4, 73~76쪽.(순천에 성도령이 살았는데, 소동 품앗이의 좌장이었다. 성도령 일행이 하루는 나무를 하다가 소나기를 만나 근처에 있는 바위 아래에서 비를 피했는데, 호랑이가 나타나 법석을 피웠다. 성도령이 옷을 벗어 던져 보자고 하였는데, 마침 호랑이가 성도령의 옷을 물었다. 이에 성도령이 밖으로 나아가자 바위가 무너져 일행은 몰사하고, 성도령만 살아남았다고 한다.)
13) 村山智順, 『조선의 점복占卜과 예언』, 김희경 역, 동문선, 1990, 51쪽.

물어 가지 않더라도 죽는다.'라고 하였다. 호식당할 사람은 호랑이가 물어가지 않더라도, 정해진 시각이 되면 저절로 죽게 되어 있다는 것이다. 주인공이 갑자기 막차를 타고 산중에 있는 친척집을 방문하려 했다는 것은 기실은 호랑이를 찾아간 것으로 이해되고 있는 것이다. 운전수가 차량으로 호랑이를 치이지 못한 것도 이런 시각에서만 이해될 수 있다. 차량으로 얼마든지 호랑이를 위협하여 물리칠 수 있음에도 불구하고, 운전수는 "저 짐승을 찡구머 안 될다 싶어"[14] 차를 멈춘다. 그야말로 주인공의 행동은 "저절로 씨인"[15] 것이며, 그의 죽음은 "죽을 때"[16]에 이루어진 것으로 인식되고 있는 것이다. 따라서 이 설화는 품정된 운명은 정해진 대로 실현되기 마련이라는 것을 보여준다고 할 수 있다.

다음은 수살水煞 운명에 대한 이야기이다.

> 예전에 어떤 사람이 논을 매다가 잠시 쉬고 있었다. 어디서 모시옷을 차려입은 소년이 오더니, 서슴없이 옷을 벗고 웅덩이로 뛰어들어갔다. 감히 붙잡을 틈도 없이 소년이 우물에 빠져 죽었다. 그는 소년의 시신을 건져 놓고, 마을로 돌아와 나이 많은 할아버지한테 전후 사정을 말씀드렸다. 할아버지는 대대로 수살水煞로 죽을 사람이 정해져 있다고 하였다.[17]

전반부는 주인공이 어떤 소년의 죽음을 목격한다는 내용을 담고 있다. 어떤 사람이 논을 매다가 잠시 쉬고 있었다고 했다. 그런데 갑

---

14) 『대계』 8-13, 402쪽.
15) 같은 곳.
16) 위의 책, 403쪽.
17) <수살로 죽을 운명은 벗어날 수 없다>, 『대계』 8-13, 411~414쪽.

자기 어떤 소년이 달려오더니 서슴없이 옷을 벗고 웅덩이 뛰어들어 죽었다고 했다. 논매던 사람은 소년의 죽음이 범상하지 않다고 생각한다. 소년은 모시옷을 잘 차려 입고 있었으며, 황급하게 달려와서는 조금도 주저하지 않고 웅덩이에 빠져 죽었기 때문이다. 이러한 소년의 행동은 하나같이 의문의 대상이다. "잠자리 날개" 같이 좋은 옷을 입은 소년이 논 옆에 있는 웅덩이를 찾아오는 것이나, "살대같이" 달려와서 서슴없이 물에 처박히는 것은 일상적인 이해를 넘어선다. 그렇기에 사건을 목격한 사람조차 "기가 차서" 소년을 구출할 엄두도 내지 못한다.

후반부에서는 그러한 의문을 해소시켜 준다. 논매던 사람은 소년의 시신을 건져 논둑 위에 올려놓은 후, 마을에 돌아가 할아버지에게 전후사정을 소상하게 말씀드린다. 이에 할아버지는 그 웅덩이에는 수살이 있어서 대대로 한 사람씩 빠져 죽게 되어 있다고 말해 준다. 뿐만 아니라 대대로 죽을 사람이 책에 적혀 있다고까지 하였다.

이로써 소년의 죽음은 그 내막을 드러내었다고 할 수 있다. 그것은 바로 이미 운명적으로 정해진 수살水煞 때문인 것이다. 소년의 서슴없는 죽음은 정해진 운명의 실현이었을 뿐으로 설명되고 있는 것이다.

이상으로 단순히 운명의 실현만을 보여주는 이야기 3편을 살펴보았다. 이들 이야기의 공통적인 내용은 '어떤 사람이 어떤 운명을 타고났는데 그대로 실현되었다.'는 것으로 요약할 수 있다. 이야기의 내용이 간략한 만큼 서사구조도 단순하며, 운명과의 갈등도 거의 드러나지 않는다. 그런데도 이런 설화가 사실로 믿어지기도 하고, 외경심을 자아내기도 하는 것은 이야기 속에 나타나 있는 운명에 대한 태도와 운명관 때문이다. 이처럼 전승자들은 정해진 운명은 반드시 실현되는 것으로 인식하고 있으며, 이를 신비하고 외경스러우며 사실인 것처럼 받아들이고 있는 것이다.

2.2.2. 타고난 운명대로 행복해지기

타고난 운명대로 행복해지는 이야기로는 <손복설화損福說話>를 들 수 있다. 이 설화는 '다리를 떨면 복이 떨어진다.'라는 손복에 관한 속신俗信과 관련되어 있는 이야기이다. 즉 우리나라 사람들은 음식을 먹거나 잠을 잘 때 다리를 떠는 것을 금기시 한다.[18] 다리를 떠는 것은 곧 들어오는 복을 떨어내는 행위로 간주되기 때문이다. 그러므로 이러한 내용을 가진 이야기를 <손복설화>라고 부르기로 하고, 이를 운명설화의 하나로 다루어 보기로 한다.

<손복설화>는 5편의 자료가 채록·보고되어 있는데, 그중에서 한 편을 들어 논의를 진행하고자 한다.

> 옛날에 관상을 잘 보는 사람이 살았는데, 하루는 어떤 가난한 집에 유숙하게 되었다. 그런데 집주인의 관상을 보니 그의 처지와는 달리 부자의 상을 지니고 있었다. 관상쟁이는 매우 의아하게 여겼

---

18) 최래옥, 『한국민간속신어사전韓國民間俗信語辭典』, 집문당, 1996에 의하면, 우리나라 사람은 잠잘 때뿐만 아니라, 음식을 먹을 때와 앉아 있을 때에도 유사한 금기禁忌가 있는 것으로 보인다. '음식을 먹을 때 음식을 흘리면 가난해진다'거나, '다리를 뻗고 먹으면 가난하게 산다'든지 등의 속신에서 이를 짐작할 수 있다. 한편 이러한 손복 속신은 일단 '유사類似의 법칙'에 해당하는 것으로 보인다. 즉 다리를 터는 행위는 곧 복을 터는 행위로 해석된다는 점에서 이를 짐작할 수 있다. 그러므로 손복 속신은 행위의 유사성에서 비롯된 속신이라고 하겠다. 한편 주술의 법칙에 관해서는 프레이저, 『황금의 가지(상)』, 김상일 역, 을유문화사, 1983, 42쪽을 참조했다.

으나, 밤중에 보니 집주인은 발을 툭 툭 치면서 잠을 자고 있었다. 관상쟁이는 비로소 집주인이 가난하게 사는 까닭을 짐작하고, 그날 밤 쇠망치로 집주인의 다리를 꺾어 놓고 도망쳤다. 그 후 집주인은 모든 일이 순조롭게 이루어져 금방 부자가 되었다. 몇 년 후 관상쟁이는 다시 그 집을 찾아가 유숙하기를 청하였다. 관상쟁이는 집주인에게 한 쪽 다리가 없어진 이후의 일을 물어보니, 지금은 부자가 되었으니 다리 하나가 없어도 살 만하다고 하였다. 관상쟁이는 자기가 다리를 꺾어 놓고 도망친 사람이라고 말해 주었다. 집주인은 도리어 관상쟁이를 매우 후대하였다.19)

이러한 설화의 내용을 살펴 보건대, 다리 절단을 분기점으로 하여 전후반부로 나눌 수 있다. 전반부는 부유한 운명을 타고난 집주인이 가난하게 살았다는 내용이다. 집주인은 전혀 이러한 운명을 인지하지 못하고, 운명과 처지處地의 불합不合은 계속된다. 그런데 어느 날 관상쟁이가 유숙하게 되면서 이러한 운명과 처지가 불합하고 있음이 노출된다. 그것은 바로 집주인이 사소한 금기를 범했기 때문으로 드러난다. 다리를 떨면 복이 떨어진다는 금기를 위배했으므로, 운명과 처지가 불합되었던 것이다. 이러한 사정을 인지한 관상쟁이는 집주인의 다리를 절단해 버린다. 운명이 지니는 절대성과 초월성 때문에 이러한 비일상적인 방도를 택한 것이다. 운명의 실현을 저해하던 원인을 근본적으로 제거하여 새로운 전환점을 마련한 셈이다. 그러나 집주인은 여전히 이러한 내막을 알지 못한다.

설화의 후반부에서는 운명의 실현과 그에 대한 확인이 이루어진다. 다리 절단 후 집주인은 순조롭게 부자가 된다. 그에게 주어진 운

---

19) <다리떨면 복 떨어진다>, 『대계』 9-3, 693~695쪽.

명대로 잘 살게 된 것이다. 불합되었던 운명과 처지가 합일되는 상황으로 역전된 것이다. 관상쟁이는 이러한 운명의 실현 여부를 궁금하게 여기고, 이를 직접 확인한다. 이 과정에서 집주인은 자신의 운명에 대해서 인지하게 되고, 이를 기쁘게 받아들인다.

이러한 전후반부는 한마디로 운명과 처지가 불합不合하는 상황에서 합일되는 상황으로 전개되는 서사구조를 지니고 있다고 할 수 있다. 이러한 서사 전개는 품정된 운명은 결국 실현되고 만다는 주제로 요약된다고 본다. 관상쟁이의 행위도 궁극적으로는 이러한 운명의 실현을 위한 것이었으며, 집주인도 관상쟁이의 처방을 인정했던 것이다. 결국 <손복설화>에서는 조건만 갖추어진다면 정해진 운명은 반드시 실현되기 마련이라는 인식을 엿볼 수 있다.

이러한 인식은 여러 측면에서 찾아볼 수 있다. 이를 구연자의 의식, 등장인물의 성격을 통해서 살펴보기로 한다. 첫째, 이 설화를 전승하는 사람들은 다리를 떨면 복이 떨어진다는 손복에 관한 속신을 믿고 있다.

> 사람이, 아기들이, 소녀들은 모르주만, 얼아이를 낳아서 아기가 밥이라도 먹으면서 발을 요렇게도 허고, [다리 떠는 시늉]뭐 어떵허지 아니여?
> "야, 어디 복 붙었나 복 털지 말아."
> 요영허는 말인디, 요것도 역서에 신 말이라.[20]

구연자가 설화를 구연하기 시작하면서 진술한 말을 옮긴 것인데,

---

20) <다리떨면 복 떨어진다>, 『대계』 9-3, 693쪽.

그는 손복 속신에 대해서 역서易書에 쓰여 있다고 하였다. 역서에 쓰여 있다는 말은 그만큼 근거가 확실하고, 믿을 만하다는 의미이다.

또한 채록기에서도 구연자는 "이야기는 다 근거가 있다."[21]라고 강조하면서 설화를 들려주었다고 하였다. 이런 정황을 종합해보면, 구연자는 손복 속신을 신빙성 있게 믿고 있음을 알 수 있다. 즉 전승 집단에 있어 손복 속신은 하나의 금기 사항으로서 진지하게 받아들여지고 있다고 할 것이다.

전승자들이 손복 속신을 믿고 또한 그러한 내용의 설화를 전승하는 이유는 그에 따른 반대급부 때문이라고 할 수 있다. 즉 이러한 금기사항을 준수함으로써, 궁극적으로는 자신에게 주어져 있을지도 모르는 행복의 실현을 소망하고 있다고 할 것이다. <손복설화>가 전승될 수 있는 것도 이러한 불행 같은 행운에 대한 기대 때문에 가능하다고 본다.

둘째, 관상쟁이의 형상과 행위이다. 먼저 관상쟁이에 대한 형상은 관상에 대한 구연자의 인식을 살피게 해주는 실마리이다. 관상은 운명을 탐색하고 예언하는 방술 중의 하나이다. 그러므로 관상에 대한 구연자의 인식은 그들이 지니고 있는 운명인식을 엿보게 해 줄 수 있을 것이다.

> 옛날에 어느 곳에 풍안風眼 관상觀相질하는 사람이 이시는디 이 사람은 사람으 얼굴만 보고도 이 사람은 부자로 잘 살겠다, 이 사람은 빈곤허게 살겠다, 그리 잘 아는 사름이엇수다.[22]

---

21) 같은 곳.
22) <다리를 떨면 가난하게 산다>, 임석재, 『한국구전설화』 권9, 237~238쪽.

관상쟁이의 성격을 잘 보여주는 언술이다. 어떤 관상쟁이가 살았는데, 그는 얼굴만 보고도 그 사람의 빈부를 판단할 수 있다고 했다. 관상만 보고 사람의 빈부귀천을 판단할 수 있다는 말은 관상의 타당성을 인정한다는 의미를 내포한다고 할 수 있다. 구연자들은 관상이 가지는 현실적인 효능을 인정하고 있으며, 관상쟁이의 운명 예언을 신빙성 있게 받아들이고 있다고 추측할 수 있다.

이러한 의미는 기실 관상쟁이의 행위와 관련지어 볼 때 더욱 분명하게 나타난다. 관상쟁이의 행위 중 다시 한 번 생각해 볼 부분은 바로 그가 모색한 방안과 그 결과를 확인하고자 하는 행위이다. 그가 모색한 방안은 집주인의 다리를 절단하는 것을 말한다. 다리를 절단하는 것은 어찌 보면 상식을 넘어서는 방안이라고 할 수 있다. 잠자는 사람의 다리를 끊는 행위는 살인에 버금가는 범죄 행위에 해당하며, 정상적인 사람을 불구자로 만드는 행위이기 때문이다. 이를 두고 이야기 거리가 될 만한 특정한 행위가 필요했기 때문이라고 할 수도 있지만 충분한 설명은 못된다. 따라서 관상쟁이의 방안이 가지는 의미를 파악하기 위해서는 다리 절단 행위가 가지는 잔혹성과 비정성非情性에 주목할 필요가 있다. 이러한 잔혹하고 비정한 행위를 할 수 밖에 없었던 까닭을 추론해 보자는 것이다.

관상쟁이가 잔혹한 방법을 택할 수밖에 없었던 이유는 운명의 절대성에 비추어 생각해 볼 때 이해될 수 있다. 관상쟁이는 집주인에게 말로 충고하는 방법을 택할 수도 있다. 부자의 운명을 타고 났는데 다리를 떨기 때문에 가난하다고 알려주면 되는 것이다. 하지만 그러한 충고는 운명, 즉 천기天機를 누설하는 일이기 때문에 자칫 화를 부를 수도 있는 것이다. 이런 이유로 관상쟁이는 다리를 절단하는 가혹하고도 극단적인 방법을 택한 것으로 보인다. 운명이 가지는 절대성과 그에 대한 두려움이 이러한 방법을 택하게 만들었다고 할 수 있다. 즉 운명에 대한 외경심에서 이러한 가혹한 방법이 선택되었다고 볼 수 있는 것이다.

또한 관상쟁이는 다리 절단 이후의 상황을 확인해 보고자 한다. 자신이 모색한 방안이 어떠한 결과를 가져왔는지 알고 싶어 하는 것이다. 이를 위해서 관상쟁이는 몇 년 후 그 집을 다시 찾아간다. 물론 우연히 다시 그 집에 유숙하는 상황으로 설정되어 있는 자료도 있지만, 이 경우에도 자신이 실현한 방도의 결과에 매우 흡족해 하는 것으로 나타난다.[23] 그러면 관상쟁이가 자신이 택한 방도의 결과를 확인하고자 하는 이유는 무엇인가. 어떤 행위의 결과를 알고 싶어 하는 것은 당연하지만, 관상쟁이의 결과 확인은 표면적으로는 자신의 관상 능력을 확인한다는 의미가 있다. 다리가 절단된 이후의 내막을 알고는 '고개를 끄덕 끄덕거렸다.'던지, '관상이 틀림없었다.'라는 것이 바로 그러한 의미를 잘 보여준다. 이는 구연자들이 관상의 타당성을 인정하고 있음을 말해준다. 결국 관상쟁이의 결과 확인 행위는 운명 실현의 필연성을 보여준다는 점에서 의미가 있다. 정해진 운명대로 이루어졌는지 확인하는 것이다. 그럼으로써 관상쟁이는 운명의 필연성을 분명하게 보여주고 있다고 할 것이다.

셋째, 집주인의 행위이다. 관상쟁이의 역할에 비하면, 이 설화에서 집주인의 역할은 미미한 편이다. 전반부에서 집주인은 관상쟁이를

---

[23] <용한 상(相)쟁이>가 그런 경우이다. 관상쟁이는 우연히 어떤 부자집에 유숙하였는데, 주인이 한 쪽 다리가 없었다. 주인의 사정을 들어본 후에 자신이 그의 다리를 절단했음을 알게 된다. 이에 대해서 관상쟁이는 자신의 '관상 보는 눈에 틀림이 없구나.'라고 감탄하고 있다. (임석재, 『한국구전설화』 권8, 평민사, 1991, 96쪽.)

유숙시켜 주는 역할을 한다. 그나마 유숙하는 손님이 관상쟁이인지 아닌지 조차도 관심을 가지지 않는다. 단지 가난하게 살면서도 길손에게 유숙을 허락하는 평범한 사람일 뿐이다. 자신의 가난을 극복하려는 노력이나 의지도 부각되지 않는다. 이러한 집주인의 태도는 운명의 입장에서 본다면, 자신의 가난한 삶을 인정하고 순종하는 태도를 가지고 있는 것으로 보는 것이 타당하다.

그런데 집주인의 행동이 주목되는 부분은 설화의 후반부에서 관상쟁이와 다시 만났을 때이다. 집주인은 관상쟁이로부터 자신의 운명에 대해서 듣게 된다. 그리고 자신의 다리가 절단될 수밖에 없었던 사정도 알게 된다. 자신의 운명을 인지한 집주인은 관상쟁이를 원망하기는커녕, 그를 후대하기도 하고 재산을 반분해 주기도 한다.

> 주인은 이 말을 듣고 풍알 관상질하는 사람으 손을 잡고 "아이고 그랫십니까. 아이고 이렇게 고마운 사름이 어디 잇십니까"하고 닥 잡고 돗 잡고 큰 상을 잘 차려서 잘 대접힛수다.[24]

주인이 들은 말이란 바로 관상쟁이가 다리를 꺾어 놓고 야반도주한 사연을 말한다. 관상쟁이는 집주인의 관상을 보니 부자의 상을 지녔는데, 간곤하게 사는 것이 의아했다고 했다. 관상쟁이가 여러모로 이유를 살펴보니 집주인이 자면서 다리를 털고 있어서 복이 떨어졌다고 하였다. 그래서 가난하게 사는 집주인의 처지가 애석해서 도끼로 다리를 끊어 버리고 도망쳤다고 고백한 것이다. 이러한 관상쟁이의 고백에 대하여 집주인은 도리어 극진한 사의謝意를 표명하고

---

24) <다리를 떨면 가난하게 산다>, 임석재, 『한국구전설화』 권9, 평민사, 1991, 239쪽.

있어서 주목된다. 집주인은 관상쟁이의 손을 잡고 고맙다고 하면서, 주육을 마련하여 대접하고 있는 것이다.

이러한 집주인의 행위는 신체적인 불구보다는 현실적인 다복多福을 택한 것으로 본다. 사실 집주인은 자신의 가난한 처지를 인정하고 순종하던 터였다. 그는 자신이 부자의 운명을 타고났다는 것은 알지도 못하였던 것이다. 그는 그런데 관상쟁이가 나타나 집주인의 운명을 인지하고, 그 운명이 실현될 수 있도록 해 준 셈이다. 비록 집주인은 다리가 절단되는 불행을 당하기는 하였으나, 그 대가로 품정稟定된 다복多福을 누릴 수 있었던 것이다. 따라서 집주인은 신체적인 결함보다는 다복한 운명의 실현을 더욱 중시하고 있음을 알 수 있다.

따라서 <손복설화>는 손복 속신의 타당성과 아울러 운명 실현의 필연성이 얽혀 있는 이야기라고 할 수 있다. 이는 구연자의 언술과 등장인물의 행위를 통해서 잘 나타나고 있었다. 이때 운명은 절대적이고 신비한 것으로 인식되고 있다고 할 것이다. 결국 <손복설화>는 행복한 운명의 실현을 보여주는 경우에 해당한다고 할 수 있다.

2.2.3. 변역이 좌절되어 불행해지기

한편 다음과 같은 이야기에서는 적극적으로 운명을 회피하려고 하지만, 종국에는 실패하고 만다는 것을 보여준다. 앞의 예화들이 정해진 운명은 실현된다는 단순한 서사구조로 이루어져 있는 데 비하여, 다음 이야기들은 복잡다단한 사건 전개를 통하여 더욱 운명 실현의 필연성을 부각시키고 있다.

예전에 어떤 여인이 점을 쳐 보니, 모일 모시에 자기 남편이 호식虎食될 운명이라고 했다. 점쟁이에게 호식을 면할 방도를 물으니, 단지에 들어가 구들장 속에 숨어서 그 시각을 넘기면 된다고 했다. 그 날이 되자 부인은 점쟁이가 알려 준대로 남편을 숨겨 두었다. 어떤 사람이 찾아와서 남편을 찾았으나 없다고 하여 돌려보냈다. 얼마 후 중이 찾아와서 남편을 만나려고 했으나 시치미를 떼고 다시 돌려보냈다. 한 시간쯤 지난 후 아이를 업은 여자가 찾아와서 남편을 찾았다. 부인이 남편의 행방을 모른다고 하자, 여자가 자식을 낳아 놓고 찾아오지도 않는다고 하면서 행패를 부렸다. 화가 난 부인이 남편이 숨어 있는 곳을 말해 버렸다. 그 여인은 곧 여산대호如山大虎로 변하여 남편을 물고 가버렸다. 남편은 결국 호식할 팔자를 면하지 못하였다.25)

어떤 여인이 호식운虎食運을 타고난 남편을 구하려다가 실패하였다는 이야기인데, 이를 운명에 초점을 맞추어 요약하면 다음과 같다.

  A. 어떤 사람이 호환운을 타고났다.
  B. 점쟁이가 호환운을 모면할 수 있는 방책을 알려 주었다.
  C. 호환운을 모면할 수 있는 방책을 실행하였다.
  D. 호랑이에게 속아 방책이 무산되고 결국 호환을 당하였다.

이렇게 요약해 보면, 결국 이 설화는 호환될 운명은 아무리 피하려고 해도 피할 수 없다는 인식을 보여준다. 운명과 인간의 대결이 있었으나, 인간의 패배로 귀착되고 있는 것이다. 이때 인간은 운명으로 상징되는 호랑이에 비하여 한계를 가진 존재로 그려진다. 두

---

25) <호식 당할 사람은 독에 들어가도 못 면한다>, 『대계』 8 - 13, 404~406쪽.

번씩이나 호랑이를 속였으면서도, 마지막 고비를 넘지는 못하였던 것이다. 그에 비하여 호랑이는 필연적으로 실현되기 마련인 초월적 질서를 의미한다고 할 수 있다. 여인과 호랑이의 대결, 그것은 바로 인간적 욕망과 초월적 질서의 대결인 셈이다.

이러한 인식은 구연자의 의식과 등장인물의 행위를 통해서 쉽게 확인된다. 먼저 구연자의 인식은 채록기와 언술을 통해서 추정할 수 있다. 조사자의 말에 의하면, 이 설화는 다분히 운명론적 인생관이 담긴 내용으로서 청중들도 모두 공감하였다고 하였다.26) 즉 구연현장에 참여했던 구연자와 청중들이 운명론적 설화 내용에 공감하였다는 것이다. 청중의 공감이란 구연된 내용에 대한 긍정적인 반응으로 나타난다. 구연자가 설화를 구연하는 과정에서 이러한 청중들의 긍정적인 반응을 확인할 수 있다. 아기 업은 여인이 계책을 써서 부인의 질투심을 자극하는 대목이 그 대표적인 경우이다. 인용문이 길어서 번거롭기는 하지만 해당 부분을 옮겨보기로 한다.

(아이 업은 여인이 말하기를 - 필자)
"없을 택이 없는데, 와 어딜 가고 와 모르노꼬? 그 넘우 사람이 세상에 자석을 낳아 가지고 이만침 키우도록 하문(한번) 오지도 안 하고, 당장 찾아 내라."
꼬. 마 마 여자를 쥐뜯고, 마 처매를 쥐뜯고 마 달라들거덩. 달라드이까네 그 여자라 커는 기 마음이 야살프지. 그렇거나 말거나 어얏든지 마 ㉠ [청중: 내에 없다 캐야지.]내에 없다 캐야 될 낀데, 이거 마 도분이(화가) 났다. '어디 가 날 모르기 여자를 정해가지고 자석을 낳아가 저마이 키우도록 날로 마 전부 쇡이가던베.' 마 고기 꼭

---
26) 위의 책, 404쪽.

등에 들었다. ⓒ [청중: 도분을 시키는데, 바리(바로) 나오라꼬.]그래 도분을 시킨다. 시가 되가 오이까네 마 몬, 참, 그 시가 넘어 가까(갈 까 여겨서) 이기가 그래가 마 이 여자가 마,

"오냐, 이년아, 니 사나 저 삽짝 구틀 밑에 들었다."

ⓒ [청중: 답답에라.]그러이까네 마 어느 여게 아이도 어데 가뿐 동(가버린지) 없고, 마 여산대호가 되가 몇 발 안 끄리비디마는(긁더 니만) 소두뱅이가 드르륵 걷디마는 마 내러가가 마 물고 가뿌더란 다. 그래가 못 면하더란다. 그래 인자 그 이치로써 '호석할 사람은 독 안에 들어도 못 면한다.' ⓔ [청중: 그렇지, 그 의도라.]그래 독 안 에 들어가도 참 못 면했어, 그 뭐 시간이 돼 놓으이까네 여자가 되 가, 마 몇 번을 둔갑을 해가 그래 와가 마 마 참 물고 가뿌리. [웃음] 마 그 호석할 팔자를 마 못 면했단다.27)

네 군데에서 청중의 의미 있는 반응을 볼 수 있다. ㉠은 도분이 되기 직전의 상황에 대한 안타까움을 보여준다. 청중들은 아기 업은 여인으로 둔갑한 호랑이의 계책에 부인의 마음이 흔들리기 시작한 것을 아쉽게 여기는 것이다. 여자의 마음이 야살프다는 것은 얄망궂 다는 것을 말한다. 조그만 일에도 마음이 쉽게 변한다는 뜻이다. 마 음의 변화는 곧 남편의 행방을 실토하게 만든다. 청중들은 이러한 결과를 예측하고 있기 때문에 ㉠과 같은 아쉬움을 표하고 있는 것으 로 보인다. "내에 없다 캐야지."라고 하면서, 끝까지 남편의 행방을 모른다고 잡아떼어야 한다는 뜻이다. 그러나 설화는 이와는 반대 방 향으로 전개될 것이므로, 청중들은 부인의 경솔한 심정 변화를 아쉬 운 눈으로 바라보고 있는 것이다.

---

27) 위의 책, 405~406쪽.

ⓒ은 부인이 화가 난 이후의 상황에 대한 청중의 반응이다. 부인은 둔갑한 호랑이의 말을 듣고, 자기 남편을 의심하기 시작한다. 남편이 부인 몰래 다른 여자와 관계하여 자식까지 낳았음에도 불구하고, 지금까지 속여 왔다고 남편을 의심하기 시작한 것이다. 이러한 부인의 의심과 불신은 호랑이가 바라는 바이다. 부인의 의심과 불신은 곧 방책을 파탄으로 이끄는 계기가 된다. 이러한 파탄을 예상하고 있는 청중들은 호랑이의 계책을 들춰내고 있는 것이다. ⓒ이 바로 이러한 청중의 반응을 보여준다. 청중들은 호랑이의 계책을 들춰냄으로써, 부인의 의심과 불신에 대한 아쉬움을 토로한다.

ⓒ은 부인이 결국 남편의 행방을 실토한 것에 대한 청중의 반응이다. 호랑이의 계책에 넘어간 부인은 남편이 구들장 아래에 있다고 말해 버린다. 홧김에 남편의 행방을 말해 버린 것이다. 남편 행방의 노출은 곧 호식의 실현을 의미한다. 한순간의 실수로 그토록 모면하고자 소망했던 호식 팔자를 피하지 못했던 것이다. 그것도 마지막 고비에서 실패를 자초한 것이다. 그렇기 때문에 청중들은 '답답하다.'라는 반응을 보여준다. 조금만 감정을 자제했으면 호식 시각을 넘길 수 있었던 만큼, 청중들의 답답함도 컸다는 것이다.

ⓔ은 호식을 당한 이후의 청중의 반응이다. 구연자는 남편이 결국 호식 팔자를 면하지 못했다고 하면서, 호식할 사람은 독 안에 들어가도 면할 수 없다고 논평한다. 이러한 구연자의 논평에 대하여 청중들은 매우 긍정적인 의사를 표한다. 그러한 '의도'가 있었기 때문에 호식 팔자를 면할 수 없었다는 것이다.

결국 ㉠, ㉡, ㉢에 나타난 청중의 반응은 ㉣에서 종합되어 있다고 본다. 즉 변역의 실패에 대한 아쉬움은 청중들이 가지고 있는 '의도'

와 밀접하게 연관되어 있는 것으로 볼 수 있기 때문이다. 청중이 말한 '의도'란 바로 초월적인 운명을 뜻한다고 할 수 있다. 호식 당할 팔자를 타고난 사람은 아무리 방도를 취한다고 해도 이를 면할 수 없다는 인식이다. 그것은 바로 품정된 운명은 정해진 대로 실현된다는 인식이다. 구연자와 청중들은 변역의 실패를 아쉬워하면서도, 그 이면에서는 그러한 실패를 필연적으로 받아들이고 있다고 보아야 한다.

다음은 비명非命에 죽을 팔자를 타고난 사람의 이야기이다.

> 옛날에 한 사람이 살았는데, 하루는 용한 관상쟁이가 '모일 모시에 죽을 팔자이니 조심하라.'고 하였다. 죽을 날이 되자, 그는 집안에만 있으면 화를 피할 수 있을 것이라고 생각하고, 집안에 머물러 있었다. 그런데 갑자기 번개가 치고 비가 내렸다. 비가 그친 후에 보니 담장 밑에 꽃 하나가 쓰러져 있었다. 그는 쓰러진 꽃이 못내 불쌍해서 손질해 주던 중, 갑자기 무너진 담장에 깔려 죽었다.[28]

이 이야기 역시 어떤 사람이 모일 모시에 죽을 팔자를 타고났는데, 이를 변역하려다가 실패하였다는 내용으로 이루어져 있다. 주인공 자신이 방책을 마련한다는 점에서 앞의 예화와는 다르지만, 대체로 동일한 구조로 이루어진 이야기라고 할 수 있다. 모일 모시에 죽을 팔자를 알게 된 주인공이 집안에만 머물기로 한 것은, 그가 택할 수 있는 적절한 방책이라고 할 수 있다. 집안은 집밖보다 여러 가지 위험 요소가 적은 것이 사실이기 때문이다. 더구나 갑자기 번개가

---

28) <죽을 팔자>, 최래옥, 『전북민담』, 형설출판사, 1980, 344쪽.

치고 비가 내렸으므로, 그의 판단은 긍정적으로 받아들여진다. 그 사람이 '밖에 안 나가기를 잘 했다.'고 생각한 것도 이러한 판단을 가능하게 한다.

그러나 주인공의 방책은 갑자기 내린 소나기로 인하여 새로운 전기를 맞게 된다. 갑자기 내린 소나기는 담장 아래 심어놓은 꽃을 쓰러뜨렸고, 주인공은 쓰러진 꽃을 다시 세운다. 이 과정에서 갑자기 담장이 무너져 내려 주인공은 담장에 깔려 죽었던 것이다. 소나기가 내리고 꽃이 쓰러진 것이나, 담장이 무너져 사람이 깔려 죽은 일은, 문면으로 본다면 아주 우연히 일어난 사건일 뿐이다.

그렇지만 전체적인 맥락으로 본다면 주인공의 죽음은 우연이 아니라 필연으로 인식된다. 폭우로 인한 꽃의 피해, 그리고 담장의 붕괴와 주인공의 압사는 사실 아무런 관련이 없다. 그렇지만 하필이면 그날 그 시각에 갑자기 폭우가 내렸는가, 왜 주인공은 꽃을 손질하려고 하였으며, 담장은 바로 그때에 무너졌는가에 대해서는 논리적으로 설명이 곤란하다. 운명적 차원에서 본다면 이러한 의문은 쉽게 이해될 수 있다. 갑자기 폭우를 내리게 하고 꽃을 상하게 한 것은 바로 초월적인 위력威力의 발현發現이라고 할 수 있다. 주인공을 담장 곁으로 유인하여 압사하게 한 것도 또한 초월적인 질서의 힘이라고 밖에 설명할 수 없다.

주인공의 죽음에 대해 이와 같은 해석이 가능한 것은, 이 이야기가 운명은 정해진 대로 이루어진다는 인식에 근거하고 있기 때문이다. 사실 담장이 무너져 압사하는 일은 우연한 사건으로 치부될 수 있다. 여러 가지 합리적인 이유를 들어 그의 죽음을 해명할 수 있는 것이다. 그러나 하필이면 그날 그 시각에 비가 내려 꽃이 쓰러지고,

담장이 무너졌는지에 대해서는 궁극적인 해명이 어렵다.[29] 이러한 의문에 대한 궁극적인 해답은 운명의 필연성에서 찾을 수 있을 뿐이다.

이처럼 <호식당할 사람은 독에 들어가도 못 면한다>와 <죽을 팔자>에서는 주어진 운명에 대하여 변역이 실패하여 불행해지는 경우이다. 이들 이야기에서는 운명과 인간 사이에 대립과 갈등이 나타난다. 인간은 호환이나 횡사를 피하려고 하고, 운명은 이를 허용치 않으려고 하는 데서 갈등이 조성된다. 이는 바로 현실적인 욕망과 초월적 질서 사이의 대립이라고 할 것이다. 그렇지만 운명과 인간의 대립은 종국에는 인간의 패배로 귀착된다. 이는 인간이 지니고 있는 현실적 욕망의 좌절이라고 할 수 있으며, 초월적 질서의 우위를 의미한다고 할 수 있다. 이러한 초월적 질서의 실현에 대하여 인간이 선택할 수 있는 것은 그다지 많지 않다. 인간에 대하여 운명은 절대적인 우위를 점하고 있는 것이다.

한편 생사 이외의 문제에 대해서도 이러한 인식을 보여주는 설화들도 있다. 이른바 재복財福이나 관운官運에 관한 이야기가 이에 해당한다. 재복과 관운에 대한 이야기는 곧 부귀의 문제와 관련된다. 그러면 예화를 들어 보기로 한다.

> 정조가 야행을 나왔다가 어떤 선비가 밤늦도록 글 읽는 소리를 들었다. 정조가 선비 집을 찾아가 보니, 그는 학식은 높았음에도 불구하고 매우 가난하여 과거에 응시하지 못하였음을 알게 된다. 정

---

[29] 이는 다른 민족의 풍속을 통해서도 확인된다. 아프리카의 잔데Zande 부족은 어떤 사건이 일어나면 그러한 사건이 일어난 이유를 계속적으로 추적한다고 한다. 그러한 원인 추적은 '엠보리Embori'라고 외칠 때까지 계속된다. 이때 '엠보리'라는 말은 대체로 '운명 때문이지.'라는 의미를 가진다.(한상복 외, 『문화인류학개론』, 수정판, 서울대학교출판부, 1989, 292~293쪽.)

조는 자기가 붓을 보내줄 테니 과거에 응시하라고 한다. 정조는 궁궐로 돌아와 붓통 속에 과제科題와 정답을 넣어서 선비에게 보내는 한편, 3일 후에 과거를 시행하도록 명하였다. 과거일이 되자 선비의 친구가 찾아와 함께 응시하기를 청하였다. 선비는 입고갈 옷과 신발이 없다고 하면서, 정조가 보내준 붓을 친구에게 빌려 주었다. 친구는 붓통 속에 들어있는 정답을 적어내어 과거에 급제하였다. 전후 사정을 알게 된 정조는 다음날 밤 선비 집 담장 너머로 돈다발을 던져 주었다. 그런데 선비 집에서는 도리어 곡성이 진동하였다. 내막을 알아보니 선비가 돈뭉치에 맞아서 머리가 터져 죽었다고 했다. 이 사실을 알게 된 정조는 복이 없는 사람은 어쩔 수 없다고 탄식하였다.30)

정조의 야행에 관한 설화인데, 두 가지 삽화로 이루어져 있다. 하나는 가난한 선비를 급제시키려다 실패하는 삽화이고, 다른 하나는 그에게 돈을 주어 잘 살게 해주려다 실패하는 삽화이다.

첫 번째 삽화에서 정조는 야행을 나갔다가 밤늦도록 글을 읽는 선비를 만나게 되었다고 했다. 정조는 선비의 학식을 높이 평가하여 그를 등용하기로 하고, 과제가 담겨진 붓통을 하사한다. 그런데 선비는 옷이 없다는 이유로 과제가 담긴 붓통을 친구에게 빌려준다. 결국 정조의 의도와는 달리 선비의 친구가 급제하는 행운을 누리게 된다는 것이다.

두 번째 삽화에서 정조는 또 다시 그 선비를 도와주고자 한다. 즉 밤중에 몰래 돈다발을 담장 너머로 던져준 것이다. 그런데 도리어 그 선비 집에서는 곡성이 진동하였다고 했다. 선비가 돈다발에 머리

---

30) <복이 없는 사람>, 임석재, 『한국구전설화』 권5, 평민사, 1989, 321~323쪽.

가 터져 죽었다는 것이다. 정조가 예상했던 것과는 정반대의 상황이 벌어진 것이다. 이러한 자초지종을 알게 된 정조는 복이 없는 사람은 어쩔 수 없다고 한탄했다고 한다.

결국 이 설화는 임금이 선비를 도우려다가 두 번이나 실패했다는 이야기이다. 임금이 과제를 알려 준 것이나, 돈다발을 던져 준 것은 선비에게 있어서 대단한 행운이다. 그렇지만 이러한 행운은 기대와는 달리 불운으로 귀결된다. 이는 운명과 인간의 대립에서 운명이 승리하였음을 의미한다. 초월적 질서를 위배하려는 정조의 의도는 좌절을 거듭하고 있는 것이다. 선비의 박복한 운명을 변역시켜 주려는 정조의 인위적인 방책은 결국 무위로 끝나고 있다. 따라서 이 이야기는 사람의 부귀는 운명적으로 정해진 것이어서 이를 인위적으로 변역시킬 수 없다는 것을 말해 준다.

여기서 더욱 주목할 점은 인간으로서는 최고의 지위에 있는 사람일지라도 정해진 운명은 어쩔 수 없다는 인식이다. 임금은 무소불위 無所不爲의 권한을 가지고 있는 것이 사실이다. 그런 점에서 정조의 실패는 운명의 절대성과 필연성을 더욱 부각시켜 주는 효과가 있다고 본다. 이런 유형의 이야기는 문헌설화에서도 볼 수 있고, 다른 나라의 설화에서도 찾을 수 있다. 이육李陸의 『청파극담靑坡劇談』에 실려 있는 태종의 이야기,[31] 조신曺伸의 『소문쇄록謏聞瑣錄』에 실려 있는

---

[31] 이 설화는 이육, 『청파극담靑坡劇談』, 『대동야승大東野乘』 권6(민족문화추진회 편, 『국역 대동야승』 권2, 중판: 민문고, 1989, 126~127쪽.)에 실려 있다. 내용은 다음과 같다.
"태종이 모든 책임을 벗고 풍양궁에서 거처할 때였다. 어떤 두 소관小官이 있었는데, 서로 더불어 하늘과 사람의 이치를 논하였다. 갑은 '부귀와 영달이 모두 임금에게서 나온다.'라고 하니, 을은 '그렇지 않다. 하나의 품계나 하나의 계급은 모두 하늘이 정하는 것이어서 비록 임금이라 하더라도 그 사이에 인위로 할 수 없다.'고 하였다. 각자 자기의 생각이 옳다고 하여 끝내 의견이 하나로 귀결되지 않았다.

제1부 한국 운명설화에 나타난 운명관 연구 63

세조의 이야기32)가 그러한 대표적인 예라고 할 수 있다. 또한 톰슨의 설화 유형 841번인 <신을 믿는 거지와 왕을 믿는 거지>33)도 이

> 태종이 이들의 말을 듣게 되었는데, 몰래 '지금 가는 소관에게 모름지기 한 품계를 더 올려주기 바라오.'라고 쓴 소지小旨를 갑으로 하여금 세종에게 전하게 했다. 갑이 하직하고 물러나왔는데 갑자기 복통을 일으켜 을에게 대신 소지를 전하도록 하였다. 다음날 정목을 태종에게 계품하였는데, 을에게는 가자를 내렸고 갑은 빠져 있었다. 태종이 그 연유를 물어보아 알고는 한참동안 경탄하여 마지 않았다."
> (太宗釋負荷燕居于豊壤宮 時有二小官 相與談天人之理 甲則日 富貴窮達 皆出於人君 乙則日 不然 一資一級 皆天所定 雖人主不能有爲於其間 各自以爲是 莫敢歸一上及聞之 密書小旨日 今去小官須加一資 以付甲者以送於世宗所 甲者旣辭而出 忽患忽腹 假乙者以傳 明日啓政目於太宗 乙者加資 而甲者則無矣 太宗問知其所以 驚歎良久)

32) 이 자료는 허봉, 『해동야언海東野言』권2, 『대동야승』권8에 실려 있다. 그러나 『대동야승』 권3에 실려 있는 발초본 『소문쇄록謏聞瑣錄』에서는 이 자료가 누락되어 있다. 한편 이 자료는 『야사회수野史會粹』 및 『송천필담松泉筆譚』에도 수록되어 있다. 『야사회수』에는 <귀천유명貴賤有命>이라는 제목 하에 동일한 자료가 실려 있다.(정명기 편, 『한국야담자료집성』권1, 고문헌연구회, 1987, 127쪽.) 『송천필담』에는 『소문쇄록』에서 발췌했음을 밝히고 '광묘'를 '세조'라고 하였을 뿐 다른 내용은 동일하다.(정명기 편, 『한국야담자료집성』권19, 계명문화사, 1992, 84~85쪽.) 설화의 내용은 다음과 같다.
"광묘光廟는 일찍이 한 비관卑官을 기쁘게 여기지 아니하여 천직을 시키지 아니하였다. 수년이 지난 뒤 어느 날 내전에서 잔치를 하였는데, 재추가 모두 전상에 모여 있었다. 임금이 그 비관을 돌아보니 이미 금띠를 띠고 있는지라 마음속으로 의아하게 생각하였다. 잔치가 끝난 다음 전조銓曹로 하여금 그 비관의 이력을 사실대로 조사해 올리도록 명하였다. 임금이 비관의 이력을 살펴보니 과연 청반淸班으로 말미암아 제수되었던 것이다. 임금이 이에 말하기를 '사람의 귀천은 운명에 있는 것이니, 역시 임금이 능히 할 수 있는 바가 아니다.'라고 하였다. 전조에서 관직을 제수하고자 할 때에는 반드시 3명을 갖추어 의진擬進하였다. 그런데 광묘는 때로는 먹물을 붓에 많이 묻혀서 3명의 이름 위에 뿌리고는, 먹물이 떨어지는 곳에 따라 점을 찍어 선출하기도 하였다. 혹 어느 때에는 글을 모르는 궁인으로 하여금 점을 찍어 선출하게 하고는, 말하기를 '이 또한 운명이다.'라고 하였다."(光廟嘗不喜一卑官 不欲遷職 累數年 一日內宴 宰樞皆在殿上 上顧見其卑官 亦已金帶矣 心自驚訝 宴罷 令銓曹考其官實歷以進 果皆由淸班除擬而進也 上乃日 人之貴賤 有命存焉 亦非人主所能爲也 銓曹除官 必備三人擬進 光廟或以筆濃燕墨卞 臨三人姓名之上 隨其落墨處 下點而出 或令宮人不解字者點出 日是亦命也)

33) AT 841 <One Begger Trusts God, the Other the King>에서는 왕은 두 거지에게 빵을 나누어 준다. 그런데 왕은 자신을 믿는 거지에게는 황금이 가득한 빵을 주고, 신을 믿는 거지에게는 그냥 빵을 준다. 그런데 이 사실을 모르는 거지들은 서로 빵을 바꾼다. 결국 황금은 신을 믿는 거지에게 돌아간다.(Stith Thompson, *The Folktale*, New York: The Dryden Press, 1946, p.176.) 한편 톰슨의 『설화유형집』에 의하면 이러

와 유사한 내용으로 이루어져 있다. 이들 이야기의 공통점은 임금의 의도는 실패하고, 행운은 의외의 인물에게 돌아간다는 것이다. 결국 행운이라는 것은 아무리 높은 지위에 있는 인간의 힘으로도 변역시킬 수 없다는 것을 말해준다고 할 수 있다.

다음은 관운官運이 없으면 관직에 나아갈 수 없다는 내용의 이야기를 살펴보도록 한다.

> 공부는 열심히 하였지만 매우 가난한 서생이 있었다. 하루는 부인이 대가의 부인처럼 호강하고 싶다고 하면서 과거를 보라고 하였다. 서생은 과거에 장원급제하여 제주목사로 부임하게 되었다. 서생과 부인이 배를 타고 가던 중 풍랑이 일어나 배가 전복될 위기에 처하였다. 사공이 윗도리를 벗어 던져 보자고 하였다. 다른 사람의 옷은 가라앉지 않았는데, 유독 부인의 옷이 물속으로 가라앉았다. 서생이 할 수 없이 부인을 물에 던지니, 풍랑이 멈추었다. 서생은 무사히 제주도에 부임하게 되었다. 그 후 서생은 제주목사를 마친 후 새 부인을 얻어 잘 살았다.[34]

관운이 없는 여인이 품정된 운명 이상의 부귀를 누리려 하다가 죽게 되었다는 이야기이다. 어떤 서생이 열심히 공부를 했지만 몹시 가난했다고 했다. 그런데 서생의 부인이 호강하고 싶어서 남편에게 벼슬길에 나아가기를 권한다. 서생은 남자가 벼슬을 하려면 관운을 타고나야 하며, 부인도 또한 관운을 타고나야 벼슬하는 남편을 모실 수 있다고 타이른다. 그러나 부인은 "사람은 다 마찬가지"라고 하면

한 내용의 설화는 전세계적으로 전승되고 있는 것으로 보인다.(Stith Thompson, *The Types of the Folktale*, Helsinki: Suomarainen Tiedeakatemia, 2nd re., 1973, p.283.)
34) <팔자에 없는 벼슬>, 『대계』 1-7, 622~625쪽.

서 과거 보기를 권한다. 이를 보면 남편은 관운에 의해 벼슬길이 좌우된다고 믿는 반면에, 부인은 팔자와는 상관없이 누구나 관직에 나아갈 수 있다고 믿고 있음을 알 수 있다. 이러한 상황은 남편과 부인의 대립이 아니라, 기실은 운명과 인간의 대립이라고 할 수 있다.

이러한 부인의 욕망은 일시적으로 성취되는 것처럼 보인다. 부인의 말에 따라 남편은 과거에 급제하게 되고, 제주목사에 제수되었기 때문이다. 그렇지만 부인의 욕망은 제주목사로 부임하는 도중에 좌절되게 된다. 배를 타고 바다를 건너다가 풍랑을 만나, 일행 중에서 누군가 희생되어야 할 위기에 처한 것이다. 사공은 '바다에 빠져죽을 팔자'를 가진 사람이 있다고 하면서 옷을 벗어 바다에 던져 보자고 제안하고, 결국 부인이 선택되어 바다에 던져진다. 따라서 운명과 인간의 대립은 인간의 패배로 귀결되었다고 할 수 있다.

이러한 이야기 속에는 운명의 절대성과 필연성을 인정하는 인식이 자리 잡고 있다고 본다. 이는 채록기를 통해서 분명하게 드러난다. 채록기에 의하면 구연자는 "모든 게 다 팔자에 타고나야 된다고 말을 꺼내면서 이야기를 시작하였다."[35]라고 하였으며, 주위의 청중 또한 구연자의 말에 공감하듯 고개를 끄덕였다고 했다.

구연자의 언술에서도 이러한 인식을 찾아볼 수 있다. 부인이 서생에게 벼슬길에 나아가기를 권하자, 서생은 다음과 같이 답변하고 있다.

> "벼슬두 다 팔관훈이 있어야 허는 거구. 부인두 역시 또 관훈을 타야 그 벼슬을 허는 남편을 모실 수가 있는데 그거이 그렇게 마음대로 되느냐?" 말야.

---
35) 위의 책, 623쪽.

그리니까 그 여자가,

"하, 사람은 다 마찬가지인데 뭘 못하겠느냐? 한 번 벼슬을 해 보시라."36)

사람이 벼슬에 나아가는 것은 다 관운에 달려 있다는 말이다. 부인 역시 관운을 타고나야 벼슬하는 남편을 모실 수 있다고 한다. 이렇게 벼슬에 나아가는 것이 관운에 달려 있기 때문에 마음대로 할 수 없다는 것이다. 이러한 남편의 생각은 운명의 절대성을 인정하고, 이에 따라야 한다는 인식에 기초하고 있다고 할 수 있다. 그러나 부인의 생각은 남편과 다르다. 그녀는 사람은 누구나 마찬가지라고 생각한다. 관운과 관계없이 누구나 벼슬을 할 수 있다는 것이다. 즉 운명에 상관없이 사람이 열심히 공부해서 벼슬길에 나아가면 된다는 입장이다. 이렇게 부인과 남편의 생각은 서로 상반되어 있다. 부인과 남편의 상반된 입장은 결국에는 남편 쪽으로 수렴된다. 부인은 도임하던 남편을 따라가던 중에 풍랑을 만나 죽게 되었던 것이며, 남편은 부인의 죽음을 팔자로 이해하였던 것이다. 결국 부인의 죽음은 운명의 절대성과 불가피성을 재삼 확인시켜주었다고 할 수 있다.

이상의 설화들은 통해서 사람의 생사는 물론이고 부귀와 관직까지 모든 것이 운명적으로 이루어진다는 인식을 찾아볼 수 있었다. 이는 인간의 삶은 모두 운명적으로 정해져 있다는 인식과 다르지 않다. 그것은 바로 초월적 질서를 중시하는 인식인 셈이다. 인간의 삶은 단지 주어진 운명의 실현과정일 뿐이며, 이를 변역하려는 인간의 시도는 도리어 더 큰 불행을 가져올 수도 있다는 것을 말해준다.

---

36) 위의 책, 623쪽

2.2.4. 변역이 좌절되어 행복해지기

변역이 좌절되어 불행해지는 이야기는 어찌 보면 당연한 귀결이라고 할 수 있다. 변역의 좌절은 곧 좋지 않은 결말을 예고하기 때문이다. 그런데 문제는 변역이 좌절되었는데, 도리어 행복해지는 이야기가 존재한다는 점이다. 이에 해당하는 유형으로는 <천생연분설화>와 <다남운설화>가 대표적이다. 다른 운명실현형과는 달리 유형성이 뚜렷한 편이므로, 각각 별도의 항목으로 나누어 살펴보기로 한다.

(1) <천생연분설화天生緣分說話>

<천생연분설화>는 어떤 총각이 자신의 천생배필을 죽이려 하다가 실패하고, 결국에는 그녀와 혼인하게 되었다는 이야기이다. 이는 각편에 따라서 연지 곤지의 유래담으로 설정되어 있기도 하다.

㈎ 변이양상 및 갈등·주제의식
<천생연분설화>는 9편의 자료가 채록되어 있다.

번호	각 편 제목	수록문헌	채록지	제보자	연도
1	연지와 곤지의 유래	대계 2 - 9	강원영월	유영조/남/71	1983
2	막을 수 없는 천생연분	대계 3 - 2	충북청주	김광식/남/38	1980
3	소금장수 이야기(3)	대계 4 - 4	충남보령	고정숙/여/60	1981
4	천생연분	대계 4 - 6	충남공주	이정순/남/80	1984
5	나무꾼과 부자집 딸	대계 5 - 2	전북완주	백옥련/여/68	1980
6	노총각의 천생배필	대계 7 - 14	경북달성	김옥련/여/50	1984
7	천생연분	한국구비문학선집	충북괴산	이병관/남/42	1968
8	청실홍실 천생연분	전북민담	전북전주	손성녀/여/80	1978
9	천생연분	충청남도민담	충남천안	김근철/남/65	1974

9편의 자료 중에서 한 편을 들어 그 면모를 살펴보고, 이를 중심으로 주요한 변이양상을 검토하기로 한다.

> 옛날에 어떤 총각이 있었는데, 노총각이 될 때까지 장가를 들지 못했다. 하루는 어느 곳을 지나가는데 어떤 할머니가 청실과 홍실을 서로 묶어주고 있었다. 총각이 할머니에게 무엇을 하느냐고 물으니, 청실과 홍실을 묶어 부부의 인연을 맺어주고 있다고 하였다. 총각은 자신의 배필이 누구인지 알고 싶다고 하였다. 할머니는 산 너머에 있는 집에서 빨래를 너는 여인이 업고 있는 아기가 바로 총각의 배필이라고 알려 주었다. 총각이 그 집을 찾아가보니 과연 그러한 아기가 있었다. 이에 실망한 총각은 연분을 끊기 위하여 아기의 이마를 돌멩이로 치고 도망쳤다. 그 후 총각은 어떤 고을의 원님이 되었으나 여전히 장가를 들지 못하였다. 그때 마을 처녀와 혼인하게 되었는데, 색시는 이마와 얼굴에 빨간 점을 칠하고 있었다. 첫날밤에 그 연유를 물으니 어렸을 때 생긴 상처 자국 때문이라고 하였다. 총각은 그제야 천생연분은 어쩔 수 없다는 것을 깨닫게 되었다. 그 후로부터 혼인하는 신부는 연지와 곤지를 찍는 풍속이 생기게 되었다.[37]

어떤 총각이 혼인 연령이 지나도록 장가를 들지 못했다고 하였다. 그러던 어느 날 청실홍실을 맺어주는 할머니를 만나서 자신의 배필이 누구인지 물어 보게 된다. 할머니는 산 너머에 빨래를 널고 있는 여인이 업고 있는 아이가 배필이라고 알려준다. 이에 노총각은 여아를 살해하여 그들 사이의 연분을 끊어버리고자 하지만, 결국에는 그녀와 혼인하게 되었다는 것이다.

나머지 8편의 자료들도 예화의 내용과 크게 다르지 않지만, 세부

---

[37] <연지와 곤지의 유래>, 『대계』 2-9, 81~84쪽.

적으로는 몇 가지 차이를 볼 수 있다. 첫째, 총각의 처지이다. 총각의 처지는 빈부와 상하에 따라서 네 가지로 나눌 수 있다. 즉 부유한 상층, 가난한 상층, 부유한 하층, 가난한 하층의 처지가 그것이다. 예화의 경우에는 총각은 아직 벼슬에 나아가지는 않았으나 후에 원님이 되었다고 한 점을 본다면, 그는 '가난한 상층'의 처지로 생각된다. 또한 자료 9의 주인공도 나중에 원님이 되고 있으므로, 이 또한 가난한 상층에 속한다고 할 수 있다.

한편 자료 2에서는 부유한 상층의 면모가 두드러진다. 자료 2의 주인공은 부유한 장자의 아들이면서 탁월한 재질을 지니고 있다고 하였다. 그는 얼굴과 풍채가 뛰어날 뿐만 아니라, 청산유수와 같은 말재주까지 겸하였다는 것이다. 이렇게 좋은 조건을 지닌 주인공이 장가를 들지 못했다는 것은 그만한 사연이 내재되어 있음을 짐작하게 해준다. 그것은 적어도 현실적인 요소보다는 초월적인 요소의 문제일 가능성을 지니고 있다고 할 것이다.

자료 1·2·9를 제외한 나머지 각편에서의 주인공은 가난한 하층의 모습을 지니고 있다. 이들 자료의 주인공은 소금장사, 나무장사, 등짐장사, 머슴살이 등으로 생계를 유지하고 있으며, 아무런 벼슬에도 오르지 못한다. 이로 보아서 이들 자료의 주인공은 가난한 하층의 처지에 가깝다고 생각된다. 따라서 주인공의 처지는 부유한 상층, 가난한 상층, 가난한 하층의 세 경우로 나타난다고 할 수 있다.

둘째, 연분을 맺어주는 신의 형상이다. 예화의 경우 연분을 맺어주는 신은 '청실과 홍실을 맺어주는 할머니'로 그려져 있다. 이러한 신의 형상은 '실을 매는 호호할머니', '당사실을 매는 노구老嫗 할머니' 등으로 약간의 차이를 보이기도 한다. 하지만 자료 2에서는 '청실홍실을 맺어주는 노인'으로 설정되어 있고, 자료 3에서는 점쟁이로 되어 있기도 하다. 이처럼 <천생연분설화>에서는 연분을 담당하는 신격이 '노구老嫗'와 '노인老人'으로 양분되어 있음을 볼 수 있다.

주인공의 처지와 신격의 변이양상은 중국의 <월하노인설화月下老人說話>와의 관련지어 볼 때, 시사하는 바가 적지 않다. 먼저 주인공의 처지에 주목해 보면, <월하노인설화>에서는 부유한 상층으로 되어 있다. 『태평광기太平廣記』에 실려 있는 <정혼점定婚店>이라는 자료를 보면 주인공 위고韋固는 어려서 고아가 되었으나 하인을 데리고 유람하는 인물로 그려져 있다.[38] 구비설화인 <월하노인적고사月下老人的故事>에서도 어떤 대장大將이 장가를 들지 못했다고 하였다.[39] 이를 보면 중국의 <월하노인설화>의 주인공은 부유한 상층이거나, 적어도 가난한 상층이라고 할 수 있다. 그렇다면 우리나라의 자료 1·2·9는 다른 것에 비하여 중국 설화와 가깝다고 할 수 있다.

다음 초월적 존재의 형상을 보면 <정혼점>에서는 '청실홍실이 담긴 자루를 들고 달빛 아래 책을 보고 있는 노인'으로 되어 있고, <월하노인적고사>에서는 '정자에서 책을 보고 있는 노인'으로 그려져 있다. 그런데 우리 자료에서는 책을 보고 있는 모습은 찾아볼 수 없으며, 주로 청실홍실을 매고 있는 할머니로 형상화되어 있다. 청실홍실 등과 같은 끈으로 남녀를 묶어주는 것은 세계적으로 분포되어 있는 혼인 습속이다. 아프리카의 난디Nandi족은 신랑 신부의 손

---

[38] 李昉, 『태평광기太平廣記』 권159, 臺北: 古新書局, 1980, 318쪽 ; 馮夢龍, 『태평광기초太平廣記鈔』 권21, 庄威·郭群一 교점, 河南: 中洲書畵社, 566~567쪽.

[39] 중국민속학회 편, 《민간월간民間月刊》 제2권 9호, 192~193쪽.(영인본, 『중국민속자료총서』 권5, 민속원, 1988.)

목을 풀로 묶어 준다고 하며, 베추아나Bechuana족은 황소의 목 부분 가죽으로 신랑 신부의 팔목을 매어 놓는다고 한다. 그것은 바로 신랑과 신부를 부부로 인정하는 '상징적 유대紐帶'로 여겨진다고 한다.[40] 이런 점을 감안한다면 <정혼점>에서 청실홍실이 담긴 자루를 들고 있는 것이나, <천생연분설화>에서 청실홍실을 맺어주는 것은 세계 공통의 현상이라고 할 수 있다. 이는 청실홍실을 매어주는 형상이 좀더 원초적인 모습임을 암시해 준다.

이와 더불어 '노구老嫗'와 '노인老人'의 차이도 주목되는 내용이다. 『삼국사기』에 등장하는 노구老嫗에 대한 연구[41]에 의하면, 노구에 관한 기사는 신라는 소지왕 22년, 고구려는 미천왕 원년, 백제는 동성왕 23년 이후에는 나타나지 않는다고 한다. 그 이후에는 노구를 대신하여 노인이 등장하여 유사한 역할을 수행한다는 것이다. 이는 노구에서 노인으로 변화되었음을 보여준다. 직능에는 변화가 없지만 여성에서 남성으로 변화되었던 것이다. 이는 여성신에서 남성신으로의 변화[42]와 일치하는 변화라고 할 수 있다. 그렇다면 <천생연분설화>에 등장하는 '노구'와 '노인' 중에서 '노구'가 고형古型에 더 가깝다고 본다.

이와 같은 사실에 입각한다면, <천생연분설화>에 등장하는 '노구'는 <월하노인설화>의 '노인'보다 원초적인 형상이라고 본다. 한편 <천생연분설화>와 중국의 <월노설화>의 관계에 대해서는 일

---

40) Edward Alxander Westermarck, *A Short History of Marriage*, 최달곤·정동호 공역, 박영사, 1981, 175쪽.
41) 최광식, "삼국사기 소재 노구의 성격,"《사총》25집, 고려대학교 사학회, 1981, 13쪽.
42) 김영수, "지리산 성모사에 취하야,"《진단학보》11집, 1939 ; 손진태, "고대 산신의 성에 취하여,"『한국민족문화의 연구』, 을유문화사, 1948 ; 김열규, "무속적 영웅고,"《진단학보》43집, 1977 등에서 이런 내용이 논의된 바 있다.

찍이 중국의 <월노설화>가 받아들여져 월노에 대한 신앙을 바탕으로 만들어낸 운명담으로 평가된 바 있다.[43] 이러한 논평을 받아들인다면, <천생연분설화>는 <월노설화>를 수용하면서 주인공의 처지와 신격의 형상에 있어서 토착적인 변이를 가져온 것으로 보인다.[44]

한편 <천생연분설화>의 주된 갈등은 총각과 연분 사이에서 일어난다. 이러한 갈등이 구체화된 것이 바로 여아에 대한 살해 기도이다. 여아의 살해는 곧 초월적으로 맺어진 연분의 단절을 의미하기 때문이다. 즉 총각과 여아 사이에 맺어져 있는 청실홍실을 끊어버리는 것을 뜻한다. 그럼으로써 그들 사이에 존재하는 초월적 유대를 제거하고자 하는 것이다. 그렇지만 총각의 여아 살해 시도는 실패로 돌아간다. 이는 연분의 단절은 불가능하다는 것을 의미하며, 한번 품정된 운명은 불가역不可易하다는 것을 말해 준다.

결말부분에 이르면 주인공 자신도 연분의 불가역성不可易性을 수긍하게 된다.

> (신부가 이마에 흉터가 생긴 내막을 말해 준 후 - 필자)
> 그래 가만히 궁리를 해 보니 아, 자기가 그 때 때때 잡을라 하던 그 처녀란 말이야. 아, 그래 참, 천생연분이구나. 이건 할 수 없구나. 그래 정해 놓은 천생 배필이라는 것은 어쩔 수가 없단 얘기야.[45]
> 그러니께, 무릎을 탁 치면서,
> "아이고 여보 죄송하오. 천생연분이 그런 걸 인력으로 그걸 막을

---

43) 한국구비문학회 편,『한국구비문학선집』, 일조각, 1977, 59쪽.
44) <천생연분설화>와 <월노설화> 사이의 세부적인 차이는 설화의 전파와 토착화 과정을 보여줄 수 있는 좋은 대상이라고 할 수 있다.
45) <연지와 곤지의 유래>,『대계』2-9, 83쪽.

라고 하니까 내가 죄를 안 받고 살아남은 게 참 놀랍소."

이래 가지고 다시 그 참 그 손을 잡고 다시 그 백번 사죄하고, 그래서 그 좋은 인연 연분은 인력으로 어찌 할 수 없다. 천생天生의 인연은 불가분不可分이다. 막을 도리가 없다 하는 얘기가 거기서 나왔다는 얘기가 되겠습니다.46)

자신이 살해하려 했던 여아와 혼인하게 되었음을 인지하게 된 총각은 '천생연분은 할 수 없다.'라고도 하고, '정해진 천생배필은 어쩔 수가 없다.'라고 실토한다. 천생의 인연은 인력으로 좌우할 수 없으며, 불가분이어서 막을 도리가 없다는 것이다. 이처럼 주인공은 연분의 절대성과 불가피성을 수긍하게 된다. 결국 <천생연분설화>는 한번 정해진 부부의 인연은 끊을 수 없다는 주제의식을 보여준다고 할 수 있다.

(나) <천생연분설화>에 나타난 운명인식

<천생연분설화>의 갈등양상과 주제의식을 고찰하는 과정에서 정해진 운명은 불가피하다는 운명인식에 기초하고 있다는 것을 짐작하였으리라고 본다. 이러한 짐작을 염두에 두고 <천생연분설화>에 나타난 운명인식을 고찰하기로 한다.

첫째, 남녀의 연분을 맺어주는 신격에 대한 신앙이 존재하는 것으로 인식된다. 이는 부부의 인연을 맺어주는 노구老嫗에 대한 신앙이 존재한다는 말과 같다.

---

46) <막을 수 없는 천생연분>, 『대계』 3-2, 95쪽.

하늘이 남녀를 낳으매 반드시 부부가 있으니, 생각하건대 바람에 머뭇거리는 낙엽처럼 우연히 서로 만나는 것인가. 지금 이 이야기로써 살펴보건대 마치 조화옹이 근본을 주관하며 일일이 점지하여 정해주는 것 같다. 그러므로 월노가 실을 매어 연분을 정해 준다는 말이 과연 허탄하지 않다.

天生男女 必有夫婦 意其風絮落葉 偶然相值耳 今以此觀之 則似若有造化翁 主張其柄 而一一點定者 然月老係繩之說 果不虛耶[47]

<천연天緣>이라는 제목을 가진 야담의 논평을 옮긴 것이다. 논평자는 부부란 우연히 만나는 것이 아니라, 조화옹造化翁이 주관하여 일일이 점지하여 정해주는 것이라고 하였다. 그러므로 월노月老가 실을 매어 연분을 정해준다는 말은 허탄하지 않다는 것이다. 이는 중국의 월노에 대한 신앙과 마찬가지로, 우리 민족은 조화옹이 그러한 직능을 가지고 있는 것으로 믿고 있음을 말해준다.

중국에서는 월노에 대한 신앙과 관련설화가 함께 전승된다.[48] <정혼점>에서도 월하노인은 홍실로 한번 부부의 발을 묶어 놓으면 절대로 바꿀 수 없다고 하였다.[49] 월노는 인간의 혼사를 주관하는 신으로서 송생낭낭送生娘娘과 짝을 이룬다고 하면서, 인간이 태어나기 전에 월노가 남녀를 홍실로 묶은 후에 송생낭낭에게 보내어 태어나게 한다고도 한다.[50] 이로써 보면 중국에서의 월하노인은 남녀의 혼사를

---

47) <천연天緣>, 『난실만필蘭室漫筆』(정명기 편, 『한국야담자료집성』권12, 계명문화사, 1987, 295쪽; 박용식·소재영 편, 『한국야담사화집성』권3, 태동출판사, 659쪽. 『난실만필』은 일본 천리대天理大의 금서룡문고今西龍文庫에 소장되어 있는 유일본인데, 두 자료집 모두 이를 영인한 것이다.)
48) 엽대병·오병안 편, 『중국풍속사전』, 상해 : 상해사서출판사, 1990, 697쪽.
49) 이방, 『태평광기』권159, 대북:고신서국, 1980, 318쪽.
50) <월노月老>, 유사지, 『노산지이嶗山志異』, 북경 : 중국민간문예사, 1988, 307~309쪽.

주관하는 신격으로 인식되고 있으며, 남녀의 연분을 맺는 방법은 홍실로 발목을 묶는 것으로 나타난다. 논평자는 이러한 중국의 월노에 대한 신앙과 이야기를 두고 과연 허탄하지 않다고 하였던 것이다.

우리의 경우 월노와 같은 뚜렷한 신격은 찾아볼 수 없지만, 청실 홍실을 맺어주는 노구가 존재하는 것과 같은 신앙의식은 존재하는 것으로 보인다. 이러한 형상과 기능을 가진 신격은 세계적으로 분포되어 있기 때문이다. 또한 이는 <월노설화>와 <천생연분설화>에 나타난 신격을 비교해 보아도 쉽게 짐작할 수 있는 바이다. 따라서 전승자는 부부의 인연을 맺어주는 신격이 존재하는 것으로 인식하고 있으며, 이는 민간신앙으로서 믿어지고 있다고 할 수 있다. 이와 같은 신앙의식을 토대로 초월적 운명인식이 표출되고 있다.

둘째, 천생연분은 끊을 수 없는 것으로 인식된다. 이러한 인식은 구연자의 논평을 통해서 살펴볼 수 있다.

> 그래 정해 놓은 천생 배필이라는 것은 어쩔 수가 없단 얘기야.[51]

> 그래서 그 좋은 인연 연분은 인력으로 어찌할 수 없다. 천생天生의 인연은 불가분不可分이다. 막을 도리가 없다 하는 얘기가 거기서 나왔다는 얘기가 되겠습니다.[52]

> 소금장사란 사람이 가만히 생각해 보니 기가 맥혀. "참 연분은, 하늘에서 맺은 연분이기 때미 그 할 수 욱구나." 자신이 부끄러워서……. 얼마나 부끄러웠겠이요?[53]

---

51) <연지 곤지의 유래>, 『대계』 2-9, 83쪽.
52) <막을 수 없는 천생 연분>, 『대계』 3-2, 95쪽.
53) <소금장수 이야기(3)>, 『대계』 4-4, 359쪽.

그래 뭐 연분이지 이게 사람이라능 게 부모천생에 태어날 적이, 너허구 워트게 살다가니 고상을 하라던지 호이호식하라던지 부모천생 타고날 적이 매련됭 겡깨 잘 살구 못 사능 거 한탄할 필요가 읎어.54)

그 이제 그래설랑은 할 수 없이 연분이라는 게 다아서 그 여자를 아내로 맞이했다는 거여.55)

구연자들은 총각과 여아의 연분을 두고 '어쩔 수 없다', '막을 도리가 없다', '태어날 적에 마련된 것이다', '연분이 닿은 것이다'라고 논평한다. 초월적으로 맺어진 연분에 대하여 인력人力으로 어찌할 수 없다는 것이다. '운명'과 '인력'을 상호 대립적인 관점에서 파악하고, 인력의 절대적 열세를 인정하고 있음을 볼 수 있다. 그러므로 운명적으로 주어진 남녀의 연분은 불가피하고 불가역적不可易的인 것으로 인식된다고 본다.

(2) <다남운설화多男運說話>

<다남운설화>는 많은 아들을 낳을 팔자를 타고난 사람이 이를 변역하려다가 좌절하는 이야기이다. 우리 민족에게 있어서 다남은 매우 중요한 복 중의 한 가지로 인식되었다. 무후無後는 가장 큰 불효에 해당하며,56) 무자無子는 출처出妻의 명분이기도 하였다.57) 이러

---

54) <천생연분>, 『대계』 4-6, 508쪽.
55) <천생연분>, 최운식 편, 『충청남도 민담』, 150쪽.
56) "孟子曰 不孝有三 無後爲大 舜不告而娶 爲無後也 君子以爲猶告也"(『孟子』 <離婁>)

한 인식에 비추어 본다면 다남에 대한 설화가 전승되는 것은 당연한 일일지도 모른다. 이런 점에서 <다남운설화>는 우리 민족의 운명 인식을 살펴볼 수 있는 좋은 대상이라고 할 수 있다.

㈎ 변이양상

본고에서 다룰 <다남운설화>의 자료는 총 36편이다.

번호	각 편 제목	수록문헌	채록지	제보자	연도
1	다남치부	대계 1 - 4	경기남양주	조의형/남/63	1980
2	두집안이 한집안이 된 이야기	대계 2 - 8	강원영월	홍제천/남/70	1984
3	삼년벙어리에 마누라 열…	대계 2 - 8	강원영월	김윤철/남/78	1983
4	사람은 사주팔자속으로 산다	대계 4 - 2	충남대덕	오영석/남/72	1980
5	아들 9형제 둘 팔자	대계 4 - 3	충남아산	홍원유/남/81	1981
6	용한 관상쟁이	대계 4 - 5	충남부여	송주섭/남/70	1982
7	달성 서씨 시조	대계 5 - 2	전북완주	이순근/남/79	1980
8	쌍태 세번 더할 팔자	대계 5 - 4	전북군산	이창섭/남/70	1982
9	아들 복 많은 사람	대계 6 - 2	전남함평	김정균/남/88	1980
10	아들 열다섯 둔 영감	대계 6 - 7	전남신안	강엽춘/남/80	1984
11	아들 8형제 둔 서씨	대계 6 - 12	전남보성	김하묵/남/71	1986
12	씨장가 들고 부자된 사람	대계 7 - 2	경북월성	박동준/남/73	1979
13	아들 한 섬 두는 부부	대계 7 - 3	경북월성	이돈규/남/73	1979
14	아들 많은 머슴	대계 7 - 6	경북영덕	신은경/여/84	1980
15	자식 많은 사람	대계 7 - 7	경북영덕	우원영/남/77	1980
16	아들 십팔형제	대계 7 - 7	경북영덕	강신용/남/94	1980
17	쫓겨난 영감과 적강선녀	대계 7 - 7	경북영덕	차도학/여/71	1980
18	자식복을 타고난 사람	대계 7 - 10	경북봉화	홍병옥/남/74	1982
19	십육형제를 둔 허집노인	대계 7 - 11	경북군위	홍태석/남/66	1982
20	스물여덟 형제 얻은 명당터	대계 7 - 16	경북선산	김봉학/남/68	1984
21	칠형제 둘 팔자	대계 7 - 16	경북선산	김분이/여/82	1984
22	부인 셋에 아들열형제를 낳은 사람	대계 7 - 17	경북예천	이순희/여/63	1984
23	선산 김씨 팔형제	대계 7 - 18	경북예천	이수일/남/73	1984

---

57) 박병호, 『한국의 전통사회와 법』, 서울대학교출판부, 1985, 181~183쪽.

24	벽산 홍씨 시조	대계 8 - 4	경남진양	강판조/남/56	1980
25	봉 도피한 이야기	대계 8 - 5	경남거창	성양자/여/68	1980
26	김학선	대계 8 - 5	경남거창	이남이/남/57	1980
27	아들 열두고 잘 산 이야기	대계 8 - 6	경남거창	이복달/여/55	1980
28	마누라 아홉에 아들 열여섯	대계 8 - 6	경남거창	박종기/남/61	1980
29	팔자에 아들 많은 사람	대계 8 - 7	경남밀양	지흥우/남/73	1981
30	한 서방을 얻은 과부 동서 셋	대계 8 - 10	경남의령	전용일/남/80	1982
31	아들 스물넷 낳은 김봉태	대계 9 - 2	제주제주시	양형희/남/56	1980
32	열아들 얻을 운명의 서달안	구비문학선집	충남당진	강일선/남/81	1972
33	아들 십형제 둘 사람	임석재전집 6	충남서산	한두원/남/84	1973
34	아들 16형제 둘 사람	임석재전집 6	충북중원	이희근/남/71	1974
35	팔자 좋은 사람	임석재전집 10	경남진주	박헌봉/남/70	1969
36	복많은 사람 이야기	관악어문연구 20	충북중원	이계실/여/64	1995

<다남운설화>의 각편을 일람해 보면 성별, 지역별 차이가 분명하게 드러난다. 먼저 성별로 보면, 남자 28편, 여자 7편으로서 남성의 비율이 월등하게 높게 나타난다. 이렇게 남성의 비율이 높은 이유는 대략 설화의 내외적 상황과 관련이 깊은 것으로 볼 수 있다.

즉 설화 내적으로 보면, 소재와 구성이 남성 위주로 되어 있다는 점이다. 이야기의 전개는 다남할 팔자를 타고난 남편을 중심으로 이루어진다. 다남운을 회피하기 위해서 출가하는 쪽은 남편이며, 차후 이야기는 남편의 역정을 따라서 전개된다. 남편은 부자집에 기숙하거나 머슴살이를 하며, 부자의 처첩과 동침하는 등 이야기는 남성중심으로 전개된다. 이러한 설화의 남성중심적인 내용은 여성구연자보다는 남성구연자에게 더 친숙한 내용으로 취급되었을 것으로 볼 수 있다.

설화 외적으로는 <다남운설화>의 전승을 뒷받침해 주는 풍속과 인식도 남성구연을 강화시키는 요인이었을 것으로 본다. 부자 주인이 머슴에게 자신의 처첩과 동침케 하는 이야기는 바로 씨내리 풍속을 배경으로 하고 있다. 씨내리 풍속은 자식을 낳지 못하는 남성이 다른 남성으로 하여금 자신의 부인과 동침케 하는 습속이다. 이때 처첩들은 가문을 유지한다는 명분 아래 외간 남자와 동침하게 된다.

이는 여성보다는 남성이, 개인보다는 가문이 중시되던 가부장적 사회의 풍속이라고 할 수 있다. 이러한 풍속과 인식에 기초하고 있는 <다남운설화>는 자연스럽게 남성 위주의 전승이 이루어졌던 것으로 추정된다.

그러면 자료 7을 들어 <다남운설화>의 내용을 살펴보기로 한다.

> 어떤 내외가 가난하게 살고 있었는데, 연년年年으로 쌍태雙胎를 세 번이나 하여 6형제를 두었다. 점을 쳐보니 앞으로도 쌍태를 세 번이나 더 할 팔자라고 하였다. 내외는 자식을 낳지 않기 위하여 단산斷産할 때까지 떨어져 살기로 하였다. 그 후 남편은 집을 떠나 돌아다니다가 어떤 부자집에 기숙하게 되었다. 집주인은 첩을 셋이나 두었으나 자식을 두지 못한 처지였다. 이에 집주인이 자기 처첩과 하룻밤씩 동침해 달라고 하여 그렇게 하였다. 그런데 셋째 첩이 집주인이 죽일 것이라고 하면서 도망치게 해주어 집으로 돌아왔다. 세 첩은 각각 쌍둥이를 낳아 집주인은 6형제를 두게 되었다. 부자가 죽은 후 6형제는 재산을 처분하여 친부를 찾아왔다. 가난하던 내외는 12형제와 더불어 잘 살게 되었다.[58]

여섯 쌍둥이를 낳을 팔자를 타고난 사람이 이를 회피하고자 하였으나 결국에는 실패하였다는 내용이다. 남편은 더 이상 아들을 낳지

---

58) <쌍태 세 번 더 할 팔자>, 『대계』 5-4, 120~125쪽.

않기 위하여 집을 떠난다. 주인공이 택한 '부부 격리'의 방책은 매우 현실적이며 합리적이다. 부인이 단산할 때까지 부부가 서로 떨어져 사는 것은 가장 확실한 방법이라고 할 수 있기 때문이다. 이렇게 남편이 집을 떠남으로써 주인공 내외 사이에서는 더 이상 아들이 태어나지 않게 된다. 이는 일시적이나마 다남운을 회피하려던 의도가 성공한 것으로 볼 수 있다.

그러나 남편이 부자의 제안을 받아들여 씨내리의 역할을 하게 되면서, 이러한 일시적인 성공은 실패의 조짐을 보인다. 왜냐하면 부자의 처첩들은 한결같이 쌍둥이를 낳게 되고, 이들 쌍둥이들은 후에 생부生父를 찾아오기 때문이다. 그야말로 남편은 정해진 운명대로 12명의 아들을 두게 된 것이다. 이는 다남운을 회피하려던 주인공의 의도가 좌절되었음을 의미한다. 그렇지만 변역 시도의 좌절이 불행한 결과를 가져온 것은 아니다. 생부를 찾아온 6형제는 부자의 재산을 처분하여 가져온다. 다남과 더불어 부를 향유하게 된 것이다. 그러므로 <다남운설화>는 변역 시도가 좌절되지만, 행복한 결과를 가져오는 경우를 보여준다고 할 수 있다.

한편 이러한 예화에 비추어 보면, 다른 자료들도 대체로 이와 유사한 내용으로 되어 있다. 다만 다음과 같은 점에서 약간의 차이를 볼 수 있다. 첫째, 다남할 운명을 인지하게 되는 과정에서 점을 치는 경우도 있고, 그렇지 않은 경우도 있다. 점을 치는 것은 숨겨진 운명의 비밀을 알아내는 한편으로, 이에 대한 변역 방책을 마련하는 계기를 제공한다. 이런 점에서 점이나 관상을 보는 화소는 서사적 전개를 매끄럽게 해준다고 할 수 있다. 이와 달리 점이나 관상을 보지 않는 경우에는 단지 어떤 사람이 다남할 팔자를 타고났다고 언급되기도 하고, 아예 이러한 언급조차 제기되지 않기도 한다. 이러한 경우에는 주인공이 집을 떠나야 하는 필연성이 상대적으로 미약하다고 할 수 있다.

둘째, 씨내리를 한 후 남편을 죽이려고 하는 경우도 있고, 그렇지 않은 경우도 있다. 이러한 차이는 씨내리 풍속에서도 확인되는 바이다. 즉 씨내리 남성을 살려 보내는 경우도 있고, 그를 죽여 없애는 경우도 있는 것이다.[59] 씨내리 자체가 은밀한 거래이기 때문에 후환을 염려하여 죽여 없애는 경우도 흔히 있었던 것으로 보인다. 따라서 이러한 차이는 씨내리 풍속의 두 가지 경우에 의거하여 변이가 가능했던 것이라고 할 수 있다.

셋째, 아들이 생부를 찾아오는 경우도 있고, 생부가 일부러 찾아가는 경우도 있다. 어느 경우이든 생부와 아들이 다시 만났다는 점에서는 동일하다. 이와 같은 차이점들은 <다남운설화>의 구조나 주제의식 상에 영향을 미칠만한 의미 있는 변이는 아니라고 본다.

이러한 <다남운설화>는 '씨내리'라는 풍속을 배경으로 한다. 씨내리는 자식을 낳지 못하는 남성이 다른 남성으로 하여금 자기 부인을 잉태하도록 하는 풍속이다. 문헌에 나타나는 최고最古의 씨내리 풍속 기록은 고려말 허유許猷라고 한다.[60] 이를 보면 씨내리는 고려

---

[59] 고려 공민왕 때의 밀직부사를 지낸 허유許猷는 자신의 첩과 화간和姦했던 하인을 몹시 학대했다고 하는데, 이는 씨내리 남성을 살려준 경우에 해당한다.(이규태, 『한국인의 기속』, 기린원, 1980, 147쪽.) 한편 씨내리 남성을 죽이는 경우는 찾아보지 못하였으나 그러한 가능성은 충분히 있다고 할 수 있다. 『동야휘집』에는 홍섬이 총각보쌈을 당하는 이야기가 실려 있는데, 처녀의 부모는 홍섬을 수장시키려고 하였다. 「정수경전」에서도 주인공 수경은 총각보쌈을 당하였다가 도망쳐 나온다. 이와 같은 총각보쌈에 미루어 보건대, 씨내리 남성을 죽이려 했던 풍속이 존재했을 가능성은 매우 높다고 볼 수 있다.(인천대학교 민족문화연구소 편, 『구활자본 고소설전집』 권13, 은하출판사, 1983.)

말 이전에도 존재했었을 것으로 보이며, 그 이후에도 지속되었을 가능성이 매우 높다. 1920년대 경성일보에 실린 박소사의 자살 사건은 그러한 가능성을 뒷받침해 준다.61) 박소사는 시집온 지 15년이 되도록 자식을 낳지 못하다가, 떠돌이 요강장수를 씨내리로 하여 아들을 낳았다고 한다. 하지만 그녀는 정조를 잃었다는 자괴감을 이기지 못하고 자살하였다는 것이다. 이를 보면 씨내리 풍속은 최근에까지도 존재했었던 것으로 보인다.

구비설화에서도 씨내리 풍속의 흔적을 살펴볼 수가 있다. <남궁성씨南宮姓氏>라는 자료에 의하면, 늦도록 자식을 두지 못한 궁宮정승이 행랑살이를 하던 남南서방으로 하여금 자기 부인을 잉태시켜 달라고 청한다. 후에 이 사실을 알게 된 궁정승의 아들은 임금님께 상소하여 '남궁南宮'이라는 성씨를 사용하게 되었다는 것이다.62) 이는 물론 특정한 성씨의 유래를 해학적으로 풀이하는 설화이지만, 이야기 속에는 씨내리 풍속이 그대로 형상화되어 있음을 볼 수 있다.

<차작借作한 아들>이라는 설화에서도 씨내리 풍속을 찾아볼 수 있다.

> 옛날 어떤 대감이 아무리 애를 써도 자식을 낳지 못하였다. 하루는 이웃에 사는 백정을 데려다가 자기 부인과 하룻밤을 보내도록 하였다. 그 후 부인은 잉태하여 아들을 낳았는데, 매우 총명하였다. 아들이 10살이 되자 백정이 자기 아들을 돌려 달라고 하였다. 이에 정승은 낙담하여 밥을 먹지 않았다. 내막을 알게 된 아들은 백정을

---

60) 이규태, 『한국인의 기속』, 기린원, 1980, 147쪽.
61) 같은 곳.
62) 임석재, 『한국구전설화』 권7, 평민사, 1990, 141쪽.

찾아가 윗논에서 떠내려 온 벼가 누구 것이냐고 물었다. 백정이 아랫논 임자가 주인이라고 하자, 자기도 마찬가지로 정승의 아들이라고 하였다. 그 후 백정은 더 이상 아들을 내놓으라고 하지 않았다. 정승이 죽자 삼정승이 태어날 명당에 묘를 썼다. 그 후 정승의 손자들이 삼정승 육판서가 되어 가문이 번성하였다.[63]

자식을 낳지 못하는 정승이 이웃집 백정을 씨내리로 하여 아들을 낳았다는 이야기이다. 씨내리는 통상 지체가 높은 사람이 떠돌이 천민 남성을 이용하는데, 이 설화는 그러한 실상과 잘 부합된다. 따라서 이는 씨내리 풍속을 여실하게 보여주는 경우라고 할 수 있다. 한편 문헌설화인 <궁생선생남자窮生善生男者>는 <다남운설화>와 거의 흡사한 내용을 담고 있다.[64] 이러한 설화들은 씨내리 풍속이 지속적으로 존재했음을 보여주는 간접적인 증거라고 할 수 있다.

(나) 갈등 및 주제의식

<다남운설화>의 갈등은 현실과의 갈등과 운명과의 갈등이 중첩되어 있다. 현실과의 갈등은 설화의 서두에서 제기된다.

> 허집 노인이 그때 아들이 팔형제라. 팔형제, 이놈 아들은 말캉(전부) 논같이 빨갛기 못, 사람은 많고 먹을 건 없고, 이렇기 고상을 하고 있는데, 짚신 인자 쭉 삼아봐야 닷새 삼으만 한 여남은 커리 삼는 이거, 거 받아오먼 좁쌀 및 되 받아오는 기라. 받아가주고 장날

---

63) 임석재, 『한국구전설화』 권11, 평민사, 1993, 45~48쪽.
64) 이는 『청야담수靑野談藪』(가람문고본), 『동패낙송東稗洛誦』(정명기소장본), 『기문총화記聞叢話』(가람문고본)에 실려 있는 자료이다. 이들 야담집은 모두 정명기 편, 『한국야담자료집성』, 계명문화사, 1987에 영인되어 있다.

먼점, 늦게 지역에 받아와야 인제 그걸 죽을 끓이가주고, 좁쌀죽을 끓이서 이래가이 가슥을 믹이고 이래 사는데.65)

　허집이라는 노인이 짚신을 팔아서 팔형제를 먹여 살렸다고 하였다. 이는 한 마디로 몹시 극빈한 처지임을 말해준다. 이와 같은 주인공의 가난한 처지는 현실적 갈등을 야기시키는 주요한 요인이 되고 있다고 할 수 있다. 이러한 극빈한 처지는 주인공으로 하여금 타고 난 운명에 대한 의문을 제기하게 된다.

옛날에 한 사램이 참 하도 빈한하기 이래 사는데, 빈한하기 살므로 해서 아들이 팔 형제나 되야. 팔 형제나 되는데 당체 먹고 살 길이 없어서 어 참, 이런 그석을 하는데, 그래 억지로 이래 머 연명을 하고, 머 참 궁삭하기(궁색하게) 이래 지내는데 ……
"우리가 장 이래 빈한하기 사는가, 내 여 돈이 참 엽전 몇 닢이 있으닌께, 이걸 가주가서, 그 딴 사람들 모두 사주를 보는데, 우리가 핑생이 이래 살란가 한 분 그 그 사주재이한테 가 물어나 보고 오소."66)

　8형제를 둔 내외가 도저히 먹고 살 길이 없어서 결국에는 문복하게 되었다는 내용이다. 이는 극빈한 삶의 원인이 그렇게 정해진 운명 탓으로 인식되고 있음을 말해준다. 가난한 운명을 타고 났기 때문에 이렇게 궁색한 삶을 살고 있을 것이라고 생각하고 있는 것이다. 결국 현실적의 갈등은 운명적 갈등과 중첩되어 형상화되어 있다고 할 수 있다.
　다른 한편으로 주인공 내외는 다남을 필연적인 곡절이 있는 것으

---
65) <십 육형제 둔 허집 노인>, 『대계』 7-11, 108쪽.
66) <마누라 아홉에 아들 열여섯>, 『대계』 8-6, 946쪽.

로 인식한다. 연년생으로 태어나는 아들, 그것도 쌍둥이까지 낳기도 하는 것을 운명적인 원인으로 보고 있는 것이다.

> 아들 구 형제를 뒀는디, 이것들을 둘이 벌어 가지구서는 멕여 살릴 수가 읎어. 입히야 허구 멕여야 허는디, 당최 먹구 살 도리가 읎어. 내외 한 걱정이지. 이 자식을 안 낳는 방도를 워텋게 취혀야 되겄단 말여— 지금 같으면은 산아제한이 있으닝게 쉴(쉬울)테지만 말여. 그전이야 그런 것두 읎구— 그래 즤 여자가 허는 말이,
> "여보 아무 동네 아무거시 양반이 사주두 잘 보구 점두 잘 헌다니 거기 가 점이나 한 자 해 가지구 오슈——. 아들 안나는… 워텋허면 안 낳는 겐가 방도 좀 알어 가지구 오슈——."67)

주인공 내외는 이미 태어난 아홉 형제의 생계를 위해서 더 이상 자식을 두지 않기를 원한다. 태어난 자식들을 먹여 살릴 도리도 없으니, 이른바 산아 제한을 하기로 한 것이다. 이를 위해서 점쟁이에게 자식을 낳지 않는 방도를 알아보기로 한다. 이러한 문복을 통해서 남편의 다남운이 노출되며, 해마다 아들이 태어나는 이유가 드러나게 된다. 따라서 '다남운多男運 - 연년생남年年生男68) - 생존위협'이 밀접하게 연계되어 있다고 할 수 있다. 다남운은 연년 생남의 원인이며, 연년생남은 가족의 생존을 위협하는 원인이다. 생존의 위협은 다시 다남운을 '변역變易'시켜야 하는 이유로 순환된다. 즉 운명 - 인간 - 현실이 서로 맞물리는 인과관계를 형성하고 있는 것이다. 이것이 곧 <다남운설화>에 나타난 갈등양상이다. 운명 - 인간 - 현실이

---

67) <사람은 사주팔자 속으로 산다>, 『대계』 4-2, 98쪽.
68) 해마다 아들을 낳는 것을 의미하는데, '연년連年'으로 쓰기도 한다.

삼각관계를 이루면서 갈등을 야기하고 있는 것이다.

이와 같은 갈등은 일차적으로는 씨내리를 통하여 해소되며, 궁극적으로는 부자 상봉을 통하여 해결된다. 다남운과의 갈등은 주인공이 이를 회피 내지는 변역하려고 한 데에서 기인된다. 이렇게 회피 또는 변역하려던 다남운은 씨내리라는 변칙적인 방법을 통하여 실현되고 만다. 그러므로 씨내리 이후 다남운과의 갈등은 아무런 의미를 가지지 못한다고 할 수 있다. 다남운은 정해진 대로 이미 실현되었으므로, 주인공과 운명 사이의 갈등은 무의미해졌기 때문이다.

이러한 씨내리는 가난한 현실과의 갈등까지 해결해주는 것은 아니다. 궁극적으로는 부자의 아들로 태어난 자식들이 생부를 찾아올 때 부자의 재산을 모두 처분하여 가져옴으로써 가난을 극복하게 된다. 물론 일부 자료에서 부자 주인은 씨내리의 대가로 재물을 제공하기도 한다. 이러한 재물로 주인공의 가족을 생계를 유지하기도 하고, 부요한 삶을 살기도 한다. 하지만 주인공 자신이 이러한 부를 누리는 것은 아니다. 부자집을 도망쳐 나온 주인공은 얼마간 더 유랑을 한 후에야 자기 집에 돌아오게 되며, 씨내리로 낳은 자식들이 찾아온 이후에야 진정으로 부유한 삶을 향유한다고 할 수 있다. 이와 같이 <다남운설화>의 갈등은 가난한 현실과 다남할 운명과의 사이에서 비롯되고 있으며, 이는 씨내리와 부자 상봉을 통하여 완전하게 해소되고 있다고 할 것이다.

그렇다고 해서 두 가지 갈등이 동등한 위상을 지니고 있는 것은 아니다. 오히려 현실적 갈등 속에 운명적 갈등이 포함되어 있다고 하는 것이 타당하다고 본다. 즉 두 가지 갈등 중에서 궁극적인 것은 바로 현실적 갈등인 것으로 보인다. 주인공 내외가 다남운을 변역하려고 한 것은 가난한 현실 때문인 것이다. 그들이 다남운을 변역하고자 하기는 하였지만, 근본적으로는 이를 부정적으로 보고 있는 것은 아니다. 이는 결말부분에서 분명하게 드러난다.

⑦ 그래 안방에 들오라 캐가주, 그 아들 메느리 손자 다 봤일거 아이라, 그래가 그 집이가 그게 백자천손百子千孫이랍니다. 그 아들이 십여명 아이가, 열두 명 되잖아요, 거 손실 받아 보이소. 돈 있겠다. 그래 백자천손, 당대 백자천손 된답니다. 그게. 삼대면 그래 안 되겠어요. 그게 백자천손이랍니다.69)

㈏ 찾아와서 아들 하나씩 다 데리구 와서, 그래서는 달성에 그 재산을 다 가지구 와서 이렇게 부자루 살구 그러는데, 그 아들이 일곱인데. 열 넷이 되는데, 열 닛이 다 대과 급제를 했다는 기여.70)

㈎에서는 부자의 처첩에게서 태어난 아들들이 재산을 가지고 찾아와서 당대에 백자천손이 되었다고 하였다. ㈏에서도 부자가 죽은 후 아들들이 재산을 가지고 찾아와 함께 잘 살았다고 하였다. 이렇듯이 <다남운설화>는 원래 운명지어진 아들들과 함께 부유하게 살게 되었다는 것으로 결말짓고 있다. 이는 다남운을 회피하려 했던 주인공의 의도가 좌절되지만, 이것이 도리어 행운을 가져오게 되었음을 말해준다. 결국 <다남운설화>의 주제의식은 많은 아들을 낳아 기르면서 부유하게 살고자 하는 소망에 있다고 할 수 있다.

다음과 같은 언술은 이러한 주제의식이 극명하게 드러나는 예라

---

69) <자식 많은 사람>, 『대계』 7-7, 786쪽.
70) <달성 서씨 시조>, 『대계』 5-2, 368쪽.

고 할 것이다.

> 이런께네, 고 마을에 고마 한참에 삼십 형제가 고마 한, 참, 마을로 고마 점령하고 사는 기라요.71)
> 그리이 그집이 아무데 있으니께네, 그 식구를 다 데루고 와서 그 동네로 고만에. 열이나 돼 놓이 한 동네 아이꺼. 그래가주 그쿠 잘 사드라이더.72)

서른 명 또는 열 명이나 되는 아들과 함께 한 마을을 이루어 잘 살았다는 내용이다. 그야말로 한 마을을 형성할 정도로 많은 아들을 낳아 이들과 더불어 부유하게 사는 이상적인 삶을 보여준다고 할 수 있다. 자손의 번성과 부유한 삶에 대한 바람이 이렇게 형상화되어 있다고 본다. 이러한 주제의식은 가문의 유지 혹은 가문의 번성을 소중히 인식하는 것과도 깊은 관련이 있다고 할 수 있다.

이는 다음과 같은 구연자의 언술을 통해서 확인할 수 있다.

> 큰 고관대학, 고관대작이래요, 그 집이 그랬는데, 마 위동으로 팔 대를 니러 왔더랍니다. 위동으로 팔 대를. 그러니 이 집은 뭘 자랑할 좋아하느냐. 고관대작도 싫다, 인제. 으이. 자손 벌여지는 거만 좋다. 끊어지까 봐이. 그래되만 무후無後하잖아. [제보자 : 당신네도 족보 집에 있죠? 족보에 책 떡 들씨 보만 무후한 집이 질 섦소.]까짓 우예 됐껀 차침 및 해 가만 괜찮은데 후예 [청취 불능] [청중 : 섦은 거보담도 그 집은 망한 집 아이가.] [제보자 : 제일 보기 싫은 기 무후한 집이라. 족보에. 책에 보만.]73)

---

71) <벽산 홍씨 시조>, 『대계』 8-4, 708쪽.
72) <부인 셋에 아들 열 형제를 낳은 사람>, 『대계』 7-17, 582쪽.
73) <스물여덟 형제 얻은 명당터>, 『대계』 7-16, 101쪽.

팔대 독자인 고관대작이 벼슬보다도 자손이 번성하는 것을 좋아하였다고 하였다. 부귀보다도 자손의 번성을 더욱 가치 있게 인식하고 있음을 보여준다. 그런데 더욱 주목할 것은 이러한 설화 내용을 두고 구연자와 청중도 공감하고 있다는 점이다. 이는 제보자와 청중이 주고받은 대화를 통해서 극명하게 나타난다. 제보자가 족보에서 무후한 집이 제일 서럽다고 하자, 청중이 그런 집은 서러운 것이 아니라 '망한' 집이라고 답한다. 이에 다시 제보자가 '제일 보기 싫은' 것이 무후한 집이라고 응대한다. 이들의 대화는 한마디로 무후는 가문을 망치는 것이며, 이것이 가장 슬픈 일로 인식되고 있음을 보여준다.

> 겨니(그러니) 아들은 열 두 성제(형제) 난(낳아서) 그저 지치 못허연 죽으레 댕기다네(다니다가) 또 열 두 성젤 봉간(주워서) 수물 늬 성제가 뒈연(되었어). [일동 : 웃음] [청중 문씨 : 열 두 개에 열 두 개, 쑤물 늿(스물 넷). (웃음)]
> 기연(그래서) 잘 뒈여 났다고 허여. 김봉태엔 흔 이, [청중 문씨 : 김봉태 하여튼 멋진 팔제(팔자)여. 수물 늬 성제. (웃음) 그런 맛이사 촘 아닌게 아니라 좁주(좋지요) 원.][74]

스물네 형제를 낳을 운명을 타고난 김봉태라는 사람이 이를 회피하려다가 실패하였는데, 이에 대한 청중의 반응을 잘 보여주는 부분이다. 제보자가 그래서 결국 스물네 형제가 모두 태어나게 되었다고 하자, 청중이 김봉태는 '멋진 팔자'를 타고난 사람이며, '스물네 형제를 낳은 맛이란 매우 좋다.'라고 응대하고 있다. 이는 다남을 소중하

---

74) <아들 스물넷 낳은 김봉태>,『대계』9-2, 292쪽.

게 여기는 전승집단의 인식을 잘 보여주는 언술이라고 할 수 있다.

이러한 인식은 달리 말한다면 가문의 번성을 지극히 소망하는 것이라고 할 수 있다. 이는 바로 다남과 부를 향유하는 삶을 지향하는 <다남운설화>의 주제의식을 뒷받침해주고 있다고 본다.

㈐ <다남운설화>에 나타난 운명인식

<다남운설화>는 다남할 운명을 회피하려다가 실패한다는 이야기라는 점에서, 운명인식 또한 이런 범주를 벗어나지는 않는 것으로 보인다. 이는 구연자의 논평에서 잘 드러난다.

> 그리이 집에 있었으마 그 서이 더 나는 다시 본처에더러 안 받, 안 놓으라꼬 애로 씨이, 안 나주고 되나? 거— 날 기 그 부자집이 참 그 그 몸에 그 서이 나가주고. 합개合家 해가 참 그럴 수 없이 우리야 크고 잘 살더란다.[75]

주인공이 앞으로 더 태어날 세 명의 아들을 안 낳으려고 했는데, 낳지 않을 수 없었다는 내용이다. 본처에게서 태어날 아들들이 부자의 처첩의 몸에서 태어나, 결국에는 합가하여 잘 살았다는 것이다. 이는 다남운을 거부하려던 주인공의 시도가 실패하였음을 말해준다. 비록 본처의 몸에서 태어난 것은 아니지만, 점지된 아들들이 모두 태어나게 된 것이다. 이를 두고 구연자는 '안 낳고 되는가?'라고 반문하고 있는 것이다. 이와 같은 반문은 한번 정해진 다남운은 결코 피할 수 없다는 인식을 분명히 보여주는 언술이라고 할 수 있다.

---

[75] <아들 한 섬 두는 부부>, 『대계』 7-3, 456쪽.

다음은 이러한 인식을 더욱 분명하게 보여주는 논평이다.

> 응 그런게나 사람이 팔자라는 게 있는 것요 잉. 그 사람이 나가 가지고서 어린애를 거 가서 육 형제를 쌍태 세 번을 것이걸 거다 했응게 안 났지. 본 마누래서 본 마누래기서 낳단 말요. 그놈이 예 그래가지고서 그런 얘기가 전설이 있는디 잘 살드랍니다.76)

구연자는 우선 사람에게는 팔자라는 것이 있다고 단언한 후, 남편이 집을 나가 부자의 처첩들을 잉태시켰기 때문에 더 이상 생남하지 않았다고 하였다. 만약 그렇지 않았다면 본마누라에게서 쌍둥이를 세 번 더 낳았을 것이라는 말이다. 어찌 되었든 간에 쌍둥이를 여섯 번 낳을 남편의 운명은 실현될 수밖에 없다는 뜻이다.

> 그래 이제 방에다 딜여 앉히구 그렇게 하구서는 사는디, 그 여자들이 가져온 보물들이 엄청햐. [청중 : 엄청할 테지 뭐.]그래서 거부가 됐다는 겨. 아주 거부가 돼서 잘 살았다구, 그래 사람은 사주팔자 속으루 산다는겨.77)

부자의 처첩들이 재산과 아들을 데리고 찾아오는 부분을 옮긴 것이다. 가난하지만 다남운을 타고난 주인공이 결국에는 거부가 되었다고 하였는데, 이를 두고 제보자는 '사람은 사주팔자 속으로 산다.'라고 논평하고 있다. 주인공이 잘 살게 된 것은 전적으로 사주팔자 덕분이라는 말이다. 이는 사람의 길흉화복은 운명적으로 정해진 대

---

76) <쌍태 세 번 더 할 팔자>, 『대계』 5-4, 125쪽.
77) <사람은 사주팔자 속으로 산다>, 『대계』 4-2, 108쪽.

로 이루어지게 되어 있다는 말이다. 주인공이 잘 살게 된 것도, 그러한 사주팔자를 타고났기에 가능했다는 인식이다.

이런 인식은 청중들도 공감하고 있음을 볼 수 있다.

> [허허 웃으며]그래가 참 그런 세월로 만내가 잘 사는 사람도 있더란다. [청중 : 요새도 그런 이런 똑 요런 이래. 머시 인지 아주 희얀하게 되가가 초년 고생 늦복 잘 터져가 잘 사는 사람 마이 있단 말이라. 이 지방만 해도 마이 있그덩. 초장에느 죽을 고생해도 늦복 터져가 끝으로 자손들 잘 되고.]머 이 이 안강 지방에만 해도 부듯하게 많지 머. 옛날에, 그런 사람들 옛날부텀 있었다.78)

청중은 설화의 내용에 대하여 요즘에도 이러한 희한한 일이 일어나고 있다고 하였다. 즉 초년에는 고생을 하다가도 늦복이 터져서 잘 사는 사람들이 안강 지방에서도 많이 볼 수 있다는 말이다. 이는 두 가지 측면에서 주목되는 언술이다. 하나는 설화의 내용을 사실로 믿고 있음을 시사해 준다는 점이다. <다남운설화>와 같은 일이 옛날에도 있었고, 지금에도 있다는 것이다. 청중은 설화의 내용을 오늘날 벌어지고 있는 사실과 관련지어 인식함으로써, 명백한 사실로 인식하고 있음을 보여준다. 오늘날 안강 지방에서도 늦복이 터져서 잘 사는 사람이 많다는 말은 이를 분명하게 보여주는 부분이라고 할 수 있다.

> 팔 형제분이 여 김천도 가면 많이 살고 여 시방 예천도 김학자 집은 많이 살아. 이건 잔네가 어디 가 들어도 [강조하며] 이거는 반

---

78) <아들 한 섬 두는 부부>, 『대계』 7-3, 456쪽.

반한 이얘길세. 이게 참 선산 김씨 그 사람들은 김학자 팔 형제 분
그 판판한 집이래.[79]

　선산 김씨가 번성하게 된 내력을 설명하고 있는 부분이다. 그런데 이러한 이야기는 어디에 가서 들어도 '반반한 이야기'라고 평하고 있다. 반반한 이야기라는 말은 여러 가지 의미가 있겠으나, 사실로 믿을 만한 이야기라는 뜻을 지니고 있는 것으로 보인다. 이는 채록기를 통해서 간접적으로 짐작할 수 있다. 구연자는 조사자들에게 '이 이야기는 꼭 알아 두어야 할 것임'을 강조하였다고 하며, 또한 '선산 김씨도 동의하는 근거 있는 이야기'라고 하였다고 한다.[80] 이러한 채록기의 내용을 감안한다면, 사실적인 인식이 밑바탕에 깔려 있음을 알 수 있다.
　한편 다른 하나는 다른 사람이 잘 되는 일을 두고 늦복이 터졌다고 인식한다는 점이다. 그렇지만 실은 초년에 고생한 덕분에 잘 살게 되었다고 보는 것이 타당하다고 할 수 있다. 초년에 '죽을 고생'을 감수하면서 자식들을 양육한 탓에 그 자손들이 잘 살 수 있게 되었다고 보아야 마땅하다. 그러나 청중들은 이를 두고 늦복이 터진 때문이라고 이해하고 있는 것이다. 이러한 인식은 초년에 겪어야만 했던 고생의 의미를 축소시키고, 그 대신 사주팔자의 의미를 확대한 결과라고 할 수 있다.
　이와 같은 인식 태도는 부자 주인의 경우에 더욱 분명하게 드러난다. 부자 주인은 자식을 둘 수 없는 신체적 결함을 가진 사람이라고

---

79) <선산 김씨 팔 형제>, 『대계』 7-18, 528쪽.
80) 위의 책, 522쪽.

할 수 있다. 그가 본처에게서 자식을 얻지 못하자, 계속 첩을 얻어 들이는 것에서 그가 결함을 가지고 있음은 분명하다. 특히 씨내리를 통하여 처첩들이 잉태하고 있는 점은 부자 주인의 생체적인 장애를 입증해준다. 이와 같은 부자 주인의 결함은 구연자 자신도 분명하게 인식하고 있는 부분이다.

> 그러니 자게가 뱅신이었던 모냉이죠. 그래 이 팔여八女를 둬도, 그 부하기 살아도 자석을 못 둔께, 애가 터져서 그런 욕심에 '저 사람은 팔 힝제나 남았다 카니, 내가 팔여를 두고 있음께 저 사람 땡기가지고, 저 사람 아들을 내가 따먼 될 것 아이가.' 이런 야심이 생겼더라 이말입니다.[81]
> 큰 마누라 있고 작은 마누라 또 싯이 있고 마누라가 닛인디 큰 마느라 늙고 인자 작은 마누라는 싯인디 손을 볼라고 그렇게 얻었어. 그러나 마누래들이 손을 못 얻으니 남자가 못낳게 어떡허는겨.[82]

구연자는 부자 주인을 '병신'이라고 판단하기도 하고, '남자가 못 낳으니 어떡하느냐?'라고 평하기도 한다. 수명의 처첩을 두어도 자식을 얻지 못하였으니, 이는 분명히 남자 쪽에 문제가 있다는 생각이다. 이러한 구연자의 생각은 매우 타당한 것이라고 할 수 있다. 여러 명의 처첩을 얻었어도 자식을 얻지 못했다면, 당연히 남자 쪽에 문제가 있다고 볼 수 있기 때문이다. 그런데 다시 한 번 주목할 부분은 이를 팔자 탓으로 돌리고 있다는 점이다.

> 저 사람 김선달이라는 사람이 팔자에 아들이 없어. 아들이 없어

---

81) <마누라 아홉에 아들 열여섯>, 『대계』 8-6, 948쪽.
82) <쌍태 세 번 더 할 팔자>, 『대계』 5-4, 122쪽.

가주설랑 자기 마누래가 여섯이래. 원천가(워낙) 재산이 많으이께 돈을 주고 또 마누라 얻고, 얻고, 그래 자기 팔자에 아들이 없으니 아들이 없단 말이래.[83]

"아, 우리 내 가솔이라고. 서이 다 내 가솔이라고. 내가 자식이 없기 때문에, 첫째 본실本室 원을 해도 내 팔자가 그런지 머 딸이고 아들이고 안 나와. 머 또 둘째네로 또 장개로 갔다고.…"[84]

부자 주인은 자신이 자식을 두지 못한 원인이 팔자 때문이라고 생각한다. 자신의 결함 때문에 자식을 두지 못한 것이 아니라, 팔자에 아들이 없어서 혹은 그러한 팔자를 타고나서 자식이 없다는 뜻이다.
이러한 인식은 다른 사람의 자손이 번창하는 것을 두고 늦복이 터진 것으로 보는 것과 동일하다고 할 수 있다. 자신의 결함을 인정하지 않았듯이, 타인의 초년고생初年苦生을 축소하였다고 볼 수 있는 것이다. 자신의 불행도 팔자 탓이고, 아울러 타인의 행운도 팔자 탓이라는 인식이다. 이와 같은 인식은 운명은 정해진 대로 이루어진다는 관점과 일맥상통한다고 할 수 있다. 그러므로 결국 <다남운설화>에는 사람의 길흉은 정해진 운명대로 이루어진다는 관점을 찾아볼 수 있다고 할 수 있다.
이러한 운명인식은 다남과 예언술에 관한 긍정적인 인식에 의거하여 더욱 강화되고 있다고 할 수 있다. 다남에 대한 긍정적인 인식은 다남운이 예언되는 부분에서 잘 드러난다.

---

83) <선산 김씨 팔 형제>, 『대계』 7-18, 525쪽.
84) <아들 한 섬 두는 부부>, 『대계』 7-3, 449~450쪽.

그래 인저 생년월시를 묻구 나이를 묻구 그라카더니 손가락을 깝짝 깝짝 하더니 무릎을 탁 치며,
"하! 사주팔자가 이렇게 존 사람은 생전 츰 봤네! 몇 천 명을 겪었어두… 아들 십 팔 형제가 태였어. 아들이 십 팔 형제가 태였는디 나중이 가서는 거부되겄어. 이렇게 존 사람은 츰 봤어."
그 기가 맥히거든. 아들 아홉두 지금 먹이구 입힐 게 읎는디. 옐여덟을 둔다니. 이눔우 새끼들을 뭘 멕여서 살리느냔 그 말여. 정내미가 뚝 떨어져.85)

주인공의 다남운이 예언되는 부분이다. 점쟁이는 남편에게 18형제가 태였다고 하면서 이렇게 사주팔자가 좋은 사람은 처음 보았다고 감탄한다. 물론 간고하기 짝이 없는 남편은 이를 반갑게 받아들이지는 못한다. 하지만 이와 같은 다남에 대한 긍정적 인식은 전승집단의 공통된 것이라고 할 수 있다. 나아가 이는 남편의 변역 시도를 좌절시키는 인식적 토대를 이루고 있다고 본다.

설화에 나타난 다남에 대한 긍정적 인식은 우리 민족의 일반적인 인식 중의 하나라고 생각된다. 우리 민족이 다남에 대하여 긍정적인 인식을 가지고 있다는 것은 여러 문헌을 통해서 확인되기 때문이다. 『지봉유설芝峰類說』의 <생산生産>이라는 항목의 첫머리에는 중국 역대에 존재했던 다남의 사례를 나열하고 있다. 주나라 문왕文王은 아들이 열 명이었고, 제나라 전상田常은 칠십 명의 아들을 두었으며, 한나라 중산왕中山王은 아들이 120명이었다는 것이다.86) 이러한 내용이 <생산>의 서두에 실려 있는 것은 그만큼 다남을 중요하게 인식하였음을

---

85) <사람은 팔자 속으로 산다>, 『대계』 4-2, 98-99쪽.
86) 이수광, 『지봉유설』, 권17(남만성 역, 을유문화사, 1994, 306면.)

시사한다. 이규경李圭景 역시 <다남변증설多男辨證說>이라는 글에서 다남을 긍정적으로 바라보고 있다.

> 대저 아들이 많은 자는 세상에서 칭하기를 복력인福力人이라고 하지만, 요堯가 말하기를 아들이 많으면 걱정이 많다고 하였다. 이상의 제공들이 비록 인간의 희복稀福이라고 말하면서도 어찌 걱정이 없겠는가? 우리나라 사람들은 아들이 네다섯이면 부럽다고 말하지 않은 바가 없고, 일곱 여덟이면 많은 사람 중에서 기이하다고 하였으며, 십여 인이면 세상에서 범상하지 않다고 하여 홍복弘福이라고 칭하였다. ……(중략)…… 만약 아들 개개인이 문에 능하고 무에 능하여 용과 호랑이 같다면, 가문에 있어서는 조상의 뜻을 되살릴 수 있는 능력이 있을 것이고, 벼슬길에 나아가서는 세상을 구할 수 있는 재주가 있을 것이다. 그러한 즉 아들은 많으면 많을수록 좋으니 어찌 근심과 고통만이 있겠는가.87)

'아들이 많으면 근심이 많다.'라는 말은 『장자莊子』에 나오는 말로서,88) 아들이 많으면 분쟁이 많이 일어나기 때문에 그만큼 근심과 걱정이 많아진다는 뜻이다. 그러나 이규경은 다남은 홍복弘福이라고 하면서, 그들이 문무에 능하여 가문을 빛내고 세상을 구할 만한 재주가 있다면 아들은 많을수록 좋다고 하였다. 이러한 다남에 대한 긍정적인 인식은 유교적 이념과 밀접하게 관련되어 남아를 선호하게 되는 풍토를 가져왔다고 할 수 있다.89)

---

87) 이규경, 『오주연문장전산고五洲衍文長箋散稿』 권60, 명문당, 1982, 937쪽. "大抵多子者 世稱福力人 而堯曰多男子則懼 以上諸公 雖曰人間稀福 可无懼乎 我東人有子四五人則莫不稱羨 有七八人則衆異之 有十餘人則以世不常有稱以弘福 ……(中略)…… 若箇箇能文能武 如龍如虎 在家而有幹蠱之能 出仕而有需世之才 則是多多益善 何懼何苦之有哉"

88) "多男子則多懼 富則多事 壽則多辱"(『장자』 <외편外篇 천지天地>)

한편 다남에 대한 긍정적 인식과 더불어 예언술에 대한 긍정적 인식도 정해진 운명은 실현된다는 관점을 유지하는데 일조하였을 것으로 보인다.

> 그래 아들 십팔 형제에 쌀 이천 석을 대번(단번에) 벌드라고. [청중 : 점재이도 용하다.]90)
> 그러닝께 칠 형제가 되지 않앴어? 그 돈 그렇게 보내서 그 늘르리 기와집 지쿠 천석군이나 되구, 그 관상보는 눔이 뚫어지게 보는 눔 아녀? 관상두 그렇게 뚫어지게 보야 혀.91)

점쟁이가 용하기도 하고, 관상을 뚫어지게 잘 보았다고 하였다. 이는 점쟁이 혹은 관상쟁이가 예언한대로 다남과 부를 누릴 수 있게 되었음을 의미한다. 그러한 운명 예언술이 적중한 것에 대한 신이함을 이렇게 표현하고 있는 것이다. 이는 사람의 길흉이 운명지어진 대로 이루어진다는 인식과 맥을 같이한다. 운명에 대한 이러한 관점은 점복이나 관상과 같은 방술에 대한 긍정적인 인식과 상통한다고 할 수 있기 때문이다.

따라서 <다남운설화>는 사람의 길흉화복은 정해진 운명대로 이루

---

89) 한국인은 남아에 대한 선호도가 뚜렷하다고 한다. 이 때문에 희망하는 자녀수보다 현재의 자녀수가 많은 현상이 나타난다고 한다. 우리나라 사람들이 남아를 선호하는 이유로는 ① 가문의 계승, ② 노후 의지, ③ 제사주祭祀主의 확보, ④ 생활의 안정감 획득에 있다고 한다.(윤종주, "한국가족의 남아에 대한 선호도 문제," 《인구문제논집》 4호, 1967, 22~26쪽 ; 윤종주, "우리나라의 가족계획 수용에 작용하는 사회·문화적 요인에 관한 고찰," 《논문집》 2호, 서울여자대학교, 1972, 45쪽.) 일찍이 달레는 이와 같은 남아선호 현상에 대하여 한국인은 '사내광'이라고 표현하였다.(C. Dallet, 『조선교회사서설』, 정기수 역, 탐구당, 1966, 217면.)
90) <아들 십팔 형제>, 『대계』 7-7, 460쪽.
91) <용한 관상쟁이>, 『대계』 4-5, 663쪽.

어진다는 관점에 기초하고 있다고 본다. 이는 남편의 다남운이 불가피한 것으로 인식하고, 결말 부분의 다복함도 늦복을 타고난 때문이라고 인식하게 하는 근본적 인식이라고 할 수 있다. 나아가 부자의 무자식도 그가 타고난 팔자 탓으로 인식하게 하는 한편, 점복이나 관상 같은 운명 예언술에 대한 긍정적 인식을 가능케 하였다고 할 수 있다.

2.3. 운명변역형運命變易型 유형

운명변역형은 정해진 운명을 바꾸는 이야기이다. 운명이 변역되는 양상은 타력에 의한 방법, 타력·자력에 의한 방법, 자력에 의한 방법으로 나누어 볼 수 있다. 이러한 변역 양상을 보여주는 유형을 들어 자료의 실상을 살펴보기로 한다.

2.3.1. 타력으로 불운을 변역하기

(1) <연명설화延命說話>

<연명설화>는 단명할 운명을 타고난 사람이 모종의 방책을 통하여 이를 모면하게 되었다는 내용을 가진 일군의 이야기를 말한다. 이인에 의해 단명운短命運[92]이 예언되고 그에 대한 예언과 방책이 제공되며, 단명소년은 이러한 방책을 이행하여 장수하게 되었다는 것이다. 이는 초월적으로 정해진 단명운이 모면된다는 점에서 운명

---

92) '단명운短命運'이란 단명할 운명을 줄인 말이다.

실현형과는 분명하게 다르다.

한편 <연명설화>는 여러 가지 면에서 보건대 운명설화의 대표격이라고 할 수 있다. 다른 운명설화와는 달리 선행 연구가 집중되어 있는 것만 보아도 이를 짐작할 수 있다. 즉 다른 운명설화에 대해서는 논의된 바가 적지만, <연명설화>에 대해서는 이미 중국 설화와의 관련성이 몇 차례 논의된 바 있으며,[93] 유형론적 논의 또한 이루어진 바 있다.[94] 본고는 기존의 논의에 힘입어 운명설화로서의 <연명설화>의 면모를 다시 한 번 살펴보고자 한다.

㈎ 하위유형 및 변이양상

<연명설화>의 핵심은 단명소년이 어떻게 연명하느냐에 달려 있다고 해도 과언은 아니다. 누구의 도움을 받아서 어떠한 방식으로 단명운을 변역하느냐에 설화의 초점이 놓여 있기 때문이다. 이는 이야기의 후반에서 볼 수 있는 다양한 연명방책을 통해서도 쉽게 짐작된다.

<연명설화>의 전반부는 거의 동일한 내용으로 이루어져 있는 반면에, 후반부에서는 신적인 존재의 감응을 통해서, 혹은 이인적 존재의 보호를 통해서, 또는 고행이나 수행을 통해서 단명운을 변역시키고 있다. 이러한 다양한 방식은 서로 다른 사회문화적인 배경을 가지고 있다고 할 수 있다. 그러므로 <연명설화>의 하위유형을 분류하기 위해서는 주인공의 연명방식에 의거하는 것이 바람직한 것

---

93) 손진태,『한국민족설화의 연구』, 중판, 을유문화사, 1987, 14쪽 ; 정규복, "연명설화고,"《어문논집》11집, 고려대 국어국문학회, 1968, 7~21쪽.
94) 졸고, "연명설화의 변이양상과 운명인식,"《구비문학연구》3집, 한국구비문학회, 1996, 349~378쪽.

으로 보인다.

　대체로 보아서 연명방책은 '치성致誠 - 감응感應'과 '출가出家 - 도액度厄'의 방식으로 나누어 볼 수 있다. '치성 - 감응'의 방식은 단명자의 부모가 특정한 신격에게 치성을 올리고 그 대가로 수명이 연장되는 경우이다. '출가 - 도액'의 방식은 단명자가 부모 슬하를 떠나, 고행을 하거나 또는 도액을 실행함으로써 수명이 연장되는 경우이다. 이러한 두 가지 연명 방책은 행위의 주체와 사회문화적인 의미가 다르다는 점에서 중요한 분류 기준이 될 수 있다고 본다. 따라서 이러한 기준에 의거하여 이들은 각각 '감응형感應型'과 '도액형度厄型'으로 부르고자 한다.

　이들 하위유형은 신격의 종류와 방책의 내용에 따라 다시 세분할 수 있다. 감응형은 치성을 받는 신격에 따라서 삼분된다. 즉 치성을 받는 신격으로는 북두칠성신, 저승차사, 염라대왕이 등장하는데, 이들의 이름을 빌어 각각 '칠성감응형七星感應型', '차사감응형差使感應型', '염왕감응형閻王感應型'으로 부르기로 한다. 도액형은 방책의 내용에 따라서 혼인을 통한 경우와 고행을 통한 경우로 나눌 수 있다. 이들은 각각 '혼인도액형婚姻度厄型', '고행도액형苦行度厄型'으로 명명하기로 한다.

　본고에서 다루게 될 자료는 총 50편이다. 이를 각 유형별로 나누어보면 칠성감응형이 9편, 차사감응형이 16편, 염왕감응형이 1편, 혼인도액형이 14편, 고행도액형이 10편이다. 전체적으로 볼 때 염왕감응형이 가지는 비중이 낮을 뿐, 다른 유형들은 대체로 균등하게 분포되어 있다고 할 수 있다.

① 감응형感應型의 변이양상

㈎ <칠성감응형七星感應型>

칠성감응형은 9편의 각편이 보고되어 있는데, 이를 정리하면 다음과 같다.

번호	각 편 제목	수록문헌	채록장소	구연자	연도
1	정북창의 지음과 도술(2/2)	대계 4 - 2	충남대덕	정해수/남/72	1980
2	육대 후손을 살린 소광렬	대계 7 - 10	경북봉화	우홍태/남/69	1982
3	이인 정북창	대계 7 - 15	경북선산	지세해/남/80	1984
4	뇌물먹고 명을 연장시켜준…	대계 8 - 3	경남진주	송남수/남/75	1980
5	허미수선생과 생질의 명	대계 8 - 8	경남밀양	손출헌/남/79	1981
6	천기를 안 서화담	대계 8 - 9	경남김해	안병목/남/77	1982
7	남북두칠성과 단명소년	한국민족설화의연구	함남함흥	김호영	1923
8	북두칠성과 수명	한국의 민담			
9	수명을 고치다.	임석재전집2	평북용천	문신각	1937

각편의 제목만을 본다면 이들 자료는 칠성감응형으로 묶을 수 있는지 의문된다. 특히 정북창, 소광렬, 허미수, 서화담과 같은 이인이 등장하는 경우는 이인설화가 아닌가 하는 의문스러우며, 자료 4는 '저승사자'를 운운하고 있어 차사감응형이 아닌가 생각될 수 있다.

그러나 정북창과 같은 이인은 단명운을 예언해주고 방책을 알려주는 예언자 혹은 정보제공자로서의 역할을 할 뿐이며, 사실상의 주인공은 단명소년이라고 할 수 있다. 또한 자료 4에서도 '저승사자'가 연명시켜 주었다고 하였으나, 실은 '푸른 도포와 붉은 도포를 입고 바둑을 두는 노인'이 소년을 연명시켜 주고 있다. 따라서 이들 자료들은 단명할 소년이 칠성신에게 치성을 드리고 연명하게 되는 칠성감응형에 속한다고 볼 수 있다.

이러한 9편의 자료는 예언자의 성격에 따라 3가지로 구분할 수 있다.

㈎ 신승이 단명을 예언하는 경우(자료 4, 7, 8, 9)
㈏ 이인인 친척이 단명을 예언하는 경우(자료 2, 5, 6)
㈐ 이인인 친구가 단명을 예언하는 경우(자료 1, 3)

㈎는 신승 혹은 시주승에 의해 단명운의 예언되는 이야기가 해당된다. ㈏와 ㈐는 모두 이인에 의해 단명운이 예언되는 이야기를 포함한다. 굳이 이를 나누어 놓은 것은 예언자 - 단명자의 관계가 상이하다는 점, 치성을 받는 신격의 형상이 다르다는 점을 고려한 것이다. 치성의 대상이 다르다는 것은 곧 신앙적 배경이 다르다는 것을 의미하기 때문이다. 이처럼 상이한 예언자의 성격은 일단 그 형성시기를 비교할 수 있는 하나의 단서가 될 수 있다는 점에서 의미가 있다고 본다.

먼저 ㈎의 대표적인 각편으로 자료 7을 들 수 있다. 이 자료는 채록 시기가 가장 이르고, 내용 또한 온전한 편이므로, 대표성을 가진다고 볼 수 있기 때문이다.

어떤 사람이 독자獨子를 기르고 있었다. 하루는 지나가던 신승神僧이 아이의 관상을 보고 열아홉 살에 단명할 것이라고 하였다. 깜작 놀란 아버지가 재배하면서 아이를 구할 방법을 간청하였다. 신승은 세 번이나 거절하다가 내일 남산 꼭대기에 올라가 바둑을 두는 두 스님에게 애원해 보라고 가르쳐 주었다. 다음날 소년은 남산에 올라가 두 스님에게 살려달라고 애원하였다. 추한 얼굴의 스님은 못

들은 체하였으나, 고운 얼굴의 스님은 살려주자고 하였다. 두 스님이 한참 동안 논쟁을 하다가 결국 고운 얼굴의 스님이 간청한대로 살려주기로 하였다. 추한 얼굴의 스님은 명부命簿를 꺼내어 소년의 정명을 '십구十九'에서 '구십구九十九'로 고쳐 주었다. 소년은 백배치사하고 집으로 돌아왔다. 추한 얼굴의 스님은 북두칠성이고 고운 얼굴의 스님을 남두칠성인데, 사람의 명은 북두칠성에게 달려 있다고 한다.[95]

이 이야기는 한마디로 단명할 운을 타고난 소년이 남북두칠성에게 치성을 드리고 아흔아홉 살까지 장수하게 되었다는 것이다. 지나가던 신승이 아이의 관상을 보고 단명을 예언하는 점, 남산에 올라가 추한 얼굴의 스님과 고운 얼굴의 스님에게 연명을 간청하는 점, 추한 얼굴의 스님이 명부를 고쳐 준다는 점에서 특색이 있다고 할 수 있다. 이때 추한 얼굴을 한 스님은 북두칠성이고, 고운 얼굴을 한 스님은 남두칠성이라고 하며, 각각 사람의 사死와 생生을 주관하는 것으로 인식된다.

손진태孫晉泰는 이 예화를『수신기搜神記』에 실려 있는 <관로설화管輅說話>와 비교하여 논한 바 있다. <관로설화>는 방술에 능한 관로가 단명운을 타고난 조안趙顏에게 방책을 가르쳐 주어 그를 연명시켜 주었다는 이야기이다.[96] 남북두칠성이 스님으로 되어 있는 점과 조안이 청주淸酒와 녹포鹿脯를 바쳤다는 것이 다를 뿐, 나머지 내용은 거의 유사하다. 이런 점을 들어 손진태는 "중국의『수신기』가

---

95) <남북두칠성과 단명소년>, 손진태,『한국민족설화의 연구』, 을유문화사, 1947, 11~12쪽.
96) 간보,『수신기』권3(본고에서는 김현룡 편,「수신기」,『중국문헌자료집』권1, 영인본, 서광문화사, 1991, 507쪽; 장소·진체진·장각,『전본수신기평역』, 상해: 학림출판사, 1994, 55~56쪽을 이용하였다.)

조선으로 들어온 뒤에 조선 민간에까지 전파된 것은 부정하지 못할 것"97)이라고 하였다. 두 자료의 내용이 거의 일치한다는 점에서 이런 추정은 타당하다고 본다.

　이렇게 중국 설화가 민간에 전파될 수 있었던 것은 우리 민족에게도 칠성신앙七星神仰이 존재했었기 때문이다. 칠성신앙의 유래에 대해서는 도교의 영향으로 형성되었다는 견해와 불교의 영향으로 형성되었다는 견해가 제기되어 있다. 그렇지만 민간신앙에 칠성신앙이 광범위하고 보편적이라는 점을 감안한다면, 칠성신앙이 단순히 도교나 불교의 영향으로 성립되었을 것이라는 주장은 받아들이기 어렵다고 한다. 이는 성신신앙星辰信仰이란 어느 민족에게서나 나타날 수 있는 보편적인 신앙이고, 우리 민족의 민간신앙에도 광범위하게 자리 잡고 있으며, 문헌상으로 고구려 시대에 북두칠성에 대한 신앙이 확인된다는 점98)에서 타당하다고 생각된다. 이와 같은 우리 민족 고유의 칠성신앙은 칠성감응형과 같은 설화의 수용에 밑바탕이 되었다고 할 수 있다. 그러므로 ㈎와 같은 설화가 지속적으로 전승되어 오늘날에 이를 수 있었다고 할 것이다.

　한편 3편의 나머지 자료에서는 부분적인 차이를 볼 수 있다. 자료 4에서는 술과 안주를 차려놓은 장소가 동구밖 당산으로 되어 있고, 남북두칠성은 푸른 도포를 입은 노인과 붉은 도포를 입은 노인으로 되어 있다. 치성의 장소와 노인의 형상이 약간 다르게 설정되어 있음을 볼 수 있다. 자료 8의 내용도 대체로 일치하지만, 유순하게 생

---

97) 손진태, 앞의 책, 13쪽.
98) 우리나라의 칠성신앙에 대한 전반적인 양상에 대해서는 서경전, "한국의 칠성신앙 연구,"《원대논문집》14집, 원광대학교, 1980, 91~92쪽을 참고하였다.

긴 노인과 험하게 생긴 노인이 바둑을 두는 것으로 되어 있다. 자료 9에서는 술과 노루 고기를 동남쪽 산 위에 차려놓고, 붉은 옷을 입은 노인과 검정옷을 입은 노인으로 설정되어 있다. 대체로 바둑을 두는 두 노인의 형상이 달라지기는 했지만, 서로 대조되는 모습으로 설정되어 있는 점은 동일하다.

결국 ㈎는 지나가던 중이 소년의 단명운을 예언하고, 서로 대조되는 형상을 한 남북두칠성을 찾아가 치성을 드리고 있으며, 명부의 내용을 바꾸어 연명한다는 점에서 주요한 특징을 볼 수 있다. 이러한 내용은 칠성신앙을 바탕으로 하여 전승될 수 있었다고 본다.

한편 ㈏는 이인 친척이 단명운을 예언하는 경우인데, 자료 5를 보기로 한다.

> 허미수의 누이가 과부였는데, 아들 하나를 키우고 있었다. 허미수는 아무런 이유 없이 생질을 박대하였다. 이를 괴이하게 여긴 누이가 연유를 물었더니, 생질의 수명이 열두 살로 정해져 있기 때문이라고 하였다. 누이가 방도를 간청하자, 허미수는 음식을 마련하여 뒷산 반석 위에 차려 놓으라고 하였다. 누이는 허미수의 말대로 제물을 차려놓았다. 한 밤중에 노인이 오더니 제물을 받아먹었다. 허미수 생질의 제물임을 알게 된 노인은 미수의 수명 중에서 삼십 년을 생질에게 빌려주기로 하였다. 누이는 즐거운 마음으로 집으로 돌아 왔으나, 허미수는 도리어 섭섭해 하였다.[99]

단명자와 예언자가 가까운 인척관계로 설정되어 있는 점이 특이하다. 이인인 허미수가 자기 생질의 단명운을 꿰뚫어 보고, 그를 박

---

99) <허미수 선생과 생질의 명>, 『대계』 8-8, 621~625쪽.

대하였다고 하였다. 과부 신세인 누이에게 있어서 외아들은 어느 모로 보나 소중하기 짝이 없는 존재인데, 외삼촌인 허미수는 그를 본체만체하고 인간 같지 않다고 박대한다. 이러한 인물 설정은 허미수의 이인적 면모를 두드러지게 한다. 그의 이인적 면모는 여기에서 그치지 않는다. 허미수는 생질의 연명 방책을 알려줄 뿐만 아니라, 자신이 수명이 차수(借壽)된 것까지 짐작하는 능력을 지니고 있다.

이러한 양상은 다른 두 자료에서도 동일하게 나타난다. 자료 2에서는 소광렬이 과부가 된 계수의 외아들을 이유 없이 박대하는 것으로 되어 있다. 이때의 연명방책은 고개 위에 진수성찬을 차려놓는 것이며, 신선이 나타나 음식을 먹은 후 소광렬의 수명을 조카에게 빌려 준다. 자료 6에서도 서화담과 누이의 관계로 설정되고, 산 위의 반석에 음식을 차려 놓는다. 밤중에 노인 넷이 나타나 음식을 받아먹고 생질의 수명을 90살로 고쳐 준다. 이와 같이 (나)에서는 단명자와 예언자의 관계가 이인 친척관계로 설정되어 있으며, 그의 이인적 면모를 보여주는 데에 초점이 놓여 있음을 알 수 있다.

그런데 문제는 허미수·서화담·소광렬과 같은 이인은 조선 후기의 실존인물이고, 제물 준비가 사자상 차림과 유사하며, 초월적 존재 역시 신선과 차사가 혼합된 형상을 하고 있다는 점이다. 그가 조선 후기의 실존인물이라는 것은 이러한 설화가 그가 생존했던 시기 이후에 형성·전승되었음을 시사해준다. 연명방책과 초월적 존재의 형상에서는 차사감응형과 관련되어 있음을 짐작할 수 있다.

또 하나 생각해 볼 것은 타인에게 수명을 빌려주는 '차수(借壽)' 화소이다. 차수 화소는 문헌설화에 정착된 이인설화에서 찾아볼 수 있는 화소이다. 그런데 차수 화소는 중국에서 전해진 화소로 생각된다.

중국에서 차수에 대한 가장 오래된 기록으로는 『진서晉書』<왕희지전王羲之傳>이라고 하며, 이러한 신앙이 후대에 북두칠성에 대한 의한 연명이나 차수 풍속으로 정착되었을 것이라고 한다.[100] 지금도 중국인들은 부모나 친구의 병이 위독할 때 동악묘에 가서 동악대제에게 자기의 수명을 병자에게 빌려 줄 것을 기원한다.[101] 이에 비하여 우리 민족에게는 이러한 풍속이나 신앙을 찾아볼 수 없다. 그렇다면 차수 화소는 중국에서 전해진 화소일 가능성이 높다고 할 수 있다. 즉 차수 화소는 중국에서 전해진 후 이인설화와 연명설화가 결부되는 과정에서 명부 수정 방식을 대체하게 되었던 것으로 보인다.

이러한 사정을 종합한다면 (개)와 (나)는 예언자와 연명방식에 있어서 분명한 차이를 보인다고 할 수 있다. 즉 예언자는 시주승에서 이인 친척으로 변이되어 있고, 명부를 수정하는 방식에서 차수하는 방식으로 변이되어 있는 것이다. 그러면서 (나)는 이인의 면모를 부각시키고 있다는 점에서 이인설화와 연명설화가 혼효된 양상을 지니고 있다고 할 수 있다. 이는 (개)에 비하여 (나)가 후대에 생겨났을 가능성을 보여준다. 특히 불교적인 시주승의 역할을 조선 중기의 이인들이 대신하고 있는 점은 그러한 가능성을 높여준다고 할 수 있다.

다음 (대)는 이인이 친구의 단명을 예언하는 경우인데, 자료 1과 3이 해당된다. 이 중에서 자료 1을 들어보기로 한다.

정북창과 윤두서는 매우 친한 친구였다. 하루는 윤두서가 자신의 수명을 물으니, 정북창이 마흔 살이라고 말해 하였다. 윤두서가 연명

---

[100] 澤田瑞穗, "차수고借壽考," 『中國の民間信仰』, 동경: 공작사, 1982, 318~330쪽.
[101] 엽대병·오병안 편, 『중국풍속사전』, 상해 : 사서출판사, 1990, 750쪽.

할 방책을 물으니, 섣달 그믐날 동대문 시장에 가서 나무 파는 노인에게 간청하라고 하였다. 윤두서는 섣달 그믐날 밤에 추위를 무릅쓰고 시장에 가서 나무 파는 노인에게 명을 길게 해달라고 애원하였다. 노인이 할 수 없이 정북창의 나이를 절반 떼어준다고 한 후 사라졌다. 다음날 윤두서가 사과하자, 정북창은 괜찮다고 하였다. 결국 정북창은 마흔 살에 죽고, 윤두서는 여든 살까지 장수하였다.[102]

정북창이 친구의 단명운을 변역시켜 주고, 자신은 도리어 단명했다는 이야기이다. 이 역시 연명이야기를 이용하여 정북창의 이인적 면모를 부각시키고 있다는 점에서,[103] 앞서 살펴 보았던 ㈏와 유사하다. 그러나 ㈐는 사람의 수명을 주관하는 초월적 존재가 '나무 파는 노인'으로 되어 있다는 점이 특이하다. 자료 3에서도 종로에서 검정소를 타고 나무를 파는 노인으로 설정되어 있다. 여기서 말하는 노인은 그 정체를 분명하게 논단하기는 어렵다. 다만 노인이 검정소를 타고 다닌다는 점에서 '기우노인騎牛老人'과 관련된 신선적 성격을 가지고 있음을 짐작할 수 있다.[104] 또한 노인은 산골짜기에 기거하는 것으로 되어 있는 점도 그가 신선일 것이라는 추측을 가능케 한다. 이렇듯 ㈐에서는 신선적 면모를 가진 노인이 남북두칠성신의 역할을 대신하고 있다. 우리나라에서는 신선사상이 도교의 역할을 대신하고 있다는 점[105]을 상기한다면, 이러한 변이는 충분히 일어날

---

102) <정북창의 지음知音과 도술>(2/2),『대계』 4-2, 446~448쪽.
103) 이 자료의 앞부분은 정북창이 새소리를 알아듣는 능력을 가졌다는 내용이다. 이러한 지음 능력도 연명이야기와 더불어 그의 이인적 면모를 부각시키는 내용이라고 할 수 있다.
104) 검정소를 타고 다니는 모습은 노자의 모습을 연상시켜 주기도 한다.(왕덕유,『노자연의』, 조형균 역, 백재문화사, 1994, 17쪽.)
105) 차주환, "도교의 이입과 한국적 수용"『한국도교사상연구』, 서울대학교출판부, 1978, 90~136쪽.

수 있다고 본다. 따라서 (다)는 중국설화를 수용하되 신선사상에 근거하여 변화를 가져왔다고 할 것이다.106)

이와 같이 칠성감응형에는 (가), (나), (다)와 같은 변이형이 전승되고 있다. (가)는 중국의 <관로설화>를 수용한 흔적이 농후하다면, (나)는 칠성감응형과 이인설화가 혼합되어 있으며, (다)는 고유의 신선사상에 근거한 변화를 보이고 있다고 할 것이다.

④ <차사감응형差使感應型>

차사감응형에는 16편의 자료가 보고되어 있는데 그 목록을 보면 다음과 같다.

번호	각 편 제목	수록문헌	채록장소	구연자	연도
1	대신 죽인 손자	대계 1-6	경기안성	유병석/남/66	1981
2	버릇고친 놀부 심술	대계 1-6	경기안성	이복진/남/80	1981
3	동방삭이 삼천갑자를 산 내력	대계 3-3	충북단양	박상복/남/77	1981
4	동방삭이 삼천갑자를 산 내력	대계 3-4	충북영동	배만식/남/70	1982
5	외손자의 명을 잇게 한 율곡	대계 3-4	충북영동	윤자삼/남/73	1982
6	남의 수명으로 장수하다	대계 4-2	충남대덕	오근표/남/69	1980
7	외손자를 살려준 송고봉 선생	대계 5-2	전북완주	임정식/남/60	1980
8	동방삭의 수명	대계 7-2	경북월성	김만갑/남/69	1979
9	칠에 공을 더해 장수한 이야기	대계 7-8	경북상주	김분진/여/58	1981
10	삼천갑자 동방삭	대계 7-8	경북상주	황수용/여/71	1981
11	저승차사 대접하여 아들구한…	대계 7-11	경북군위	최화분/여/56	1982
12	동방삭 이야기	대계 8-5	경남거창	이차문/남/71	1980

---

106) (나)와 (다) 같은 전설에서 (가)와 같은 민담으로 변이되었을 것이라는 논의가 있다. (최인황, "한국서사문학에 나타난 연명담 연구," 숭실대 석사논문, 1992, 31쪽.) 그러나 이는 그 반대일 가능성이 높다고 본다. (나)와 (다)에 등장하는 이인들은 조선 후기의 인물이기 때문에 적어도 그들이 생존 시기 이후에 형성되었다고 보는 것이 타당하다. 이들은 또한 연명 이야기에 비중이 있기보다는 이인의 면모를 부각시키는데 주안점이 놓여 있다. 이는 조선 후기에 연명담이 이인담으로 변이되었을 가능성을 시사해 준다.

13	이퇴계 선생	대계 8 - 5	경남거창	성판원/남/56	1980
14	토정선생의 연명	구비문학선집	충북괴산	유갑순/여/65	1968
15	삼천갑자 동방삭이	구비문학선집	충북괴산	장준섭/남/58	1968
16	동방삭의 죽음	임석재전집5	경기인천	김선희	1962

이들 자료 목록을 보건대 퇴계나 토정과 관련된 경우와 동방삭 이야기로 되어 있는 것이 주목된다. 퇴계나 토정은 예언자로서의 역할을 수행한다는 점에서 칠성감응형과 유사하다면, 동방삭이 등장하는 것은 차사감응형의 특징적인 부분이라고 할 수 있다.

즉 단명소년으로서의 동방삭이 등장하고 있는 것이다. 이러한 예언자나 주인공의 면모에 관계없이 이들 자료는 모두 저승차사에게 치성을 드려 연명한다는 서사적 내용을 보여준다.

차사감응형도 대체로 세 가지 이야기로 구분할 수 있다.

㈎ 시주승이 단명을 예언하는 경우(자료 1, 3, 11, 12)
㈏ 이인 친척이 단명을 예언하는 경우(자료 5, 6, 7, 9, 10, 13, 14)
㈐ 괴롭힘을 받은 장님이 단명을 예언하는 경우(자료 2, 4, 8, 15, 16)

㈎와 ㈏는 칠성감응형에서도 볼 수 있었던 경우이고, ㈐는 차사감응형에서만 볼 수 있는 내용이다. 그러므로 ㈎·㈏의 예화는 생략하기로 하고, ㈐의 예화만을 들어 보기로 한다.

동방삭은 어려서 몹시 심술이 궂었다. 하루는 지나가던 장님의 지팡이를 빼앗아 똥을 묻혀 입에 집어넣었다. 화가 난 장님이 산통을 흔들어 보더니 3일 후에 죽을 것이라고 예언하였다. 동방삭은 잘못을 사죄하고 연명할 방책을 간청하였다. 장님은 밥 세 그릇, 짚신 세 켤레,

엽전 석 냥을 마련하여 동구 밖에 차려 놓으라고 하였다. 동방삭은 장님이 알려준 대로 하였다. 한 밤중에 저승사자 셋이 나오다가 차려놓은 제물을 받아먹었다. 제물을 다 먹은 저승사자는 비로소 동방삭의 정성임을 알고 수명부의 숫자를 '삼십三十'에서 '삼천三千'으로 고쳐 주었다. 그래서 동방삭은 삼천갑자를 살게 되었다.[107]

예화에서와 같이 ㈐의 주인공은 자료 2를 제외하고는 모두 동방삭東方朔으로 설정되어 있다. 그런데 동방삭을 욕심이 많거나 심술궂은 인물로 그리고 있어서 주목된다. 예화에서와 같이, 그는 지나가는 봉사의 입에 똥을 집어넣거나, 또는 장님의 논물을 모두 빼 버리는 등 여러 가지 악행을 저지른다. 이와 같이 ㈐는 서두의 상황이 변이되어 있다.

이러한 동방삭의 면모는 중국설화에서는 볼 수 없다고 한다.[108] 중국설화에서의 동방삭은 천도天桃를 따먹고 삼천갑자三千甲子를 살 수 있었던 것으로 되어 있다. 천도를 훔쳐 먹고 삼천갑자를 살았든, 저승차사에게 치성을 드리고 삼천갑자를 살았던 간에, 동방삭은 장수했다는 점에서 동일하다. 이러한 한·중 설화의 차이를 고려해보면, ㈐는 동방삭 이야기와 <연명설화>가 결부되어 생겨난 변이형이라고 할 수 있다. 이러한 변이형이 생길 수 있었던 이유는 우리의 풍속과 인식에서 찾아볼 수 있다. 우리 민족은 아이가 태어날 때, 또는 치성을 드릴 때 석숭石崇의 복을 받고 동방삭의 명을 받게 해 달라고 축원한다. 이때 동방삭은 장수를 의미한다고 할 수 있다.[109]

---

107) <동방삭이 삼천갑자를 산 내력>, 『대계』 3-4, 114~117쪽.
108) 손지봉, "한국 구비문학에 나타난 동방삭," 《선문논총》 4호, 선문대학교, 1994, 414~415쪽.
109) 이러한 인식은 치성을 드리는 장면에서 쉽게 찾아볼 수 있다. 예를 들어 <심청

그러므로 동방삭이 중국 인물이기는 하지만, 우리 민족에게는 장수하는 인물로서 인식되고 있는 것이다. 이런 인식을 바탕으로 하여 ㈐와 같은 변이형이 생겨난 것으로 본다.

한편 연명방책의 실행 양상에 있어서도 주목할 만한 차이가 나타난다. 칠성감응형에서는 칠성신七星神에게 치성을 드리고, 그에 대한 감응을 받아내는 방식이었다. 이와 달리 차사감응형에서는 신발 세 켤레, 밥 세 그릇, 엽전 석 냥을 준비하여 저승사자를 접대하는 방식으로 되어 있다. 저승차사는 통상 세 명이 함께 나오며, 이들을 만날 수 있는 장소는 고개나 산등성이, 다릿목이나 삼거리 등으로 나타난다. 이들 저승차사는 사람을 저승으로 데려가는 역할을 담당하는 존재로서, 대접을 받으면 반드시 대가를 치루는 것으로 인식된다. 이와 같은 저승차사의 형상과 이들에 대한 치성 행위는 '사자상' 풍속을 반영하고 있다고 본다.

사자상은 일명 사자밥이라고도 한다.110) 이는 사람이 죽으면 영혼을 데려갈 저승사자를 대접하기 위하여 대문 혹은 마을 어귀에 차려 놓는 상을 말한다. 이때 상 위에는 밥 세 그릇, 짚신 세 켤레, 엽전 세 닢을 차려 놓는 것이 일반적이다. 사자상을 차리는 목적은 두 가

전>에서 심청이 태어나자 심봉사가 삼신상을 차려놓고 비는 장면을 들 수 있다. "첫국밥 얼는 지어 삼신상의 밧쳐 놋코 의관을 정제ᄒᆞ고 두 손 드러 비난 말리 비난이다 비난이다 삼십삼천 도술천 제석견의 발원ᄒᆞ며 삼신졔왕임늬 화의동심 ᄒᆞ야 구버보옵소셔 …… 다만 무남독녀 쌀이오나 동방삭의 명을 주워 팅임의 덕 힝이며 딕슌 증삼 효힝이며 기량쳐의 절힝이며 반희의 직질이며 복은 셕슝의 복을 졈지ᄒᆞ며 츅부단혈 복을 주어 외붓듯 달붓듯 잔병업시 일취월장ᄒᆞ여 쥬옵소셔"(최운식, 심쳥젼(완판 을사본), 시인사, 1984, 28~30쪽.)
110) 사자상 혹은 사자밥 풍속에 대해서는 다음 자료를 이용하였다. 장철수,『한국전통사회의 관혼상제』, 한국정신문화연구원, 1984, 67쪽 ; 이민수,『관혼상제』, 을유문화사, 1975, 37쪽 ; 김춘동, "상례,"『한국민속대관』권1, 고려대학교 민족문화연구소, 1980, 620쪽.

지로 해석되는데, 하나는 저승사자를 접대하여 영혼을 편안히 데려가 달라는 것이고, 다른 하나는 저승사자가 음식을 먹는 동안만이라도 영혼을 더 머물게 하려는 것이라고 한다. 아무튼 사자상은 저승사자를 접대하면 그에 따른 감응이 있을 것이라는 믿음에 근거하고 있다고 할 것이다. 차사감응형에서는 바로 이러한 사자상 풍속에 의거하여 연명방책을 실행하고 있는 것이다.

결국 칠성감응형과 차사감응형은 서두 상황과 연명방책에서 분명한 차이를 보이고 있다고 할 수 있다. 서두 상황의 변이는 ㈐에 국한된 것이고, 연명방책의 변이는 차사감응형 전체에 해당된다. 일단 ㈐와 같은 서두의 변이는 차사감응형이 형성된 이후 생겨난 것으로 추정할 수 있다. 이는 차사감응형 내에서의 변이이기 때문이다. 그렇다면 연명방책의 변이가 더욱 중요하다고 하겠는데, 이는 사자상 풍속이 형성된 시기가 언제인가 하는 문제와 직결된다. 그러나 안타깝게도 사자상 풍속이 언제 어떻게 형성되었는지는 확실하게 밝혀지지 않은 상황이다. 다만 사자상 풍속이 불교와 관련이 있을 것이라는 추정만이 제기되어 있을 뿐이다.[111] 이러한 추정과 더불어 이승과 저승이 분리되어 있고, 염라대왕의 명을 집행하는 저승사자가 등장한다는 점도 사자상 풍속이 불교와 관련되어 있음을 짐작할 수 있다. 우리 민족의 내세관이 이승과 저승으로 분리된 것은 불교의 내세관을 수용한 결과라고 한다.[112] 염라대왕은 본래 인도 불교에서부터 존재하였으며, 중국에서는 도교와 습합되어 동아시아에 널리 퍼졌다고 한다.[113] 우리 민속에 있어서 염라대왕은 시왕十王 중의 하

---

111) 장철수, 『전통사회의 관혼상제』, 한국정신문화연구원, 1984, 67쪽.
112) 김태곤, "무속신앙," 『한국민속대관』권3, 고려대학교 민족문화연구소, 1982, 245쪽.

나이기도 하고, 시왕과는 별도의 존재이기도 하다. 이는 우리 민족이 불교의 내세관을 전래의 내세관 속에 융합한 결과라고 한다.114)

이처럼 내세관과 저승신에 비추어 볼 때, 사자상 풍속은 불교와 관련이 있는 것으로 짐작된다.

그렇다면 차사감응형은 불교의 전래 이후에 형성되었을 가능성이 높다. 중국에서 전파된 칠성감응형은 그 자체로 칠성신이 신선으로 대체되는 변이를 겪는 한편으로, 불교의 영향을 받아 사자상 풍속을 반영한 차사감응형으로의 변이를 가져온 것으로 볼 수 있다. 이렇게 형성된 차사감응형은 동방삭 이야기와 결부되어 (다)와 같은 변이형이 생겨난 것으로 짐작된다. 이러한 변이는 구조상의 변이는 아니다. 주요한 화소의 변이라고 할 수 있다. 이와 같은 화소 차원의 변이는 비교적 쉽게 일어날 수 있는 것이다. 유사한 다른 신격으로 대체하거나, 고유의 풍속을 반영함으로써, 구조의 변화 없이 변이가 가능하기 때문이다.

(다) <염왕감응형閻王感應型>

염왕감응형은 <염라대왕이 된 김치>라는 한 편의 자료가 보고되어 있다. 이 자료는 역사적 실존인물인 김치金緻에 관련된 단편적인 이야기 중의 하나로 전승되고 있다. 즉 인조반정시 능양군綾陽君의 사주를 본 이야기, 중국 점쟁이의 예언대로 기생 일지화一枝花를 만

---

113) 편무영, "시왕신앙을 통해 본 한국인의 타계관,"《민속학연구》3호, 국립민속박물관, 1996, 232쪽.
114) 위의 글, 248쪽.

나서 죽었다는 이야기가 먼저 나온 후, 박장원의 연명설화가 연결되어 있다.

> 구당久堂 박장원朴長遠이 서른 살 이전에 급제하여 입신하였다. 한 번은 중국 점쟁이에게 점을 치니 단명할 점괘가 나왔다. 박장원이 연명할 방책을 물었더니, 점쟁이는 염라대왕 김치에게 살려달라고 간청하라고 하였다. 즉 김치의 아들에게 살려달라는 내용의 편지를 얻은 후, 염라대왕에게 치성을 드리고 편지를 소지하라는 것이다.
> 박장원은 목욕재계를 하고 김치의 아들에게 편지를 써 달라고 했다. 이에 김치의 아들은 구당의 목숨을 살려달라는 편지를 써 주었다. 박장원은 7일간 정성을 드린 후 편지를 소지하였다. 그 후 박장원은 여든 살까지 장수하였다.115)

박장원이 염라대왕 김치에게 치성을 드리고 연명하였다는 이야기이다. 구당 박장원은 서른 살 이전에 급제하여 입신하였다고 하였으니, 젊은 나이에 부귀를 누리게 되었음을 말해준다. 이러한 경사는 그에 상응하는 불운이 있다고 할 수 있다. 단명운이 바로 그것이라고 할 것이다. 박장원은 이러한 단명운을 변역하고 여든 살까지 장수하였다는 것이다.

감응형의 일반적인 내용에 비추어 보았을 때, 우선 연명방책의 변이가 눈에 띈다. 염라대왕에게 칠일 정성을 드리고 편지를 소지하는 방식이기 때문이다. 이는 칠성신에게 치성을 드리는 것이나, 저승사자에게 음식을 접대하는 것과는 다른 내용이다. 특히 치성을 받는 신격에서 분명한 변이를 볼 수 있다. 이러한 내용은 염라대왕이 사

---

115) <염라대왕이 된 김치>, 『대계』 2-2, 106~108쪽.

람의 생사를 주관한다는 인식을 바탕으로 한다고 볼 수 있다. 염라대왕이 생사를 주관한다고 믿는 것은 시왕신앙과 관련되어 있다고 본다. 그렇다면 이러한 연명방책의 변이는 시왕신앙과의 관련을 통해서 생겨난 것이라고 할 수 있다.

또한 연명방책 이외에 주목할 만한 변이는 신이 감응하여 연명해 주는 화소가 누락되어 있는 점이다. 다른 하위유형에서는 명부의 숫자를 고쳐 쓰거나, 이인의 수명을 빌려주거나, 또는 다른 사람으로 대신하게 하는 등 연명방식이 구체적으로 나타난다. 그러나 염왕감응형에서는 이러한 내용이 누락되어 있다. 즉 감응 단락이 결락되어 있다고 할 것이다. 연명방책의 변이가 화소의 변이라면, 이는 순차 구조의 변이이다.

염왕감응형은 이야기 전체로 본다면 김치 이야기의 일부일 뿐이다. 김치의 범상치 않은 삶을 이야기한 후에, 박장원의 연명담이 결부되어 있는 것이다. 즉 박장원의 연명은 김치가 죽어서 염라대왕으로 부임한 이후의 일인 셈이다. 박장원은 1612년에 태어나 1671년에 사망한 실존인물이다. 설화에서는 여든 살까지 살았다고 했으나, 실제로는 쉰아홉 살까지 살았다. 그의 생존 시기를 고려한다면 이 자료는 17세기 이후에 생겨났다고 할 수 있다. 즉 17세기 이후에 시왕신앙을 바탕으로 하여 이러한 변이가 생겨났으며, 이 과정에서 감응 단락이 누락되는 변이가 일어났다고 본다.

결국 감응형은 신격에 따라 세 가지 하위유형으로 나누어 볼 수 있었다. 이들 하위유형은 자체적인 변이를 겪는 한편으로 새로운 풍속 혹은 신앙에 의거한 변이를 가져온 것으로 볼 수 있다. 먼저 칠성감응형은 중국에서 전파된 이래 민간에 전승될 수 있었던 것은 우리 민족 재래의 칠성신앙이 있었기 때문이라고 할 수 있다. 그렇지만 한편으로는 신선사상을 배경으로 하여 칠성신을 신선으로 대체하는 변이가 일어났던 것으로 보인다. 그러다가 조선 후기에 이르러 이인적 면모를 부각시키는 방향으로 변이되었다고 할 수 있다.

차사감응형은 칠성감응형에 비추어 연명방책과 신격에서 뚜렷한 차이가 있는데, 이는 사자상 풍속에 근거한 것이라고 할 수 있다. 사자상 풍속은 내세관과 신격에 비추어 보아 불교적 성격을 가진 것으로 추정된다. 새로운 내세관과 신격의 수용은 장례 풍속에도 영향을 미쳐서 그와 관련된 풍속을 만들어 냈다고 할 수 있다. 그렇다면 차사감응형은 불교와 관련된 사자상 풍속이 성립된 이후 형성된 것으로 보인다.

이렇게 형성된 차사감응형은 서두 상황에 있어서 자체적인 변이를 가져왔다고 본다. 이인 친척이 소년을 박대하는 상황, 그리고 심술궂은 동방삭이 장님을 괴롭히는 상황 등이 그것이다. 이때 등장하는 이인 친척은 모두 조선시대의 실존인물이다. 이런 이야기들은 그들의 실존시기 이후에 형성되었다고 할 수 있으며, 주제의식에서도 이인의 면모를 부각시키는 쪽으로의 변화를 가져왔다고 볼 수 있다.

동방삭이 장님을 괴롭히는 상황은 연명설화와 동방삭 이야기가 결부된 변이라고 본다. 이 과정에서 천도를 훔쳐 먹고 삼천갑자를 살았다는 동방삭 이야기를 장님을 괴롭히다가 연명하게 되었다는 이야기로 바꾸어 놓았다고 생각된다.

한편 염왕감응형은 김치라는 실존인물의 이인적 면모를 부각시키는 이야기이다. 다만 연명방책에 있어서 새로운 내용을 볼 수 있다.

17세기에 생존했던 박장원이 본래는 서른 살 단명운을 타고났는데, 염왕에게 칠일 정성을 드린 후에 여든 살까지 장수하게 되었다는 것이다. 이는 치성의 대상이 염라대왕으로 바뀌어져 있고, 치성의 방식 또한 7일 정성에 편지를 소지하는 것으로 변화되어 있다. 또한 순차구조 상으로는 구체적인 신의 감응이 누락되어 있다. 이러한 변이 내용을 고려한다면, 염왕감응형은 염라대왕을 저승신으로 믿는 시왕신앙과 관련되는 것으로 보인다. 우리 민족에게 있어서 염라대왕은 시왕 중의 하나이기도 하고, 독자적인 저승신이기도 하다. 우리의 시왕신앙은 불교와 도교가 혼착된 중국의 시왕신앙이 전해진 것이라고 한다. 이러한 시왕신앙에 의거하여 17세기 이후에 염왕감응형이 형성된 것으로 보인다.

이와 같이 칠성감응형, 차사감응형, 염왕감응형은 서로 다른 민간신앙에 의거하여 변이가 이루어졌음을 알 수 있다. 이때 변이는 주로 연명방책과 치성대상에 집중되어 있으며, 이는 유형구조를 변화시키는 것이 아닌 화소 차원의 변이인 것이다. 또한 후대에 이르러 실존했던 인물들의 이인적 면모를 부각시키는 방향으로 변이가 진행되었던 것으로 보인다. 이인 친척에 의한 단명운 예언이 이루어지는 이야기들이 이에 해당한다. 한편 천도를 훔쳐 먹고 삼천갑자를 살았다는 동방삭 이야기를 끌어들여, 전혀 새로운 이야기를 형성시키기도 하였다.

② 도액형의 변이양상

㉮ <고행도액형苦行度厄型>

고행도액형에 속하는 <연명설화>는 10편의 자료가 보고되어 있다.

번호	각 편 제목	수록문헌	채록장소	구연자	연도
1	액을 면한 칠십동자	대계 2 - 3	강원삼척	심상학/남/70	1981
2	개와 고양이의 구슬 다툼	대계 2 - 7	강원횡성	박을순/여/69	1983
3	삼대 독자	대계 4 - 1	충남당진	진경성/남/29	1979
4	격물치지	대계 4 - 2	충남대덕	김경천/남/74	1980
5	중과 단명한 아이	대계 5 - 4	전북옥구	장광태/남/73	1982
6	단명하게 태어난 아이	대계 6 - 5	전남해남	이답례/여/49	1984
7	저승차사 대접하여 아들구한…	대계 7 - 11	경북군위	최화분/여/56	1982
8	재덕이	대계 8 - 2	경남거제	윤복애/여/71	1979
9	단명아短命兒	임석재전집12	경남영주	송원형진	1942
10	버섯이 된 자매	충남민담	충남당진	박석동/남/55	1980

고행도액형은 고행을 통해서 단명운을 변역시키는 이야기이다. 이는 신에게 치성을 드리고 감응을 받아 연명하는 것과는 매우 다른 방책이다. 이러한 고행도액형은 고행의 양상에 따라 두 가지로 나누어 볼 수 있다.

  ㈎ 유랑·고생하면서 도액하는 경우(자료 1, 3, 5, 8, 9, 10)
  ㈏ 절에 들어가 수행하면서 도액하는 경우(자료 2, 4, 6, 7)

㈎는 소년이 집을 떠나 유랑하면서 도액하는 이야기가 해당한다. ㈏에는 소년이 스님을 따라 절에 들어가 일정기간 동안 수행함으로써 도액하는 이야기들이 포함된다. 각각 구체적인 예화를 들어 두 가지 변이양상을 비교해 보기로 한다.

먼저 ㈎의 예화로는 자료 1을 들어 보기로 한다.

어떤 부자가 일흔 살에 만득자를 낳았는데, 그 아들은 오대 독자
였다. 하루는 시주를 받아가던 중이 아들 관상을 보고 살인살이 끼
였다고 하였다. 방도를 물으니 십 년 간 집을 떠나 수땜을 해야 한
다고 하였다. 소년은 할 수 없이 집을 떠나 유랑하면서 고생하였다.
9년째 되는 해에 원수가 찾아와서 소년을 죽이려 하였으나, 찾지 못
하고 그냥 돌아갔다. 소년은 십 년 만에 귀가하여 잘 살았다.[116]

살인살殺人煞이 낀 오대 독자가 십 년 간 수땜을 한 후에 잘 살았
다는 이야기이다. 소년은 십 년 간 정처 없이 유랑하면서 갖은 고생
을 겪는다. 이렇게 출가 유랑하면서 고생을 겪는 것은 두 가지의 의
미가 있다. 하나는 일시적으로 부자지연父子之緣을 끊는 것이고, 다른
하나는 상징적으로 품정된 고난을 겪는다는 것이다.

부자지연을 끊는 것은 곧 자신의 연고를 감추는 일과 같다. 자신
의 출생과 관련된 연고를 감춤으로써 운명적으로 주어진 불운을 피
할 수 있다는 인식을 엿볼 수 있다. 이는 아이가 태어나면 천한 이름
을 지어주는 풍속과 상통한다. 우리 민족은 천한 이름을 지어주면
염라대왕도 관심을 가지지 않는다고 믿는 속신이 있다.[117] 이렇게
천한 이름을 지어주는 것은 본래의 출생연고를 감추기 위함이라는
것이다. 이에 견주어 생각하면 소년의 출가 유랑은 이렇게 귀한 처
지를 감추기 위함이라고 볼 수 있는 것이다.

또한 출가 유랑은 앞으로의 고난을 상징적으로 겪는 것을 의미한
다고도 할 수 있다. 소년은 집을 떠나 몇 번의 죽을 고비를 겪는다.
산속에 버려지기도 하고, 구렁이나 강도에 의해 죽을 위기에 처하기

---

116) <액을 면한 칠십 동자>, 『대계』 2-3, 679~680쪽.
117) 임동권, 『한국의 민속』, 세종대왕기념사업회, 1975, 224쪽.

도 한다. 이러한 위기를 극복하는 것은 소년에게 운명지어진 액을 푸는 행위로 볼 수 있다. 이는 마치 무속의 고풀이에서 매듭을 푸는 것으로써 원한을 풀어버리는 것으로 이해되는 것118)과 유사하다. 유사의 원리에 의존하는 주술적 인식119)이라고 할 수 있다.

이와 같이 고행도액형은 속신과 주술적 인식을 바탕으로 하고 있음을 알 수 있다. 이것이 바로 감응형과 크게 다른 부분이다. 감응형이 초월적 존재에 대한 신앙에 근거하고 있다면, 고행도액형은 그러한 신앙 대신에 속신과 주술에 의거하고 있는 것이다.

한편 (가)에 해당하는 자료 중에는 셋째 딸과의 결연으로 인하여 위기에 처하는 자료들이 있다. 자료 5·8·10이 이에 해당되는데, 자료 5를 들어 보기로 한다.

이정승이 삼대독자를 두었는데, 아홉 살이 되었다. 하루는 시주를 받아가던 중이 독자의 관상을 보고 단명할 것이라고 하였다. 방도를 물으니 자기에게 삼 년을 맡기면 연명할 수 있다고 하였다. 이정승은 할 수 없이 중에게 아들을 맡기기로 하였다. 그런데 소년은 중을 따라가다가 산중에서 길을 잃어 버렸다. 산속을 헤매던 소년은 구렁이가 변신한 노파의 집에 들어갔다가 한밤중에 간신히 도망쳐 살아났다. 그 후 어떤 진사집에 머슴이 되었다가 사랑을 받았다. 그러자 이를 시기한 머슴들이 소년을 죽이려고 산속의 나무에 묶어 놓았다. 한밤중에 노인이 나타나 소년을 풀어주어 집으로 돌아올 수 있었다. 하루는 진사의 셋째 딸과 몰래 동침하였다가 풀덤 속에 갇혀 처형될 위기에 처하였다. 그런데 3년 기한이 되어도 아들이 돌아오지 않자 이정승은 천 냥을 주고 점을 치게 되었다. 점쟁이는 소

---

118) 최길성, "무속의례와 상징," 『한국무속의 연구』, 아세아문화사, 1978, 274~277쪽.
119) James G. Frazer, *The Golden Bough*, 김상일 역, 을유문화사, 42쪽.

년이 죽을 위기에 처하였음을 알려주고, 급히 가서 구하라고 하였다. 이에 이정승이 진사집을 찾아가서 풀덤에 갇힌 아들과 셋째 딸을 구해내었다. 결국 소년은 셋째 딸과 혼인한 후 집으로 돌아왔다. 다음에 중을 다시 만났는데, 중은 천 냥을 도려주면서 이제는 세 번의 고비를 무사히 넘겼다고 알려주었다.[120]

앞부분은 대체로 유사하지만, 뒷부분에서는 소년의 고행과정이 자세하게 형상화되어 있다. 소년은 중을 따라 나섰다가 산중에서 헤어진 후 세 차례에 걸친 고비를 맞이하게 된다. 처음에는 노파로 변신한 구렁이에게 잡혀 먹힐 위기에 처하였다가 살아나며, 두 번째는 머슴들의 시기로 죽을 뻔 했다가 살아난다. 세 번째는 진사의 셋째 딸과 은밀한 결연을 맺었다가 처형될 위기에 처한다. 이러한 세 번의 위기는 소년의 고행이자, 운명지어진 세 가지의 액을 의미한다고 할 수 있다. 소년은 고행을 통하여 세 번의 죽을 고비를 넘기게 되는데, 이는 바로 그에게 품정된 단명의 위험을 상징하는 것이다.

이때 소년의 고행과정이 이인의 가호加護를 받고 있음을 다시 한 번 상기할 필요가 있다. 처음에 노파로 변신한 구렁이에게 잡혀 먹힐 뻔 했을 때에는 시주승의 도움이 분명하지 않다. 하지만 두 번째로 나무에 묶여 죽을 뻔 했을 때에는 정체불명의 노인이 나타나 소년을 풀어준다. 이 정체불명은 노인은 바둑을 두고 있으며, 그 곁에서 하룻밤을 잣는데 일 년이 지났다는 것으로 보아 신선임에 틀림없다. 세 번째로 풀덤에 갇혀 죽을 뻔 했을 때에는 천 냥을 받는 점쟁이의 도움이 결정적이었다. 이 점쟁이는 나중에 바로 시주승이었음

---

120) <중과 단명한 아이>, 『대계』 5-4, 872~878쪽.

이 밝혀진다. 이렇게 보면 소년은 고행과정 동안 신선이나 이인의 보호를 지속적으로 받고 있음을 알 수 있다.

한편 소년이 처했던 세 번째 위기는 바로 사형私刑에 해당한다. 사형이란 관가가 아닌 양반집에서 이루어지는 형벌을 말한다. 이러한 사형은 노비의 경우에는 더욱 심하였다. 설화 속에서의 소년은 진사집에 기숙하게 되었는데, 이때의 신분은 바로 머슴인 것이다. 머슴의 신분으로서 주인집의 규수와 몰래 결연을 맺었으니, 처형을 당할 만한 죄를 지었다고 할 수 있다. 셋째 딸 또한 가문을 더럽힌 죄로 함께 죽음을 당할 위기에 처한다. 이러한 사형은 조선시대에 특히 성행하였다고 하며, 자신의 친딸을 죽이려 하는 것은 정조를 생명보다 중시하고 있음을 알 수 있다. 유교적 윤리를 중시하고, 신분을 이용한 사형이 집행되고 있다는 점을 감안한다면, 이러한 변이형은 조선시대에 이르러 생겨났을 가능성이 높다고 본다.

다음으로 ㈏의 예화로는 자료 6을 들어 보기로 한다.

> 어떤 사람이 외아들을 두었다. 어느 날 시주승이 관상을 보고 단명할 것이라고 하였다. 방도를 물으니 외아들을 십 년 간 출가시켜 공부를 해야 한다고 하였다. 소년은 출가하여 절에 들어가 십 년간 두문불출하고 공부하였다. 십년 째 되는 섣달 그믐날 밤에 지네가 방구석에 금덩이가 묻혀 있음을 알려 주었다. 소년은 다음날 금덩이를 캐서 집으로 돌아와 잘 살았다.[121]

단명운을 타고난 소년이 십 년 간 출가 수행한 이후에 금덩이까지

---

121) <단명하게 태어난 아이>, 『대계』 6-5, 554~556쪽.

얻어서 잘 살게 되었다는 이야기이다. 일정기간 동안 절에 들어가 수행한다는 것은 불교적인 고행이라고 할 수 있다. 십 년 간 두문불출하였다는 것은 불가의 수행방법과 매우 흡사하다. 이는 속신이나 주술적 인식에 의거한 ㈎와는 확연히 다른 부분이다. 또한 출가수행을 마친 소년은 금덩이를 얻거나, 신통력을 갖추게 된다는 점도 상이하다. 수행을 한다는 것은 단지 단명운을 바꾸는 것에서 벗어나 그 이상의 것을 얻을 수 있게 해준다는 것을 말해준다. 불력佛力에 의존하여 주어진 단명운을 변역시키고 있다는 점에서 ㈏의 연명방식은 불교에 매우 긍정적이라고 할 수 있다.

결국 ㈎와 ㈏는 모두 고행도액형에 속하지만, ㈎는 속신과 주술적인 인식을 토대로 하고 있고, ㈏는 불교적 성격이 강하다고 할 것이다. 이러한 두 가지 이야기의 영향관계는 현재로서는 논단할 수 없다. 다만 비슷한 시기에 함께 생겨나서 전승되었다고 보는 것이 무난하지 않을까 한다.

이러한 고행도액형과 감응형과는 어떤 관련이 있는지 의문이 된다. 고행도액형과 감응형의 결정적인 차이는 연명방책에 있다고 할 것이다. 감응형이 신에 대한 치성과 감응을 통하여 단명운을 변역시키고 있다면, 고행도액형은 고행을 통하여 단명운을 변역시키고 있기 때문이다. 그런데 여기서 소년의 고행과정은 이인의 보호 아래 이루어진다는 점을 다시 한 번 상기할 필요가 있다. 물론 일부 자료에서는 이러한 이인의 보호가 분명치 않기도 하다. 그렇지만 소년을 데리고 출가한 이인은 그 이후에도 계속 소년을 보호하고 있다고 보인다. 이인은 소년이 위기에 처할 때마다 나타나 위기를 구해주기도 하고, 소년을 절에 데려다가 수행시키기도 한다. 이처럼 소년의 고행과정은 이인의 가호 아래 이루어진다고 할 수 있다. 이는 고행도액형에서는 소년의 단명운 변역에는 이인의 가호가 결정적인 것으로 인식되고 있음을 보여준다. 그렇다면 고행도액형에서의 이인의 가호는 감응형에서의 신의 감응과 동일한 기능을 가지고 있다고 할 것이다.

이러한 양상을 감안한다면 고행도액형은 감응형을 수용하되, 신의 감응을 이인의 가호 혹은 불력佛力의 가호로 대체하고 있다고 볼 수 있다. 이러한 변이가 가능했던 것은 현실적인 고행을 통하여 운명적인 단명을 변역할 수 있다는 주술적 인식이 크게 기여했다고 본다. 이때 셋째 딸과의 결연과 같은 화소는 후대에 결부되었던 것으로 추정된다.

㉯ <혼인도액형婚姻度厄型>

혼인도액형에는 14편의 자료가 보고되어 있는데 일람을 보이면 다음과 같다.

번호	각 편 제목	수록문헌	채록장소	구연자	연도
1	삼정승의 딸을 얻은 아이	대계 1 - 4	경기의정부	이항훈/남/71	1980
2	정승 딸 얻은 십대 독자	대계 1 - 4	경기남양주	윤선식/남/66	1980
3	9대 독자	대계 1 - 7	경기강화	윤태선/남/62	1981
4	십생구사	대계 2 - 7	강원횡성	김응화/남/62	1983
5	단명한 소년이 정승딸을 만나…	대계 5 - 1	전북남원	배경순/남/65	1979
6	단명을 모면한 이운선	대계 5 - 4	전북옥구	원대일/남/66	1982
7	열두 큰 애기 얻은 총각	대계 6 - 2	전남함평	김정균/남/88	1980
8	옥황상제 아들 돌쇠	대계 6 - 9	전남화순	조일남/남/76	1984
9	쫓겨난 정승 며느리가 낳은 아들	대계 7 - 13	경북대구	전계한/여/74	1983
10	단명아短命兒	임석재전집1	평북초산	김노인	1927
11	단명아短命兒	임석재전집1	평북선천	박근엽	1936
12	명이 짧은 아이	임석재전집5	서울관수	목천문장	1943
13	사처四妻를 거느린 사람	임석재전집10	경남양산	변학덕	1927
14	삼정승 딸에게 장가가다	전북민담	전북전주	손성녀/여/80	1978

혼인도액형은 소년이 어떤 여성의 도움을 받아서 단명운을 변역하고, 나아가 그녀와 혼인하여 귀가한다는 이야기이다. 이 유형에 속하는 대표적인 예화로는 자료 5를 들 수 있다.

> 구학이라는 삼대독자가 살고 있었는데, 재주가 비상하였다. 하루는 시주를 받아가던 도사가 단명할 것이라며 아쉬워했다. 부친이 독자를 살려낼 방도를 물으니, 시주승은 서울에 사는 대감 딸을 만나야 한다고 가르쳐 주었다. 그렇지만 소년은 대감 딸을 만날 방도가 없자, 집을 떠나 유랑길에 오른다. 어느 날 소년은 상경하여 팥죽장사 집에 유숙하였다가, 그들 모녀의 도움을 받아 대감 딸이 거처하는 초당에 들어갔다. 구학이 자기의 단명할 운수를 말하면서 살려 달라고 간청하자 대감 딸은 구학을 살려내기로 한다. 그날 밤 대감 딸은 소년을 잡으러 귀신을 쫓아 주었다. 다음 날 대감 딸은 구학에게 과제科題를 알려주어 급제할 수 있도록 도와주었다. 구학은 과거에 장원급제하여 마침내 대감의 사위에 발탁되었다. 대감 딸과 혼인한 구학은 고향으로 돌아와서 장수하면서 잘 살았다.[122]

삼대독자가 대감 딸을 만나 단명운을 도액하고, 과거에 급제하여 대감의 사위에 발탁되었다는 이야기이다. 서두의 상황은 대체로 다른 유형과 유사하지만, 연명방책이 제공되는 부분부터는 매우 다르게 되어 있다. 우선 연명방책은 '대감 딸을 만나야 한다.'라는 것으로 설정된다. 소년은 지방의 한미한 처지라고 할 수 있는데, 대감 딸은 서울의 현직 고위 관리의 딸이다. 소년과 대감 딸의 처지는 정반대의 상황으로 그려지고 있어서, 이들의 만남이 성취되는 과정이 주요한 관심사로 떠오른다.

---

122) <단명한 소년이 정승 딸을 만나 출세하다>, 『대계』 5-1, 81~89쪽.

소년은 일단 집을 떠나 대감 딸을 찾아 나선다. 그 과정에서 팥죽장수 모녀의 원조를 받아 대감의 딸이 거처하는 초당에 들어가게 된다. 팥죽장수 모녀는 소년과 대감 딸을 이어주는 매개자의 역할을 한다. 이들은 다른 유형에서 볼 수 없었던 보조적 인물이라고 할 것이다. 초당에 들어간 소년은 대감 딸의 도움을 받아 도액을 성취하게 된다. 대감 딸은 구학을 죽이려고 찾아온 귀신을 물리쳐 주었던 것이다. 이로써 대감 딸은 평범한 여성이 아닌 이인적 면모를 가진 여성임이 드러난 셈이다. 한편으로 대감 딸과의 만남은 도액의 성취에 머물지 않는다. 대감 딸은 소년에게 과제를 알려주어 그를 장원급제할 수 있도록 도와준다. 구학의 장원급제는 다시 대감의 사위로 발탁되는 행운을 누리게 되는 것으로 연결된다. 지방의 한미한 소년이 서울의 명문거족의 사위가 되었으니, 대단한 출세를 하게 된 셈이다. 이처럼 혼인도액형에서는 소년이 대감 딸을 찾아가는 과정과, 이들의 결연이 공식화公式化되는 과정에 많은 부분이 할애되어 있음을 알 수 있다.

 결국 이 이야기는 소년이 어떤 여성을 만나 단명운을 도액하고 동시에 부귀와 다남을 누리게 되었다는 것으로 요약될 수 있다. 이때 소년이 여성을 찾아가는 과정은 '고행'에 해당한다. 지방의 한미한 가문 출신의 소년이 서울 명문가의 규수를 만나야 한다는 것은 현실적으로 거의 불가능하기 때문이다. 어찌 보면 단순히 고행을 겪거나, 출가하여 수행하는 것보다 더욱 어려운 방책이라고도 할 수 있다.

 또한 소년은 팥죽장수를 만나 초당에 들어가게 되는데, 이러한 일련의 과정도 고행의 연속임에는 틀림없다. 만약 초당에 들어가는 과정에 대감에게 들킨다면 죽음을 면치 못할 행위이기 때문이다. 더욱

이 명문가의 규수를 만나기 위하여 은밀하게 잠입하는 행위는 용납될 수 없다. 이렇듯 소년이 출가하여 초당에 당도하는 과정은 고행으로서의 의미를 가진다고 할 수 있다.

이러한 사정을 생각한다면 혼인도액형은 소년의 고행과정이 확대되어 있다는 특징을 가지고 있다고 본다. 팥죽장수 모녀와 같은 보조적 인물의 등장, 초당 잠입 과정에서의 여러 가지 사건도 이러한 확장을 위한 장치였다고 할 것이다. 이와 같이 혼인도액형에서는 소년이 지체 높은 여성을 찾아가는 과정과 그녀와의 결연을 공식화하는 과정에 높은 비중이 놓여 있다고 볼 수 있다.

한편으로 혼인도액형에는 과거와 관련된 화소가 많다는 점도 눈길을 끈다. 일부 자료에서는 과점科占을 치다가 단명운이 노출되기도 하고, 과거 부정에 관한 내용이 포함되어 있기도 하다. 일단 과점 화소는 그러한 풍속이 성행했던 세태를 반영하는 것으로 볼 수 있다. 과거 부정 역시 그러한 현실을 반영하고 있다고 본다. 과거는 임란 이전에는 비교적 엄격하게 실시되었으나, 임란 이후 부정이 극심해졌다고 한다. 과폐科弊 중에서도 가장 쉬운 것이 과제를 미리 알려주는 방법이다. 자신이 합격시키고 싶은 사람에게 과제를 미리 알려줌으로써, 자기 당파나 정실에 따라 합격자를 조작할 수 있었다.[123] 순조 때 성균관사성成均館司成 이형하李瀅夏는 과거의 여덟 가지 폐단을 논하는 상소를 올리기도 하였으며, 이 상소가 계기가 되어 『과장구폐절목科場救弊節目』이 편찬되기도 하였다고 한다. 이와 같은 조선

---

123) 조선 시대의 과거제도 및 그 폐해에 대해서는 다음을 참고하였다. 송준호, "조선 후기의 과거제도," 《국사관논총》 63집, 국사편찬위원회, 1995, 37~99쪽 ; 조우호, "학제와 과거제," 『한국사』 권10, 국사편찬위원회 편, 1981, 170~175쪽 ; 이성무, 『한국의 과거제도』, 개정증보판, 집문당, 1994, 222~227쪽.

후기의 극심했던 과폐를 감안한다면, 과거 부정 화소는 바로 이러한 세태와 관련되어 있는 것으로 보인다.

그렇지만 혼인도액형 설화에서는 이러한 과거 부정이 부정적으로만 인식되지는 않는다는 점을 상기할 필요가 있다. 오히려 과거 부정은 소년이 장원급제하여 대감의 사위로 발탁될 수 있도록 하는 중요한 계기로 작용하고 있다고 할 것이다. 따라서 설화에서는 과거 부정에 대한 비판적인 안목이 두드러지지 않는다고 생각된다. 이는 과거 부정에 대한 비판보다는 부귀의 획득에 대한 소망이 더욱 큰 가치로 인식되었기 때문으로 볼 수 있다. 그만큼 사회적 비리에 대한 비판의식이 성숙하지 않았다는 것을 반증하는 것으로 보인다.

한편 일부 자료에서는 재판설화裁判說話와의 교섭이 이루어지기도 한다.

> 구대 진사를 했으나 단명하는 집안에서 유복자를 기르고 있었다. 소년이 과거를 보기 위해 상경하여 점을 쳤더니, 급제한 후 단명할 것이라고 하였다. 방도를 물으니 김정승 딸을 만나야 한다고 하였다. 집을 떠나 유랑하던 소년은 팥죽장수 집에 유숙하였다가 그들 모녀의 도움을 받아 김정승 딸의 초당에 들어갔다. 첫눈에 천생연분임을 알아본 김정승 딸은 주머니 세 개를 주면서 위급할 때 쓰라고 하였다. 소년은 급제하여 한림학사에 제수되고, 이정승의 사위에 발탁되었다. 그렇지만 첫날밤 신부가 피살되어 살인 누명을 쓰고 처형될 위기에 처한다. 이에 소년은 김정승 딸이 준 주머니를 세 개를 내 놓는다. 하지만 아무도 그 의미를 알지 못하자, 김정승 딸이 홍삼랑이 범인임을 알려준다. 이에 소년은 가까스로 처형될 위기를 벗어난다. 소년은 김정승 딸과 혼인한 후 귀가하여 잘 살았다.[124]

---

124) <정승딸 얻은 십대 독자>, 『대계』 1-4, 568~586쪽.

이 자료의 후반부에서 소년은 과거에 급제한 후 이정승의 사위에 발탁되지만, 첫날밤에 신부가 살해되어 살인범으로 처형될 위기에 처한다. 이때 김정승 딸이 준 세 개의 주머니를 단서로 하여 진범을 밝혀낸다. 이는 원혼이 백기를 들고 현몽하여 범인을 암시해주는 재판설화이다. 이처럼 일부 자료에서는 재판설화를 수용하는 변이를 보이고 있기도 하다.

이와 같이 혼인도액형에서는 감응형이나 고행도액형에 비하여 소년의 고행과 도액 부분이 확대되어 있음을 알 수 있다. 고행 부분은 소년의 출가 - 유랑 - 잠입으로 확대되어 있고, 도액 부분은 도액 - 과거급제 - 사위발탁 - 혼인으로 확대되어 있다. 이 과정에서 팥죽장수 모녀와 같은 보조적 인물이 등장하고, 이들과 관련된 사건들이 형상화되고 있으며, 과거 부정과 같은 현실적 성격의 화소도 삽입되었다고 할 수 있다. 또한 감응형이나 고행도액형에서는 단지 소년의 단명운을 변역하는 것에 만족하고 있다면, 혼인도액형에서는 부귀영화를 누리고 가문을 번성시키는 것까지 포함하고 있다. 이는 혼인도액형의 주제의식도 상대적으로 확대되어 있음을 암시해 준다.

그러므로 혼인도액형은 감응형과 고행도액형을 확대하여 생겨난 변이형이라고 본다. 혼인도액형과 감응형은 제3자의 도움이 분명하게 드러난다는 점에서 그 유사성이 분명하게 드러난다. 감응형에서의 신의 감응은 혼인도액형에서의 여성 이인의 가호와 비견될 수 있다. 소년이 신을 찾아가 연명을 간청하였듯이, 여성 이인을 찾아가 살려달라고 애원하고 있는 것이다. 그러나 감응형에서는 단명운을 신에 의해 품부되는 것으로 인식하는 반면에, 혼인도액형에서는 여성 이인에 의하여 물리쳐야 하는 것으로 인식된다. 이는 감응형과 혼인도액형 사이의 분명한 차이라고 할 수 있다.

이런 차이는 고행도액형과 혼인도액형 사이에는 보이지 않는다. 고행도액형에서도 단명운은 일종의 액厄과 같은 것으로 인식되었다. 이때의 액은 물리쳐야 하는 것, 또는 정해진 시각을 넘기면 되는 것이다. 이는 혼인도액형에서도 마찬가지이다. 소년은 여성 이인의 보호를 받아 그를 찾아온 귀신이나 원귀冤魂 혹은 천화天火를 물리친다. 또한 소년은 여성 이인이 가르쳐준 대로 주문을 외워 횡사시橫死時를 넘기기도 한다. 이런 점에서 고행도액형과 혼인도액형은 상통한다고 할 수 있다.

이렇게 본다면 혼인도액형은 구조적으로는 감응형과 유사하고, 단명운에 대한 인식에 있어서는 고행도액형과 가까운 것으로 짐작된다. 이는 결국 혼인도액형의 위상이 감응형과 고행도액형의 중간에 위치하고 있음을 말해준다. 따라서 혼인도액형은 감응형과 고행도액형을 바탕으로 하여 후대에 생겨난 변이형이 아닌가 한다.

⑷ 갈등 및 주제의식

<연명설화>의 갈등은 단명소년과 운명 사이에서 일어난다. 단명소년은 품정된 수명 이상으로 살기를 원하고, 운명은 이를 허용치 않으려는 데서 상호간의 대립이 발생한다. 정해진 수명 이상으로 살고자 하는 소망은 곧 운명에 대한 변역을 시도하는 것으로 나타난다. 감응형에서는 소년은 단명운을 변역하기 위하여 신에게 치성을 드린다. 칠성신이나 저승차사, 혹은 염라대왕에게 치성을 드림으로써 운명과의 갈등을 해소하고자 하는 것이다. 이러한 단명소년의 치

성을 받은 신은 그를 연명시켜 준다.

한편 도액형에서는 소년은 집을 떠나 고행을 겪거나, 자신을 보호해 줄 여성을 탐색한다. 소년의 고행은 이인을 따라나서는 것에서부터 시작된다. 이인(시주승)은 소년을 데리고 다니다가 도중에 사라지기도 하고, 소년을 절에 데려가 수행시키기도 한다. 도중에 사라지는 경우에도 시주승은 소년이 가야할 방향을 제시해 주거나, 위기에 처했을 때마다 현몽하여 소년을 구해주기도 한다. 소년은 이인의 가호 아래 고행을 겪으면서 자신에게 주어진 단명운을 도액하게 된다.

이러한 갈등 해소는 '유사의 법칙'에 근거한 방법이라고 할 수 있다. 유사의 법칙이란 유사는 유사를 낳고 결과는 원인과 유사하다는 주술의 한 가지 원리이다.[125] 이러한 모방주술模倣呪術은 모방을 통하여 흉조凶兆를 소멸시키는 경우에 종종 이용된다. 유사에 입각한 모방을 통하여 "가상假想된 재난을 실제적 재난과 대치代置함으로써 운명을 먼저 제압"[126]하려는 것이다. 예를 들어 마다가스카르에서는 자신에게 예정된 액운을 떨쳐버리기 위하여 오두막에 어머니와 아이를 집어넣고 불을 지른 후, 가장 위험한 순간에 어머니와 아들을 구해낸다고 한다. 가장 절박한 순간에 어머니와 아이를 구해냄으로써 액운을 벗어날 수 있다고 믿고 있는 것이다. 또한 아기의 단명할 운을 피하기 위하여 열두 마리의 메뚜기를 죽여 수의壽衣로 싸서 놓아두고, 다시 열두 마리의 메뚜기를 잡아 다리와 날개를 떼어버리고 그 곁에 놓아 둔 후에 통곡을 한다고 한다. 메뚜기를 죽여 초상을 치르는 흉내를 냄으로써 아기의 단명운을 피할 수 있는 것으로 믿어진

---

125) James G. Frazer, 『황금의 가지(상)』, 김상일 역, 을유문화사, 1983, 42쪽.
126) 위의 책, 71쪽.

다.127)

　이와 마찬가지로 고행도액형에서는 소년이 '죽을 고비'를 무사히 넘김으로써 단명운을 모면한 것으로 인식되었음을 짐작할 수 있다. 절에 들어가 수행하는 것도 동일한 맥락에서 생각해 볼 수 있다. 나이 어린 소년이 수년 동안이나 출가 수행하는 것은 고행의 다른 형태라고 할 수 있다. 부처의 보호를 받는 점이 다르지만, 고행을 통하여 재액을 물리친다는 의미는 동일하다고 본다. 이처럼 고행도액형은 운명과 인간 사이에 형성된 갈등을 유사의 법칙에 따른 주술적 방법으로 해소하고 있음을 볼 수 있다.

　한편 혼인도액형에서는 지체 높은 여성을 찾아가 그녀에게 보호와 도움을 간청한다. 이렇게 보면 소년을 보호하는 여성은 지체 높은 여인 이상의 의미를 가진다고 본다. 왜냐하면 그녀는 사제적司祭的 성격과 현녀적賢女的 성격을 모두 갖춘 이인으로서의 역할을 수행하고 있기 때문이다. 그녀의 사제적 성격은 독경이나 관상 등 각종 방술에 능하다는 점, 소년의 도액의례度厄儀禮를 주관한다는 점에서 잘 드러난다. 현녀적 성격은 재치 있는 방법으로 소년을 무사히 밖으로 내보내고 있는 점, 사위로 인정되기 위한 묘안을 알려주는 점 등에서 짐작할 수 있다. 결국 소년이 찾아가는 여성은 이인적 성격을 지니고 있다고 할 수 있다. 이에 소년은 이인의 가호를 받아 단명운을 도액하고 있는 것이라고 본다.

　이러한 혼인도액형의 단명운 변역과정은 성년의례로서의 의미를 내포하고 있다고 본다. 지체 높은 여성 이인과의 만남은 수명의 연

---

127) 위의 책, 72쪽.

장뿐만 아니라, 부·귀·다남을 성취하여 '존재의 질적 전환'을 보여 주고 있기 때문이다. 이는 도액 전후의 소년의 변화를 살펴보면 확연하게 드러난다.

구 분	도액 이전	도액 이후
생체적 측면 [壽]	미성년(단명의 위험 내재)	성년(단명의 위험 해소)
사회적 측면 [富·貴]	미급제, 미출사 (가정의 일원)	급제, 벼슬제수, 삼정승의 사위 (사회적 일원)
가문적 측면 [多男]	미혼(비성적非性的 존재) (절손의 불안/가정의 일원)	성혼(성적性的 존재) (다남/가문번성/가문의 일원)

첫째, 생체적 측면에서 단명소년은 '미성년未成年'에서 '성년成年'으로 변화된다. 미성년 단계는 단명의 위험이 내재된 상태라고 인식된다. 의약의 발달이 이루어지지 않았던 시대에는 유아사망률이 매우 높았다. 고려 후기에 향약鄕藥과 의술의 발달이 자녀의 조사早死를 감소시켜 인구 증가의 한 요인이 되었다는 연구[128]를 들지 않더라도, 이는 충분히 짐작할 수 있는 바이다. 또한 조선 후기의 어느 사족 가문을 대상으로 하여 자녀의 수명을 연구한 결과에서도 출산된 자녀의 절반 이상이 유아기에 사망했던 것으로 추정된다고 하였다.[129] 그 원인이 어디에 있든, 유아기와 소년기를 무사하게 넘기는 것은 장수를 위한 절대적인 고비로 인식되었음을 알 수 있다.

---

[128] 이태진, "고려후기의 인구증가 요인 생성과 향약의술 발달," 《한국사론》19집, 서울대학교 국사학과, 1988, 203~279쪽. 한편 고려말 조선초의 의학의 발달과 향약론鄕藥論의 대두에 대해서는 김호, "『향약집성방』에서 『동의보감』으로," 《한국사 시민강좌》16집, 이기백 책임편집, 일조각, 1995를 참고할 수 있다.

[129] 한영국, "조선후기 어느 사족가문의 자녀생산과 수명," 『택와 허선도선생 정년기념 한국사학논총』, 일조각, 1992, 554쪽.

이렇게 높은 유아사망률은 "다섯 살 미만의 아이는 인구수에 포함시킬 수 없다."130)라는 정약용의 주장에서도 암시되어 있다. 그의 말에 의하면 아이들은 마마나 역질로 요사하는 경우가 많기 때문에 인구수에 포함시킬 수 없다는 것이다. 이러한 내용들을 고려하면 유아기와 소년기는 단명의 위험이 항시 잠재되어 있는 시기로 인식되었음을 알 수 있다. 따라서 소년이 자라나서 열다섯 살 정도의 나이가 되는 것은 이러한 단명의 위험에서 벗어났다는 것을 의미한다고 할 수 있다. 소년의 도액의례는 바로 이러한 단명의 위험을 벗어나는 제의인 셈이다.

둘째, 사회적 측면에서 소년의 도액은 가정의 일원에서 사회적 일원으로의 질적인 변화를 가져온다. 조선시대의 남자는 열다섯 살이 되면 '성동成童'이라고 일컬어졌으며,131) 호패를 차고, 132) 군적에 편입되었다.133) 관례冠禮 또한 열다섯 살 내외의 연령에서 이루어졌다.134) 이렇듯 사회제도적으로 볼 때 열다섯 살은 사회의 일원으로 진입하는 기점인 것이다. 설화 속에서도 단명소년은 도액과정을 거

---

130) 정약용,『경세유표』권13(『국역 경세유표』권3, 민족문화추진회 편, 중판, 1989, 민문고, 291쪽. 영인된 원문은 141쪽.) "臣謹按 周法生齒以上 皆書於版 後世之法 或待成丁 或通幼弱 臣以爲未滿五世者 不足以備於人數 或痘或疹夭者極多 五歲不夭者 其成立可期也"
131) 이수광,『지봉유설』권17(남만성 역, 을유문화사, 1994, 307쪽.)
132) 유홍열,『국사대사전』, 개정증보판, 교육도서, 1989, 1579쪽.
133) 이익,『성호사설』권16, <신생아충정新生兒充丁>에서 "국법에 무릇 16세가 되면 군적에 충액되고 60살이 되면 면제한다(國法凡軍役十六充額 六十而老除)"고 하였다.
134) 민속학회 편,『한국 민속학의 이해』, 문학아카데미, 1994, 173쪽. 그러나 조혼이 성행했던 조선시대에는 12, 13살에 관례를 하기도 하였다고 한다. 이는 혼인연령이 빨라지면서 생겨난 풍속이라고 한다. 현재에도 경기도 지방에서는 사주를 보낸 다음 관례를 한다고 하며, 강원도 지역에서도 택일한 후 조상에게 제사를 지내면서 관례를 한다고 한다. 혼례와 관례를 분리하여 각각 예를 올려야 한다는 주장이 있는 것으로 보아 이러한 관행은 일찍이 이루어졌을 것으로 추정된다고 하였다.(박혜인,『한국의 전통혼례 연구』, 고려대학교 민족문화연구소, 1988, 62~63쪽.)

친 후, 곧바로 과거에 급제하여 벼슬을 제수되고 있으며, 삼정승의 사위에 발탁된다. 급제 및 출사 이전의 상태에서 일거에 부와 귀를 누리는 사회적 일원으로 편입된 것이다. 이는 소년의 도액이 수명의 연장뿐만이 아니라 부와 귀를 획득하는 계기로 인식되고 있음을 말해준다.

셋째, 가문 차원으로 볼 때 소년의 도액은 다남과 가문의 번성을 가져온다. 이는 소년의 혼인에서부터 시작된다고 할 수 있다. 소년은 도액을 전후하여 한 명 이상의 여성과 혼인하게 된다. 이는 그가 '비성적非性的 존재'로부터 '성적性的 존재'로 전환되었음을 의미한다.[135] 또한 소년이 삼정승 딸과 결연했다는 것은 다남을 성취할 수 있는 조건을 갖추게 되었음을 의미한다고 할 수 있다. 남자가 한 명 이상의 처를 얻고자 하는 목적은 다수 여성과의 혼인을 통해 후손과 재물 그리고 권위에 대한 욕구를 충족시키기 위함이라고 한다.[136]

아내를 많이 얻으면 얻을수록 많은 자녀를 가질 수 있으며, 자녀를 많이 두면 둘수록 자신의 '불멸성不滅性'은 강화되기 때문이다.[137] 우리나라 사람들이 아들이 5·6명이면 모두가 부러워했다고 하였고, 7·8명이면 기이하다고 하였으며, 십여 인이면 범상치 않은 홍

---

135) '비성적非性的'이라는 용어는 반젠넵이 사용한 말이다. 그는 입사의례는 성적인 속성을 가지고 있어서 한 개인을 남성이나 여성으로 확정한다고 하였다. 즉 입사의례는 비성적非性的 세계로부터 성적性的 세계로 전환된다는 의미가 있다고 하였다.(Arnold van Gennep, 『통과의례』, 전경수 역, 을유문화사, 1985, 113쪽.)
136) Edward Alxander Westermarck, 앞의 책, 221쪽.
137) 이러한 인식은 아프리카 전체 부족에게서 찾아볼 수 있다고 한다.(John S. Mbiti, *African Religions and Philosophy*, 정진홍 역, 현대사상사, 1979, 267~268쪽.) 이는 우리 민족에게도 유효한 견해라고 할 수 있다. 예를 들어 남아선호사상 역시 그러한 사고와 관련지어 생각할 수 있다. 남아를 선호하는 이유 중의 하나가 가문의 계승과 제사주祭祀主의 확보에 있다는 주장은 이런 점에서 매우 타당하다고 본다.(윤종주, "우리나라의 가족계획 수용에 작용하는 사회·문화적 요인에 관한 고찰, 《서울여자대학 논문집》, 2호, 1972, 45쪽.)

복_福이라고 했던 것138)도 이런 이유 때문이었다. 결국 도액과 동시에 세 명의 아내를 얻은 것은 바로 다남의 실현과 가문의 번성을 위함이었음을 짐작할 수 있다.139)

이와 같이 소년의 도액은 생체적·사회적·가문적으로 질적인 전환을 가져오는 계기라고 할 수 있는데, 그 과정은 '분리分離-전이轉移-통합統合'이라는 통과의례의 그것과 흡사하다고 할 것이다. 소년의 '출가出家-도액度厄-귀가歸家'라는 행적은 수·부·귀·다남을 성취하는 성년의례成年儀禮의 성격을 가진다고 본다. 이처럼 혼인도액형은 성년의례적 성격을 가진 도액과정을 통해서 운명과의 갈등을 해소하고 있음을 볼 수 있다.

이러한 갈등에 비추어 볼 때, <연명설화>의 주제의식도 이와 밀접하게 관련되어 있을 것으로 볼 수 있다. 일단 <연명설화>의 주제의식은 '단명에 대한 불안의 극복'이라고 할 수 있다. 이러한 단명의 불안은 이야기의 서두에서 강하게 암시된다. 즉 대부분의 이야기는 '어떤 사람이 귀자貴子를 기르고 있었다.'라는 상황이 설정되어 있다. 이때 '단명의 불안'은 곧 '절손絶孫의 불안'이라고 할 수 있다.

> 옛날 어떤 사람이 독자를 두었다. 하루는 지내치던 한 사람의 신승이 들어와서 그 아이의 상을 보고「이 애는 열아홉 살을 넘기지 못하겠습니다」고 말하였다. 아이의 아버지는 크게 놀랐다. 그래서 그 신승에게 재배삼배하면서「선사께서 사람의 명을 아시니 아마 우리 아이를 구하실 방법도 있겠습니다. 우리 가문이 끊혀지지 않

---

138) 이규경, <다남변증설多男辨證說>, 『오주연문장전산고』권60, 명문당, 1982, 937쪽.
139) 이와 더불어 삼정승의 딸이 언급된 것은, 흔히 설화에서 관습적으로 사용하는 '3의 법칙'의 영향도 함께 생각해볼 수 있다. 설화에서는 인물이 등장해도 세 명이 한짝을 이루고, 사건이 발생해도 세 번 반복되는 경우가 많기 때문이다.

도록 부대 구해줍시사」하고 애걸하였다. 두 번째까지 「수명의 장단은 알 수 있지마는 내가 어떻게 사람의 명을 구할 수가 있느냐」하고 신승은 거절하였으나…140)

인용된 부분은 '가문의 단절에 대한 불안'을 보여주는 언술이다. 이와 같은 단명에 대한 두려움과 가문의 유지라는 두 가지 의식은 거의 모든 각편에서 확인할 수 있다. 이렇게 본다면 <연명설화>에서는 '귀자에게 내포된 단명에의 불안을 해소시켜 가문을 유지한다.'는 주제의식을 찾아볼 수 있다고 할 수 있다. 이는 모든 하위유형에서 공통적으로 나타나는 주제의식이다.

한편 혼인도액형에서는 이러한 주제의식이 더욱 확대되어 있음을 볼 수 있다.

그리고 나서 색시한테서 아들 하나씩 나서 삼형제를 나서 9대에 와서, [조사자: 그렇겠네요.]네, 셋을 나서 한 땐 그런 얘기가 있어요. [조사자: 집안이 번성했다는.]그렇지.141)

구대독자가 단명운을 타고났다가 삼정승의 딸과 혼인한 후 연명하게 되었다는 이야기의 결말 부분이다. 구대독자인 단명소년은 삼정승 딸과 혼인하여 귀가한다. 그 이후 삼정승 딸은 각각 아들 하나씩을 낳아서 삼형제를 두었다고 했다. 구대에 걸쳐 독자를 두었던 상황에 비추어보면, 삼형제를 둔 것은 대단한 가문의 번성을 가져온 셈이다.

---

140) 손진태, 『한국민족설화의 연구』, 을유문화사, 1947, 11쪽.
141) <9대 독자>, 『대계』 1-7, 800쪽.

예전에는 아들이 많은 사람은 '복력인福力人'이라고 칭해졌다고 하며, 또한 아들을 많이 두는 것은 '희복稀福'이라고 했다. 그만큼 다남은 우리나라 사람들이 누리고자 소망했던 복이라고 할 수 있다.142) 이는 "후손이 없는 것이 가장 큰 불효"143)라는 유교적 이념과도 밀접하게 관련된다. 일부다처제도와 축첩의 허용, 칠거지악 중에서 무자無子의 죄를 심각하게 인식한 점은 바로 이러한 다남에의 소망이 사회적 규범으로 실현된 예라고 할 수 있다. 다남을 부러워하는 이유 중의 하나는 가문의 번성과 직결되기 때문이라고 본다. 아들을 많이 두는 것은 곧 가문을 번성시키는 일로 인식되었던 것이다.

결국 혼인도액형의 주제의식은 수・부・귀・다남을 누리는 이상적인 삶에 대한 소망으로 확장되어 있음을 볼 수 있다. 이는 여성 이인을 찾아가 성년의례적 도액과정을 거침으로써 단계적으로 성취된다. 따라서 혼인도액형에서는 소년의 도액과정과 주제의식이 긴밀하게 연관되고 있음을 볼 수 있다.

결론적으로 말해서 <연명설화>의 갈등은 소년과 단명운 사이에서 비롯되고 있다고 하겠으며, 이는 제3자의 도움을 통하여 해소되고 있음을 알 수 있다. 제3자의 도움은 각 하위유형에 따라 상이하게 나타난다. 이러한 다양한 변역에도 불구하고 <연명설화>의 공통되는 주제의식은 단명에 대한 불안감의 탈피라고 할 수 있다. 그것은 소년기에 잠재되어 있는 단명운의 불안을 제거하고 장수를 누리려는 소망이다. 이러한 주제의식은 혼인도액형에서는 수・부・귀・다남을 누리는 다복한 삶에 대한 소망으로 확대되어 있다.

---

142) 이규경, <다남변증설>, 『오주연문장전산고』 권60, 명문당, 1982, 937쪽.
143) 『맹자孟子』 <이루장구離婁章句> "孟子曰 不孝有三 無後爲大"

(다) <연명설화>에 나타난 운명인식

<연명설화>에 나타난 운명인식은 대략 세 가지 특성을 찾아 볼 수 있다.

첫째, 단명운은 불가역적不可易的인 것이면서 동시에 가역적可易的인 것으로 인식된다는 점이다.

㉮ "예, 과연즉 죄송한 말씀이올시다만서루 지가 벨루이 잘 알지는 몰라 가로되, 그저 수요가 단명하다구 그 말을 했읍니다."
"그러면 단명한 것은 알구 그 장명시킬 수는 읎는가?"
명을 질게 할 수 읎느냐 이거여. 한참 있다가 생각하더니,
"예, 할 수두 있읍니다만서루 장히 외롭습니다." 이거거든.144)

㉯ 이렇게 해서 저녁에 아버지가,
"우리 아들 명이나 길겠나, 어디 한 번 점이나 쳐보쇼." 하니깐두루, "건 내가 다 치고 앉았는데, 시 참 명이 아주 단순하단 말야. 제가 명년 삼월 며칟날 꼭 죽은 명이단 말야."
"아, 그리면, 아, 죽는 건 알며 살리는 방법은 모르냐?" 구.
"그래, 내가 그걸 지금 연구하는데 살리는 방법도 꼭 한 가진데 하늘의 별따기보다 어렵다." 이거야.145)

소년의 단명운이 예언되는 대목으로 각각 감응형과 도액형에서 옮긴 것이다. ㉮에서는 이인이 소년이 단명하겠다고 예언하자, 소년의 부친이 '단명한 것은 알고 장명長命시킬 수는 없느냐?' 하고 묻는

---
144) <격물치지>, 『대계』 4-2, 719쪽.
145) <9대 독자>, 『대계』 1-7, 793쪽.

다. 이에 이인은 '할 수도 있지만 외롭다.'라고 답한다. ㉯에서는 '죽는 것은 알면서 살리는 방법은 모르는가?' 하고 반문하자, 이인은 '살리는 방법이 꼭 하나 있기는 하지만 매우 어렵다.'라고 답한다. 이러한 문답의 이면에는 단명운은 품정된 것이면서 또한 변역이 가능한 것으로 인식되고 있음을 볼 수 있다. 매우 어렵기는 하지만, 적절한 '방법'을 통하여 단명운의 변역이 가능하다는 인식이다.

둘째, 단명운의 변역에는 초월적인 제3자의 도움이 결정적인 것으로 인식된다는 점이다.

㉮ "인제 동대문 안에 가서 이래 지키구 있으면은 이제 새복에 닭이 울먼 한 노인이 응, 소기다 낭그를 실쿠서 인제, 낭그 팔러 온 노인이 있어. 그저 그 노인한테 가서 절을 무수 백 배하구, '그저 제 명을 좀 잇게 해 주시요 해주시요.' 자꾸 쫓아가면서 하면 때리더래두 쫓아가서 하구 그저 사정만 하면, 그 노인이 승낙만 한 마디 하면 너는 더 오래 살 수 있다."구.146)

㉯ "그걸 아시며는 살릴 무슨 방법이 없습니까?" 이리 물으니까, "참, 살릴 방법이 있기는 하나 있어도 하늘의 참, 운명이 달렸다고. 어렵다고."
"그러면 그것을 알려 주시며는 제 힘대로 해 보겠다고."147)

㉮와 ㉯는 감응형에서 뽑은 예문이다. ㉮에서 이인은 단명자에게 '노인이 승낙하기만 하면 오래 살 수 있다.'라고 말하고 있다. 노인의 승낙 여부가 바로 연명의 조건인 셈이다. ㉯에서도 연명할 방법이

---

146) <정북창의 지음知音과 도술(2/2)>, 『대계』 4-2, 447쪽.
147) <뇌물 먹고 명을 연장시켜준 저승사자>, 『대계』 8-3, 70쪽.

있기는 하지만, 운명에 달려 있다고 하였다. 이러한 예언자의 언술은 연명할 방책이 존재하나 그 성사 여부는 초월적 존재에게 달려 있다는 것으로 요약할 수 있다.

이러한 인식은 도액형에서도 찾아볼 수 있다.

㉮ "그 어찌서 이쁘기는 이쁘다만 소리가 이 꼬투리가 있는 말인디 무슨 소리냐?" 헌게로 한참 중이 생각허더니,
"야가 명이 잘롭습니다. 잘론게 제기다가 삼 년을 맽기믄 명이 잇어질 수가 있어요. 그런게 야를 살릴라거든 제기다 삼 년을 맽기쇼. 맽기는디 먹는 것은 고만두고 삼 년간이 입을 옷만 장만해서 내노쇼." 그거여.148)

㉯ 이 아는 자기는 죽을 사람이느꺼니 죽을 바에는 삼정승에 딸덜이 공부하는 거나 보구 죽갔다구 그 초당草堂으로 들어갔다.……
이 아이는 자기는 아무 데 사는 사람인데 사주팔자가 기박해서 이달 열 나흔 날이문 죽는 사람이 돼서 세상구경 나와서 여기더기 돌아다니다가 여기서 삼정승에 딸덜이 공부한다구 해서 죽을 바에는 삼정승 딸에 공부허넌 거나 보구 죽갔다구 들어왔다구 말했다. 그리구 당신들이 죽을 사람 살리는 재간이 있으문 좀 살레 달라구 했다. 삼정승에 딸덜은 그 말을 듣구 불쌍하게 여겨서…149)

㉮는 고행도액형에서 옮긴 것인데, 시주승이 자기에게 삼 년 간 소년을 맽기면 살릴 수 있다고 한다. ㉯는 혼인도액형에서 인용한 것인데, 소년은 삼정승 딸을 찾아가 살려 달라고 간청한다. 이러한 양상을 보면, 소년이 단명운을 도액하는 데는 이인의 가호가 필수적

---
148) <중과 단명한 아이>, 『대계』 5-4, 872~873쪽.
149) <단명아短命兒>, 『임석재전집1』, 77쪽.

임을 알 수 있다.

이처럼 단명운의 변역에 있어서 신의 감응이나 이인의 가호가 필수적이라고 할 수 있다. 이는 초월적인 제3자의 역할이 결정적임을 말해 준다. 인간의 입장에서 본다면 초월적인 제3자의 도움을 끌어내기 위해서는 그만한 노력이 필요하다는 것을 의미한다. 그러한 노력이 충족되지 않으면, 초월적 존재의 도움을 받을 수 없는 것이다.

그렇기에 단명소년은 신에게 정성껏 치성을 드리고 있으며, 갖은 고난을 겪으면서 여성 이인을 찾아가는 것이다. 따라서 <연명설화>에서는 단명운의 변역은 결정적으로 초월적인 제3자에게 있는 것으로 인식되고 있으며, 이러한 도움을 받기 위하여 인간은 그에 필요한 노력을 펼치고 있는 것이다. 이런 점에서 <연명설화>에서의 단명운 변역은 타력적他力的이라고 하겠다.

셋째, 정성을 다하거나 고난을 겪으면 그만한 대가가 있다고 믿어진다는 점이다. 치성을 받은 신들은 반드시 감응하는 것으로 인식된다.

㉮ (허연 노인이 - 필자) 서화담의 이름을 부르면서,
"그거 이거 밥 채리 놓을 때 반드시 무슨 요구가 있어 밥을 채리 놨을 끼다. 이거 책 한 번 딜다(들여다) 봐라." ……(중략)……
"이것은 아홉 살 먹으면 죽을 긴데 아매 이것 때문에 밥을 해 놓은 기다. 그런데 저러나 우리가 이 밥을 묵어 났으끼네 이 밥값은 해 줘야 할 기 아이가?"150)

㉯ 돈 석 냥을 주니까 받아기지구선 야 즈이끼이 상의하는 거야.
"야 먹은 공이 없을소냐? 어째 먹고서 그냥 갈 수 있느냐? 내가

---

150) <천기를 안 서화담>, 『대계』 8-9, 410쪽.

우리가 오늘 저녁에 너를 잡으러 왔는데 먹고 이래 이래 가지고
는 네 대신 다른 사람이 비명非命에 가는 거여. 그게 방법이라."[151]

㉮는 산위에 차려놓은 밥을 먹은 노인, 즉 칠성신들이 주고받는 말이다. 밥을 차려 놓은 것은 반드시 무슨 '요구'가 있기 때문이라고 했다. 서화담의 손자가 아홉 살 단명인데 이를 모면하기 위해서 음식을 차려놓았다는 것이다. 더욱 주목할 부분은 노인들이 '밥값'을 해 주어야 한다고 하는 점이다. 인간이 차려놓은 음식을 받아먹었으니 반드시 그 대가를 지불해야 한다는 인식이다. ㉯는 떡, 신발, 엽전을 제공받은 저승차사들이 하는 말이다. 그들은 '먹은 공'이 없겠는가 하면서, 대접을 받고서 그냥 갈 수 있느냐고 반문한다. 대접을 받았으니 그에 상응하는 대가를 치러야 한다는 말이다. 이렇게 치성과 감응은 필연적인 관계로 인식되고 있음을 볼 수 있다.

이와 같이 <연명설화>에서는 단명운은 가역성可易性을 가지고 있으면서 또한 불가역성不可易性을 지닌 것으로 인식되고 있고, 운명의 변역에는 초월적인 제3자의 역할이 결정적인 것으로 인식되고 있으며, 정성과 고행을 겪은 만큼 반드시 대가가 있는 것으로 인식되고 있음을 알 수 있다. 이러한 운명인식은 초월적 존재에 대한 신앙과 주술적 힘에 대한 긍정에서 비롯되고 있다고 할 것이다.

<연명설화>에 나타난 이러한 변역은 타력적인 성격이 강하다고 할 수 있다. 즉 주인공 자신의 힘보다 제3자의 역할이 결정적이기 때문이다. 신의 감응이나 이인의 보호와 같이 초월적인 역할이 매우 중요한 경우라고 하겠다. 물론 주인공 자신의 의지와 노력이 전무한

---

151) <외손자의 명을 잇게 한 율곡>, 『대계』 3-4, 476~477쪽.

것은 아니다. 주인공도 정성을 다하여 치성을 드리거나, 그만한 고행을 겪어야 한다. 시주승을 따라다니면서 몇 번의 고비를 넘기기도 하며, 자신을 보호해 줄 여성을 탐색도 필요하다. 이러한 인간의 노력은 바로 감응과 도액을 위한 가장 기초적인 행동이라고 할 것이다.

(2) <호환도액설화虎患度厄說話>

<호환도액설화>란 호환될 운명을 타고난 사람이 모종의 방도를 시행한 후 호환운[152]을 모면하게 되었다는 내용의 이야기이다. 호환될 운명이란 정해진 시기에 호랑이에게 잡아먹히는 운명을 타고났음을 말한다. <호환도액설화>는 바로 이러한 호환운에 대한 대응방식을 형상화한 설화라고 할 수 있다. 엄밀하게 말한다면 호환은 자연적인 재해 중의 한 가지이다. 하지만 호랑이를 동물 이상의 존재로 인식되었던 시대에 있어서 호환은 초자연적인 재액으로 간주되어 왔다. 호환을 운명의 문제와 결부시켰던 것도 이러한 초월적인 이해에 바탕을 두고 있는 것으로 보인다.

호환운에 대한 대응방식은 단명운에 대한 대응방식과 매우 밀접하게 관련되어 있다. 호환운이건 단명운이건 모두 비명非命에 의한 죽음이라고 할 수 있기 때문이다. 다만 호환은 그 대상이 노소의 구별이 없지만, 단명은 나이 어린 사람에게 국한된다는 차이가 있을 뿐이다. 실제로 <호환도액설화>와 <연명설화>는 서사적으로도 친연성이 있음이 지적된 바 있거니와,[153] 이에 대한 세밀한 검토가

---

[152] '호환운'이란 '호환될 운명'을 줄인 말이다.
[153] 졸고, "연명설화의 변이양상과 운명인식,"《구비문학연구》3집, 1996, 373~375쪽.

요구된다고 하겠다. 두 유형 간의 친연성은 우리 민족의 운명인식에 있어서도 나름대로의 특징을 드러낼 것으로 추측된다.

한편 '호환虎患'이란 사전적으로 '사람이나 가축이 범에게 당하는 재앙'이라는 의미를 가진다.154) 그렇지만 일상적으로 '호환'은 상이하게 표현되기도 한다. 호랑이에게 잡아먹힌다는 뜻으로 '호식虎食'이라고도 하고, '호상虎喪'이라고도 한다. '호식'과 '호상' 이외에도 '호성虎城'이라고 말해지기도 하는데 그 의미는 분명하지 않다. '호식'이 단순히 범에게 잡아먹히는 행위를 의미하는데 비해 '호환'은 범에게 당하는 재앙을 뜻한다는 정도의 차이가 있다. 이처럼 '호환'과 '호식'이 유사한 의미를 가지고 있기는 하지만 재앙이라는 뜻이 가미된 '호환'이 더욱 대표성이 높다고 본다.155) 따라서 본고에서는 '호환'을 유형의 명칭에 사용하기로 한다.

또한 이들 설화는 모종의 방책을 통하여 호환을 모면한다는 내용으로 이루어져 있다. 앞으로의 논의에서 드러나겠지만, 여기에 동원되는 방책으로는 크게 '감응'과 '도액'을 들 수 있다. 이 중에서 월등하게 비중이 높은 쪽은 '도액' 방책이다. 이러한 특성을 감안하여 이 유형의 명칭은 <호환도액설화>라고 부르기로 한다.156)

---

154) '호환'과 '호식'의 사전적 의미는 다음 사전을 참고하였다.(이희승,『국어대사전』, 제27판, 민중서관, 1977, 3223쪽 ; 신기철·신용철,『새우리말큰사전』, 제9판, 삼성출판사, 3735, 3741쪽 ; 한글학회,『우리말큰사전』권3, 어문각, 1992, 4670, 4677쪽.)
155) '호환'은 대부분의 사전에서 표제어로 들어 있으나 '호식'은 일부 사전에서는 들어 있지 않다. 예를 들어 이희승의『국어대사전』에는 '호식'이라는 표제어가 없다. 한자사전에서도 이런 현상은 마찬가지이다. 예를 들어『한문대사전』이나『중문대사전』에는 '호환'만 실려 있다. 따라서 사전에 수록된 표제어에 비추어 보아도 '호환'이 '호식'보다 대표성이 높은 어휘라고 할 수 있다.
156) <호환도액설화>와 유사한 명칭으로 '호환모면설화'와 '호환극복설화'를 염두에 두기도 하였다. 의미상으로 볼 때, 세 가지 명칭 모두 운명적인 호환을 모면한다는 것을 뜻한다. 그러나 '모면'이나 '극복'은 어떻게 호환을 회피할 수 있었는지 불

㈎ 하위유형 및 변이양상

<호환도액설화>는 <연명설화>와 여러 가지로 유사성을 가지고 있음을 감안한다면, 유형 설정에 있어서도 이를 고려하는 것이 바람직하다고 본다. 앞에서 <연명설화>는 등장인물의 성격과 연명방식에 의거하여 '감응형'과 '도액형'으로 나눈 바 있다. 이러한 <연명설화>의 선례를 감안하여 <호환도액설화>의 유형을 설정해 보기로 한다. 이는 두 유형 간의 서사적 유사성은 물론이고 상호관련성을 논하는 데에도 유리할 것으로 판단되기 때문이다.

그렇다면 <호환도액설화>는 등장인물의 성격에 따라서 일단 양분이 가능하다. 즉 신이 등장하는가의 여부가 하나의 기준이 될 수 있다는 말이다. 단명소년이 신을 찾아가 연명을 간청했듯이, 호환소년虎患少年[157] 역시 신을 찾아가 호환운의 모면을 간청하는 경우가 있다. 이러한 신이 등장하는가 하는 것은 곧 퇴호방식退虎方式[158]과도 관련이 깊다. 신이 등장하면 감응의 방식이 사용되지만, 이인이 대신 등장하면 도액의 방식이 사용되기 때문이다. 따라서 신의 등장 여부에 따라서 '감응형'과 '도액형'으로 양분이 가능하다.

명하다. 이를 감안하여 '호환도액'라는 명칭을 사용하기로 하였다. 아울러 이러한 명칭을 사용하게 된 데에는 액맥이 혹은 도액굿이라는 풍속이 있다는 점, 그리고 이와 유사한 내용을 가진 일군의 소설을 '액운소설厄運小說'로 명명한 기존 논의가 있다는 점도 간접적이나마 참고하였음을 밝혀둔다.(박대복, "액운소설 연구—내용을 중심으로," 《어문연구》 79집, 한국어문교육연구회, 1993, 415~439쪽.)

157) '호환소년虎患少年'이라는 말은 '단명소년短命少年'을 염두에 두고 만든 용어이다. '단명소년'이 단명할 운명을 타고난 소년이라는 뜻을 가지고 있듯이, '호환소년'이란 호환당할 운명을 타고난 소년이라는 의미를 가진다.

158) '퇴호방식退虎方式'은 '연명방식延命方式'과 짝을 지어 만든 말이다. '퇴호방식'은 말 그대로 호랑이를 물리치는 방식을 의미한다.

그런데 채록된 자료를 살펴보면, 감응형에는 칠성감응형만이 나타난다. <연명설화>에서 볼 수 있었던 차사감응형이나 염왕감응형은 보이지 않는다.159) 이러한 차이가 생긴 이유는 단명과 호환에 대한 인식이 다르기 때문으로 보인다. 단명운은 저승과 관련된 죽음으로서 저승차사나 염라대왕과 연관성이 높다고 할 수 있다. 이에 비해서 호환운은 산신으로 인식되는 호랑이와는 관련이 밀접하다고 하겠지만, 염라대왕이나 저승차사 같은 저승신과의 관련성이 현저하게 미약하다고 할 것이다. 그 결과 <호환도액설화>에서는 차사감응형이나 염왕감응형은 찾아보기 어려운 것으로 생각된다.

칠성감응형 이외의 각편들은 모두 도액형에 포함된다. 이들 도액형은 퇴호방식의 구체적인 양상에 따라서 다시 세분할 필요가 있다.

먼저 호환소년의 출가 여부에 의거하여 양분할 수 있다. 호환소년이 출가할 경우와 그렇지 않은 경우에 따라서 각기 다른 퇴호방식이 제기된다. 호환소년이 출가하는 경우는 소년이 도액을 위해서 일정한 '과정'을 거쳐야만 한다는 방식이 제기된다. 이때에는 소년이 출가해서 도액을 하고 다시 귀가하는 서사적 전개를 보여준다. 그러나 호환소년이 출가하지 않는 경우에는 소년은 집에 머물면서 도액을 하게 된다. 소년은 집을 떠났다가 귀가하는 과정을 밟지는 않지만, 그에 상응하는 도액 방책이 실행된다. 결국 호환소년의 '출가出家'와 '재가在家'는 이야기의 서사적 전개와 밀접하게 관련되어 있다고 할 것이다.

호환소년이 출가하는 경우와 재가하는 경우는 각기 다른 퇴호방

---

159) 이는 물론 현재까지 채록 보고된 자료만을 대상으로 한 한정적인 견해이다. 차후에 차사감응형이나 염왕감응형이 나타날 가능성은 얼마든지 남아 있다.

식이 제기된다. 호환소년이 출가 할 때에는 하룻밤에 삼정승 딸과 혼인해야 한다는 방식과 몇 번의 죽을 고비를 겪어야 한다는 두 가지 방식이 제기된다. 이러한 퇴호방식에 의거하여 전자는 '혼인도액형婚姻度厄型'이라고 부르고, 후자는 '고행도액형苦行度厄型'이라고 부르기로 한다. 호환소년이 재가 시에는 백 그루(혹은 천 그루)의 밤나무를 심어야 한다는 방식과 한 글자도 틀리지 않게 경문을 읽어야 한다는 두 가지 방식이 제기된다. 이러한 퇴호방식의 의미를 빌어 전자는 '율목도액형栗木度厄型'이라고 부르고, 후자는 '독경도액형讀經度厄型'이라고 부르기로 한다.

본고에서 논의대상으로 삼은 자료는 총 51편이다. 각 하위유형별로 보면 칠성감응형이 6편, 혼인도액형이 11편, 고행도액형이 12편, 율목도액형이 10편, 독경도액형이 12편이다. 전체적으로 볼 때 각 하위유형별로 비교적 균등하게 분포되어 있는 것으로 보인다. 하지만 감응형과 도액형으로 양분했을 때에는 감응형이 6편인데 반하여 도액형은 45편이나 된다. 따라서 감응형과 비교할 때, 도액형의 우세가 확연하다.

① 칠성감응형七星感應型의 변이양상

칠성감응형 <호환도액설화>에는 6편의 자료가 보고되어 있다.

번호	각 편 제 목	수록문헌	채록장소	구연자	연도
1	단명소년과 세 신선	대계 1-4	경기의정부	김승재/남/77	1980
2	호상을 면한 이야기	대계 4-2	충남 대덕	김중관/남/75	1980
3	열녀문 이야기	대계 6-10	전남 화순	문복남/여/66	1984
4	호식기든 서당아이 얼굴	대계 7-4	경북 성주	배상오/남/78	1979
5	저승사자 대접하여 명이은 아들	대계 7-8	경북 상주	김돌룡/여/77	1981
6	호식면한 과객선비와 신선사	대계 7-11	경북 군위	김상응/남/71	1982

이러한 자료를 살펴보면 퇴호방책이 제공되는 경우와 그렇지 않은 경우를 볼 수 있다.

　　㈎ 퇴호방책이 제공되는 경우(자료 3, 5, 6)
　　㈏ 퇴호방책이 제공되지 않는 경우(자료 1, 2, 4)

퇴호방책이 제공되는 경우는 그에 상응하는 치성 - 감응이 나타나지만, 그렇지 않은 경우는 이러한 단락이 누락되어 있다. 따라서 퇴호방책이 제공되는 경우는 대체로 <연명설화>의 칠성감응형과 흡사하다고 할 수 있다.[160] 구조 상의 큰 변화를 보이지 않는다는 말이다. 그러나 퇴호방책이 제공되지 않는 경우는 <연명설화>와는 다른 면모를 보여준다. 자료 4를 들어 구체적으로 살펴보기로 한다.

　　　서당에 상쟁이가 와서 아이들 관상을 보았는데, 유독 한 아이의 관상은 보지 않았다. 선생이 그 이유를 물었더니, 그 아이는 내일

---

[160] 물론 여기서 흡사하다는 것은 구조적으로 유사하다는 뜻이며, 그 내용까지 일치한다는 것은 아니다. 자료 3에서는 도사로 변신한 호랑이에게 간청하라고 하고, 자료 5에서는 백화산에 대집을 지어 놓고 음식·신발·엽전 세 상을 차려 놓으라고 하였다. 이는 사자상 차림과 동일하지만, 노인을 북두칠성이라고 하고 있다. 자료 6에서는 금강산 신선사를 찾아가 대들보에 턱걸이를 해야 한다고 하였다. 이처럼 내용상으로 보면 많이 변화되어 있음을 알 수 있다.

저녁에 호식기虎食氣가 있다고 하였다. 그 말을 들은 아이는 누나 집에 간다고 속이고 산중으로 호랑이를 찾아갔다. 아이는 산중을 헤매다가 바둑 두는 노인을 만나 그 옆에 앉아 있었다. 한밤중에 대호大虎가 나타나 법석을 떨었으나 결국에는 범접하지 못하고 그냥 돌아갔다. 노인들은 이제는 호환을 면하였다고 하면서 정승 벼슬과 천 석 재물을 함께 주겠다고 하였다. 아이는 집으로 돌아와 상쟁이에게 사례하였다.161)

호환운을 타고난 소년이 산중에서 바둑 두는 노인의 보호를 받아 호환을 면했다는 이야기이다. 대체적인 이야기는 <연명설화>의 칠성감응형과 일치한다고 할 수 있다. 하지만 세부적으로 보면 몇 가지 차이점을 볼 수 있다. 첫째, 퇴호방책이 제공되지 않는다는 점이다. 상쟁이는 아이의 호환운을 예언할 뿐 그에 대한 방책을 제공하지는 않는다. 둘째, 아이는 자의적自意的으로 산중 호랑이를 찾아간다는 점이다. 그는 누나 집에 간다고 속이고 스스로 산중으로 들어간다. 이러한 행위는 부모에게 호환당하는 모습을 보이지 않으려는 효행으로 인식된다.162) 셋째, 노인의 칠성신적 성격이 미약하다는 점이다. 노인이 바둑을 두고 있다는 점에서 신선의 면모를 볼 수 있지만, 어떠한 신격인지 혹은 어떤 직능을 맡고 있는지에 대해서는 아무런 설명도 이루어지지 않는다. 넷째, 치성 행위 자체가 구체적이지 않다는 점이다. 소년은 아무런 제물도 준비하지도 않고, 노인

---

161) <호식기 든 서당 아이 얼굴>, 『대계』 7-4, 64~67쪽.
162) 이런 인식은 다음과 같은 대목에서 같은 자료에서 잘 나타난다. "어머니를 안고 죽을는지 뭐든지 하면 죽구 말거든, 그래서 결심을 두구서 어머니 하나 살구고 슬그머치 가서 죽을 라고 항겨 그게. 그레 그게 효자여. 그 효자여. 그게 효자여 다른 게 효자가 아녀. 그래시 살았다능겨."(<호상을 면한 이야기>, 『대계』 4-2, 338쪽.)

을 찾아가 살려 달라고 간청하지도 않는다. 이는 칠성신이나 저승차사에게 특정한 음식을 바치고 그에 대한 감응을 간원하는 것과는 사뭇 다른 부분이다.

이러한 변이는 <연명설화>의 칠성감응형과는 상당히 다른 부분이다. 이는 단명운이 호환운으로 바뀌면서 생겨난 변이라고 할 수 있다. 그 과정에서 방책제공 단락, 치성 단락이 탈락되었다고 할 것이다. 이와 아울러 신격의 형상이나 직능이 애매모호하게 되었을 뿐만 아니라, 구체적인 치성 행위도 나타나지 않는다. 이는 <연명설화>와 <호환도액설화>의 칠성감응형을 비교하는 데 있어서 매우 의미 있는 변이라고 할 수 있다. 즉 <연명설화>의 칠성감응형이 <호환도액설화>의 칠성감응형으로 바뀌면서 이와 같은 상당한 변이가 수반되었음을 말해 준다.

한편 감응형 전체에서 본다면 <호환도액설화>는 <연명설화>에 비하여 매우 미약하다고 할 수 있다. 우선 칠성감응형 이외의 다른 하위유형이 나타나지 않는다. 그나마 전승되는 칠성감응형도 중요한 단락이나 화소가 누락되어 있는 상태이다. 이는 감응형의 전개방향을 추정하는 데 중요한 단서가 될 수 있다고 본다.

② 도액형度厄型의 변이양상

㉮ <고행도액형苦行度厄型>

고행도액형에는 11편의 자료가 보고되어 있는데, 일람을 보이면 다음과 같다.

번호	각 편 제 목	수록문헌	채록장소	구연자	연도
1	황해 황정승	대계 1-6	경기안성	이복진/남/80	1981
2	지붕에 버섯나는 유래	대계 3-1	충북중원	지남기/남/69	1979
3	호환면하고 장가 잘든 이야기	대계 3-3	충북단양	권상순/남/66	1981
4	권율과 그의 사위 정충신(3/3)	대계 4-3	충남아산	이용정/남/82	1981
5	호랑이에게 물려갈 운명	대계 5-4	전북군산	이창섭/남/70	1982
6	호식할 팔자	대계 7-6	경북영덕	조유란/여/72	1980
7	호성 가는 도령과 대사중	대계 7-8	경북상주	김봉례/여/67	1981
8	호식할 팔자를 면한 아이	대계 7-10	경북봉화	김수진/남/49	1982
9	대사 덕으로 호식면한 아들	대계 7-11	경북군위	김동구/남/58	1982
10	장마철에 지붕에 나는 버섯	임석재전집6	충북충주	백천봉선/	1943
11	옥피리	한국의 민담			

고행도액형은 호환운을 타고난 소년이 고행을 통하여 이를 변역시키는 이야기이다. 이는 두 가지로 나누어 생각할 수 있다.

　　(가) 불교적인 수행을 통하여 도액되는 경우(자료 4, 5, 7, 9)
　　(나) 고행을 통하여 도액되는 경우(자료 1, 2, 3, 6, 8, 10, 11)

(가)의 대표적인 이야기로는 자료 9를 들 수 있다.

어떤 부유한 대가집에서 독자를 기르고 있었다. 하루는 시주승이 독자의 관상을 보고는 아쉬워하였다. 그 연유를 물으니 호성에 갈 팔자라고 하였다. 부친이 방책을 물으니 대사는 자기에게 맡겨 달라고 하였다. 부친은 할 수 없이 대사에게 아들을 딸려 보냈다. 대사는 소년을 절에 데려가 몇 년간 공부를 시켰다. 하루는 대사가 소년에게 연못에 가보라고 하였다. 소년이 연못에 가보니 노래를 잘하는 사람이 노래를 해 보라고 하였으나, 다음날 부르기로 약속하고 돌아왔다. 소년은 절에 돌아와 대사에게 말하니, 대사는 노래를 가르쳐 주는 척 하다가 그 사람을 칼로 찔러 죽이라고 하였다. 소년은 다음날 노래를 가르쳐 주다가 칼로 찔렀더니, 그는 호랑이로 변하여 도망쳤다. 다음날 소년은 다시 그 사람을 만나 칼로 찔렀더니, 그 사람은 호랑이로 변하여 죽었다. 대사는 소년에게 이제 호식을 면했으니, 부모에게 돌아가라고 하였다. 그 후 소년은 집으로 돌아와 불교를 믿고 잘 살았다.163)

호환운을 타고난 소년이 대사를 따라 출가하였다가 호랑이를 죽이고 호환을 모면했다는 이야기이다. 대사는 소년을 데려다가 몇 년 간 공부를 시킨 후, 변신한 호랑이를 죽이도록 한다. 이러한 소년의 도액과정은 시종 대사의 조언을 통해서 이루어진다. 이는 소년의 호환 도액이 불교적 수행의 결과임을 말해 준다. 소년은 몇 년 간의 수행을 거쳐 호랑이를 죽일 수 있는 능력을 구비하게 되었다고 볼 수 있기 때문이다. 집으로 돌아온 소년이 불교를 믿으면서 잘 살게 되었다는 결말도 이러한 내막과 관련이 있다고 할 수 있다.

이런 불교적 성격은 다른 자료에서도 찾아볼 수 있다. 자료 4에서는 어떤 절에 가서 호피虎皮를 둘러쓰고, 도액을 성취하고 있다. 자료 5에서는 폐사의 불상을 청소해 준 후, 부처가 현몽하여 방책을 알려주어 도액하게 된다. 자료 8에서도 중이 호랑이에게 팥죽을 먹이면서 호환 고비를 넘기고 있다. 이처럼 이들 자료에서는 불교적인 성격이 뚜렷하게 나타나고 있음을 볼 수 있다. 따라서 이들 자료는 불교적 수행을 통하여 호환을 도액하는 공통점이 드러난다. 이는 불력에 의존하거나 시주승의 가호 아래 호환운을 변역하는 것을 의미한다.

---

163) <대사 덕으로 호식면한 아들>, 『대계』 7-11, 485~490쪽.

한편 (나)의 대표적인 이야기로는 자료 8을 들 수 있다.

> 어떤 정승이 삼대독자를 두었다. 하루는 시주를 받아가던 중이 독자의 관상을 보고는 아쉬워하였다. 정승이 연유를 물으니 열 살이 되면 호식될 팔자라고 하면서, 자기를 따라서 출가시켜야 한다고 하였다. 정승은 할 수 없이 시주승에게 독자를 의탁하여 내보냈다. 소년은 대사를 따라 걸식하면서 유랑하였다. 하루는 산중에서 노숙하는데, 대사는 도포와 퉁소를 남겨 놓고는 사라져 버렸다. 소년은 산 아래에 있는 기와집을 찾아가 하인 노릇을 하면서 기숙하였다. 집주인이 소년을 사랑하자, 이를 시기한 다른 일꾼들이 하루에 외양간을 치우고 나무 열두 짐을 하라고 핍박하였다. 대사가 현몽하여 이를 모두 해결해 주었다. 그런데 집주인에게는 세 딸이 있었는데, 첫째와 둘째 딸은 소년을 박대하였으나 셋째 딸은 소년을 후대해 주었다. 어느 날 식구들이 모두 잔치 구경을 가자, 소년은 대사가 준 도포를 입고, 퉁소를 불면서 잔치에 참석하였다. 이를 알아본 셋째 딸은 그날 밤 소년과 동침하게 되었다. 다음날 늦잠을 자다가 들켜서 처형될 위기에 처하게 되자, 소년은 비둘기를 이용하여 부친에게 편지를 보냈다. 즉시 정승이 찾아와 삼대독자를 구해 내고 셋째 딸과 혼인을 하게 된다. 삼대독자는 호식운을 피하고 잘 살게 되었다.164)

호식운을 타고난 삼대독자가 대사를 따라 출가하여 갖은 고생을 겪은 후 잘 살게 되었다는 이야기이다. 서두에서부터 대사를 따라 출가하여 고행을 겪는 대목까지는 앞의 자료와 대체로 유사하다고 할 수 있다. 그러나 대사가 갑자기 사라진 이후부터는 셋째 딸과의 결연 화소가 결부되어 있어서 새로운 면모를 보여준다. 대사는 소년

---

164) <호식할 팔자를 면한 아이>, 『대계』 7-10, 475~486쪽.

이 잠든 사이에 도포와 퉁소를 남겨주고 사라진다. 소년은 할 수 없이 어떤 부자집에 들어가 하인 노릇을 하게 되는데, 이때 다른 일꾼들의 모함을 받기도 하고, 첫째와 둘째 딸의 박대를 당하기도 한다.

하지만 대사가 남겨준 도포와 퉁소 덕분에 셋째 딸과 결연을 맺게 되고, 처형될 위기에 처하게 되며, 결국에는 부친과 재회하게 된다. 이렇듯 셋째 딸과의 결연은 부친과 재회하게 되는 결정적인 계기로 작용한다.

이때 소년의 도액을 어디까지 볼 것인가 하는 점이 문제된다. 대사와 헤어지기 전까지 도액과정으로 볼 것인지, 아니면 처형될 위기를 벗어나는 대목까지 도액과정으로 볼 것인지 문제된다. 이야기의 문맥으로 본다면, 소년은 대사를 따라 유랑·고행하면서 일단 도액된 것으로 볼 수 있다. 이는 다른 자료를 함께 고려할 때 더욱 분명히 드러난다. 자료 1에서는 시주승 자신이 호랑이로 변신하여 소년을 잡아먹으려 한 후, 다시 대망大蟒으로 변신하여 소년을 잡아먹으려 한다. 그런 후에 서울 김정승 댁에 데려다 준다. 호랑이와 대망으로 변하여 소년을 잡아먹으려 한 것은 곧 호환을 상징한다고 할 수 있다. 자료 3에서는 중이 현몽하여 신발 세 켤레, 밥 세 그릇을 마련하여 노인을 접대하라고 한다. 이는 곧 치성 화소가 혼착된 경우라고 할 수 있다. 자료 6에서는 소년이 15살이 되자 호랑이가 출현하지만, 노승이 대신 송아지를 잡아가라고 한다. 이는 대신代身에 의한 도액을 보여준다. 한편 자료 2와 10에서는 집주인이 호랑이의 범접을 막아준다. 비록 도액의 주관자가 대사에서 집주인으로 바뀌었지만, 셋째 딸과의 결연 이전에 도액이 이루어지는 것은 사실이다. 따라서 소년의 도액은 대사와 헤어지기 전에 성취되었다고 볼 수 있다.

이는 셋째 딸과의 결연이 소년의 도액과는 필연적인 관계를 가지지 않는다는 것을 의미한다. 오히려 셋째 딸과의 결연은 부친과의 재회를 위한 장치로서 더욱 의미가 있다고 할 것이다. 그렇다면 구조적으로 볼 때, 셋째 딸과의 결연담은 후대에 부연되었을 가능성이 높다고 할 수 있다. 즉 ㈎에서 대사와 헤어진 이후의 셋째 딸과의 결연담을 결합시켜서, ㈏와 같은 이야기가 형성되었을 가능성이 높다는 말이다.

㈏ <혼인도액형婚姻度厄型>

혼인도액형은 비범한 여성과의 만남을 통해서 호환운을 모면한다는 이야기이다. 이 유형에는 11편의 자료가 수집되어 있다.

번호	각 편 제목	수록문헌	채록장소	구연자	연도
1	삼정승의 딸을 얻은 단명소년	대계 1-1	서울도봉	이홍권/남/69	1979
2	호환면한 정승 아들	대계 2-2	강원춘성	민봉호/남/50	1980
3	처녀얻고 과거급제한 과부아들	대계 2-5	강원양양	이동균/남/72	1981
4	두 정승 딸 얻은 총각	대계 4-4	충남보령	김환기/남/80	1981
5	삼정승 딸 얻은 총각	대계 5-7	전북정읍	방철수/남/72	1985
6	호식할 팔자를 고친 사람	대계 6-4	전남승주	선수모/남/81	1984
7	세번 장가들어 호성면한 도령	대계 7-8	경북상주	길용이/여/73	1981
8	호랑이 화를 면한 부마	대계 8-5	경남거창	성양자/여/68	1980
9	호식면하고 김정승 사위된 이야기	대계 8-6	경남거창	박옥천/남/66	1980
10	뱁대로 잡은 호랑이	대계 8-8	경남밀양	이귀조/여/71	1981
11	점으로 호액을 면하다	조선민담집	경남김해		1927

혼인도액형의 대표적인 예화로는 자료 5를 들 수 있다.

어떤 부자가 외동아들을 키우고 있었다. 하루는 시주를 받아가던 중이 아들을 보고는 안타까워 하였다. 모친이 내막을 물으니, 외동아들을 호강스럽게 키우면 죽을 운이니, 모일 모시에 집을 내보내서 삼정승 딸과 혼인해야 살 수 있다고 하였다. 부자는 할 수 없이 단봇짐을 지워 아들을 내보냈다. 아이는 유랑 걸식하다가 팥죽장수 집에 유숙하게 되었다. 아이의 사정을 알게 된 팥죽장수 모녀는 아이를 여장시켜서 초당에 들여보내 주었다. 초당에 당도한 아이는 삼정승 딸에게 살려 달라고 간청하니, 삼정승 딸은 소년을 살려 주기로 하고 함께 동침하였다. 그날 밤 대호大虎가 출현하였으나, 삼정승 딸이 주역을 읽어 물리쳤다. 삼정승 딸은 부친에게 이실직고하여 아이와 혼인하였다. 소년은 세 부인을 데리고 귀가하여 부귀를 누리면서 잘 살았다.165)

호환운을 타고난 외아들이 삼정승 딸을 만나 이를 도액하고, 세 처녀와 혼인하여 잘 살았다는 이야기이다. 이 과정에서 팥죽장수 모녀와 같은 보조인물이 등장하고, 삼정승 딸과 관련된 여러 사건들이 발생하고 있음을 볼 수 있다. 삼정승 딸이 거처하는 초당에 들어가는 부분, 소년이 삼정승 딸에게 살려 달라고 간청하는 부분, 삼정승 딸이 천금대호를 물리치는 부분 등이 그러한 대표적인 사건들이다.

이러한 내용은 바로 고행도액형에 있어서 '고행'에 해당한다고 할 수 있다. 소년이 집을 떠나 유랑하고, 지체가 높은 삼정승 딸을 탐색하는 내용은 '고행'으로서의 의미를 충분히 가지고 있는 것이다.

이렇게 본다면 혼인도액형은 고행도액형의 '고행' 대목을 확대시켜 놓았다고 할 수 있다. 고행도액형의 '고행' 부분을 '출가유랑 - 초

---

165) <삼정승 딸 얻은 총각>, 『대계』 5-7, 276~284쪽.

당잠입 - 도액간청 - 퇴호 - 혼인'과 같이 다양한 사건으로 확대시켜 놓았다는 것이다. 이러한 현상은 <연명설화>에서도 나타났던 바이다. 이는 전승자들의 관심이 소년의 도액과정에 집중되어 있음을 의미한다.

㈐ <율목도액형栗木度厄型>

율목도액형에는 10편의 자료가 보고되어 있는데, 일람을 보이면 다음과 같다.

번호	각 편 제 목	수록문헌	채록장소	구연자	연도
1	천그루 밤나무로 호환 면하다	대계 2-4	강원속초	김상호/남/75	1981
2	호성갈 도령 구한 나도밤나무	대계 7-8	경북상주	황동춘/여/60	1981
3	율곡선생과 나도밤나무	대계 7-13	경북대구	최부교/남/74	1983
4	호식갈 도령과 나도밤나무	대계 7-16	경북선산	곽달련/여/74	1984
5	호식면한 율곡선생	대계 8-5	경남거창	이태균/남/65	1980
6	중으로 둔갑한 호랑이	대계 8-5	경남거창	이남이/여/57	1980
7	도사를 만나서 살아난 율곡선생	대계 8-5	경남거창	박대제/남/85	1980
8	율곡선생(2/2)	대계 9-2	제주제주시	양형희/남/56	1980
9	이율곡과 밤나무	임석재전집7	전북정읍	김여실/여/50	1962
10	나도밤나무	구비문학선집	충북단양	유춘종/남/57	1962

율목도액형은 밤나무 백 그루 혹은 천 그루를 심어서 호환운을 면했다는 이야기이다. 이는 예언자가 누구인가에 따라서 두 가지로 나누어 볼 수 있다.

㈎ 시주승 혹은 도사가 호환운을 예언하는 경우(자료 2, 3, 4, 5, 7, 9)
㈏ 주모가 호환운을 예언하는 경우(자료 1, 6, 8, 10)

㈎는 시주승 혹은 도사가 호환운을 예언하는 경우이다. 이는 다른 유형에서 흔히 볼 수 있었던 바와 같이, 시주를 받아가던 중이 아이의 관상을 보고 그의 호환운을 예언한다. ㈏는 주모가 호환운을 예언하는 경우이다. 이때에는 서두에 주모가 호환소년의 부친을 유혹하였다가 실패하는 내용이 들어 있다. 이러한 내용은 ㈎와는 상이한 배경을 가지고 있을 것으로 추정된다. 그러면 각각의 구체적인 예화를 들어 보기로 한다.

먼저 ㈎의 대표적인 예화로는 자료 7을 들 수 있다.

> 이원수 공이 율곡을 만득으로 낳아 애지중지 하였는데, 매우 귀한 상이었다. 하루는 도사중이 율곡을 보고 관상이 좋기는 하지만 아깝다고 하였다. 부친이 내막을 물으니 호식될 사주를 타고났기 때문에 밤나무 천 그루를 심어야 이를 피할 수 있다고 하였다. 부친은 밤나무 천 그루를 심어 정성껏 가꾸었다. 율곡이 스무 살이 된 어느 날, 어떤 사람이 찾아와 율곡을 내놓으라고 하였다. 이에 부친은 밤나무 천 그루를 심어 정성을 다했다고 하였다. 그 사람이 밤나무를 세어 보자고 하여 헤아려 보았더니, 한 그루가 모자랐다. 그때 너도밤나무가 나서서 자기도 밤나무라고 하였다. 그러자 그 사람은 호랑이로 변신하더니 이내 죽어 버렸다. 그 후 율곡은 호식을 면하고 훌륭하게 자라났다.[166]

이원수 공이 밤나무 천 그루를 심어서 정성껏 가꾼 대가로 율곡의 호환운을 모면했다는 이야기이다. 시주승이 호환운을 예언하고 그 방책을 알려주는 점은 다른 하위유형과 동일하다. 그렇지만 밤나무

---

166) <도사를 만나서 살아난 율곡>, 『대계』 8-5, 1028~1031쪽.

를 심어 가꿈으로써 호환운을 면할 수 있다는 것은 매우 색다른 내용이다. 또한 너도밤나무가 나서서 위기를 구해주는 내용도 주목되는 부분이다. 이는 밤나무가 식물 이상의 역할을 수행하고 있으며, 상징적 의미 또한 단순하지 않음을 짐작하게 해 준다.

한편 ㈏의 내용은 ㈎와 대부분 유사하지만, 주모가 예언자의 역할을 한다는 점이 다르다. 자료 1을 들어 구체적인 면모를 보기로 한다.

> 이원수李元壽 공이 서울에서 말직末職으로 있을 때였는데 한번은 처가에 다니러 오게 되었다. 도중에 주막에 유숙하였는데, 주모가 공을 유혹하였으나 거절하였다. 처가에서 며칠 머무른 후 돌아오는 길에 주막에 들려, 이원수공이 주모에게 같이 자자고 하였다. 그러나 주모는 거절하면서, 이번에 태어날 아들은 다섯 살에 호환될 운이니 밤나무 천 그루를 심어야 한다고 하였다. 부친은 밤나무 천 그루를 심어 정성껏 길렀다. 과연 율곡이 다섯 살이 되었을 때, 어떤 탁발승이 찾아와 율곡을 보여 달라고 하였다. 이에 부친은 밤나무 천 그루를 심어 정성을 쌓았다고 하였다. 그런데 이원수와 탁발승이 함께 밤나무를 세어보니, 한 그루가 모자랐다. 이때 밭가에 서 있던 다른 밤나무가 하나가 나서서 천 그루가 되었다. 그러자 탁발승은 호랑이로 변신하여 도망쳤다.[167]

다른 부분은 앞의 예화와 대체로 유사하지만, 서두에 율곡의 신비한 잉태 화소가 들어 있다는 차이가 있다. 즉 율곡의 부친 이원수 공이 주모의 유혹을 물리쳤기 때문에 사임당에게서 율곡이 잉태하게 되었다는 것이다. 주모는 명현名賢의 잉태를 예언하고 있다는 점에

---

167) <천 그루 밤나무로 호환 면하나>, 『대계』 2-4, 136~140쪽.

서 예언자적 면모를 보여준다. 또한 그녀는 자신의 유혹을 물리친 이원수 공에게 도리어 율곡의 호환운까지 알려주면서, 이를 모면할 수 있는 방책까지 알려준다. 이처럼 (나)에서는 주모가 예언자의 역할을 수행하고 있다.

이러한 율곡의 신이한 잉태 이야기는 <판관대전설判官坮傳說>과 관련이 있다. <판관대전설>은 강원도 평창군 봉평면에 있는 판관대判官坮의 유래를 설명하는 전설이다. 평창지역에서는 율곡이 봉평에서 잉태되어 강릉에서 태어난 것으로 전해진다. 즉 율곡의 부친 이원수 공이 수운판관水運判官으로 재직할 때 봉평에 살았는데, 이때 율곡이 잉태되었다는 것이다. 판관대라는 이름도 바로 수운판관이라는 벼슬 이름에서 가져온 것이다.168) 이러한 <판관대전설>은 평창 지역에서 전승되는 지역적 전설이며, 명현의 출생담으로서 독립적인 이야기로 전승되기도 한다.169)

그렇다면 (가)와 (나)의 차이는 어떻게 설명될 수 있는가. 이는 <판관대전설>과 <호환도액설화>가 교섭하여 (나)가 생겨났다고 추정된다. 주모가 유혹하는 삽화는 특정한 지방과 관련된 지역적 전설이고, 또한 그 자체로 독립적인 이야기로 전승된다는 점에서 이를 추정할 수 있다고 본다. 이러한 추정이 가능하다면, (나)의 형성은 율곡의 생존 시기 이후라고 할 수 있다. 판관대전설은 율곡의 출생담에 해당하기 때문이다. 결국 율목도액형은 (가)가 먼저 생겨난 이후에, 판관대전설과 교섭하여 (나)가 형성되었다고 본다.

---

168) <봉산서재와 판관대>, 평창군 문화공보실 편, 『평창군지』, 1979, 453쪽; <신사임당과 율곡 잉태>, 같은 책, 498쪽.
169) 이른바 율곡의 포태 이야기가 그런 자료들이다. 예를 들어 <율곡선생 탄생담>(『대계』 2-1, 253쪽.)이 대표적이다.

한편 이들 이야기의 결말은 '나도밤나무'의 유래담으로 귀결되는 경우도 있다. '나도밤나무'는 남해와 서해의 해안을 따라 야생하는 활엽 교목이다. 이는 강원도 지방에는 자생하지 않는다고 한다.[170] '나도밤나무'와 함께 거론될 수 있는 것이 '너도밤나무'인데, 이는 울릉도에서만 자생하고 본토에서는 찾아볼 수 없다고 한다. 그렇다면 나도밤나무이건 너도밤나무이건 간에 강원도 지방에서는 모두 자라지 않는다고 할 수 있다. 그런데도 이야기의 결말이 나도밤나무의 유래담으로 귀결되고 있는 것이다.

그렇지만 더욱 중요한 것은 너도밤나무 혹은 나도밤나무의 개입으로 도액이 완성된다는 점이다. 즉 너도밤나무·나도밤나무가 도액에 있어서 결정적인 역할을 수행한다는 말이다. 다시 말해서 너도밤나무·나도밤나무라고 부르게 되었다는 유래가 중요한 것이 아니라, 이들이 상징하는 바가 과연 무엇인지가 더욱 중요하다고 본다. 크게 보면 너도밤나무나 나도밤나무나 모두 밤나무에 속한다고 할 수 있다. 따라서 율목도액형에서 중요한 역할을 하는 밤나무의 상징성을 살펴볼 필요가 있는 것이다.

이러한 의문에 대한 첫 번째 답은 '율곡栗谷'이라는 이이李珥의 호에서 찾을 수 있다. 율목도액형은 "율곡이라는 호를 사용하게 된 연유는 무엇인가?"라는 의문에 대한 답이라고 할 수 있다. 이는 구연자의 언술을 통해서도 확인된다.

---

170) 문교부, 『한국동식물도감(식물편, 목초본류)』, 삼화출판사, 1965, 358쪽 및 722쪽; 이창복, 『대한식물도감』, 향문사, 1979, 273쪽 및 527쪽; 임경빈, 『나무백과(1)』, 일지시, 1977, 60쪽.

> 그래서, 호를 율자를 넣었다는 거야. 그래 율곡으로다가, 그 율곡
> 으로다가 지었다 그런 전설이 있는데 그게 내 중요한 실지인지 모
> 르겠어.171)

이러한 언술은 밤나무가 율곡과 율목도액형을 연결시켜 주는 첫 번째 연결고리임을 말해준다. 이이가 밤나무의 도움을 받아서 호환을 면하게 되었으므로, 율곡이라는 호를 사용하게 되었다는 것이다.

한편 이러한 표면적인 이유 이외에도 상징적인 의미를 찾을 수 있다. 그것이 바로 나무와 인간의 신비적인 유대를 인정하는 인식이다. 나무와 인간의 신비적인 유대 관계는 밤나무 식목행위가 가지는 의미에서 찾아진다. 설화 속에서 밤나무를 심는 행위는 정성을 쌓는 행위이자, 활인活人하는 행위로 인식된다.

> 네 밍이지만 가겠나 카인깨, 방뱁이 있다 카더래. 사람 천 사람을
> 환은活人을 해야 저저 딘다 카더래여. 그래 애가 커가주 가마이 생각
> 하이 천 사람을 활은 할라 카이 디? 그래 산에다가 밤나무를 천
> 주를 숨갔어.172)

활인活人이란 사람의 생명을 구원하는 것을 말한다. 시주승이 천명을 활인해야 한다고 하자, 율곡의 부친은 밤나무 천 그루를 심는 것으로 이를 대신했다는 것이다. 이는 사람의 생명과 나무의 생명을 동일시하는 인식이라고 볼 수 있다. 나무를 심어 가꾸는 것은 곧 사

---

171) <용왕 아들 가르친 율곡선생>,『대계』2-9, 762쪽. 이 자료의 후반부는 율목도액형이지만, 전반부는 율곡이 용왕의 아들을 가르치다가 용궁을 방문하게 되었다는 내용으로 되어 있다.
172) <호식갈 도령과 나도밤나무>,『대계』7-16, 608~609쪽.

람을 살려내는 것과 동일하게 간주되고 있는 것이다. 이때 나무와 인간은 신비적인 유대를 가지고 있는 것으로 믿어지며, 이는 곧 식물 숭배의 한 유형으로 보인다.173) 이러한 믿음 속에서는 나무의 성장과 인간의 성장은 유기적으로 결부되어 인식된다.

이러한 나무와 인간의 유대는 세계적으로 찾아볼 수 있다. 아프리카의 므벵가족은 같은 날 아이가 태어나면 동종의 나무를 식목하는데, 아기의 생명은 그 수목에 결부된다고 믿어진다. 칼라바르의 추장은 자기의 생명을 샘물 근처의 성스러운 숲에 맡겨두는데, 만약 숲을 벌채하면 재앙을 입는다고 한다. 마오리족도 아기가 태어나면 탯줄을 묻고 그 위에 나무를 심으며, 보루네오에서도 갓난아기를 위하여 식목하는 풍속이 있다고 한다. 이러한 속신과 풍속은 인간과 수목의 생명이 공감적으로 결합되어 있다는 인식에 근거한다. 나무가 무성하게 자라면 아이도 무사하게 성장하지만, 나무가 죽거나 기형이 된다면 아이 또한 그렇게 된다고 인식되는 것이다.174) 이러한 예는 우리나라에서도 얼마든지 찾아볼 수 있다. 고려국조설화高麗國祖說話에서 강충康忠은 소나무를 심으면 삼한三韓을 통합할 인물이 태어날 것이라는 예언을 듣고 그대로 시행한다.175) 이는 소나무와 사

---

173) Mircea Eliade, *Patterns in Comparative Religion*, 이은봉 역, 『종교형태론』, 한길사, 1996, 355~356쪽. 엘리아데는 식물숭배의 유형으로 7가지를 제시하고 있다. ① 돌—나무—제단의 형型, ② 우주의 상像으로서의 나무, ③ 우주적 테오파니로서의 나무, ④ 무진장한 풍요, 절대적 실재, 생명의 상징으로서의 나무, 대여신과 물의 상징과 관계를 가진 나무, 불사의 근원과 동일시되는 나무 등, ⑤ 세계의 중심이자 중주를 떠받치는 나무, ⑥ 나무와 인간의 신비적인 유대, ⑦ 식물의 재생, 봄, 해의 상징으로서의 나무. 이 중에서 여섯 번째 유형이 바로 율목도액형의 인식과 관련되어 있다고 할 수 있다.
174) J. G. Frazer, *The Golden Bough*, 김상일 역, 을유문화사, 1983, 829~830쪽.
175) 『고려사』 <세계世系>.

람의 유대관계를 보여주는 예이다. 또한 고려 말에는 백악산 남쪽에 오얏나무를 심었다가 무성해지면 베어내었다고 한다. 이는 왕성해지는 '이씨李氏'의 기운을 누르기 위한 주술적 행위인데, 이 역시 나무와 인간의 긴밀한 관계를 보여준다. 구비설화에서는 <나옹대사가 심은 소나무>176)와 같은 자료에서 그러한 신비한 유대관계를 찾아볼 수 있다.

이와 같이 율목도액형에서의 식목행위는 나무와 인간 사이에 신비적인 유대가 형성되어 있다는 인식과 관련되어 있다고 본다. 밤나무의 성장은 곧 소년의 성장으로 인식된다. 밤나무가 무사하게 자라는 것은 곧 소년도 무사하게 자랄 것이라는 믿음을 준다. 그렇기 때문에 율곡의 부모는 정성을 다해 밤나무를 심고 가꾸는 것이다. 이 때는 한 그루의 나무를 대상으로 하는 경우도 있지만, 숲을 대상으로 하는 경우도 있다.

그렇다면 수많은 나무 중에서 하필이면 밤나무인가 하는 문제도 제기될 수 있다. 이는 다음 언술을 통해서 그 실마리를 찾을 수 있다.

> 어떻게 ᄒᆞ느냐 ᄒᆞ며는, 이 아희가 호식을 면홀랴 ᄒᆞ며는 벡 사름을, 죽을 사름을 살려야 그 호식을 면ᄒᆞ게 뒈였는데, 벡 사람을 머, 죽을 사름을 원 살릴 연구硏究가 업다. 연구가 업으니 그, 사름 죽으며는 그, 조상의 위판을 밤나무로 멘든다. 밤나무로 멘드니 그, 사름, 벡 사름 살리는 대신 밤나무를 아무 산 꼴랭이예(꼬리에) 이제

---

176) <나옹대사가 심은 소나무>, 임석재, 『한국구전설화』 권12, 평민사, 1993, 33~34쪽. 나옹대사가 반송정의 소나무 가지를 꺾어다가 심은 후에, 이 나무가 잘 자라면 자기가 살아 있지만, 그렇지 않으면 죽는다고 하였다고 한다. 그 소나무는 지금도 잘 자라고 있어서 사람들은 나옹대사가 아직도 살아 있는 것으로 믿는다고 한다.

가서 벡줴百本를 싱겄다가(심었다가) 아모 이제, 아모년某年 아무들某月 아무날某日 아무시某時로는 그 호랭이가 중르로 출려서(차려서) 올 것이라. 오거들란, 이제 가서 얼른 말ᄒ기를 어째 오랐느냐(왔느냐)? 에, 야의가(이 아이가) 호식에 테우긴 테왔지마느네(타고 났지마는) 그것을 면ᄒᆫ다 ᄒ며는 벡 사름 죽을 사름을 살려야 이제 그 호식을 면ᄒᆫ다고 헤서 그 대신 부모 조상의 위판을 멘드는 밤나모를 아무 산 꼴내기예(꼬리에) 벡 줴를 싱거서(심어서) 지금 오양ᄒ노라.177)

위패位牌를 만드는 밤나무를 심어 이를 위성함으로써 활인을 대신할 수 있다는 말이다. 조상의 위패는 처음에는 소나무, 잣나무를 사용하다가 주周나라 이후부터 밤나무를 사용하였다고 한다.178) 이렇게 밤나무로 위패를 만드는 풍속은 일찍이 우리나라에 보편화되었던 것으로 보이며, 조선 초기에는 공자의 소상塑像마저 위패로 바꾸었던 것이다.179) 이렇게 위패를 만드는데 사용되는 밤나무는 조상의 영혼이 깃드는 나무로 인식되었을 가능성이 높다.

한편 울릉도에서 전승되는 설화에서는 밤나무 숲은 산신령이 깃드는 곳으로 인식되고 있음을 볼 수 있다.

옛날 울릉도의 산신령이 마을 사람들에게 밤나무 백 그루를 심으라고 하였다. 사람들은 하루 만에 백 그루를 다 심었는데, 밤나무는 싹이 나서 잘 자랐다. 하루는 산신령이 다시 찾아와서 밤나무를 다 심었는지 확인해 보았다. 그런데 한 그루가 말라 죽어서 아흔아홉

---

177) <율곡선생(2/2)>, 『대계』 9-2, 163쪽.
178) 『논어論語』 <팔일八佾> "哀公問社於宰我 宰我對曰 夏后氏以松 殷人以栢 周人以栗 曰使民戰慄"
179) 魚叔權, 「패관잡기稗官雜記」, 『대동야승』 권4. "文廟之制 中國則塑像 本國則用位版 唯開城平壤二府之學 安塑像 亦元時自中國來者 嘉靖丙戌年間 皇帝令天下毁孔子及配享諸賢像 用栗木作版"

그루뿐이었다. 화가 난 산신령이 사람들을 벌주려고 할 때, '너도밤나무'가 나서서 자기도 밤나무라고 했다. 사람들은 가까스로 벌을 면하게 되었으며, 산신령은 이 밤나무들을 잘 가꾸었다. 천여 년이 지난 후 밤나무는 늙어서 점차 없어지고, 지금은 '너도밤나무'만 숲을 이루어 천연기념물이 되었다.[180]

울릉도 성인봉 근처에 군락을 이루고 있는 천연기념물인 너도밤나무 숲의 유래담이다. 산신령이 찾아와 밤나무를 심도록 지시한 것 이외에는 율목도액형의 내용과 대체로 일치한다. 즉 산신령이 마을 사람들에게 밤나무를 심으라고 하자 사람들이 정성스레 잘 가꾸었다고 했다. 밤나무가 자란 후, 산신령은 그곳에 기거했다는 뜻으로 이해된다. 결국 밤나무 숲은 신령이 거주하는 신성한 숲으로 인식된다고 할 수 있다.

이러한 사실들을 감안한다면, 밤나무 식목 행위는 수목 숭배의 잔영이 남아 있는 것으로 보인다. 그것은 나무와 인간이 신비적인 유대를 맺고 있는 것으로 인식되며, 그 중에서도 특히 밤나무는 조상의 혼령이 깃드는 나무, 또는 산신령이 깃드는 나무로 인식되어 왔음을 알 수 있다. 그렇다면 율목도액형은 나무와 인간을 동일시하는 수목 숭배를 바탕으로 하여 형성되었다고 본다.

㉣ <독경도액형讀經度厄型>

독경도액형에는 13편의 자료가 보고되어 있는데, 일람을 보이면 다음과 같다.

---

180) <너도밤나무>, 여영택, 『울릉도의 전설·민요』, 정음사, 1979, 49~52쪽.

번호	각 편 제 목	수록문헌	채록장소	구연자	연도
1	역학자 백구용	대계 1 - 1	서울도봉	강성도/남/69	1973
2	서화담 일화(2)	대계 1 - 4	경기남양주	김정수/남/65	1980
3	호환을 막아준 겸암의 제자	대계 3 - 3	충북단양	홍상기/남/66	1981
4	고안경 이야기	대계 6 - 11	전남화순	장봉춘/남/78	1984
5	율곡의 가르침으로 호랑이 잡은 남사고	대계 6 - 12	전남보성	김동엽/남/82	1986
6	대감딸 구해서 벼슬한 이야기	대계 8 - 6	경남거창	박종기/남/61	1980
7	호식할 사람을 구하다	임석재전집3	평남강동	백낙희	1976
8	퇴계선생과 악호	임석재전집4	강원영월	최성규/남/79	1975
9	황진이와 화담과 노호	임석재전집6	충북영동	오세옥/남/68	1974
10	서화담의 지혜	임석재전집7	전남고창	임화정	1923
11	백구룡선생과 제자가 처녀를 살리다	임석재전집10	경남진주	박헌봉	1964
12	호식할 처녀와 호랑이 무덤	전북민담	전북남원	강판덕/남/60	1965

이러한 12편 중에서 우선 눈에 띄는 변이는 자료 6, 12이다. 이 두 자료는 다른 것과는 달리 앞부분에서 일명 '호랑이 눈썹' 화소가 나타난다. 즉 어떤 선비가 과거를 보러 상경하던 도중에 어떤 대사(=변신한 호랑이)와 동행하게 된다. 마침 고개를 넘어가다가 농사일을 하는 사람들을 만나게 되었는데, 대사가 그들은 모두 사람이 아니라고 한다. 선비가 어떻게 알 수 있느냐고 하니 눈썹을 대고 보면 사람의 진상이 드러난다는 것이다. 즉 호랑이 눈썹을 대고 보니 사람들이 모두 개로 보였다고 했다.

이러한 내용은 『삼국유사』에 나오는 효신거사孝信居士의 이야기와 유사하다.[181] 학의 깃털 대신에 호랑이 눈썹이 사용되는 것이 다를

---

181) 일연, 『삼국유사』 권3, <대산월정사오류성중臺山月精寺五類聖衆> 공주에 살던 효신거사는 효성이 지극하였다. 모친이 고기반찬이 없으면 음식을 들지 않으므로 거사는 산야를 다니며 고기를 구하였다. 하루는 길에서 학 다섯 마리를 만나 활을 쏘았는데, 깃털 하나만 떨어뜨리고 날아가 버렸다. 거사가 학의 깃털로 눈을 가리고 보니, 사람이 모두 짐승으로 보였다. 거사는 고기를 얻지 못하고 자기 허벅지를 깎아 어머니께 드렸다고 했다.(이가원 역, 『삼국유사신역』, 태학사, 1991, 285쪽.)

뿐 나머지 내용은 동일하다고 할 수 있다. 이렇게 자료 6, 12에서는 선비와 대사가 동행하면서 일어나는 사건이 다른 자료에 비해서 길게 들어가 있다. 그러나 처녀의 호환운이 예언되는 단락 이후에는 12편 모두가 동일한 내용의 단락으로 이루어져 있다.

그러면 자료 4를 들어 구체적인 면모를 살피기로 한다.

> 서경덕이 제자를 가르치고 있었는데, 하루는 괴이하게 생긴 중이 찾아와 서로 대화를 나누었다. 얼마 후 서경덕이 할 수 없다고 하자, 중은 다시 길을 떠났다. 의아하게 생각한 제자가 그 연유를 물었다. 서경덕은 중은 변산의 노호老虎인데 오늘 혼인한 김부자의 딸을 잡아먹으러 가는 길이라고 하였다. 제자가 신부를 살릴 수 있는 방책을 물으니 밤새 고안경을 읽으면 한다고 하였다. 제자는 즉시 김부자 집을 찾아가 고안경을 읽었다. 한밤중에 호랑이가 출현하여 세 번이나 뛰어 들었으나, 시간이 지나자 그냥 물러갔다. 제자는 기절한 신부를 회생시킨 후 돌아왔다. 서경덕은 글자를 세 군데나 잘못 읽어서 호랑이가 세 번이나 뛰어들었다고 하면서 제자를 꾸짖었다. 서경덕은 그렇게 신묘한 사람이라고 한다.[182]

서경덕의 제자가 경문을 읽어 첫날밤 호환될 신부를 구해냈다는 이야기이다. 서경덕은 호랑이보다 우월한 위치에 있으면서도, 그 자신이 신부의 호환을 제지하지는 않는다. 다만 제자에게 방책을 알려주어 실행하게 한다. 서경덕이 초월적 질서를 중시한다면, 제자는 인간 중심적이라고 할 것이다.[183] 서경덕의 말대로 제자는 신부 집

---

182) <고안경 이야기>, 『대계』 6-11, 51~54쪽.
183) 강진옥, "설화의 문제해결방식을 통해 본 인식과 그 의미," 《구비문학연구》 3집, 283쪽.

을 찾아가 고안경184)을 읽어 호랑이를 물리친다. 독경 중에 호랑이는 세 번이나 달려드는데, 이를 두고 서경덕은 제자가 글자를 잘못 읽은 때문이라고 꾸짖는다. 이처럼 서경덕은 시종일관 이야기를 이끌어가는 주동적인 역할을 수행하고 있음을 알 수 있다.

이는 곧 독경도액형은 이인의 면모를 드러내는 데 초점이 놓여 있음을 짐작하게 한다. 정작 호환될 운명에 처한 신부는 아무런 역할도 하지 않는다. 오직 이인인 서경덕과 그 제자에 의하여 사건이 진행되고 있는 것이다. 이는 다른 자료에서도 마찬가지이다. 다른 자료에서는 율곡, 남사고, 퇴계, 백구용, 겸암 등의 이인이 등장하여 서경덕과 같은 역할을 수행한다. 이는 독경도액형이 이들의 이인적 면모를 부각시키려는 이야기임을 말해 준다. 따라서 독경도액형의 형성에는 이인설화가 크게 작용하고 있다고 할 수 있다.

또한 독경신앙 및 신부에 대한 인식도 독경도액형의 형성에 밑바탕이 되었다고 할 수 있다. 먼저 독경신앙을 살펴보기 위해서 설화 속에 나타난 독경의례의 면모를 정리해 보기로 한다.

㉮ 경문의 종류: 보문품, 대장경, 천지팔양경, 고왕경, 주역, 주문
㉯ 부수적인 방술: 경명주사 뿌리기, 부적 붙이기, 횃불, 새끼망, 황소대명
㉰ 독경자의 성격: 산중 이인에게서 수련중인 남성
㉱ 경당배설: 마당, 대청, 안방, 정화수

첫째, 경문의 종류를 보건대 불교, 도교, 유교 등의 경전이 혼합되

---

184) '고안경'은 '고왕경'을 잘못 말한 것으로 보인다.

어 있다. 이들은 모두 독경신앙에서 사용되는 경문에 해당한다. 둘째, 독경에 부수되는 방술로는 경명주사를 뿌리거나, 부적을 붙이기도 한다. 또한 숯불이나 횃불로 호랑이를 위협하기도 하고, 새끼망을 떠서 호랑이의 범접을 막으며, 황소로써 대명代命시키기도 한다. 이는 독경할 때 귀신이 떨어지지 않을 경우 불을 뿜거나 신도神刀로 위협하기도 하며, 닭을 잡아 대수대명代壽代命하는 것과 유사하다.

셋째, 독경자의 성격은 산중의 이인에게서 도술을 배우고 있는 남성 제자이다. 이는 독경무는 대체로 남성이 많고, 도사의 면모를 가진다는 점과 일치한다. 넷째, 경당의 배설은 마당이나 대청, 안방에서 이루어진다. 제상은 정화수 정도를 떠놓는 간단한 차림으로 되어 있다. 이러한 경당 배설은 치병을 위한 독경의례와 유사하다.

이와 같이 설화 속에 형상화된 독경의례는 무속의 독경신앙과 비교해 보면 거의 흡사함을 알 수 있다.[185] 이는 독경도액형의 형성에는 독경신앙이 뒷받침되고 있음을 말해 준다. 독경은 공격적이고 투쟁적인 자세로 악귀를 물리치는 민간신앙이다. 설화에서도 호랑이는 바로 그러한 재앙으로 인식되고 있는 것이다. 따라서 독경의 방책은 호환운을 물리치는 하나의 방책으로 이해되었던 것으로 보인다.

또한 신부가 가지는 상징적인 의미도 독경도액형의 형성에 기여했다고 볼 수 있다. 첫날 밤을 맞이한 신랑과 신부는 경사스러운 존재이면서 동시에 '위험에 처한 존재'[186]이기도 하다. 혼례에서 각종 주술이 행해지는 것도 이러한 위험으로부터 신랑 신부를 보호하기 위함이다. 이러한 인식은 아직도 전통적인 혼속婚俗에 잔존하고 있

---

185) 서대석, "독경신앙," 『한국민족문화대백과사전』 권7, 1991, 43쪽.
186) Edward Alxander Westermarck, 앞의 책, 185쪽.

다. 이와 같은 예는 전남지역의 도서지방에서 집중적으로 보고된다고 하는데, 그 몇 가지를 실례를 보이면 다음과 같다.

> 신부의 가마가 신랑 마을에 들어서면 신랑집 앞에 불을 피우고 밥상을 차려놓고 당골이 징을 치면서 경을 외운다.
>
> 신부 가마가 신랑집에 이르면 문 앞에다 짚불을 피우고 밥을 놓고 찬을 놓은 상 앞에서 무녀가 무문巫文을 외운다.
>
> 신랑이 떠나는 날 새벽에 신랑집에서는 동이에 물을 떠 놓고 물 위에 바가지를 엎어놓고 당골이 바가지를 치면서 '손비빈다'고 한다. '그늘 손비빈다'고도 한다. 신부집에서도 같은 식으로 손비비기를 하는데 이는 '연분좋으라'고 하는 것이다.
>
> 나주군羅州郡 고막원古幕院에서는 상에다 사발을 놓고 사발 안에 기름을 담고 심지 두 개를 피우며 무당이 손비빈다. 무당이 없을 경우 집안사람이 대신하기도 한다.187)

혼례식에 앞서서 무당 혹은 당골이 경문을 외우거나 손비비기를 한다는 것이다. 짚불을 피우고 경을 외우기도 하고, 주문을 외우기도 한다고 한다. 또는 항아리에 바가지를 띄워 놓고 이를 두드리면서 손비비기를 하거나, 사발 안에 기름을 담고 심지 두 개를 피우면서 손을 비기기도 한다고 했다. 이러한 의례는 신랑신부에게 닥칠지도 모르는 재액의 위험을 미리 방비하기 위한 것이라고 할 수 있다. 신부의 호환 모면은 바로 이러한 혼례에서의 독경 풍속과 밀접하

---

187) 박혜인, 『한국의 전통혼례 연구』, 고려대학교 민족문화연구소, 1988, 124~125쪽.

게 관련되어 있다고 할 수 있다. 신부가 제자의 독경으로 호환을 모면하는 것은 곧 혼례의 독경 풍속에 상응한다고 할 수 있기 때문이다. 즉 제자의 독경은 곧 신랑신부에게 잠재되어 있는 재액의 위험을 해소하는 도액의례적 성격을 지닌다고 할 수 있다. 따라서 독경도액형의 이면에는 독경신앙과 혼속이 잘 반영되어 있다고 할 수 있다. 이는 독경도액형은 바로 독경신앙과 혼속을 바탕으로 하여 형성되었음을 시사해 준다.

결국 <호환도액설화>는 감응형과 도액형으로 대별할 수 있는데, 주된 부류는 도액형임을 알 수 있다. 감응형에는 단지 칠성감응형만을 볼 수 있는데, 이는 호랑이와 칠성신의 밀접한 관계 때문에 형성되었다고 할 수 있다. 칠성신의 형상은 우리의 신선과 유사한데, 신선은 곧 산신으로도 혼동되기도 한다. 이러한 과정에서 칠성감응형이 생겨났다고 할 수 있다. 그러나 퇴호방책이 제공되지 않고, 칠성의 감응 또한 분명하지 않은 변이를 가져왔음을 알 수 있다.

한편 도액형은 고행도액형과 혼인도액형, 율목도액형과 독경도액형으로 나누어 살펴보았다. 고행도액형과 혼인도액형은 이미 <연명설화>에서도 볼 수 있었던 이야기들이다. 이들 역시 구조가 간단한 고행도액형에서 구조가 복잡한 혼인도액형으로 변화된 것으로 볼 수 있으며, 이러한 변화에는 보조인물의 설정, 다양한 사건의 설정이 수반되었던 것으로 보인다.

율목도액형과 독경도액형은 <연명설화>에서는 볼 수 없었던 하위유형들이다. 율목도액형은 밤나무를 심어 호랑이를 물리쳤다는 이야기이다. 이러한 율목도액형의 형성에는 나무와 인간을 동일시하는 수목 숭배가 밑바탕이 된 것으로 보았다. 특히 밤나무는 조상신이 깃드는 나무이며, 밤나무 숲은 산신이 머무르는 숲으로서의 의미를 가진다고 보았다.

다음 독경도액형은 이인의 제자가 경을 읽어 호랑이를 물리쳤다는 이야기이다. 이러한 독경도액형의 형성에는 독경신앙과 신부에 대한 주술적 인식이 함께 작용하였음을 살펴보았다. 설화 속의 독경의례는 곧 무속의 그것과 매우 흡사하며, 신랑 신부는 위험한 존재로서의 의미를 가지기 때문이다. 이러한 율목도액형과 독경도액형은 그 등장인물로 볼 때에는 조선 중기 이후에 생겨났다고 할 수 있다. 물론 그 이면의 내재된 인식을 본다면 그 이전에도 이러한 설화가 전승되었을 가능성도 배제할 수 없다고 본다.

한편 <연명설화>와 <호환도액설화>를 비교해 보면 이들 사이의 관련성이 잘 드러난다. 이는 감응형과 도액형으로 나누어 설명하는 것이 효율적이다. 감응형은 <연명설화>에서 <호환도액설화>로 변화되었을 가능성이 매우 높다. 전자에는 다양한 신격에 대한 치성과 감응이 나타나지만, 후자에서는 칠성감응형만이 유일하기 때문이다. 그나마 <호환도액설화>의 칠성감응형은 구조적인 면에서도 충실하지 못하다고 할 수 있다. 따라서 감응형은 <연명설화>에서 <호환도액설화>로 전개된 것이 확실하다고 본다.

그렇지만 도액형은 사정이 그리 단순하지 않다. 하위유형의 다양성으로 본다면 <호환도액설화>에서 <연명설화>로 전개되었을 가능성이 높다. 이는 또한 양쪽에서 공통적으로 나타나는 고행도액형과 혼인도액형을 비교해 보아도 간접적인 단서를 얻을 수 있다. <호환도액설화>의 고행도액형은 <연명설화>의 그것에 비하여 이인의 보호나 불력의 가호가 뚜렷하다. 혼인도액형 역시 <호환도액설화>가 <연명설화>에 비하여 내용이 풍부하고 안정적이다. 아울러 호환이라는 재액은 퇴치대상이 분명하다는 점에서 감응보다는 도액이 상대적으로 적절한 방책이라고 할 수 있다. 이렇게 본다면 도액형은 <호환도액설화>에서 <연명설화>로 전개되었을 가능성이 높다고 본다. 물론 그 반대의 가능성도 여전히 존재하는 것이 사실이다.

⑷ 갈등 및 주제의식

<호환도액설화>의 갈등은 운명과 인간 사이에서 발생한다. 호환은 초월적으로 품정된 운명이며, 인간은 이를 일탈하려고 시도한다. 이 과정에서 인간적 욕망과 초월적 질서 사이에서 갈등이 야기되고 있는 것이다. 이러한 갈등은 '신의 감응'이나 '이인의 가호'를 통하여 해소된다. 칠성감응형에서는 칠성신이 호랑이를 물리침으로써 소년의 호환운을 모면해 준다. 한편 도액형에서는 다양한 방식으로 호랑이를 물리친다. 고행도액형과 혼인도액형은 대체로 <연명설화>의 도액과 크게 다르지 않다. 고행도액형에서는 이인(시주승)의 보호나 불력에 의존하여 호랑이를 물리치고 있으며, 혼인도액형에서는 여성 이인의 도움을 받고 있다. 한편 율목도액형에서는 조상신 혹은 산신령으로 상징되는 밤나무의 보호를 받아 호랑이를 물리친다. 독경도액형에서는 제자가 담대하게 독경하여 호랑이의 범접을 막아낸다. 이러한 도액의 성공은 인간과 운명 사이에 형성된 갈등을 해소시켜 준다는 것을 의미한다.

이러한 갈등에 비추어 볼 때, <호환도액설화>의 주제의식은 일

단 '잠재된 호환의 불안에서의 탈피'라고 할 수 있다. 호환운을 타고 난 소년은 독자, 만득자, 유복자와 같이 '귀자貴子'의 처지로 설정되어 있다. 이러한 소년의 성격은 호환에 대한 불안이 잠재되어 있는 존재라고 할 수 있다. 율곡 역시 이러한 성격을 벗어나지는 않는다.

율곡은 포태되기 이전부터 '명현名賢'으로서의 자질을 타고난 사람이다. '귀자'와 마찬가지로 '명현' 역시 호환에 대한 불안이 잠재되어 있는 것으로 인식되고 있는 것이다. 제자의 독경으로 호환운을 모면하는 '신부' 또한 위험이 내재되어 있는 존재이다.

> 이 제자弟子는 곧 그 집으로 찾어 들어가서 처자妻子으 부모를 만나보고 오늘밤에 호환虎患이 있을 터이니 내 말을 허수이 듣지 말고 미리 예방해야 한다고 말했다. 주인은 그 말을 듣고 그런 허망한 말이 어디 있느냐, 그런 불길한 말을 남으 경사에 와서 함부로 한다, 미친놈 어서 나가라 하며 욕설까지 퍼부으며 내쫓을라고 했다. 제자는 그래도 자꾸 말하며 어쨌든 오늘밤을 지내보고 아무렇게 해도 좋으니 속는 심 치고 오늘밤은 내가 하라는 대로 해 돌라고 한사코 말을 했다. 그러니께 주인은 말이 하도 해괴하고 미심쩍었지만 그 사람이 하라는 대로 해 보기로 했다.[188]

제자가 찾아와 신부가 호환될 것이라고 하자, 주인은 경사스러운 일에 불길한 말을 한다고 하면서, 제자를 박대한다. 하지만 결국에는 주인은 속는 셈 치고 제자의 말에 따르기로 한다. 이는 주인이 잠재된 불안을 인정하고 있다는 것을 말해 준다. 호환은 신부에게 나타날 수 있는 위험의 한 가지로 인식되고 것이다. 이처럼 <호환도액

---

188) <서화담의 지혜>, 임석재, 『한국구전설화』 권7, 평민사, 1990, 84쪽.

설화>의 귀자·명현·신부는 모두 호환에 대한 불안이 잠재되어 있는 존재이다. 따라서 <호환도액설화>의 기본적인 주제의식은 잠재되어 있는 호환에의 불안을 탈피하는 데 있다고 본다.

이러한 기본적인 주제의식은 각편에 따라서, 혹은 하위유형에 따라서 확대되어 나타나기도 한다. 칠성감응형의 경우, 수명과 더불어 부귀를 더해주는 경우도 있다. <단명소년과 세 신선>이라는 각편에서는 칠성신이 호환을 면해준 후 과거에 급제할 수 있도록 복록을 점지해 준다.[189] <호식기 든 서당아이 얼굴>이라는 자료에서도 칠성신이 호랑이를 물리친 후 정승 벼슬에 천 석 재물을 누릴 수 있는 운명을 품부해 준다.[190] 이처럼 칠성감응형의 일부 각편에서는 수명과 복록을 함께 향유하고자 하는 주제의식이 형상화되어 있음을 알 수 있다.

이런 주제의식이 구조적으로 반영된 것이 혼인도액형이다. 혼인도액형에서는 방책 자체가 삼정승 딸과 혼인해야 한다는 것으로 설정되어 있다. 삼정승 딸과의 결연은 일차적으로 도액을 위한 관건으로서 의미가 있다. 이는 기본적인 주제의식에 해당한다. 이차적으로 삼정승 딸은 현실적인 욕구를 실현시켜 주는 매개자로서 의미가 크다. 그녀들은 소년의 과거급제를 도와주고, 사위로서 인정받을 수 있게 조언한다. 또한 소년과 삼정승 딸과의 혼인은 다남과 가문의 번성을 위한 필수적인 요소이다. 결국 삼정승 딸과의 남남은 일차적으로 호환운의 탈피를 위함이고, 이차적으로는 부·귀·다남을 얻기 위함이다. 따라서 혼인도액형은 수·부·귀·다남을 누리는 이

---

[189] <단명소년과 세 신선>,『대계』1-4, 224쪽.
[190] <호식기 든 서당아이 얼굴>,『대계』7-4, 66~67쪽.

상적인 삶에 대한 소망이 형상화되어 있다고 본다.

다른 한편으로 <호환도액설화>에서는 이인적 면모를 부각시키고자 하는 주제의식이 나타나기도 한다. 즉 율목도액형에서는 율곡의 신비한 포태를 형상화함으로써 그의 명현적 면모를 부각시키고 있다. 이는 물론 단명 불안의 탈피라는 기본적인 주제의식과 긴밀하게 결부되어 있다고 할 수 있다. 또한 독경도액형에서는 서경덕·남사고 등의 신이한 능력을 보여줌으로써 그들의 이인적 면모를 드러내고자 한다. 이때에는 단명의 불안이라는 기본적인 주제의식은 매우 미약한 반면에, 이인적 면모를 부각시키려는 의도가 강하게 드러난다. 이처럼 <호환도액설화>에서는 단명 불안의 탈피와 아울러 이인적 면모를 부각시키고자 하는 주제의식이 결부되어 나타나고 있다.

⑷ <호환도액설화>에 나타난 운명인식

<호환도액설화>에 나타난 운명인식은 대략 세 가지로 요약할 수 있다.

첫째, 호환운은 품정된 것이면서 또한 변역이 가능한 것으로 인식된다. 즉 호환운은 불가역성不可易性과 가역성可易性을 동시에 가지고 있다는 말이다.

> ㈎ 그래 아버지한테 들어와서, 중이 말하는게,
> "이건 아까웁니다. 살 도리가 없읍니다. 이 도련님 살 도리가 없으니 어찌하는 재간이 없읍니다."

"죽는 거 알믄서 살 도리는 없다는 건 어디 있냐?" 그기야.

"살 도리는 똑 한 가지 밖에 없는데 이 도련님이 삼정승에 딸을 하루밤 동품해야 산다." 그기야, 동품을 해야.191)

(나) "……단 저 아이의 상을 보니까 나이가 열다섯 살 막 가는 날 열다섯에서 열여섯 살 막 가는 날 그말이며는 호환을 간다. 에 호환을 당할 상이다. 그런데 그 때를 피하며는 아무 걱정 없고 나중에 참 훌륭한 급제해서 아주 귀인이 될 수 있읍니다."

"그러면 대사님께서 거가지 벌써 앞 일을 내다보고 계시는데 거기에 대한 방지책이 있을 거 아니요? 미리 예방하는 방지책이 있을 테니 어떻게 하든 내 아들 하나는 살려주시오."

"참 방안이라면 한 가지 있는데 사실 그것은 행하기가 어려운 것이다."192)

시주승과 소년의 부친이 나눈 대화를 옮긴 것이다. (가)에서는 중이 소년이 호환을 피할 도리가 없다고 하자, 부친은 죽는 것을 알면서 살 도리가 없다는 것은 말도 되지 않는다고 반박한다. 이에 중은 삼정승 딸과 하룻밤에 동침해야 한다고 알려준다. (나)에서도 이러한 문답이 오고 가기는 마찬가지이다. 열여섯 살이 되는 그 날에 호환될 관상이지만 그 때만 피한다면 장차 귀인이 된다는 것이다. 이에 부친은 대사에게 미래사를 예언할 수 있으면, 그에 대한 예방책도 반드시 알고 있을 것이라고 하면서, 살려낼 방도를 가르쳐 달라고 애걸한다. 이와 같이 호환운은 품정된 것이기는 하지만, 적절한 방책을 실행하면 변역이 가능한 것으로 인식되고 있다.

---

191) <삼정승의 딸을 얻은 단명소년>, 『대계』 1-1, 495쪽.
192) <지붕에 버섯나는 유래>, 『대계』 3-1, 566쪽.

둘째, 호환운의 변역에는 초월적인 제3자의 역할이 결정적으로 필요한 것으로 인식된다.

> (가) "참 방안이라면 한 가지 있는데 사실 그것은 행하기가 어려운 것이다."
> "그래 무슨 방안인데 그렇게 어렵게 생각하느냐? 난 뭐든 할 결심이 서 있다."
> "글쎄올시다. 그러나 이것은 사실은 어렵습니다. 아 참 아드님을 그런 호환 없이 무사하게 넘길려면은 저를 딸려 보내야 합니다. 절간에 가서 부처님을 모시고 고생도 많이 해서 참 만고풍상을 겪고 이렇게 하면 혹시 액운이 넘어 갈지 모르는데 그 외에는 다른 방도가 없습니다."
> 이런 얘기를 하드랴. 그래서 그거 참 기가 막힌 이야기인데…193)

> (나) "그, 그것이 헐 수 없는 일이지야." 허니께,
> "아무라니요. 할 수 없어라요."
> 아, 그러케 보고 고개만 흔들더니, 말도 끝도 없이 이야기하거든.
> "그러믄 어쩔 수가 있나, 그놈을 어떠케 살릴 수가 없구나." …
> ……(중략)……
> "아까 그 사람(=처녀) 어뜨케 살릴 수가 없을까라우?"
> "그러니께는, 정신만 실허면 살릴 수가 있다."194)

(가)에서 시주승은 소년을 자기에게 딸려 보내라고 한다. 절간에 들어가 수행도 하고, 만고풍상을 겪으면서 액운을 넘길 수 있다는 것이다. 이처럼 시주승은 소년을 데리고 출가하여 그의 도액과정을 돌

---

193) <지붕에 버섯나는 유래>, 『대계』 3-1, 566~567쪽.
194) <고안경 이야기>, 『대계』 6-11, 52~53쪽.

보아주는 인물이다. (나)는 이인과 그 제자가 주고받는 대화를 옮긴 것이다. 제자가 처녀를 살릴 수 없느냐고 하자, 스승은 처음에는 살릴 수 없다고 한다. 하지만 제자가 계속 방책을 간청하자, 정신만 실하면 살릴 수 있다고 알려준다. 제자는 바로 처녀의 호환운을 도액시켜주는 주동적인 역할을 하고 있음을 알 수 있다.

이처럼 호환운의 도액에는 초월적인 제3자의 역할이 결정적이다. 칠성감응형에서는 칠성신의 보호가 필수적이며, 혼인도액형에서는 여성 이인의 역할이 결정적이다. 마찬가지로 율목도액형에서는 밤나무의 개입이 절박한 고비를 넘기게 해 준다. 이와 같이 호환운의 변역에는 신의 감응이나, 이인의 가호가 결정적인 역할을 수행한다.

즉 호환운의 변역에는 초월적인 제3자의 도움이 필수적인 것으로 인식되고 있다. 따라서 호환운에 대한 변역은 타력적 성격을 지니고 있음을 알 수 있다. 이와 같이 <호환도액설화>의 변역 과정은 타력적임을 알 수 있다. 이는 앞서 살펴본 <연명설화>와 유사한 변역 과정이라고 할 수 있다. 이처럼 호환운을 모면하기 위해서는 신이나 이인의 도움이 필수적인 것으로 인식된다.

2.3.2. 타력·자력으로 불운을 변역하기 : <차복설화借福說話>

<차복설화借福說話>는 가난한 나무꾼이 하늘에 올라가 신으로부터 다른 사람의 복을 임시로 빌려서 잘 살게 된다는 내용을 가진 이야기이다. 다른 어떤 화소보다도 주인공이 복을 빌리는 화소가 전승자의 흥미를 끌고 있다고 할 수 있다. 이는 채록된 각편의 제목만 보아도 충분히 짐작된다. 따라서 본고에서는 다른 사람의 복을 빌린다

는 의미를 빌어서 이러한 일군의 설화를 <차복설화>라고 부르기로 한다.195)

<차복설화>는 박복운의 변역을 문제 삼는 이야기이다. 그런데 박복운薄福運을 극복하는 방법이 이중적으로 되어 있어 주목된다. 우연히 승천하여 신에게 다른 사람의 복을 임시로 빌려오는 한편으로, 복주인과의 동거하는 방책을 모색하여 박복운을 극복하고 있기 때문이다. 차복과 복주인과의 동거라는 두 가지 방책이 동시에 모색되는 특별한 경우이다. 신과 인간 사이의 상이한 인식이 논쟁을 벌이고 있고, 그러한 인식에 바탕을 둔 방책이 서사적 전개의 흥미를 더해주고 있다. 이러한 변역 양상은 새로운 운명인식을 바탕으로 하고 있음을 짐작하게 해 준다. 그러면 구체적인 예화를 들어 이를 살펴보기로 한다.

(1) 변이양상

본고에서 다룰 <차복설화> 자료는 총 23편이다.

번호	각 편 제 목	수록문헌	채록지	구연자	연도
1	남의 복으로 잘살게 된 나뭇군	대계 1 - 7	경기강화	신석하/남/46	1981
2	차자(車子)의 복	대계 2 - 6	강원횡성	김태진/남/76	1983
3	나뭇군 차복이	대계 4 - 1	충남당진	이송우/남/61	1980
4	장거정(張車停) 이야기	대계 4 - 4	충남보령	박성호/남/74	1981
5	김석순의 복주머니	대계 4 - 5	충남부여	노성표/남/57	1982
6	재산은 남의 것	대계 4 - 5	충남부여	이민희/남/64	1982
7	하늘의 복을 빌리다	대계 5 - 3	전북부안	홍용표/남/64	1982
8	염라대왕에게 가서 남의 복을…	대계 5 - 3	전북부안	김종규/남/49	1981

---

195) 졸고, "차복설화의 변이양상과 복에 관한 인식," 《구비문학연구》 4집, 한국구비문학회, 1997, 183~214쪽에서 한 번 다룬 바 있다.

번호	각 편 제목	수록문헌	채록지	구연자	연도
9	사람은 타고난 복대로 산다	대계 6 - 4	전남승주	정금선/여/71	1984
10	석숭의 부를 임시로 맡은 사람	대계 7 - 1	경북월성	이석춘/남/79	1979
11	노는 복 빌어 부자된 사람	대계 7 - 4	경북성주	이해남/여/67	1979
12	천 석 복을 딴 이야기	대계 8 - 6	경남거창	박사일/남/80	1980
13	복없는 나뭇군	대계 8 - 9	경남김해	김갑태/남/81	1982
14	남의 복을 빌어 잘 산 사람	대계 8 - 10	경남의령	김순금/여/47	1982
15	남의 복으로 사는 사람	임석재전집2	평북선천	최순국	1936
16	借福	임석재전집2	평북벽당	이지수	1933
17	남의 福을 빌려서 잘 산다	임석재전집4	강원평창	김공래/남/69	1976
18	빌린 복으로 잘살다	임석재전집6	충남당진	박태희	1941
19	빌린 복으로 잘살다	임석재전집7	전북부안	김원기/남/46	1966
20	빌린 복으로 잘살다	임석재전집7	전북익산	이연복/여/84	1988
21	빌린 복으로 잘살다	임석재전집7	전북정읍	이씨	1922
22	석숭의 복을 빌리다	전북민담	전북남원		1965
23	징계의 복을 빌린 사람	관악어문연구20	충북청양	이기남/여/72	1996

<차복설화>의 내용을 살펴보면 대략 두 가지 변이형을 볼 수 있다.

  ㈎ 주인공이 은신하지 않고 재산을 돌려주는 경우(자료 1, 3, 5~
    7, 9, 11, 12~19, 21~23)
  ㈏ 주인공이 재산을 처분하고 은신하는 경우(자료 2, 4, 8, 11, 20)

㈎는 주인공이 신과의 약속에 따라 재산을 그냥 돌려주는 경우이고, ㈏는 재산을 돌려주지 않기 위하여 이를 처분하여 은신하는 경우이다. 그렇지만 결국에는 재산을 모두 돌려주고 있으므로, ㈏는 재산을 처분하여 도피하는 내용이 더 첨가되어 있는 경우라고 할 수 있다. 그러므로 ㈎를 중심으로 하여 논의를 이끌어 가기로 한다.

  어떤 사람이 나무장사로 근근이 생계를 유지하였다. 그는 좀 더 잘 살기 위하여 나무를 세 짐씩 하였으나, 밤마다 나뭇짐이 없어졌다. 하루는 나뭇짐을 지키기 위하여 그 속에 숨어 있었다. 한밤중에 회오리바람이 불어 나뭇짐을 하늘로 가져갔는데, 이때 나무꾼도 함께 승천하였다. 나무꾼은 옥황상제에게 좀 더 잘살게 해달라고 간청하니, 옥황상제가 '차복借福'이라는 사람의 복을 빌려주면서 후에 복주인이 태어나면 돌려주어야 한다고 하였다. 그 후 나무꾼은 금방 부자가 되었다. 드디어 차복 기한이 된 어느 날, 그릇장수 내외가 마차 위에서 하룻밤을 묵었는데, 새벽에 아들을 낳아 차복이라고 이름 지었다. 나무꾼은 자기 아들과 차복이를 의형제를 맺어주고 함께 살도록 하였다. 그래서 가난한 나무꾼이 평생 동안 잘 살게 되었다.196)

어떤 사람이 나무장사로 생계를 근근이 유지하였다고 하였다. 그는 나무를 팔아 간신히 밥을 먹을 정도로 빈곤한 처지이다. 이에 그는 좀 더 잘 살아 보기 위하여 더욱 근면하게 나무장수를 하기로 한다. 그렇지만 그가 해놓은 나뭇짐은 밤마다 종적 없이 사라지곤 한다. 인간의 복분을 관장하는 옥황상제가 하늘로 가져갔기 때문이다. 어느 날 나무꾼은 나뭇짐 속에 숨어서 나뭇짐이 사라지는 이유를 찾아내고자 한다. 그런데 한밤중에 회오리바람이 일어나 나뭇짐이 하늘로 올라갔는데, 이때 나무꾼도 함께 승천하게 된다. 나무꾼은 옥황상제에게 좀 더 잘 살게 해 달라고 간청하여 아직 태어나지 않은 '차복借福'의 복을 임시로 빌리게 된다. 복주인이 태어나면 되돌려 준다는 약속을 하고 임시방편으로 다른 사람의 복을 빌린 것이다.
그 후 나무꾼은 매사가 순조롭게 되어 큰 부자가 된다. 드디어 차

---

196) <나무꾼 차복이>, 『대계』 4-1, 100~103쪽.

복 기한이 된 어느 날 그릇장수 내외가 마차 위에서 유숙하였는데, 마침 새벽에 아들을 낳았다. 그가 바로 복주인인 '차복'이었던 것이다. 이에 나무꾼은 자기 아들과 차복이를 의형제로 맺어주고, 재산을 공유하면서 함께 살도록 한다. 결국 박복한 나무꾼은 평생 동안 잘 살게 되었다는 것이다.

나머지 자료들도 대체로 이러한 내용을 가지고 있는데, ㈏의 경우에는 차복 기한이 되자 재산을 처분하여 은신하는 내용이 더 들어가 있을 뿐이다. 자료 4를 들어 그 면모를 살펴보기로 한다.

> 어떤 부부가 조석을 해결하기 어려울 정도로 가난하게 살았다. 부부는 잘 살기 위하여 백일산제를 지냈다. 그 후 꿈에 노인이 나타나 복분을 타고나지 못하여 가난하다고 하면서, 남의 재산을 임시로 빌려줄 테니 후에 복주인인 장거정이 태어나면 돌려주라고 하였다. 그 후 부부는 모든 일이 순조로워 금방 부자가 되었다. 그런데 장거정이 태어날 시한이 되자 내외는 빌린 복을 돌려주지 않기 위하여 재산을 처분하여 은신하기로 한다. 은신 도중에 어떤 주막에 유숙하였는데, 마침 아기를 낳은 거지 부부를 만나게 되었다. 아기의 이름을 물어보니 장거정이라고 하였다. 이에 부부는 장거정에게 재산을 모두 돌려주고 예전과 같이 가난하게 살았다.[197]

앞의 예화와 비교할 때, 백일산제를 지내는 점, 빌린 복을 돌려주지 않기 위하여 은신하는 점, 끝내 재산을 돌려주고 다시 가난해진다는 점이 다르다. 이 중에서 문제가 되는 것은 빌린 복을 돌려주지 않기 위하여 은신하는 내용과 다시 가난하게 살았다는 결말 부분이

---

[197] <장거정 이야기>, 『대계』 4-4, 134쪽.

다. 빌린 복을 돌려주지 않기 위하여 은신하는 것은 신과의 약속을 어기는 행위이다. 이는 기한이 되자 신의 의사에 따라 아무런 갈등 없이 재산을 돌려주는 경우와는 판이하게 다르다. 이런 행위는 신과 인간의 관계에 비추어 볼 때, 후대적인 변이라고 할 수 있다. 그것은 바로 신의 뜻에 대한 거부 내지 신에 대한 도전으로 이해되기 때문이다.

한편 은신 화소와 더불어 주목되는 부분은 결말이다. <차복설화>의 결말은 두 가지로 나누어지는데, 주인공이 다시 가난해지는 경우와 그렇지 않은 경우가 그것이다. 전자에서는 재산을 모두 복주인에게 돌려주고 자신은 다시 가난한 처지가 된다. 하지만 후자에서는 복주인과 동거하면서 계속 복을 누리게 된다. 앞에서 제시한 예화는 각각의 경우를 보여주고 있다.

이러한 결말이 중요한 이유는 『수신기搜神記』에 실려 있는 <장차자설화張車子說話>와의 관련성 때문이다.

> 주남책周攬嘖은 가난하였지만 도道를 좋아하였다. 어느 날 밤늦게까지 농사일을 하고 돌아와 피곤하게 잠을 자고 있었는데, 천제가 현몽하여 장차자張車子에게 품정된 돈 천만 냥을 빌려 준다고 하면서 훗날 장차자가 태어나면 돌려주라고 하였다. 그 후 부부는 더욱 열심히 농사를 지었는데, 일이 순조로워 부자가 되었다. 그때 장구張嫗라는 여인이 주남책의 집에서 머슴살이를 했는데, 마침 이웃 남자와 관계하여 수레창고에서 아들을 낳았다. 여인은 현몽한 천제의 지시에 따라 아기 이름을 차자車子라고 지었다. 이를 알게 된 주남책은 곧바로 자신의 재산을 모두 복주인인 장차자에게 돌려주었다. 결국 주남책은 다시 가난해졌으며, 장차자는 부자가 되었다.[198]

천제天帝의 현몽과 결말 부분을 제외한다면 <차복설화>와 <장차자설화>는 매우 유사하다고 할 수 있다. 가장 변이되기 쉽다는 고유 명칭까지도 비슷하다는 점을 감안한다면 <차복설화>는 <장차자설화>가 전파되어 토착화된 설화로 추정된다.[199] 이때 앞에서 제시했던 자료 4와 같은 자료는 중간적인 모습을 보이고 있는 것으로 보인다. 자료 4에서는 복주인의 이름이 장거정으로 되어 있고, 현몽 화소와 가난한 결말이 동일하기 때문이다. 물론 은신 화소도 <장차자설화>가 토착화되는 과정에서 생겨나 일부 자료에서 나타난 것으로 볼 수 있다. '가난한 결말'이 은신을 시도하다가 실패하는 것으로 변이되었다가, 복주인과의 동거라는 전혀 새로운 방책으로 동원하여 '부유한 결말'로 바뀌었던 것으로 보인다.

이러한 <차복설화>의 토착화 과정에는 복은 공유할 수 있다는 우리 민족의 인식이 밑바탕이 되었다고 본다. 우리 민족은 다복한 사람과 함께 하면 그의 복에 힘입어 고난을 모면하거나 잘 살 수 있다고 인식했던 것으로 보인다.

> 우리나라의 음양오행은 오래 되었는데 자평子平은 사간司諫 김형金泂에게서 시작되었고, 성요星曜는 송사련宋祀蓮으로부터 시작되었다. 김형은 친구를 사귈 때에는 반드시 명도命途가 통달할 사람을 가려서 사귀었다. 한번은 김형이 하옥되었는데 친구 이기李芑를 끌고 들어갔다. 이기가 분하게 여겨 김형을 꾸짖었다. 김형은 아무런 죄도 없이 잡혀왔는데, 벗어날 계교가 없어서 장차 정승이 되어 부귀

---

198) 간보, 『수신기搜神記』 권10(김현룡 편, 『중국문헌자료집』 권1, 영인본, 서광문화사, 1991, 560~561쪽 ; 장소・진체진・장각, 『전본수신기평역』, 상해 : 학림출판사, 1994, 198쪽. 참고로 여인의 이름이 자료에 따라 상이함을 밝혀 둔다.)

199) 졸고, "차복설화의 구조와 복에 관한 인식"에서도 이런 내용을 논한 바 있다.

를 누릴 이기의 홍복洪福에 힘입고자 하였다고 했다. 이기는 김형의 말을 듣고 도리어 기뻐하였는데, 얼마 후 과연 모두 석방되었다.200)

김형金泂이 옥사에 연루되자 '홍복洪福'을 타고난 이기李芑를 끌어들여 위기를 모면했다는 이야기이다. 둘 다 하옥되었다가 무사히 풀려났으니, 과연 이기의 홍복에 힘입은 결과라고 할 수 있다. 이는 고난에 처한 사람이 다른 사람의 복에 의존하여 고난을 극복할 수 있다는 것을 말해준다. 이러한 설화 외에도 <복진 며느리>와 같은 설화에서도 박복한 남자가 다복한 여자를 얻어 잘 살게 된다는 것을 보여준다.201) 이는 박복한 남성이 여인의 다복에 힘입어 부를 누릴 수 있다는 것이다. 이와 같이 우리 민족은 다복자多福者와의 결합을 통하여 자신의 불운을 변역할 수 있는 것으로 인식하였음을 알 수 있다.

따라서 <차복설화>의 이면에는 다복자와의 결합으로 박복한 운명을 변역할 수 있다는 인식이 투영되어 있다고 본다. 이는 바로 가난한 나무꾼이 다복한 거지 아들과 동거함으로써 부유한 삶을 살게 되었다는 것으로 형상화되어 있다. 이러한 다복자와의 동거 혹은 다복자와의 결합이라는 화소는 중국의 <장차자설화>가 <차복설화>로 토착화하는 데 크게 기여했다고 생각된다. 이 화소는 바로 두 설화의 결말을 완전히 상이하게 만들어 놓았기 때문이다. 도를 좋아하는 주남책이 천제의 말대로 재산을 돌려주고 가난해졌다면, 현실적

---

200) 이덕형, 『죽창한화竹窓閑話』(민족문화추진회, 『대동야승』 권71, 중판, 민문고, 1989, 65쪽.)
201) 김대숙, "여인발복설화의 연구," 이화여자대학교 박사논문, 1988(김대숙, 『한국설화문학연구』, 집문당, 1994에 재수록.)

인 나무꾼은 복주인과 동거함으로써 계속 부유하게 살았기 때문이다. 이와 같이 다복자와의 결합이라는 화소는 <장차자설화>를 토착화시키는 의미 있는 변이를 가져온 화소라고 할 수 있다.

(2) 갈등과 주제의식

<차복설화>에서는 현실과의 갈등과 운명과의 갈등이 중첩되어 있다. 먼저 전반부에서는 현실과의 갈등이 제기된다.

> 그전에 한 사람은 아주 살림이 에러워(어려워). 그래서, 나무 장사를 하는데 나무 한 짐 해다가 인제 팔며는, 거 쌀 되나 사가며는고 다음 장꺼진 죽만 쒀야 연명을 해 가지, 한 때래두 밥을 해 먹을 거 겉으믄 몇 때를 굶어. 이런데, 아주 지극히 에러운데 이 사람이 생각해 보니까 한 장에 나무 한 짐씩 해다 팔어서 죽을 쒀 먹으니, 두 짐 해다 팔 꺼 겉으면 두 짐 갔으니까 밥을 해 먹을 거 겉거던. 그래서, "에 인제는 두 짐을 해서 팔어서 밥을 좀 해 먹어야 하겠다." 고.202)

어떤 가난한 사람이 나무 장사로 근근이 연명했다고 했다. 장날에 나무 한 짐을 팔면, 다음 장까지 죽을 먹을 수 있었다는 것이다. 나무 장사를 해서 생계를 유지하지만, 밥이 아닌 죽으로 연명하는 처지를 면하기 어려웠다. 이러한 현실을 극복해 보고자 나무꾼은 나무를 두 짐씩 팔기로 작정한다. 이는 나무 한 짐을 팔면 죽만 먹으니, 두 짐을 팔면 밥을 먹을 수 있다는 계산에서 나온 방책이다. 스스로

---

202) <차자의 복>, 『대계』 2-6, 91쪽.

근면하게 노력하여 가난을 극복해 보고자 하는 방책이다. 이는 잘 살아 보려는 나무꾼과 가난한 현실 사이에 갈등이 일어나고 있음을 말해 준다.

그러나 이내 나무꾼의 가난이 기실은 운명에 의해 품정된 것임이 드러난다. 복분福分에 넘치는 재물을 취하려고 하자, 하늘이 이를 방해함으로써 운명과의 갈등은 표면화되기 시작한다. 이제 현실과의 갈등은 운명과의 갈등과 중첩되어 나타난다. 나무꾼과 신이 만나는 부분에서 이러한 운명과의 갈등은 최고조에 이른다.

> 옥황님께서 지 분수대로 사지, 거 한 짐 뱃에, 한 짐 뱃에 있으먼 내일 갖다 져다 팔아가 식냥 사다 팔아가주 묵고, ㉠지가 한 짐 뱃에 몬 파는데, 두 짐 갖다 놓이, 분수 밖에 짓을 한다 싶어가, 한 짐은 마 천상에서 마 나무를 한 짐씩 천상에 올라가뿌렜는데. 그 따문에 읽어(잃어) 뿌렜는기라.(중략)
> "천상 겉으먼, 낡을 어애 이꺼정 가주 옵니까? 나는 본래 낡을 두 짐쓱 해가 생게나 좀 넉넉해질까 싶어가, 그래 놓이 한 짐은 낡을 일갔십니다(잃었읍니다). 잃고. 그래가주고, 낡을 누가 가 가노 싶어, 그거 시험해 볼라꼬 내가여, 그거 할마이트로 나무 동 속에 묶아 달라케가, 그래가 있었디이, 근나 전나, 과연 이래 왔임더. ㉡그 어째 가주고 어떤 사람은 부자가 돼 가주고 호의호식해 가주고 잘 살고, 어떤 사람, 다같은 사람이 빈곤을 못 면하고, 이래가 있고 합니까? 이왕사 내가 천상아 올라 왔는 바에는 복을 좀 빌어갑시다. 날겉이 복이 없이 업두룩한 사람이 살라 그이 곤란이 막심하고 하이, 복을 좀 후케 타가 가면 싶우이도. 올란 짐에."203)

---

203) <석숭이의 부를 임시로 맡은 사람>, 『대계』 7-1, 468~469쪽.

㉠은 옥황상제의 생각이다. 그 요지는 나무꾼이 나무 한 짐을 팔아 연명할 복분을 어겼다는 것이다. 나무꾼이 분수에 넘치는 일을 했기 때문에 이를 제지하기 위하여 나뭇짐을 하늘로 가져왔다는 말이다. ㉡은 옥황상제의 해명에 대한 나무꾼의 대답이다. 나무꾼은 불공평한 복분을 탓한다. 어떤 사람은 부유해서 호의호식하는 반면에 어떤 사람은 빈곤을 면하지 못한다는 것이다. 다 같은 사람이면서도 빈부의 차이가 심하다는 말이다. 그리고는 자기처럼 복도 없고 어수룩한 사람에게도 복을 달라고 청한다.

이와 같이 옥황상제와 나무꾼의 생각은 상당한 차이를 보여준다. 옥황상제는 정해진 복분대로 살아야 한다는 것이고, 나무꾼은 노력한 바에 따라서 부를 향유할 수 있어야 한다는 것이다. 한번 품정된 복분으로 인해서 빈부가 결정되는 것은 부당하다는 생각이다. 이는 바로 운명과 인간 사이에 심각한 갈등이 개재되어 있음을 의미한다고 본다.

운명과의 갈등은 일차적으로 차복 행위를 통해서 해소된다. 신은 나무꾼의 청을 받아들여, 아직 탄생하지 않은 사람의 복을 임시로 빌려준다. 하강한 나무꾼은 그 후 매사에 순조로워 부자가 된다. 그러나 이것은 임시적인 충족일 뿐이다. 신은 복주인이 태어나면 재산을 돌려준다는 약속을 받고, 복주인의 복을 빌려 주었기 때문이다.

그러므로 차복의 기한이 되자 나무꾼은 심한 갈등에 빠진다.

　　총각은 이 말을 듣구 옥황상데레 한 말이 생각나서 이젠 복동이레 태어났으느꺼니 복동이 복을 돌레 주어야 하겠는데 돌래 주문 난 도루 가난하게 되갔다. 이를 어카문 둏갔나? 가만, 데 복동이를 내 집에 두구 항께 살문 되갔다 하구서리 그 누걸래치와 복동이를 저에 집이루 데불구 와서 함께 잘살았다구 한다.[204]

주인공이 복주인을 만나는 대목이다. 거지 아들이 바로 복주인임을 알게 된 총각은 옥황상제의 말을 상기하게 된다. 이제 차복 기한이 끝났으므로 복을 돌려주어야 할 때임을 깨닫게 된다. 하지만 복을 돌려준다는 것은 그동안 누렸던 부를 포기하고, 다시 가난한 삶으로 복귀한다는 것을 의미한다. 그렇기에 총각은 흔쾌히 재산을 돌려주지 못하고, 망설이고 고민하고 있는 것이다. 이는 운명과 인간 사이의 갈등이 아직도 잔존하고 있다는 말이다.

이에 총각은 복주인인 복동이 가족을 데리고 함께 살기로 한다. 거지 신세인 복동이에게는 의외의 행운이지만, 총각으로서는 박복한 운명을 극복하기 위한 궁극적인 방책인 것이다. 다복자와의 결합을 통해서 복을 향유하는 방법을 택한 것이다. 그럼으로써 운명과의 갈등은 완전하게 해소된다. 그런데 거지와의 동거는 주인공에 의해 모색된 방책이라는 점에서 의미가 크다. 그것은 인위적인 방책이며, 현실적인 방책이다. 이를 통해서 운명과의 갈등은 물론이고 현실과의 갈등도 함께 해결하고 있다. 결국 <차복설화>의 갈등은 신의 의지와 인간의 의지 사이의 갈등이라고 할 수 있다. 전반부에서는 이들의 갈등이 심화되었다가, 후반부에서는 해소되는 양상을 띠고 있다고 할 것이다.

이러한 갈등양상은 부유하고 다복한 삶에 대한 갈망이 내포되어 있다고 본다. 부유하고 다복한 삶은 누구나 누릴 수 있는 것은 아니

---

204) <남의 복으로 사는 사람>, 임석재, 『한국구전설화』 권2, 301쪽.

다. 그것은 나무꾼처럼 근면하게 노력하는 한편으로 자기보다 가난한 사람을 불쌍하게 여기는 마음씨를 가진 사람만이 누릴 수 있다는 생각이다.

> 그래 갖고 수레 어머니는, 나이가 수레 아버지 나이를 비해 보니 즈그(자기)보다 높으거든. 그래서 형수씨로 모셔 놓고 그리고 수레는 친자식과 같이. 그래서 그 사람이 복은 나무 두 짐 복을 못 탓어도 마음씨가 옳으니까 한 집에서 한평생을 좋게 지냈더랍니다.[205]

수레는 바로 태어난 복주인을 말한다. 나무꾼은 수레의 부모를 형님・형수처럼 대접하는 한편, 수레를 친자식처럼 대했다고 했다. 거지 신세인 그들을 하찮게 여기지 않고 후대하였던 것이다. 그 결과 재산을 양도받은 복주인이 함께 부유하게 살기를 청한다. 비록 나무 두 짐을 할 수 있는 복분은 타고나지 못했지만 '옳은 마음씨' 덕분에 부를 누릴 수 있었다고 했다.

이와 같이 <차복설화>는 근면하게 노력하는 한편 착한 마음씨를 가진 사람은 비록 박복운을 타고났어도 잘 살 수 있다는 것을 보여준다. 나무꾼은 좀 더 넉넉한 삶을 위하여 부지런히 노력하였으며, 그 결과 승천하여 차복하는 기회를 얻었던 것이다. 만약 그가 현실을 개선하기 위하여 근면하게 노력하지 않았다면, 다른 사람의 복을 빌릴 수 없었을 것이다. 또한 나무꾼은 출산한 거지 내외를 불쌍히 여기고, 이들의 산후조리를 돕는 등 빈천한 사람들은 구휼하는 착한 마음씨를 가지고 있었다. 만약 나무꾼이 거지 내외를 박대하였다면

---

[205] <하늘의 복을 빌리다>, 『대계』 5-3, 31쪽.

신과의 약속을 지키기 어려웠을 것이라고 할 수 있다. 그가 거지 내외를 홀대했다면, 태어난 복주인을 만나지도 못하였을 것이다. 결국에는 신과의 약속을 지키지 않아 다시 가난한 삶으로 돌아가게 되었을 것이다. 그러므로 <차복설화>는 근면하게 노력하고 가난한 사람을 구휼할 줄 아는 사람은 박복운을 극복하고 잘 살 수 있다는 주제의식을 담고 있다고 하겠다.

(3) <차복설화>에 나타난 운명인식

<차복설화>의 서사적 핵심은 서두에서의 현실인식, 중반에서의 신과의 문답, 결말에서의 다복자와의 결합에 놓여 있다고 할 수 있다. 이들은 각각 갈등이 제기되고, 갈등이 최고조에 달하며, 갈등이 완전히 해소되는 부분에 해당하기 때문이다. 이렇게 주요한 서사적 맥락을 형성하는 세 부분은 운명인식의 고찰에 있어서도 많은 단서를 시사해 준다.

먼저 서두에서의 현실인식은 운명에 대한 의문과 회의와 관련되어 있다. 이는 주인공이 가난한 현실과 어떠한 관계를 맺게 되는지, 그리고 그러한 인식이 어떻게 운명과 관련되는지 보여줄 것이다. 다음 중반에서의 신과의 문답은 운명에 대한 대립된 두 가지 인식을 보여준다. 복에 대한 신과 인간의 생각이 서로 상반되게 나타나고 있어서, 운명인식의 대립적 면모를 명료하게 살펴볼 수 있다고 본다.

마지막으로 결말에서의 다복자와의 결합은 바로 나무꾼이 제기한 대안에 해당한다. 이러한 대안을 통해서 박복한 나무꾼이 부를 누릴 수 있었던 까닭이 드러날 것이다.

㈎ 현실인식과 운명에의 의문

<차복설화>의 서두는 가난한 현실에 대한 주인공의 인식을 잘 보여 준다. 가난한 나무꾼은 하루하루를 성실하게 나무 장사를 하면서 생계를 유지한다. 그렇지만 근면하고 성실한 태도에도 불구하고 그의 처지는 별다른 호전을 보이지 않는다.

> 사람이, 참 농촌에 있는 사람인데 부지런한 사람이여. 한 사람이 살았는데. 부지런한 사람인디 가세가 가난하니까 땔나무를 해 파는디, 다른 사람은 하루에 두 짐을 하면은 이 사람은 석 짐, 넉 짐을 헌단 말이여. 그래 나무를 뒤에 쌓어 둔단 말이여.206)

주인공의 성격을 잘 보여주는 예문이다. 주인공은 매우 가난하지만 부지런하다고 했다. 그는 다른 사람이 두 짐을 하면, 그보다 많은 세 짐, 네 짐을 하는 등 매우 근면하게 노력하는 모습을 보여준다. 즉 가난한 현실에 좌절하지 않고 근면하게 노력하고 있는 것이다. 나무꾼의 근면한 성격은 좀 더 나은 현실을 위한 노력과 의지로 발전된다.

> 인자 어느 마을에 참 신랑 각씨가 살았어요. 어떻게 가난했던지 나무를 해가 갖다 팔아다 가지고 묵고 살고, 나무를 해가 묵고 살고, 이런 사람이 하나 있었는데, 비오는 날은 나무 한 짐 해가 딱 팔어 가 묵고 나면, 오늘 해고 나면 내일 장에 가 딱 팔아다 묵고 나면, 그 이튿날 묵을 게 없어. 그래서 한번은 우리가 이렇게 아니라 나무를 두 짐을 하자.207)

---

206) <하늘의 복을 빌리다>, 『대계』 5-3, 28쪽.

좀 더 잘 살아보기 위하여 더욱 근면하게 노력하는 나무꾼 내외의 의지를 엿볼 수 있는 부분이다. 그들 내외는 하루하루 나무를 팔아 연명하다가, 두 배의 노력을 기울이기로 결심한 것이다. 그것은 좀 더 나은 삶을 위한 소망의 표현이기도 하다. 나무꾼은 적어도 밥을 굶지 않는 삶을 희구하는 것이다. 그렇지만 나무꾼의 노력은 허사로 돌아간다. 밤마다 나뭇짐이 사라지는 기이한 일이 일어났기 때문이다. 이는 초월적으로 주어지지 않은 복분인 것이다. 이러한 알 수 없는 일이 계속되자, 결국 나무꾼은 자신의 사주팔자를 탓하게 된다.

> 그래 그전에 어떤 사람이, 자 이거를 하나, 나무를 두 짐을 해 놔도 밤중에 한 짐이 없어져, 그냥 뭐 한 가지, 두 가지 해 놓으면 한 가지는 없어지는 거야. 내 사주팔자가 왜 이렇게 어렵게만 살게 되구, 이렇게 뭬 되는 노릇이 없느냐 말야.[208]

> 예전이, 이 은산 나무처럼(나뭇군처럼) 나무꾼 하나가 한 촌간에 살더랍니다. 근디 팔자가 어트게 생긴 늠으 팔자가 나무를 한 짐 해 다 두 짐 해다 슥 짐 하면, 한 짐 뱃이는 집이루 사용이 안돠.[209]

나뭇짐이 사라지자 나무꾼은 자신의 사주팔자가 왜 이런지 한탄한다. 잘 살아 보고자 하는 노력과 의지가 매번 허사가 되자, 왜 이렇게 되는 일이 없느냐고 팔자를 탓하고 있는 것이다. 이러한 한탄은 자신이 박복한 운명을 타고났을 것이라는 의문과 회의를 내포한다. 가난한 현실이 이제는 운명에 대한 의문과 회의로 이어지고 있

---

207) <사람은 타고난 복대로 산다>, 『대계』 6-4, 576쪽.
208) <남의 복으로 잘 살게 된 나무꾼>, 『대계』 1-7, 523쪽.
209) <김석순의 복주머니>, 『대계』 4-5, 317쪽.

음을 알 수 있다.

결국 주인공의 가난한 현실에 대한 인식은 자신의 사주팔자에 대한 의문과 회의를 일으키는 결정적인 계기로 작용하고 있다고 본다. 자신의 가난이 박복한 운명에서 비롯되었을 것이라는 인식을 불러일으키고 있는 것이다. 근면하고 성실한 노력이 번번이 무산되자, 그 이면에 운명적 요소가 자리 잡고 있을 것이라고 추정하고 있는 것이다. 이와 같이 서두에서의 가난한 현실에 대한 인식은 운명에 대한 의문과 회의를 불러일으키고 있다.

이러한 서두의 상황에서는 신이 인간의 복분을 관장한다는 점과 인간은 품정되지 않은 복분을 누릴 수 없다는 점을 분명하게 보여준다. 초월적으로 복분이 품정되지 않은 상황 하에서는 사람의 노력만으로 이를 얻을 수 없는 것이다. 나무꾼이 가난한 현실을 극복하기 위하여 노력해도 아무런 결실을 맺지 못했던 것도 바로 이 때문이다. 따라서 서두에서는 초월적으로 주어지지 않은 복분은 사람의 노력만으로 향유할 수 없다는 것을 시사해 준다. 인간의 복분은 타력에 의하여 좌우되고 있음을 짐작하게 한다. 하지만 <차복설화>에서는 이에 그치지 않는다. 나무꾼은 신과 논쟁을 벌여 다른 사람의 복분을 빌려 오기 때문이다.

㈏ 복분福分에 대한 신과 인간의 논쟁

나무꾼은 나뭇짐과 함께 승천하게 된 후 신과 만나게 된다. 그때에 비로소 나무꾼은 나뭇짐을 끌어 올린 이유를 알게 된다. 복분에 넘치는 부를 누리려고 했기 때문에 신이 이를 방해한 것이다. 자신의 박복운薄福運을 인지하게 된 나무꾼의 태도는 여러 가지로 나타난다.

먼저 신에게 복을 달라고 간청하는 경우이다.

> 그러니 (나뭇군을 - 필자) 잡어다,
> "이눔 고햔 놈, 너는 일평생에 죽백이 없어. 삼시 죽 세 그릇백에 없는데 이눔 외람되게 밥을 먹을라구 그래, 이놈. 천하 고햔 놈이라."
> 아 그래 잡어왔다 이기여. 그러니, 이 사람이 사정 사정을 하지.
> "그저 분복은 그렇게 됐드래두 거저 제발 덕분에 밥을 좀 먹게 해줍소사."
> 하구 아주 지금 지성껏 이래 비니 말여. 거 참 떼칠 수가 없으니까 말여.210)

신은 죽을 먹을 팔자를 타고난 사람이 밥을 먹으려고 했다고 질책한다. 하루 세끼 죽을 먹도록 운명이 정해져 있는데, 이를 어기고 외람되게 밥을 먹으려고 했다는 것이다. 신의 입장에서 보면 타고난 복분을 어기려는 나무꾼의 행위는 절대로 용납될 수 없는 것이다. 죽이나 먹을 정도의 박복한 운명을 타고 났으면, 그것에 만족해야 한다는 인식이다.

그렇지만 신의 질책에도 불구하고 나무꾼은 끈질기게 복을 달라고 간청한다. 비록 자신에게 품정된 복분은 박복할지라도 죽이 아닌 밥이나 먹게 해 달라고 간청한다.

> 이렇게 옥황상제가 말하니 이 사람이 가만히 생각해 보니 이렇게 복이 없어 가주고서야 내가 살아서 무엇 하나 하는 생각이 났넌데

---

210) <차자의 복>, 『대계』 2-6, 91쪽.

그래두 옥황상제한테 말이나 해 보면 무슨 수가 있지 않을까 하고 "옥황상제님 나에게도 좀 복 좀 주시기요. 나무 석 짐 밖에 없는 복으로 어떻게 살으란 말입니까. 복 좀 주셔야 나도 좀 살지 않겠습니까. 복 좀 주시기야" 하면서 자꾸 떼를 썼어요.211)

나무꾼은 드디어 자신에게 박복한 운명이 주어졌음을 알게 되었다. 그렇지만 나무꾼은 품정된 복분을 그대로 받아들이지 않는다. 옥황상제한테 간청하면 무슨 '수(數)'가 있을 것으로 생각한 것이다. 그리고는 나무 석 짐 밖에 되지 않는 복분으로 어떻게 사느냐고 하면서 복을 더 달라고 요청한다. 신의 말에 순순히 복종하는 것이 아니라, 인간이 자신의 요구를 관철시키기 위하여 집요하게 달려들고 있는 것이다.

이 사람은 하도 기가 맥혀스 옥황상제 보고 말했으유. "나라고 인생에 태어났다가 아무리 부지른히 일해도 가난하게만 살다 죽다니 참 읏울합니다. 한 때라도 괜찮으니 좀 잘 믁고 잘 입고 잘 살게 좀 해 주시유."212)

옥황상제가 나무꾼의 복분이 적다고 알려주자, 그는 기가 막힌다는 태도로 이에 답하고 있다. 자신도 똑같은 사람으로 태어났는데, 아무리 부지런히 일을 해도 가난하게 살아야 한다는 것은 억울하다는 생각이다. 부지런히 일을 하면 그만큼 잘 살 수 있어야 하는데, 초월적으로 정해진 복분대로 살아야 한다는 것은 부당하다는 주장

---

211) <남의 복을 빌려서 잘 살다>, 임석재,『한국구전설화』권4, 199~191쪽.
212) <빌린 복으로 잘산다>, 임석재,『한국구전설화』권6, 338쪽.

이다. 이는 한 마디로 사람이 태어날 때 일생의 빈부가 품정된다는 것은 불합리하다는 말이다. 나무꾼은 사람의 빈부는 그의 근면과 노력에 의하여 정해져야 한다는 사고를 보여주고 있는 것이다.

이와 같이 나무꾼은 복분이 초월적으로 정해진다는 것을 부당하게 생각하고, 신에게 이를 주장하고 있다. 인간의 빈부가 자신의 노력과 근면에 상관없이 일방적으로 정해진다는 것은 불합리하다는 것이다. 이러한 주장은 현실적인 근면함과 노력이 정당한 대가를 받아야 한다는 의미를 내포하고 있다고 본다. 나무꾼은 품정된 운명보다는 현실적인 근면을 더욱 소중하게 인식하고 있음을 알 수 있다.

한편 나무꾼은 간청하거나 떼를 쓰는 것에 멈추지 않고, 제 스스로 대안을 제시하기도 한다. 신의 심경 변화를 기다리는 것이 아니라 적극적으로 자신의 주장을 관철시키려고 힘쓰는 것이다.

> 근디 가마안히 보닝개시루 아래묵이 붙은 김석순이라구 쓴 복주머니가 이렇게 크단 말여요? 그린디 물었어 한번. 그걸 보구서,
> "응감님 저게 복주머니라구 해 가지구서 김석순이 주머니가 젤 큰 디, 그게 워트게 되능 겄입니까?" 아 물으닝께,
> "으응. 너는 알 것이 읎는디 이왕지사 여까지 왔응개시루 일러 주겄는디이 석순이란 눔이 태여나는디 복이 이 조선 갑부 노릇을 헐 사람이다. 그래 복이 많여."
> "복이 많은디 그 복얼 석숭이 복이 젤 많으닝개 그 복얼 나럴 반절만 노나 주쇼."213)

나무꾼은 하늘에 달려 있는 복주머니를 일일이 확인하다가, 가장

---

213) <김석순의 복주머니>, 『대계』 4-5, 318쪽.

큰 복주머니를 발견한다. 그 복주머니는 바로 아직 태어나지는 않았지만 조선의 갑부 노릇을 할 석숭의 복주머니였던 것이다. 운명의 비밀을 알게 된 나무꾼은 신에게 석숭의 복을 반분해 달라고 요청한다. 자신의 박복운을 극복하기 위하여 적극적인 대안을 찾아내 신에게 제시하고 있는 것이다. 그것은 이미 정해 놓은 복분을 부분적으로 재조정하는 방안이다. 자신의 판단에 의거하여 자신의 의사를 적극적으로 개진하고 있음을 볼 수 있다.

> 그래 요것은 아무 것이 복이고 요것은 아무 것이 복이고 그래 갈차 주거든. 구석지 보닝까네 이그만한 복이 하나 있어.
> "제일 큰 복은 누 복이냐?"고 그러니까네,
> "복 임자가 아직 안 생겨났다." 이러카드라요.
> "그러믄 안 생겨났으면 요걸 어짜면 좋겠는고." 그러니까네,
> "그 복 임자가 안 생겨났으닝까네 나를 반을 빌려 주세요. 빌려 줄 것 같으면 그 복 임자가 태어날 때에는 내가 그것을 갚아 드릴테니까. 빌려 주시오."
> "니가 하도 그 정신이 고마운께 내가 오늘 니 반을 빌려줬다. 가라."214)

이 역시 나무꾼이 복을 빌려 달라고 요청하는 경우이다. 나무꾼은 복 임자가 태어나면 돌려준다는 조건을 걸고 차복해 달라고 요청하고 있는 것이다. 이에 신은 나무꾼의 '정신精神'이 고마워서 절반을 차복해 주기로 한다. 복분을 조정하는 것은 신의 소관사항이다. 그런데도 나무꾼은 분배된 복분을 살펴보고 난 후 타인의 복분을 빌려

---

214) <사람은 타고난 복대로 산다>, 『대계』 6-4, 577~578쪽.

달라고 요청하고 있는 것이다. 자신의 박복운에 대한 적극적인 대안을 제시하여 이를 관철시키고 있음을 볼 수 있다.

이와 같이 나무꾼과 신과의 만남은 복에 대한 양자 간의 상반된 인식을 보여준다. 신은 사람의 복분은 이미 태어날 때 정해진 것이어서 어쩔 수 없다는 인식을 보여준다. 신이 비록 차복을 허락하고 있기는 하지만, 이 또한 품정된 운명을 근본적으로 변역시키는 것은 아니다. 그것은 복주인이 태어날 때까지의 한시적인 충족을 의미할 뿐이다. 따라서 신은 사람의 복분은 품정되는 것이고, 바꿀 수 없는 것으로 인식하고 있음을 알 수 있다.

이에 비해서 나무꾼은 비록 박복한 운명을 타고 났다고 할지라도 잘 살게 해 달라고 한다. 신에게 간청하기도 하고, 정정당당하게 요구하기도 한다. 인간으로 태어났으니 노력한 만큼 잘 살 수 있게 해 달라는 것이다. 여기에서 더 나아가 나무꾼은 다른 사람의 복을 빌려 달라고 적극적으로 요청하기도 한다. 인간이 신에게 대안을 제시하여 끝내 승낙을 받아내고 있는 것이다. 이는 신의 소관사항으로 인식되었던 복분에까지 인간이 적극적으로 개입하기 시작하였음을 의미한다. 나무꾼의 입장에서는 부지런히 노력하는 사람은 그만한 대가를 받아야 한다고 인식하고 있으며, 정해진 복분일지라도 다른 사람에게 빌려주고 받을 수 있는 것으로 인식된다.

㈐ 인위적 방책을 통한 궁극적인 해결

서두의 현실인식은 운명에 대한 의문과 회의를 제기하게 되는 결정적인 계기로서 의미를 가지고 있으며, 중반의 신과의 문답이 복분의 품정성稟定性과 변역성變易性의 논쟁을 보여주고 있다. 이러한 내용들은 결말에서의 다복자와의 결합을 통해서 새로운 운명인식을 보여준다.

앞서 말했듯이 차복은 임시적인 방편일 뿐이다. 신과의 약속 시한이 다가오면서 나무꾼은 약속을 지킬 것인가, 지키지 않을 것인가를 두고 심각한 갈등을 겪게 된다.

> 13년이 흘러 오늘만 지나면 13년이 끝나는 날이다 이거야. 잠이 올 수 있어? 내일이면 망하기 시작할 건데. 그래 이제 담배만 뻑뻑 피고 있는데, 아 노젓가리(노적가리) 속에서, 아 노적가리 옆에서 그냥 뭬 소곤소곤하는 소리가 나거던.215)

신과 약속한 차복 기한이 다가오자 나무꾼은 잠을 이루지 못한다. 차복 기한이 끝났으니 이제 재산을 복주인에게 돌려주어야 하기 때문이다. 재산을 모두 돌려준다면 나무꾼은 다시 가난한 삶으로 돌아가야 한다. 별다른 방책이 없는 나무꾼은 담배만 피워댈 뿐이다. 잠도 이루지 못하고 담배만 피워대는 나무꾼의 모습은 그가 얼마나 심각한 심리적 갈등을 겪고 있는지 엿보게 한다.

> 이 사람이 그 말을 듣고 아아 차복이가 태어났다. 차복이가 태어났으니 차복이 복을 빌었으니 이제는 돌려주어야 하겠구나. 돌려주면 나는 그 집 그 전답 모두 다 차복이 것이 되고 나는 도로 가난하게 되겠넌데 이거 어쩌면 좋아, 이거 어쩌면 좋아, 하고 어텋걸 줄 몰으다가…216)

---

215) <남의 복으로 잘 살게 된 나무꾼>, 『대계』 1-7, 526~527쪽.

복주인이 태어났음을 알게 된 나무꾼은 이제 재산을 돌려주어야 할 때가 도래하였음을 깨닫게 된다. 그럼에도 불구하고 그는 집과 전답을 모두 복주인에게 돌려주기를 꺼려한다. 재산을 돌려준다는 것은 곧 다시 가난해진다는 것을 의미하기 때문이다. 어떻게 할 수 없는 진퇴양난에 처한 나무꾼은 심한 갈등을 표출하고 있다.

나무꾼의 갈등은 급기야 재산을 처분하여 은신하는 방향으로 진행되기도 한다.

> 참 삼 년을 벌더니 삼백 석을 해. '아 야 이거.' 그런데 꿈이 생각이 나거든. '이거 여게(여기에) 있다가는 천상 그 차자란 사람이 어떤 사람인지는 모르지만 그걸 줘야 될 테니까 툭 툭 팔아 가지구서는 차에다 쓸 거 몇 백이구 몇 천 리 뱉에 사믄, 하깟 놈이 찾아올 거인가?' 말여.217)

나무꾼은 3년 만에 3백 석 부자가 되었으나 재산을 돌려주어야 한다는 강박관념에 시달린다. 재산을 모두 돌려준다는 것은 현실적으로 쉽지 않은 일이기 때문이다. 결국에는 재산을 모두 처분하여 수레에 싣고 은신하기로 한다. 백 리 혹은 천 리 밖에 은신한다면 복주인이 찾아올 수 없다고 생각한 것이다. 그것은 복주인이 찾아올 수 없는 곳으로의 도망이라고 할 수 있다.

> 가마안히 그 연조를 인제 생각해 보니까, 불과 참 얼마가 남지를 않았어. 그 연조가. 그래 내외 상이하기를,

---

216) <남의 복을 빌려서 잘 살다>, 임석재, 『한국구전설화』 권4, 192쪽.
217) <차자의 복>, 『대계』 2-6, 92쪽.

"야. 우리가 아, 현몽할 적이 여차여차하게 그 현몽을 했는디이, 그 연조가 얼마 남지 않았오. 그러허니 그 재산을 우리가 줄 수두 욱구… 허니 그 재산을 방… 토지라던지 모둥 걸 방매해 가지구서 우리 멀찌감치 떠나봅시다."
그 말에 합이가 됐어.[218]

나무꾼 내외가 약속의 이행을 놓고 상의하는 부분이다. 신과의 약속 시한이 다가오자 나무꾼 내외는 재산을 방매하여 멀리 떠나 버리기로 결심한다. 이는 복주인에게 재산을 돌려줄 수 없다는 판단에서 비롯된 방안이다. 아무도 알지 못하는 곳으로 떠나 버리면 복주인이 찾아올 수 없을 것이라는 생각에서 내린 방안이다. 이러한 나무꾼의 은신은 복주인에게 재산을 돌려 줄 수 없다는 인식을 보여준다. 재산을 돌려주지 않겠다는 것은 곧 신과의 약속을 위반하는 것을 의미한다. 이는 복분은 초월적으로 정해진다는 인식에 정면으로 대항하는 행위로서의 의의가 크다.

그러나 나무꾼의 은신도 궁극적인 해결책은 되지 못한다. 그가 재산을 처분하여 도망치는 경우에도 복주인과의 만남은 이루어지기 때문이다. 은신 도중에 머문 주막에서, 혹은 배 위에서 복주인을 만나게 된다. 이에 나무꾼은 복주인으로부터의 은신은 불가능하다는 것을 깨닫게 되고, 새로운 방안을 강구한다. 그것은 바로 복주인과 함께 살아가는 방책을 마련하는 것이다.

그래서, 자기 아들하구 형제지간을 맺었어, 아주. 그렇게 하게 곧 돼 있어. 그렇지, 그렇게 한데 붙잡어 놓는겨. 그렇게 살다 야중에는

---

218) <장거정 이야기>, 『대계』 4-4, 135~136쪽.

하는 말이 그저 네 것 내 것 따지지 말구 이 재산 가지구서 그냥 먹구 살라구. 거기서 나눠 가지구 살라구 말여. 거기서 한마당 건너 가지구서 집 져서 어머니 따루, 자기 살림 딱 나눠서 그렇게 해 가지구선 일생을 잘 살다 갔더라는 겨.[219]

　나무꾼은 태어난 거지의 아들과 자기 아들에게 의형제를 맺어 준다. 거지 가족들의 의식주 또한 전부 뒷바라지 한다. 내 것, 네 것을 가리지 말고 함께 먹고 살도록 한다. 그럼으로써 태어난 복주인을 잡아 놓고자 했던 것이다. 복주인과의 동거는 곧 그의 다복한 복분을 함께 누린다는 것을 의미한다. 복주인이 다른 데로 떠나지 않는 한 그와 재산을 공유할 수 있기 때문이다.
　이러한 다복자와의 결합은 양자 간의 이해가 상합된 결과이기도 하다.

　　　이렇게 보우하니 거지는 세상에 이런 은인을 만나서 이렇게 잘 보우해 주니 고맙기 한량없어서 백배치사百拜致謝하네. 이 사람(나뭇군 - 필자)은 그러지 말고 우리 형제의兄弟誼를 맺어 형제兄弟 같이 살자 하고서는 저의 집으로 데리고 와서 좋은 의복도 입히고 좋은 음식도 먹여 주고 좋은 집을 한 채 내주고 여기서 살라 하고 전답田畓도 많이 내주고 농새 지어서 살으라고 한단 말이야. 거지는 "이거 웬 일이요, 이거 참 참."하면서 어찌 할 줄 몰으니까 이 사람은 "그럴 것 없다. 다른 데 가지 말고 여기서 나랑 같이 살면 되지 않는가." 하고 자꾸 가지 말고 같이 살자고만 해요.[220]

---

219) <나뭇군 차복이>, 『대계』 4-1, 102~103쪽.
220) <남의 복을 빌려서 잘 살다>, 임석재, 『한국구전설화』 권4, 192쪽.

복주인을 만난 나무꾼은 그에게 의외의 인정을 베푼다. 출산한 거지 내외의 산후조리를 적극적으로 돕는 한편으로 집으로 데려와 거처를 마련해 주기도 한다. 거기에다가 의형제까지 맺은 후에 집과 전답까지 마련해 주었던 것이다. 거지 내외에게 있어서 나무꾼은 '은인恩人'이었던 것이다. 이러한 과분한 후의에 거지 내외는 도리어 어찌 할 바를 모른다. 이러한 후의는 사실은 복주인과 함께 살기 위한 나무꾼의 인위적인 방책이었던 것이다. 이러한 내막을 알 수 없는 거지 내외로서는 나무꾼은 '은인'일 뿐이다.

이러한 내막은 다음과 같은 자료에서 분명하게 언술되고 있다.

> 그래 이첨지는 그 차복이래는 사람이 복을 인제 아이의 복을 13년 전 마이가리했으니깐 머리는 좋다 이거야. 이 아이가 자기네 집안에만 있으면 복은 안 없어질 거 아니여? 그래 그 생각을 허구선 벌써,
> "아이 나가지 말라."고.[221]
> 이 말을 들은 이 사람은 아 차복이가 인제 태여났구나, 차복이 복을 돌려주으야겠다 하고 생각했는디 차복이 복을 돌려주면 이 사람은 도루 즌과 같이 그지같이 가난하게 살게 되겠단 말이여. 이 차복이를 다른 디로 내보내지 않고 이 집에다 그대로 두면 차복이 복으로 그대로 잘 살겠그든. 그래서 이 사람은 그 응기장시 내우를 보구, "이왕 우리 집이스 애기두 낳고 했으니 다른 디로 가지 말구 이 집이스 살라" 하구 집도 한 채 내주구 믁을 긋도 충분히 대주구 했다.[222]

---

221) <남의 복으로 잘 살게 된 나무꾼>, 『대계』 1-7, 528쪽.
222) <빌린 복으로 잘 살다>, 임석재, 『한국구전설화』 권6, 338~339쪽.

복주인을 다른 데로 보내지 않으면 그의 복을 함께 누릴 수 있다는 설명이다. 비록 복주인이 타고난 복분이기는 하지만, 한 집에 있으면 이를 함께 향유할 수 있다는 생각이다. 이러한 다복자와의 동거는 나무꾼이 고안해 낸 현실적인 방안이다. 나무꾼의 입장에서는 일단 복주인에게 재산을 양도했으므로 신과의 약속을 지킨 것이 된다. 다른 한편으로 재산을 돌려주기는 했으나 나무꾼 또한 계속 부유하게 살게 되었으니 자신의 박복운도 변역시킨 셈이다. 그것은 복분을 공유할 수 있다는 우리 민족의 인식에 뿌리를 둔 방책이었던 것이다.

결국 나무꾼은 복분의 품정성을 인정하면서도 변역성 또한 인정하고 있다고 할 수 있다. 그렇지만 품정성보다는 변역성에 더 높은 비중이 놓여 있음을 알 수 있다. 신에게 차복을 요구하는 행위, 차복 기한이 다가오자 복주인과 동거하는 방책을 실행하는 행위는 이를 분명하게 보여준다. 나무꾼은 품정된 복분 이상의 부를 향유하고 있다는 것이다. 이러한 운명대응방식에 있어서 중요한 것은 바로 인력人力이 결정적인 역할을 수행하고 있다는 점이다. 따라서 <차복설화>에서의 변역은 타력・자력적他力・自力的 성격을 가진다고 할 수 있다.

2.3.3. 자력으로 불운을 변역하기 : <구복여행설화求福旅行說話>

<구복여행설화>는 가난한 사람이 복을 구하기 위하여 초월계를 여행한다는 내용의 이야기이다. 이 설화는 세계적인 광포설화廣布說話로서, 조희웅에 의해 중국과 일본을 비롯하여 서구의 경우에 이르

기까지 비교·고찰된 바 있다.223) 또한 운명인식에 있어서도 "인간이 운명을 극복하기 시작한 단계의 의식을 반영"하고 있다고 논의된 바 있다.224) 따라서 <구복여행설화>의 대략적인 면모는 어느 정도 드러났다고 생각된다.

본절에서는 이러한 기존 논의를 최대한 수용하는 한편으로 미진하다고 생각되는 부분을 중점적으로 고찰해 보기로 한다. 가령 변이양상이나 순차단락의 고찰은 기존의 논의에서 크게 벗어나지 않을 것으로 보인다. 다만 주요 내용에 대한 사회문화적인 의미와 운명인식에 대해서 좀 더 치밀하게 살펴 볼 예정이다. 사회문화적 의미의 분석이 요구되는 부분은 '구복여행'이나 '문제해결' 부분이다. 이는 이미 불교와의 관련성이 제기되기는 하였지만, 그 전모가 드러났다고 할 수는 없다. 운명인식 또한 운명을 극복하기 시작한 단계라는 논의가 제기되기는 했지만, 아직 본격적으로 논의되지는 않았다. 포괄적인 시야에서 세밀한 논의가 요구되는 부분이라고 할 수 있다.

(1) 변이양상

본고에서 다룰 <구복여행설화> 자료는 총 55편이다.

---

223) 조희웅, "구복여행(AT 460·461),"『한국설화의 유형』, 증보개정판, 일조각, 1996, 167~195쪽.
224) 조희웅, "구복여행설화,"『한국민족문화대백과사전』권3, 한국정신문화연구원, 1991, 498쪽.

번호	각 편 제 목	수록문헌	채록지	제보자	연도
1	구복여행	대계 1-1	서울도봉	이흥권/남/69	1979
2	중국 석숭의 이야기	대계 1-3	경기양평	박종빈/남/57	1979
3	구복여행	대계 1-6	경기안성	신천선/남/61	1981
4	갑부가 된 석숭	대계 2-1	강원강릉	황재학/남/76	1980
5	팔자가 좋아 삼국에 부자가 된 사람	대계 2-5	강원양양	김남수/남/82	1981
6	행운을 얻은 머슴	대계 2-8	강원영월	한준혁/남/73	1983
7	점쟁이 말대로 불공드리고 부자된…	대계 3-2	충북청원	권종복/남/61	1980
8	복타러가서 복타가지고 온 머슴	대계 3-4	충북영동	전경남/남/73	1982
9	석숭의 복	대계 4-2	충남대덕	김경천/남/74	1981
10	서역국에 가서 복타온 석숭	대계 4-5	충남부여	석동석/남/59	1982
11	사람은 자기복으로 사는 것	대계 5-2	전북완주	김용환/남/65	1980
12	복을 타러 가는 석순이	대계 5-4	전북군산	김순엽/여/74	1982
13	구복여행	대계 5-4	전북옥구	김계화/여/105	1982
14	옥황상제를 만난 사람	대계 5-6	전북정읍	양태구/남/63	1985
15	구복여행	대계 5-7	전북정읍	김판례/여/73	1985
16	점하러갔다가 복을 안고오는 석순	대계 6-4	전남승주	송한석/남/74	1984
17	심부름 해주고 복탄 총각	대계 6-5	전남해남	이도배/남/82	1984
18	서천 서해궁에서 얻은 보물	대계 6-6	전남신안	박금순/여/63	1984
19	복타러 가는 이야기	대계 7-1	경북월성	이선재/여/61	1979
20	복타러 가는 이야기	대계 7-3	경북월성	박병도/남/75	1979
21	복을 타러 가는 사람	대계 7-3	경북월성	손순희/여/52	1979
22	구복여행	대계 7-8	경북상주	이기환/남/62	1981
23	구복여행	대계 7-8	경북상주	길용이/여/73	1981
24	석숭의 구복여행	대계 7-8	경북상주	황수용/여/71	1981
25	중국 부자 석숭이	대계 7-9	경북안동	강대각/남/62	1981
26	복타러 간 세째 아들	대계 7-10	경북봉화	송성군/여/80	1982
27	부자가 된 석숭이	대계 7-10	경북봉화	정일수/남/54	1982
28	하늘 끝 보러 가는 아이	대계 7-12	경북군위	김덕수/여/60	1982
29	복타러 가는 아이	대계 7-12	경북군위	최순금/여/63	1982
30	석순이 이야기	대계 7-12	경북군위	김형효/남/74	1982
31	게으름뱅이 총각의 구복여행	대계 7-13	경북대구	전계한/여/74	1983
32	하늘에 복타러 간 이야기	대계 7-14	경북달성	김옥련/여/50	1984
33	복타러 간 아들	대계 7-15	경북구미	서필금/여/74	1984
34	가난한 도령의 구복여행	대계 7-16	경북선산	손옥순/여/70	1984
35	복타러 간 이야기	대계 8-1	경남거제	임봉진/남/61	1979
36	여의주를 얻은 사람	대계 8-1	경남거제	유치만/남/62	1979
37	석순이 복타러 간 이야기	대계 8-2	경남거제	김경택/남/60	1979

38	복타러 간 이야기	대계 8-4	경남진양	한두리/여/59	1980
39	여의주 얻어서 잘 산 이야기	대계 8-5	경남거창	이차문/남/71	1980
40	서천서역국에 복타러 간 이야기	대계 8-6	경남거창	권기동/남/80	1980
41	하늘에 복타러 간 이야기	대계 8-6	경남거창	이복달/여/55	1980
42	복타러 간 총각	대계 8-10	경남의령	임 이/여/73	1982
43	복타러 가는 석순이	대계 8-13	경남울주	김삼삼/남/74	1984
44	복얻으러 간 사람	임석재전집2	평북용천	최병근	1936
45	서천서역국으로 점치러간 아이	임석재전집4	강원삼척	송두야/여/67	1975
46	복타러 간 사람	임석재전집7	전북정읍	이 씨	1923
47	복타러 간 사람	임석재전집10	경남거제	강유조/남/77	1970
48	하늘로 복타러 가다	임석재전집10	경남진주	손영숙	1973
49	복빌러 간 사람	임석재전집11	경남창녕	윤또만/여/77	1971
50	세 가지 부탁	충청남도민담	충남서천	명재학/남/61	1980
51	구복여행	구비문학선집	충북영동	박래필/남/70	1967
52	어느 소년의 이야기	경북민담	경북대구	최 씨/여/65	1976
53	서역국으로 복타러 가다	전북민담	전북남원	박 씨/여/67	1966
54	남의 점을 쳐주고 부자가…	강원구비문학	강원홍천	이한익/남/82	1987
55	석숭	조선족민간고	중국화룡	한병율	1961

<구복여행설화>는 다른 유형에 비해 채록자료가 많은 편이면서도 각편 사이의 변이는 그리 심하지 않다. 자료 10을 들어 구체적인 면모를 살펴보기로 한다.

석순이가 조실부모하고 빌어먹었는데, 도저히 먹고살 도리가 없었다. 석순은 할 수 없이 서천서역국에 가서 복을 빌려 오기로 하고 길을 떠났다. 도중에 처녀 혼자 사는 집에 유숙하였는데, 처녀가 자기 남편감이 누구인지 알아다 달라고 부탁하였다. 다음에 다시 어떤 노인댁에 유숙하였는데, 배나무에 배가 열리지 않는 이유를 알아다 달라고 부탁하였다. 며칠 후 큰 강물에 당도하였는데, 이무기가 수천 년이 되어도 승천하지 못하는 이유를 알아다 달라고 부탁하면서 강을 건네주었다. 서천서역국에 당도하여 노인에게 부탁받

은 질문을 물어 보았다. 노인은 자기 일도 못하는 놈이 남의 일까지 부탁 받았다고 하면서 세 가지 질문에 답변해 주었다. 돌아오는 길에 이무기에게 여의주를 하나만 가져야 한다고 하였더니, 이무기는 여의주를 뱉어 총각에게 주고 승천하였다. 다음 노인을 만나 배나무 아래 묻혀 있는 금단지를 파내야 한다고 알려 주었더니, 노인은 금단지를 파내어 총각에게 주었다. 처녀를 만나 처음 만난 남자가 배필이라고 하였더니, 총각이 바로 첫 번째 남자라고 하면서 혼인하였다. 석순은 결국 여의주와 금단지를 얻고 처녀와 혼인하여 돌아와 잘 살게 되었다.[225]

조실부모한 후 빌어먹던 석순이가 도저히 먹고 살 도리가 없어서 서천서역국으로 복을 구하러 갔다고 하였다. 도중에 그는 처녀·노인·이무기의 부탁을 받아, 신(노인)에게 물어 문제를 해결해 준다. 그 대가로 석순은 여의주와 금단지를 얻게 되고, 처녀와 혼인하여 잘 살게 되었다는 것이다.

구조적으로 본다면, 전반부에는 현실계에서 초월계로의 구복노정求福路程이 그려져 있고, 후반부에는 초월계에서 현실계로의 귀가노정歸家路程이 형상화되어 있다. 구복노정 중에는 세 가지 질문을 부탁받아, 귀로 중에 이를 차례로 해결해 주는 회귀구조回歸構造를 보여준다. 이렇게 <구복여행설화>의 전·후반부는 구조적으로 긴밀하게 대응되고 있으며, 이런 대칭형태의 구조적 짜임새는 안정적인 전승을 가능케 하는 요인으로 보인다.

그렇지만 세부적으로는 약간의 변이가 발견되는 것이 사실이다. 첫째, 질문의 내용이나 순서에서 차이가 보인다. 이무기에 의한 세 번

---

225) <서역국에 가서 복 타온 석숭>, 『대계』 4-5, 321~326쪽.

째 질문은 비교적 안정되어 있지만, 처녀와 노인에 의한 질문은 서로 순서가 뒤바뀌어 있는 경우를 흔히 볼 수 있다. 둘째, 초월계와 신격의 차이이다. 서천서역국의 부처님, 하늘나라의 옥황상제, 바다 속의 용왕 등 각편 속에서 언급되는 초월계와 신격은 일정하지 않다. 주인공의 이동도 서천서역국의 부처님으로 설정되었을 경우에는 이무기를 타고 수평적으로 이동하고, 하늘나라의 옥황상제로 설정되었을 경우에는 수직적으로 이동한다. 셋째, 문제해결 양상의 차이이다. 주인공은 자신의 문제와 부탁받은 문제를 해결하게 되는데, 이때 어느 것을 우선시 하는가에 따라서 변이를 볼 수 있다. 이는 설화의 주제의식과도 밀접한 관련이 있는 부분으로 보인다. 이러한 부분적인 변이를 발견할 수 있지만, <구복여행설화>는 대체로 안정된 전승을 보여주고 있음을 알 수 있다.

(2) 갈등과 주제의식

<구복여행설화>에서는 현실과의 갈등과 운명과의 갈등이 중첩되어 나타난다. 먼저 현실과의 갈등은 이야기의 서두 부분에서 잘 나타난다. 이는 주인공이 처한 간고艱苦한 현실에서 비롯된다. 주인공은 조실부모하였고, 머슴살이나 걸식으로 연명하고 있으며, 혼인조차 하지 못한 처지로 설정되어 있다. 이에 그치지 않고 일부 자료에서는 비인간적인 핍박을 받기까지 한다. 이와 같은 주인공의 간고한 현실은 갈등의 요인으로 작용한다.

> 석숭이 조실부모를 하구 설흔 다섯 살 먹더락 남우 집에 가서 머심을 살었어. 설흔 다섯 살 먹더락. 그래 노총각이지. 그 머심을 사는디 가만히 하루는 생각을 해 보니께는, 내가 늙더락 제기 설흔 다섯이먼 반편생이 넘었는디ㅡ. 그전이는 일평생을 육십 년 아녀? 반평생이 넘더락 남우 집에서 이렇게 머심만 살구 고용으루 이렇게 고생할테먼 아주 차라리 내가 죽는 게 옳다 젊은 생각이 나더랴.226)

조실부모한 석숭이 서른다섯 살이 되도록 머슴살이를 했다고 한다. 반평생 동안 남의 머슴살이를 했지만 여전히 가난을 벗어나지 못했음을 보여준다. 석숭은 이러한 빈천한 현실을 심각하게 고민한다. 서른다섯 살의 가난한 노총각이 내린 결론은 차라리 죽는 것이 낫다는 것이다. 인간적인 삶을 살지 못할 바에야 죽는 것이 낫다는 생각이다. 이처럼 간고한 현실은 주인공에게 죽음을 택하게 할 정도로 심각한 갈등요소로 대두되고 있다.

아무리 해도 간고한 현실을 벗어날 수 없었던 주인공은 급기야는 운명에 대해 의문을 품게 된다. 여기에는 주변사람들과 점쟁이의 조언이 크게 영향을 준다. 주변사람들은 신에게 가서 복을 타 와야 잘 살 수 있다고 하고, 점쟁이도 주인공이 박복한 팔자를 타고났다고 알려준다. 이러한 말을 들은 주인공은 자신의 운명이 정말 그러한지 의문시하게 된다. 현실에 대한 갈등이 운명에 대한 갈등과 중첩되고 있는 것이다.

> 이전에 어느 못 사는 가정에서 부모는 다 돌아가고 마 할 수 없어서 어렵기 해 가주고 어린 사람이 남의 집에 머슴을 살았다 말이지.

---

226) <석숭의 복>, 『대계』 4-2, 737쪽.

머슴을 살러 나갔는데 아 일 년을 지내 삼년을 지내 사오 년을 지내
도 만날 꼴땀살이 빼끼(밖에) 못해. 이 사람에 가도 꼴땀살이, 저 사
랑에 가도 꼴땀살이, 아 머슴들 죽 모인 가운데 가에 떡 들어가 앉
아미 너는 저 비리한데 다른데 가라 다른 두루 가 참 죽어야 되요.
　그만 그렇기 못 지냈는데 '아 이놈의 팔자가 무슨 팔자로 만날 이
꼴땀살이를 몬 민하는 싶어.'…… 고만 생각에 '저놈의 과태기가 얼
매나 복쟁이나 좋아서 대복을 탓길래 아 천복이라. 하늘 복을 타기
는 저리키…227)

　조실부모한 사람이 매우 가난해서 머슴살이를 했다고 했다. 이 정
도의 처지만 해도 주인공은 매우 박복하기 그지없다고 할 것이다. 그
런데 주인공은 아무리 머슴살이를 해도 '꼴땀살이'를 면할 수 없다고
했다. 꼴땀살이는 머슴 중에서도 제일 끝 머슴을 말한다.228) 빈천한
처지에다가 머슴으로서도 제대로 대접받지 못하니, 이는 설상가상
의 처지라고 아니할 수 없다.
　주인공은 이러한 자신의 처지를 '팔자' 때문으로 인식한다. 어떤
팔자를 타고났기에 꼴땀살이를 면하지 못하는지 회의에 빠진다. 잘
사는 사람은 '대복大福'을 타고나서 잘 살지만 못 사는 사람은 '소복小
福'을 타고나서 가난하다는 생각이다. 이렇게 주인공은 빈천한 현실
의 원인을 박복한 운명에서 찾고 있음을 알 수 있다. 현실과의 갈등
이 운명과의 갈등과 중첩되어 나타나고 있는 것이다.
　이와 같이 <구복여행설화>에서는 현실에 대한 갈등과 더불어 운
명에 대한 갈등이 중첩되어 나타난다. 이는 간고한 삶의 원인을 박

---

227) <여의주 얻어서 잘 산 이야기>, 『대계』 8-5, 1046~1047쪽.
228) 본래 꼴땀살이는 소먹이 풀을 베는 일을 하면서 살아가는 사람을 의미한다.

복한 운명으로 인식한 결과이다. 이러한 갈등은 주인공으로 하여금 구복여행을 결행하게 하고, 초월계로의 여행을 통해서 갈등 또한 해소된다. 즉 총각은 세 가지 질문을 부탁받아 해결해주고, 그 대가로 행운을 얻게 되는 것이다.

이러한 갈등양상에 비추어 보건대 <구복여행설화>는 부유한 삶에 대한 소망이 형상화되어 있다고 할 수 있다. 그것은 또한 인간다운 삶을 살고자 하는 소망이기도 하다. 그 소망은 바로 남부럽지 않게 부유하게 살고, 적절한 나이에 혼인을 이루어 부모 형제를 부양하는 삶을 뜻한다. 그러한 소망을 실현하기 위해서 주인공은 험난한 구복여행을 감수하고 있는 것이다. 결국 <구복여행설화>는 박복한 운명을 극복하여 부유하고 안락한 삶을 향유하고자 하는 소망을 다룬 이야기라고 할 수 있다.

그런데 재삼 주목되는 부분은 구복여행의 진정한 의미이다. 왜냐하면 자신의 간고함을 해결하기 위하여 구복여행을 출발한 주인공이 초월계에 당도한 이후에는 자신의 문제보다는 부탁받은 문제의 해결에만 주력하고 있기 때문이다. 구복여행을 출발할 때의 관심과 초월계에 당도한 이후의 관심이 전혀 다르게 나타난다. 이는 문제해결 양상을 정리해 보면 쉽게 알 수 있다.

  (가) 부탁받은 문제를 우선적으로 해결하는 경우(자료 1, 4~7, 9~12, 14, 16, 17, 20, 21, 24~28, 31~37, 39, 40, 43, 44, 46~48, 50~53, 55)
  (나) 부탁받은 문제와 자신의 문제를 함께 해결하는 경우(자료 2, 3, 8, 13, 15, 19, 22, 23, 30, 38, 41, 42, 45, 49, 54)
  (다) 자신의 문제만을 해결하는 경우(자료 18, 29)

㈎와 ㈏에 비하여 ㈐의 비중이 현저하게 낮게 나타난다. 이는 ㈎와 ㈏가 문제해결의 주요한 경우임을 말해준다. 그런데 ㈎는 부탁받은 문제만을 해결하는 경우이고, ㈏는 부탁받은 문제와 자신의 문제를 동시에 해결하는 경우이다. 결국 ㈎와 ㈏의 문제해결양상을 보건대, 주인공은 자신의 문제보다는 부탁받은 문제를 우선적으로 해결하고 있다고 할 것이다. 이를 보면 <구복여행설화>의 문제해결양상은 자신의 문제보다는 부탁받은 과제의 해결에 주력하고 있음이 뚜렷하게 드러난다.

이러한 주인공의 태도는 구복여행을 결행할 때의 태도와는 거리가 있다. 애초에 그가 구복여행을 출발했던 것은 자신의 간고한 현실을 극복하기 위함이었다. 그렇다면 초월계에 당도한 주인공은 자신의 문제해결에 심력을 다하는 것이 마땅하다. 그러나 그는 자신의 문제를 아예 언급하지 않거나, 언급하더라도 소극적으로 대처하고 있는 것이다. 이는 구복 노정 중에 주인공의 심경에 변화가 일어났기 때문이라고 할 수 있다.

그러므로 주인공의 관심이 바뀐 이유는 아무래도 구복 노정에서 찾는 것이 타당하다고 본다. 초월계를 찾아가는 도중 주인공은 여러 존재들을 접하게 되고, 그들의 부탁을 받는다. 이 과정에서 주인공의 관심이 자기 자신으로부터 타인에게로 이동되었을 가능성이 높다.

　　　(노인이 쑤어준 좁쌀 죽을 - 필자) 땀을 펄펄 흘리고 먹고는 참 그 죽을 먹으면서 느꼈지. '아하, 우리 할아버지가 원청 가난허시구나.' 참, 동정심이 지극혀. 자기만 복잡헌지 알았더니 더 복잡헌 할아버지가 계셨다 이런 얘기여. '아하, 참 기맥히다' 허고선 한숨을

쉬는 차지에…229)

　구복여행을 떠난 주인공은 도중에 어떤 가난한 노인집에 유숙한다. 노인은 좁쌀죽을 끓여 대접하였는데, 이를 먹으면서 주인공은 무언가를 '느꼈다'고 했다. 그가 느낀 것은 자기도 복잡하지만, 할아버지는 자신보다 더 복잡하다는 점이다. 복잡하다는 것은 처지가 곤란하고 어렵다는 것을 말한다. 자신이 가장 가난하고 살기 어렵다고 생각했던 주인공은 할아버지의 처지를 보고는 커다란 깨달음을 얻었던 것이다.
　따라서 주인공의 구복 노정은 자신에 대한 관심을 벗어나 세상에 대한 관심을 가지게 되는 깨달음의 편력으로서의 의미를 가진다고 본다. 세상에 존재하는 다양한 군상들의 삶을 접해보는 기회를 가지게 됨으로써, 모든 사람들이 각자 나름대로의 근심과 걱정을 가지고 있음을 깨우치게 된 것이다. 자신의 삶에만 집착했던 주인공이 세상에 대한 이해와 관심을 넓힐 수 있게 되었으며, 소아적 세계관을 벗어날 수 있었던 것이다.
　이러한 깨달음을 얻은 주인공은 자신보다는 타인의 고통을 우선시 하게 되었으며, 그 결과 부탁받은 문제를 우선적으로 해결하고 있는 것으로 본다. 결국 출발 시점의 주인공이 자기중심적이라면, 초월계 당도 시점에서는 타인 중심적으로 전환되었다고 할 수 있다.
　이러한 변화에는 세상에 대한 이해와 깨달음을 얻게 해 준 구복 노정이 지대한 역할을 했을 것으로 본다. 그러므로 구복여행은 세상에 대한 이해와 깨달음을 얻게 되는 편력으로서의 의미를 가진다고

---

229) <옥황상제를 만난 사람>, 『대계』 5-6, 381쪽.

할 수 있다.

이러한 총각의 깨달음에는 초월적 존재의 역할이 지대하다. 우리나라의 자료에서는 이런 측면이 분명하게 나타나지 않지만, 중국 자료와 비교해 보면 미루어 짐작할 수 있다. 이를 살펴보기 위해서 <범단고사范丹故事>라는 자료 중에서 부처님과 총각이 문답하는 대목을 옮겨보기로 한다.

> "예, 부처님, 저는 몇 가지 물어볼 일이 있습니다. 다른 사람의 질문을 물어본 후에 제 질문을 물으려 합니다."
> "안 된다. 여기의 규칙은 첫째, 자기 문제를 물으면 다른 사람의 문제를 물을 수 없으며, 둘째, 다른 사람의 문제를 물으면 아울러 자기 문제를 물을 수 없다. 이 규칙은 융통성이 없으니, 네가 결정하고 선택하기를 바란다."
> "그러면 저는 다른 사람의 질문을 하고, 제 질문은 하지 않겠습니다. 비록 제가 제 자신 문제를 묻고자 왔지만, 저의 마음은 본래 세상 사람들이 부귀하기를 바랄 뿐입니다. 설령 저는 가난할지라도…"
> "착한 마음씨로다! 네가 물으면 내 분명하게 답해 주도록 하겠다."[230]

부처에게 물을 때에는 규칙이 있는데, 자신의 문제와 타인의 문제를 함께 물어볼 수 없다는 것이다. 자신의 문제만을 묻던지, 아니면 타인의 문제만을 묻던지 어느 한쪽을 택일해야 한다. 범단은 결국 자기자신의 문제를 포기하고, 대신 다른 사람으로부터 부탁받은 질문만을 제기하기로 결정한다. 자신은 가난할지라도 세상 사람들이 모두 부귀하기를 바라기 때문에 내린 결정이다. 부처는 범단의 이타

---

230) <범단고사范丹故事>, 淸水 編, 『海龍王的女兒』, 1929(婁子匡 編『中山大學民俗叢書』卷7, 臺北: 東方文化供應社, 1970.), 63쪽.)

적인 마음씨에 감탄하여 분명한 답변을 해 주기로 한다.

한편 <수동문천樹洞問天>이라는 자료에서는 세 가지 질문만이 가능하다는 규칙을 제시한다. 이에 주인공 수동樹洞은 부탁받은 세 가지 질문의 답을 얻고, 자신의 문제는 제기하지 않는다.[231] 이처럼 주인공이 자기희생적인 선택을 하는 데는 초월계의 규칙이 크게 작용하고 있음을 알 수 있다. 이러한 규칙은 신의 가르침에 해당한다. 인간을 깨우치기 위한 가르침이라고 할 것이다. 결국 주인공은 신의 가르침에 힘입어 이타적인 삶을 살아가게 되었다고 할 수 있다.

이러한 세상에 대한 깨달음과 아울러 부탁받은 질문의 해결방법도 주목할 필요가 있다. 이를 살펴보기 위하여 세 가지의 질문과 그 해결방법을 정리해 보기로 한다.

> 질문1 : 처녀・과부가 자신의 배필감을 알아 달라.
> 질문2 : 부자노인이 병인・결실・개화・등선의 답을 알아 달라.
> 질문3 : 이무기・용이 승천하지 못한 이유를 알아 달라.
>
> 질문3의 답변 : 욕심을 버리고 여의주 하나만을 가져야 한다.
> 질문2의 답변 : 사邪가 된 엽전이나 금덩이를 캐내거나 금장기판을 버려야 한다.
> 질문1의 답변 : 인연이 닿는 남성을 만나야 한다.

이러한 세 가지의 질문내용과 그 해결방법은 세 가지 내용으로 압축된다. 첫째, 탐심貪心을 버려야 한다는 것이다. 이무기가 승천하지

---

231) 中國民俗學會 編, 《民間月刊》第6期, 『中國民俗資料叢書』 卷4, 民俗苑, 1987, 24~27쪽.

못한 이유는 너무 많은 여의주를 지니고 있었기 때문이었다. 노인 역시 과도한 재물을 감추어 두었다가 자식이 병이 들거나, 과일나무가 열매가 맺지 않거나, 꽃이 피지 않았던 것이다. 장기·바둑을 두던 노인들이 등선하지 못한 이유 또한 사치스러운 금장기판이나 금바둑판을 사용했기 때문임이 밝혀진다. 이렇게 신이 가르쳐 준 해결책은 물욕을 버려야 한다는 것으로 수렴될 수 있다.

둘째, 불행의 원인은 자기 자신에게서 찾아진다는 점이다. 이무기나 노인의 불행은 바로 그들 자신으로부터 생겨난 것이다. 과도한 욕심과 사치가 곧 근심과 불행의 원인이었던 것이다. 그야말로 자업자득인 셈이다. 이는 모든 현실적 불행과 근심은 자신의 탐심에서 비롯된다는 것을 말해 준다.

셋째, 이타적이고 자기희생적인 삶이야말로 다복한 삶을 누릴 수 있는 지름길임을 보여준다는 점이다. 총각의 행운은 우연히 주어진 것이 아니라, 이타적인 행위에 대한 보상이다. 그가 자신의 문제보다 타인의 문제를 우선적으로 해결해 준 대가인 것이다. 선행에는 그만한 대가가 뒤따르게 마련이라는 가르침을 형상화하고 있다고 하겠다.

그렇다면 <구복여행설화>는 자기희생적인 행동만이 다복을 누릴 수 있게 해 준다는 점을 함축하고 있다고 할 수 있다. 자신만을 위한 탐욕을 버리고, 타인을 위해 자신을 희생할 줄 아는 사람이 되어야 한다는 말이다. 이러한 주인공의 자기희생적인 태도를 고려한다면, <구복여행설화>의 주제의식은 소아적小我的 탐심貪心을 버리고 자기희생적인 삶을 권장하고 있다고 본다.

이와 같은 주제의식은 불교의 업설業說을 바탕으로 하고 있는 것으로 보인다. 업業(karma)이란 몸과 입과 뜻으로 짓는 동작과 말과 생각, 그리고 그 세력을 의미한다. 이를 각각 나누어 신업身業, 어업語業232), 의업意業이라고 한다.233) 업설은 한마디로 자신이 지은 업業은 반드시 보報를 받게 된다는 인식이다. 자신이 지은 업은 자신의 손으로 그 열매를 거두어 들이지 않을 수 없다는 자업자득自業自得의 논리이다.234) 업은 내세에만 과보果報를 받는 것이 아니다. 업은 현생에 그 과보를 받을 수도 있고, 차생에 받을 수도 있으며, 차생 이후에 받을 수도 있다. 이를 과보의 삼시三時라고 하는데 각각 순현법수順現法受, 순차생수順次生受, 순후차수順後次受라고 한다.235) 이런 점을 고려하면 업설은 자신의 행동에 따라서 그에 부응하는 과보를 받는다는 사상이며, 그 핵심은 선인선과善因善果 악인악과惡因惡果라고 할 수 있다.

이러한 업설은 불교 전래 초기부터 우리 민족의 윤리관에 지대한 영향을 미쳤다고 한다.236) 고구려에 불교를 전한 순도順道는 사람들을 교화하기 위하여 "인과因果로 교시하고 화복禍福으로 설유하였다."라고 하며, 고국양왕高國壤王도 "불법을 숭신崇信하고 복을 구하라."라고 하교하였다고 한다. 이러한 하교는 백제의 아신왕阿莘王의 하교에서도 찾아볼 수 있으며, 신라의 법흥왕法興王도 흥륜사를 창건할 때 "창생을 위하여 수복멸죄修福滅罪의 사찰을 만들고 싶다."라

---

232) 어업語業은 일명 구업口業이라고도 한다.
233) 김동화, 『불교학개론』, 보연각, 1954, 150쪽.
234) 佐佐木現順, 「業の思想」, 『業硏究』, 진열 역, 경서원, 1988, 43쪽.
235) 조수동, "윤회와 업," 《인간과 사상》 5집, 영남동서철학연구소, 1993, 55쪽. 한편 업의 종류와 성격에 대해서는 권오민, 『유부아비달마有部阿毘達磨와 경량부經量部 철학의 연구』, 경서원, 1994, 526~528쪽을 참고할 수 있다.
236) 고익진, "한국고대의 불교사상," 『철학사상의 제문제 III』, 한국정신문화연구원, 1984, 182~185쪽, 고익진, 『한국의 불교사상』, 동국대학교출판부, 1987, 265~269쪽.

고 하였다고 한다. 이와 같이 불교 전래 초기의 교리는 인과화복지설因果禍福之說, 즉 업설業說에 치중되어 있다는 것이다. 이러한 업설은 불법을 믿으면 복을 구할 수 있다는 것으로써 '기복祈福'과는 다르다. '기복'이 신에게 복을 달라고 비는 것이라면 '구복求福'은 인간 자신이 복을 닦아서 [修福]그 결과로서 복을 구하는 인과적인 행위이다.237) 이처럼 업설은 초전기初傳期 불교사상의 핵심을 이루고 있다.

이러한 초전기의 불교사상은 지금도 유효한 것이 사실이다. 특히 서민들에게는 일상적인 윤리로서 받아 들여졌을 가능성이 높다. 고매한 교학이나 실천수도보다 주로 복을 닦고 공덕을 짓는 신앙으로서 받아들여졌다고 할 수 있다. 그렇다면 이러한 서민들의 업설 이해는 <구복여행설화>를 전승시키는 데에 큰 힘이 되었다고 할 수 있다.

이러한 업설의 내용과 실상에 비추어 보면 <구복여행설화>와 업설은 매우 긴밀하게 연관되어 있음을 알 수 있다. 부자 노인과 이무기의 불행은 그들의 탐심에서 비롯되었으며, 이는 악인악과의 논리에 부응된다. 그에 비하여 총각은 자기를 희생함으로써 그에 상응하는 보상을 받았으니, 이는 선인선과라고 할 수 있다. 부자 노인과 이무기가 탐심을 버리고 그들의 문제를 해결하였듯이, 총각 또한 탐심을 버림으로써 다복을 누리게 되었던 것이다. 자신의 간고함만을 해결하여 잘 살고자 하는 것은 그 자체로 탐심이기 때문이다. 따라서 <구복여행설화>는 불교의 업설을 형상화한 설화가 아닌가 한다.

이는 <구복여행설화>가 불교와 관련된 설화로 추정되는 것과 부

---

237) 김영태, "서민들의 불교신앙," 『삼국시대불교신앙연구』, 불광출판부, 1990, 248~250쪽.

합되는 면모라고 볼 수 있다.238)

(3) <구복여행설화>에 나타난 운명인식

<구복여행설화>는 가난한 주인공이 구복여행을 다녀와서 잘 살게 되었다는 이야기이다. 가난한 현실이 구복여행을 출발하게 하는 동인이 되고, 구복여행을 통한 주인공의 깨달음이 행운을 얻게 되는 동인이 되고 있다. 이러한 점을 생각하건대, <구복여행설화>에 나타난 운명인식은 주인공의 현실인식과 문제 해결 양상을 통해서 잘 드러나리라고 본다.

(가) 주인공의 현실인식과 운명에의 의문

<구복여행설화>의 서두는 가난한 현실에 대한 주인공의 인식으로 시작된다. 이러한 현실인식은 구복여행의 동기를 제공하는 한편으로 운명에 대한 의문을 보여준다는 점에서 의미가 크다.

> 석순이라는 사람이 있는디, 나이 삼십을 먹도록 장개를 못 갔어. 조실부모는 해불고. 아이, 아무리 생각해 봐야 장개갈 길도 없고 살아 나갈 길이 없응께, 대국大國 인자仁者가 있으닝께, '나 대국 가서

---

238) <구복여행설화>는 기왕에 인도에서 전파된 자료일 것이라는 논의가 제기된 바 있다. 아르네는 설화의 내용이 동양적이라는 점을 들어 인도기원설을 주장한 바 있다.(Stith Thompson, *The Folktale*, New York: Holt, Rinehart & Winston, 1946, p.139)(윤승준·최광식 역,『설화학원론』, 계명문화사, 1992, 172쪽.) 에버하르트 역시 불교설화집 제12번과 아주 유사한 모티프를 지니고 있는 것으로 보아 인도에서 기원했을 것이라고 추정하였다.(W. Eberhard, *Typen Chinesischer Volksmarchen*, Helsinki, 1937, p.187)(조희웅, 앞의 책, 171~172쪽에서 재인용.)

점이나 한 장 해볼 배끼 없다.' 허고는 대국을 들어가는 판이여.239)

조실부모한 석숭이 나이 서른 살이 되도록 장가도 못 들었다고 했다. 자신의 처지를 아무리 생각해도, 석숭은 장가들 방법도 없고 살아갈 길도 없는 것으로 인식한다. 이는 주인공이 현실적 상황을 매우 절망적으로 판단하고 있음을 알 수 있게 한다. 이러한 절망적 현실을 극복하기 위하여 주인공은 대국으로 점을 하러 가기로 결심한다. 따라서 주인공은 자신이 처한 현실을 매우 절망적으로 인식하고 있으며, 이를 타개하기 위하여 자의적(自意的) 판단에 따른 구복여행을 다녀오기로 한다. 현실에 대한 인식이 구복여행을 결심하게 되는 직접적인 동기가 되고 있음을 볼 수 있다.

> 넷날에 절개살이 하는 총각이 있었드랬는데 이 총각이 가만히 생각하느꺼니 '이러구 절개살이 하다가는 죽두룩 절개살이만 하갔다. 내레 절개살이만 하다 죽갔다. 그라느문 무슨 수레 있갔나 어데 한번 바다 속에 있넌 돌부처한테 가서 물어 보아야갔다' 하구서 집을 떠나서 갔다.240)

옛날에 절개살이하는 총각이 있었다고 했다. 절개살이란 머슴살이를 말한다. 전후 사정을 고려하건대 주인공은 수년간 머슴살이를 했던 것으로 생각되며, 그럼에도 불구하고 그의 사정은 전혀 호전되지 않았음을 짐작하게 한다. 이런 현실을 두고 주인공은 '절개살이만 하다가 죽을 지도 모른다.'라고 했다. 주인공은 그런 현실에 대한 불

---

239) <점하러 갔다가 복을 안고오는 석순이>, 『대계』 6-4, 641~642쪽.
240) <복 얻으러 간 사람>, 임석재, 『한국구전설화』 권2, 302~303쪽.

안감을 떨치지 못하고 있으며, 이는 현실이 전혀 희망적이지 않음을 말해 준다. 이러한 절망적인 현실 속에서 주인공은 구복여행을 다녀 오기로 한다. 무슨 '수(數)'가 있는지 바다 속에 있는 돌부처에게 물어 보기로 한 것이다. 절개살이를 면하지 못하는 빈곤한 현실에 대하여 돌부처의 응답을 듣고자 하는 것이다. 그러므로 이러한 주인공의 결심 또한 절망적 현실에서 비롯되고 있음을 볼 수 있다.

> 어마이 아바이 하고 외동아들인데 늙어 주도록 머 오이(완전히) 나이 삼십이 되도록 장가도 못 가고 이래가 먼 살어. 하도 몬 살어. '에라 이느우, 내가 인지는 어디라도 복타러 함문(한번) 가볼 밖에 없다고. 내 복을 타러 가는데. 부모들한테 하직을 하고. 나는 마 어딘가 어딘가 하늘 끝끝까지라도 내가 가며, 글타나(설마, 아무렴) 어디 복 탈 데가 있지러고. 나 복타러 간다'꼬. 그래 복타러 갔그덩.[241]

부모와 외동아들이 살고 있었다고 했다. 그런데 그 외동아들이 서른 살이 되도록 장가도 못 가고 가난했다고 했다. 부모가 생존한 것은 분명히 다르지만 가난한 노총각이라는 점에서는 다르지 않다. 이러한 현실에 대하여 주인공은 복을 타러 갈 수 밖에 없다고 판단한다. 이는 자신이 할 수 있는 모든 방법을 다한 후에 찾아낸 최후의 방책이라는 것을 말해 준다. 그는 하늘 끝까지라도 찾아가면 반드시 복을 탈 수 있을 것이라고 자신의 의지를 표명한다. 구복에 대한 결연한 의지를 보여주고 있는 것이다.

이와 같이 <구복여행설화>의 서두는 주인공의 현실인식을 잘 보

---

241) <복타러 가는 사람>, 『대계』 7-3, 499쪽.

여준다. 주인공은 이러한 자신의 처지를 절망적으로 인식한다. 현실에 대한 절망적인 인식은 곧 구복여행의 출발로 이어진다. 구복여행은 절망적인 현실을 모면하기 위해서 모색된 최후의 방책인 셈이다.

그것은 주인공 자신의 현실인식에 의거하여 모색된 자의적自意的 방책方策으로서 의미가 크다. 즉 주인공의 구복여행은 자발적으로 출발되고 있다는 말이다.242) 이는 인간의 역할에 대한 비중이 그만큼 높아졌다는 것을 의미한다고 본다. 주인공 자신에 의해서 방책이 모색되고 실행되기 때문이다. 인간의 의지와 노력이 나름대로의 의미를 가지는 부분이라고 할 수 있다.

한편 일부 자료에서는 빈곤한 현실에 대한 인식이 운명에 대한 의문으로 이어지고 있어 주목된다.

> 그래서 할 수 없이 사둔네 집이서 나왔단 말이여. 나와 가주고 가만히 생각하니 나는 멋넘으 팔자를 타고 났기에 가는 집마다 쇠도 잘 안되고 농새도 잘 안되고 해서 쫓겨나서 밥도 못 빌어먹게 되니 이놈으 팔자가 무슨 놈으 팔자야. 서천서역국에 용한 점쟁이가 있다 하니 거기 가서 점쳐 봐서 내가 펭상에 빌어먹을 팔자라면 죽어뻐리야지, 이라고서 그래 서천서역국을 찾아서 떠나갔다.243)

어떤 사람이 머슴살이로 연명했다고 했다. 그런데 더욱 심각한 문제는 그가 하는 일마다 잘 안 된다는 점이다. 그가 소를 먹이면 소가 잘 자라지 않고, 농사를 지으면 흉작이 된다는 것이다. 그가 머슴을

---

242) 조희웅, 앞의 책, 189쪽. 이러한 자의적 출발은 한국을 비롯한 중국과 일본 자료에서도 동일하다고 하며, 서구에서는 이와는 반대로 타의에 의해 강제적으로 출발되고 있다고 한다.
243) <서천서역국으로 점치러 간 아이>, 임석재, 『한국구전설화』 권4, 186~187쪽.

사는 집마다 좋지 않은 결과를 가져온다. 결국 주인공은 머슴살이를 하는 집에서 쫓겨나게 되고, 결국에는 빌어먹는 일조차 어렵게 되었다고 했다. 이러한 주인공의 처지는 가난 이상의 심각한 의미를 가진다. 걸식하는 것조차 어렵다는 것은 생존 자체가 곤란해졌음을 뜻하기 때문이다. 그가 평생 동안 빌어먹을 팔자를 타고났다면 죽어버리겠다고 하는 것도 이러한 생존의 불안감을 충분히 짐작하게 한다.

이렇듯 현실은 주인공으로 하여금 운명을 의심케 하는 빌미를 제공한다.

> 하니깐, 이놈이거 맨날 쓰구 보구 하다보면 일년 살고 보면 열 냥 밖에 안 남드라 이거유. 그래 가지구 인제 안 되겠다고 말여. 어디 인제 열 냥을 이제 아주 마지막하구 이제 이놈의 남의 집 안 산다고 말여. 열 냥을 가지구서 인저 저기 왜 점쟁이 있쟎어유? 점쟁이 봉사. 점쟁이한테 딱 가니까.244)

이 또한 주인공이 자신의 운명을 의문시 하는 경우이다. 전후 사정을 고려하건대 주인공은 수년간 머슴살이를 계속한 것으로 볼 수 있다. 그럼에도 불구하고 일 년 머슴살이의 결과가 열 냥 밖에 남지 않았다고 했다. 다시 말해서 이는 머슴의 새경으로는 간신히 일 년을 살 수 있을 정도라는 말이다. 아무리 머슴살이를 해도 가난한 현실을 벗어날 수 없었다는 것이다. 이에 주인공은 남은 열 냥을 가지고 점쟁이에게 문복을 하러 간다. 이는 그가 현실적 가난을 운명과 관련지어 인식한 결과이다. 가난한 현실에 대한 인식이 운명을 문복

---

244) <점쟁이 말대로 불공드리고 부자된 머슴>, 『대계』 3-2, 675쪽.

하게 되는 계기로 작용하고 있으며, 궁극적으로는 구복여행을 출발하게 되는 동기가 되고 있는 것이다.

이와 같이 주인공은 간고한 현실을 박복한 운명 탓으로 돌리고 있으며, 구복여행을 통하여 운명을 변역시키고자 한다. 자신이 처한 현실에 대한 성찰과 운명에 대한 회의, 좋지 않은 운명에 대한 변역 시도는 인간적 요소의 틈입을 의미한다. 그러므로 구복여행은 주인공 자신의 판단에 의한 자의적인 노력으로서 의미를 지니고 있다.

㈏ 타인 문제 해결의 자기희생적 면모

주인공의 현실인식이 이야기의 서두에서 제기된 것이라면, 이야기의 중간에서는 문제해결의 양상이 주목된다. 이는 초월계에 당도한 주인공과 신과의 문답을 통해서 두드러지게 나타난다.

> 저쪽에 떡 올라가서 언덕백엘 올라가서 그 점하는 집을 찾아가 제 점을 안하고 맡아 온 점부터 찾아 한단 말이야. 그래 석 장을 해 주고, 맨 마지막에,
> "그래 내 점을 하나 해 주시오."
> "당신 점은 하나 마나야. 가라."고.
> 그래서 점을 석 장을 해 갖고 오니까.[245]

주인공이 서천서역국에 당도하여 신과 문답하는 대목이다. 주인공은 자기 점은 미루고 다른 사람의 점부터 먼저 제기한다. 도중에 부탁받은 질문부터 신에게 물었다는 것이다. 자신의 문제는 부탁받

---

245) <팔자가 좋아 삼국에 부자가 된 사람>, 『대계』 2-5, 482~482쪽.

은 질문의 해답을 얻은 후에 제기한다. 그러자 신은 '당신 점은 하나 마나'라고 하면서 그냥 돌아가라고 한다. 이러한 언술만을 고려한다면, 주인공은 자신의 문제는 미해결 상태로 돌아온 것이 분명하다.

이는 주인공이 자신의 문제보다는 부탁받은 문제의 해결에 주안점을 두고 있는 것이다. 이러한 문제 해결 양상은 주인공이 보여주었던 현실인식과 분명한 거리가 있다. 가난한 현실을 극복하기 위한 최후의 방책으로 선택된 구복여행의 목적이 전혀 달성되지 않았기 때문이다.

이러한 주인공의 문제 해결은 신에게도 가소로운 일로 생각되기도 한다.

> 그렇게 또 한 노인이 있다가,
> "서천 서역국은 뭣 허러 가느냐?" 깨.
> "아이 내 누구… 좀 소탁을 받응 게 있어서 그것 좀 물어보러 간다."
> 구. 그랬더라니먼 그래요. 그렁개, 또 한 노인이 있다 뭐라구 하능구 허니,
> "제 일 저두 못허구서 빌어 처먹는 눔이 남이 일은 무슨… 소탁 맡었느냐?"
> 구. 그렇게 얘기허더라니먼 그래요. 그렁깨 또 한 노인이 있다가, 여년(연방) 노인이 돌아가머 대꾸 물어보능 기여.
> "그래 소탁은 뭔 소탁이냐?"
> 구. 하닝깨는 그 츠녀가 그 물어보던 그 소탁을 물어 봤어.[246]

주인공이 서천서역국에 당도하여 노인과 문답하는 부분이다. 노인이 서천서역국에 찾아 온 이유를 묻자, 주인공은 다른 사람에게서

---

246) <서역국에 가서 복 타온 석숭>, 『대계』 4-5, 324~325쪽.

부탁받은 바가 있기 때문이라고 답변한다. 이에 노인이 '제 일도 못 하고 빌어먹는 놈이 남의 부탁을 무엇 하러 받았느냐' 하고 힐문한다. 자신도 빌어먹는 처지에 타인의 문제를 해결해 주려는 주인공의 처사를 비난하고 있는 것이다. 이렇게 노인의 비난을 받으면서도 타인의 문제를 해결해 주고 있는 반면에, 자신의 문제는 아예 언급조차 이루어지지 않고 있다. 이는 주인공이 자신보다는 타인의 문제를 우선적으로 고려하고 있음을 말해 준다.

>"부처님이 못 하면 난 죽습니다. 안 갈랍니다."
>"난들 어찌겠냐? 그냥 가거라."
>"그러면 그냥 가겠읍니다. 그래도 빈손으로 못 가겠은개 그 승천 못한 이무기하고 꽃 못 피우는 동자하고 시집 못 간 여자하고 그 소원 푸는 것이나 아르켜 주시오!"
>"허허, 제 앞도 못 가리는 주제에 남의 심바람은 셋이나 맡아 왔구나."[247]

이 역시 부처님과 주인공이 문답하는 부분이다. 주인공이 복을 달라고 하자 부처는 안 된다고 답변한다. 이에 주인공은 부처님이 못 하면 자기는 죽는다고 한다. 부처의 분명한 거절에 주인공이 항의하고 있는 것이다. 이러한 주인공의 항의는 자신이 구복여행을 떠나면서 보여주었던 결연한 의지와 상통하는 부분이라고 할 수 있다. 재차 부처가 거절하자, 주인공은 자신의 문제는 접어두고 타인의 문제라도 해결해 달라고 청한다. 빈손으로 갈 수는 없으니 도중에 부탁받은 과업이라도 해결해 달라는 요청이다. 이에 부처는 제 앞도 가리

---

247) <서역국으로 복타러 가다>, 최래옥, 『전북민담』, 형설출판사, 1980, 340~341쪽.

지 못하는 주제에 타인의 부탁은 셋이나 맡아 왔다고 감탄한다. 그리고는 타인 문제의 해결책을 하나하나 일러준다.

이렇게 초월적 존재와의 문답에서도 주인공은 결연한 의지를 표명하면서도 급작스레 자신의 태도를 바꾸기도 한다. 비록 이 자료에서는 자신의 문제에 대한 집착을 보여주고 있기도 하지만, 타인의 문제에 대한 비중도 높이 인식되고 있음을 볼 수 있다. 이와 같이 주인공은 최초의 결연한 의지에 입각하여 구복여행을 출발할 경우와는 달리, 자신의 문제에 대한 해결 의지가 변화되어 있는 것으로 보인다.

이는 주인공이 구복노정 도중에 얻은 세상에 대한 깨달음 때문이었다고 할 수 있다.

> 과업을 셋을 맡었어. 그서 수첩을 딱 적어가지고, 어연간 당도헌 것이 소기의 목적을 달성히 가지고 옥황상제님한테 당도혔다는 이런 얘기여. 올라가서 바로 제 일부텀 허는게 아니라, 나같이 멍청한 사람인지라.
> (신이 세 가지의 해결법을 알려주는 부분 생략 - 필자)
> 아 그러고는 그냥 엉겹질에 내쏴 부렀어. 지야(자기 이야기)는 못허고, 저는 꼬랑댕이여.
> (이무기, 노인, 처녀에게 해결책을 알려주는 부분 생략 - 필자)
> 그때사 이 남자가 거그서 깨웠어. 거그서 그 때사. 저 나같이 멍청허지만은 맘씨는 옳아. 그 사람이 맘이 그 궂은 사람같으먼 그 천복이 돌아올 턱이 없거든. 마음씨가 좋기 땜시.[248]

---

248) <옥황상제를 만난 사람>, 『대계』 5-6, 387~388쪽.

주인공이 초월계에 당도하여 신과 문답하는 대목과 답변을 전해 주고 보상을 받는 대목을 옮긴 것이다. 먼저 구복여행을 출발한 주인공은 도중에 세 가지 과업을 맡았다고 했다. 그런데 주인공은 자기가 맡은 과업을 수첩에 적어가지고 초월계에 들어갔다고 했다. 이는 주인공이 타인의 부탁을 신중하게 인식하고 있음을 보여주는 행위라고 생각된다. 옥황상제에게 질문을 할 때에도 주인공은 자기 일부터 하는 것이 아니라, 먼저 타인의 일부터 한다고 했다. '나 같이 멍청해서' 자기보다는 타인의 입장을 중시한다고 했다. 이에 옥황상제는 타인의 세 가지 문제에 대한 해결책을 알려준다. 그리고 주인공은 엉겁결에 내려와 버렸다고 했다. 자기 문제는 제기조차 하지 못하고 타인의 문제만을 해결한 것이다. 이는 주인공이 자신을 '꼬랑댕이'로 인식한 때문이라는 것이다. 꼬랑댕이는 제일 끝부분을 말하는 것으로, 자신보다는 타인을 우선시 한다는 것을 의미한다.

세 가지의 부탁에 대한 해결책을 전해 준 다음, 주인공은 그에 상응한 보상을 받게 된다. 즉 재물을 얻는 한편으로 처녀·과부와 혼인하게 된다. 이러한 의외의 보상을 두고, 주인공은 '그 때'에야 깨우쳤다고 했다. 즉 '옳은 마음'을 가졌기 때문에 '천복天福'이 돌아왔다는 것을 깨우쳤다는 말이다. 만일 '궂은 마음'을 먹었더라면 그러한 보상을 받을 수 없었다는 논리이다. 주인공이 자신의 문제는 뒤로 하고, 타인의 문제 해결이 주력한 결과 그러한 보상을 받을 수 있었고, 극빈한 현실을 극복할 수 있었다는 것이다. 이러한 타인 중심의 문제 해결은 주인공의 이타적利他적이고 희생적犧牲적인 마음씨에서 비롯되었다는 것이다. 세상을 살아가면서 접하게 되는 재앙이나 행운은 바로 자기 자신에게서 기인된다는 논리에 입각한 부분이라고 하겠다.

다음과 같은 언술도 선행에 대한 구연자의 설명을 볼 수 있다.

> 그런데 그 의미가 아감주, 금 내 곁에(것이) 될 때는 워낙 죽을 먹고 살아도 본심으로 진심으로 사다 보이끄테 그기 인제 하늘에서 주는 복이라. 주는 복인데 그렇기 해가 잘 사더랍니다.[249]

주인공은 타인의 해결책을 알려준 대가로 여의주와 금덩이를 보상받게 된다. 이러한 보상에 대해서 구연자는 주인공이 '본심으로 진심으로 살았기 때문'이라고 설명한다. '진심眞心'이나 '본심本心'은 앞서 언급했던 '옳은 마음'과 상통하는 말이다. 타인의 문제 해결을 우선시 하는 이타적인 선행을 했기 때문에 하늘에서 주는 복을 받게 되었다는 것이다. 이로써 복은 신이 정해주는 것이 아니라 자신의 행위에 따라서 얻게 된다는 인식을 분명하게 볼 수 있다. 행운과 불운이 모두 자신의 인식과 행동에 연유하고 있음을 보여주는 언술이라고 할 것이다.

다음 언술에서는 이러한 인식이 직설적으로 표출되고 있다.

> "나 워째서 못 사나, 내가 이렇게 못 사나. 그래서 옥황상제님을 찾아 왔읍니다."
> "알았다. 너 올 줄 알았다. 네가 세 사람한티 좋은 일만 하면 돼. 이무기는 여의주가 두 개인 때문으로 용이 못 되어 와. 욕심이 많어서. 그런게 하나 빼내뜨려라. 둘째, 너 부탁맡은 데 있지. 독신 아들. 거기는 주추가 금주추다. 금주추를 빼내뼈려야 그 아들이 산다구

---

249) <하늘 끝 보러가는 아이>, 『대계』 7-12, 551쪽.

해라. 세째는, 여자는 여의주를 가져야 남편이 안 죽고 산다. 여의주를 가지면 그 남편이 아무허구 살어두 괜찮다."
　하! 쑥 내려와 버렸네. 아 이거 나는 워트게야 사는지도 알지두 못허구 쑥 내려와 버렸다 이기여.250)

　초월계에 당도한 주인공은 옥황상제에게 자신이 구복여행을 하게 된 이유를 고한다. 주인공은 내가 어째서 이렇게 못 사는지 알고 싶어서 찾아왔다고 한다. 이에 옥황상제는 '세 사람한테 좋은 일을 하면 된다.'라고 하면서 해결책을 알려준다. 타인의 해결책을 얻은 주인공은 자기 문제는 어떻게 해야 하는지도 알지 못하고 그대로 하강하게 된다. 이 경우에도 타인의 문제에 대한 해결책은 얻은 것이 분명하지만, 자신의 문제에 대한 분명한 해결책은 얻지 못하고 있다.
　이는 다른 자료와 크게 다르지 않다. 그런데 주목할 부분은 옥황상제가 세 사람에게 좋은 일을 하면 된다고 한 말이다. 이 말은 타인에게 선행을 하면 복을 받을 수 있다는 뜻이다. 자기보다는 타인을 중시하는 이타적이고 희생적인 행위가 빈곤한 현실을 극복할 수 있는 길이라는 가르침이다. 옥황상제는 바로 이러한 깨달음을 가능케 해주는 역할을 수행하고 있는 것이다.
　이렇게 다복과 박복, 행운과 불운을 자기 자신의 행위에서 비롯되는 것으로 보는 인식은 운명에 대한 전혀 새로운 인식이라고 할 수 있다. 즉 행위의 선악에 의하여 그 사람의 행불행이 결정된다는 인식이다. 이는 운명을 초월적으로 정해지는 것 혹은 초월적 존재에 의하여 주어지는 것이라는 생각과는 매우 다른 사고이다. 이 경우

---

250) <세 가지 부탁>, 최운식, 『충청남도 민담』, 집문당, 1980, 178~179쪽.

인간은 사고와 행위의 주체로서 인정된다. 다복한 삶을 살기 위해서는 옳은 마음씨를 갖고 이타적인 행위를 하여야 하고, 그렇지 않을 경우에는 박복한 삶을 살게 마련이다. 옳은 마음을 가질 것인가, 아니면 그릇된 마음을 가질 것인가는 전적으로 주인공의 선택에 달려 있다. 또한 이타적인 행동을 할 것인가, 아니면 이기적인 행동을 할 것인가도 자신에게 달려 있다. 이는 인간 자신의 행위에 다라서 운명이 바뀌거나 만들 수 있다는 생각을 보여준다.

이렇게 자신의 행동에 따라서 다복과 박복이 결정된다는 것은 불교의 근본교리 중의 하나인 업설業說과의 관련성을 새삼 상기시켜 준다. 업業은 일상적으로 숙명론적 범주로 본다거나 인간의 가능성을 무기력하게 하는 패배주의적 이념으로 파악하려는 경향과 선입견이 강한 것이 사실이다.[251] 그러나 불교에서 말하는 업은 근본적으로 "자기의 업은 스스로의 의지에 의해 지어진 것이며, 신이 정한 법칙에 의하거나 신의 명령에 의한 것은 결코 아니라고"[252] 한다. 업설의 핵심은 자신이 지은 업은 자신이 거두어 들인다는 자업자득自業自得에 있다. 다시 말해서 업을 짓는 모든 행위는 신이나 외부적인 명령에 의한 것이 아니라, 전적으로 자기 자신의 자유의지自由意志에 의하여 이루어진다는 것을 말한다.[253]

이러한 업설은 자신의 자유의지에 따라서 세상의 행불행이 결정된다는 말과 크게 다르지 않다. 자기 자신이 선의를 가지고 선행을

---

251) 佐佐木現順, 「業の思想」, 『業研究』, 진열 역, 경서원, 1988, 21쪽.
252) 위의 책, 43쪽.
253) 조용길, "업(karma)에 대한 고찰," 《한국불교학》 5집, 한국불교학회, 1980, 80쪽 ; 이중표, "업설과 연기설의 관계," 『현대의 윤리적 상황과 철학적 대응』, 제5회 한국철학자연합대회 대회보, 한국철학회 외편, 1992, 294~296쪽 ; 박경준, "불교 업설에서의 동기론과 결과론," 《불교학보》 29집, 동국대학교 불교문화원, 10쪽.

하면 선과善果를 받게 되지만, 악의를 가지고 악행을 하면 악과惡果를 받게 된다는 것이다. 이렇게 본다면 불교의 업설과 <구복여행설화>에서 보여준 운명인식은 매우 가까운 거리에 있음을 짐작할 수 있다.254)

㈐ 자기 문제 해결의 적극적 면모

한편 타인 중심의 문제 해결 양상이 주류를 이루기는 하지만, 자신의 문제에 대한 균등한 관심을 보여주는 경우도 있어서 함께 살펴볼 필요가 있다.

> 그래 근너가서 참 으트게 으트게 하다 보니까 참 하늘엘 갔어요. 가서,
> "게 하느님, 그래 나는 어찌해서 그래 암만 기를 씨구 일을 해두 밥을 못 먹구 죽만 먹은 팔자가 됐으니, 밥 먹을 복 좀 주시유."
> 그라구서 하느님하구 싸우는 거여.
> "아니, 당신은 시── 아무리 하여두 밥 먹을 복을 못 탔다."구.
> "으째 그러냐?"
> 구. 아 아무 수단을 해서 간신히 밥 먹을 복을 하나 참 줘서 은어가주고 인제 들어오는 길이여.255)

---

254) 불교의 업설이 천명된 이유도 힌두교를 비롯한 육사외도六師外道의 숙명론적 업사상을 극복하기 위함이었다는 점도 간접적인 근거가 된다고 본다. 석가 이전에는 업은 운명적, 숙명적, 타력적인 사고로 파악되었다고 한다. 석가는 이러한 잘못된 사고를 바로잡기 위하여 자유의지에 근거한 주체적인 업설을 천명했던 것이다. 이는 업설 자체가 운명의 품정성을 부정하는 것에서 비롯되고 있음을 잘 보여준다. 따라서 업설과 조명론造命論은 그 출발점 자체가 같다고 할 수 있다.(조용길, "업", 『한국민족문화대백과사전』 권15, 한국정신문화연구원, 1991, 92쪽.)
255) <구복여행>, 『대계』 1-6, 618쪽.

이 역시 주인공이 하늘에 당도하여 신과 문답하는 부분이다. 주인공은 먼저 자신의 처지를 하소연한다. 그는 아무리 노력해도 밥은 먹지 못하고 죽만 먹는 팔자라면서 이를 해결해 달라고 간청한다. 노력한 만큼 밥을 먹을 수 있는 복을 달라는 것이다. 그러나 하느님은 밥 먹을 복을 타지 못해서 할 수 없다고 거절한다. 주인공은 당당하게 밥 먹을 권리를 주장하고, 하느님은 이를 거절하고 있는 것이다. 인간과 신이 서로의 입장을 주장하면서 논쟁을 벌이는 형국이다.

여기서 주목되는 것은 인간이 신에게 자신의 문제를 당당하게 요구하고 있으며, 결국에는 이를 관철시키고 있다는 점이다. 인간이 신에게 자신의 요구를 들어줄 것을 요구하고, 논쟁을 벌이고 있는 것이다. 이러한 문답 양상은 인간의 위상이 그만큼 높아졌음을 분명하게 보여주는 단서이다. 이러한 신과의 문답에는 인간의 주체적인 의지가 표출되고 있으며, 인간의 역할이 가지는 비중 또한 높아졌음을 알 수 있다.

다음은 거절하는 신에게 대안까지 제시하면서 자신의 문제를 해결하는 경우이다.

   (자기 복이 없음을 확인한 후 - 필자)
   "그놈 울아부지 야를 주시오."
   "너그 아부지가 글 아니믄 늬가 그놈 가져가믄 너그 아부지가 거지되아 부린디 못쓴다."고 그르드라우.
   "아 부자간에 내가 울아부지 멕여 살리믄 안 쓰겄냐? 그놈을 나를 도라."
   고 근게 주드라우.[256]

---

256) <구복여행>, 『대계』 5-7, 207쪽.

천상에 당도한 주인공은 자신에게는 복이 없음을 확인한다. 주인공이 신에게 복을 달라고 하자 신은 이를 '이미 정해진 복'이라고 하면서 줄 수 없다고 단호하게 거절한다. 이에 주인공은 부친의 복을 자신에게 달라고 대안을 제시한다. 설령 부친의 복이 없더라도 자기가 부친을 봉양하면 된다는 논리이다. 신은 이러한 제안을 받아들여 주인공에게 부친의 복을 주게 된다.

신과 인간이 서로 논쟁을 벌이는 것은 앞의 자료와 유사하지만, 인간이 방안을 제시하여 관철시킨다는 점에서는 다르다. 인간에게 복을 부여하는 것은 신의 소관사항임이 분명하다. 그런데 주인공이 대안을 제시하는 것은 그러한 신의 소관사항에 관여하고 있음을 말해 준다. 인간이 신의 소관사항에까지 개입하고 있음을 보여주는 단서이다. 그만큼 인간의 역할과 비중이 높아졌다고 할 수 있다. 자신의 운명을 자신의 의도대로 변역시키고 있는 것이다. 이는 분명 운명은 자신의 의지와 노력으로써 만들 수 있다는 인식을 바탕으로 하고 있다는 반증이기도 하다.

한편 다음 언술에서는 이러한 운명인식이 표출되고 있어서 더욱 주목된다.

    (가) 그래서 또 참 혹시 캐 보니깐 은금보화가 참 시 항아리가 묻혔단 말예요. 그래 그거를 캤으니, 그만해두 발써 용에한테서 보화 얻었구, 발써 마누라 셋 얻구 그랬으니, 그게 발써 팔짠 고친 팔자죠. 아 으 여자들 셋이 은금보화를 한 항아리씩 그냥 뒤집어 이구서 인제 집일 오는 거여.[257]

---

257) <구복여행>, 『대계』 1-6, 620쪽.

(나) 금 한 독, 야광주 하나, 고만 좋은 각씨, 고만 팔짜 안 고쳤나?258)

(다) 그래서 이 사람이 팔자를 고치고 오늘날까지 그냥 부자로 산답니다. 오늘날까지 산디야.259)

(가), (나), (다)는 이야기의 결말에서 볼 수 있는 구연자의 논평을 옮긴 것이다. 주인공이 타인의 문제를 해결해 준 대가로 재물과 부인을 얻었다는 사실을 두고, 구연자들은 '팔자를 고쳤다.'라고 평한다. 박복했던 팔자를 고쳐서 잘 살게 되었다는 말이다. 여기서 팔자를 고쳤다는 것은 운명을 변역變易시켰음을 의미한다. 운명에 인간의 의지를 개입시켜 불운을 행운으로 전환시켰다는 뜻이다.

다음은 비록 연변에서 채록·정리된 자료인데, 이는 <구복여행설화>에 나타난 운명인식의 특징을 살피는데 있어서 시사하는 바가 많다. 인용문이 길어서 번거롭기는 하지만 해당 부분을 옮겨 보기로 한다.

(서천서역국에 당도한 - 필자) 석숭은 열 명의 대왕을 만나 자기가 알고 싶었던 일들을 전부 말했습니다. 그러자 대왕들이 말했습니다.
㉠ "무릇 인간의 운명이라는 것은 대체 하늘이 내려준 것이다. 자비로운 보살만이 인간에게 복을 내려 줄 수 있는 것이다."
이 말을 들은 석숭은 속으로 생각했습니다. ㉡ "하늘과 인간은 원래 다른 것인데 어찌해서 인간의 운명을 하늘이 정해 준다는 말인가?" 석숭은 하늘을 우러러 길게 탄식하면서 어찌할 바

---
258) <복타러 간 총각>, 『대계』 8-10, 226쪽.
259) <세 가지 부탁>, 최운식, 『충청남도 민담』, 집문당, 1980, 180쪽.

를 몰라 했습니다.

ⓒ 자신의 일은 되레 중요하지 않았습니다. 하지만 다른 사람들이 부탁한 일은 어떻게 할 것인가? 그렇게 생각되자 마음이 조급해졌습니다. 바로 이때 홀연 백발이 성성한 노인 한 분이 나타나는 것이었습니다. 석숭은 노인에게 안부를 묻고 난 다음, 같이 길을 걸으면서 이번에 서천서역국에 오게 된 경위를 처음부터 끝까지 노인에게 이야기해 주었습니다. 이야기를 듣고 노인이 석숭에게 말했습니다.

ⓔ "인간의 운명이라는 것은 오직 자신만이 개척할 수 있는 것이다. 근본적으로 하늘이 정해준 것이 아니다."

그러면서 노인은 석숭이 품고 있었던 모든 의문에 대해서 이야기해 주었습니다. 노인의 가르침을 듣고 마음이 한결 가벼워지는 순간 노인은 그림자도 없이 사라져 버렸습니다.[260]

인용문 중에서 특히 주목할 부분은 밑줄 친 ㉠~㉣이다. ㉠은 서천서역국의 십대왕十大王의 말이다. 인간의 운명은 하늘이 정해준 것이며, 보살만이 복을 줄 수 있다는 것이다. 이때 하늘과 보살은 인간의 운명을 품부해주는 초월적인 존재이다. 결국 운명은 초월적인 존재에 의하여 정해진다는 인식을 보여주는 언술이다. 한편 ㉡은 십대왕의 말에 대한 석숭의 반응이다. 석숭은 하늘과 인간은 본래 다른 것이어서 하늘이 인간의 운명을 정해 줄 수 없다고 생각한다. 이는 하늘과 보살만이 인간의 운명을 점지해준다는 십대왕의 말에 의문을 가지고 있음을 말해준다. 이러한 반응을 생각하면, 석숭은 운명은 초월적인 존재에 의하여 정해진다는 인식에 의문과 회의를 가지

---

[260] 연변민간문학연구회 편, 『조선족민간고사선』, 상해 : 문예출판사, 1982, 40쪽(편집부 역, 『연변의 견우직녀』, 교양사, 1988, 65~66쪽.)

고 있음을 알 수 있다.

ⓒ은 석숭의 타인중심적他人中心的 사고를 보여주는 부분이다. 석숭은 자신의 문제는 접어두고 타인의 부탁을 들어주지 못하게 된 것을 매우 안타까워한다. 이는 석숭이 자신보다는 타인을 우선적으로 생각하고 있음을 분명히 보여준다. 그것은 바로 석숭의 이타적利他的 태도를 보여주는 부분으로서 의미가 있다. ⓔ에서는 어떤 노인이 나타나 운명은 하늘이 정해주는 것이 아니라 자신이 개척하는 것이라고 말해 준다. 이는 운명은 초월적으로 품부되는 것이 아니라 인간 자신의 노력 여하에 따라서 얼마든지 행운을 누릴 수 있음을 뜻한다. 이로써 석숭이 가지고 있었던 운명에 대한 의문은 해소된 셈이다. 십대왕의 말을 의문시하던 석숭의 입장에서 보면, 노인의 말은 바로 그러한 의문을 해결해 준 것이다. 즉 서로 상이한 견해를 가지고 있던 석숭과 십대왕 중에서, 석숭의 견해가 옳다는 것을 판가름해 주었다고 할 수 있다. 따라서 운명이란 인간의 의지와 노력에 의하여 얼마든지 개척할 수 있는 것으로 인식되고 있음을 알 수 있다.

결론적으로 <구복여행설화>에 나타난 운명대응방식은 자력적自力的 성격을 지니고 있다고 할 수 있다. 주인공은 자의적自意的으로 구복여행을 출발하고 있으며, 스스로 자기희생적이고 이타적인 행동을 선택하고 있다. 또한 구연자는 이러한 주인공의 행동을 '팔자를 고쳤다.'라고 논평하고 있으며, 이는 곧 인간의 의지와 노력에 따라서 운명을 바꾸거나 만들 수 있다는 인식에 공감하고 있음을 볼 수 있다. 물론 일부 자료에 국한된 것이기는 하지만, 주인공이 이러한 깨달음에 이르는 데는 초월적인 존재의 도움을 받은 것이 사실이다.

그러나 자기희생적인 태도로 부탁받은 문제를 우선적으로 해결하는 모습을 감안한다면, 주인공 자신의 의지에 따른 선택이 더욱 중요하다고 할 수 있다. 이 점이 바로 <차복설화>와 다른 점이다.

<차복설화>에서 신은 시종일관 인간의 복분을 관장하는 존재로 그려진다. 그러나 <구복여행설화>의 신은 가르침 혹은 깨우침을 주는 존재로서의 면모가 두드러진다.[261] 모든 행위의 선택은 주인공 자신에게 달려 있으며, 그의 선택에 따라서 상벌이 주어지는 것으로 인식된다. 아울러 <구복여행설화>의 기저에 깔려 있는 업설 자체도 운명은 초월적으로 품정된다는 인식을 부정하는 데에서 출발하고 있다는 점도 상기할 필요가 있다. 운명의 품정성에 대한 부정은 나아가 인간의 자유의지를 긍정하는 것이기 때문이다. 그러므로 <구복여행설화>에서는 자력적으로 운명을 바꾸는 대응방식을 보여주고 있다고 할 수 있으며, 이는 인간의 의지와 노력에 의하여 운명을 만들 수 있다는 인식을 토대로 하고 있음을 보여준다.

2.4. 운명대응방식으로 본 '운명 - 인간'의 관계

이상으로 운명대응방식에 따라서 운명설화의 전반적인 면모를 살펴보았다. 그 결과 운명설화는 크게 운명실현형運命實現型과 운명변역형運命變易型으로 나눌 수 있었다. 운명실현형은 타고난 대로 불행해지거나 행복해지는 경우, 그리고 변역이 좌절되어 불행해지거나

---

[261] 물론 일부 자료에서는 복분을 관장하는 존재로 그려지고 있기도 하다. 하지만 문제해결 양상을 함께 고려하면, 대체로 이러한 면에서 탈피하고 있는 것으로 보인다. 즉 구복여행설화의 신은 복분을 관장하는 존재가 아니라, 깨우침을 주는 존재로 그려지고 있는 것이다.

행복해지는 경우를 볼 수 있었다. 운명변역형에는 타력으로 불운을 변역하는 경우, 타력과 자력으로 불운을 변역하는 경우, 그리고 자력으로 불운을 변역하는 경우로 나누어 보았다. 이와 같이 운명에 대한 대응이 다양하다는 것은 그만큼 다중적인 인식이 자리 잡고 있기 때문이라고 할 수 있다. 이는 또한 운명설화 속에 나타난 '운명運命 - 인간人間'의 관계도 단일하지 않음을 짐작하게 한다. 운명에 대한 대응은 곧 양자 사이의 역학관계에 근거하기 때문이다. 이를 염두에 두고, 본절에서는 다양하게 나타난 운명대응방식을 종합한다는 관점에서 운명과 인간의 상호 역학관계를 살펴보기로 한다.

먼저 운명실현형은 타고난 운명이 실현되는 이야기를 말한다. 이때 운명에 대한 인간의 대응은 두 가지로 나타난다. 하나는 타고난 행불행이 실현되는 것을 받아들이는 것이고, 다른 하나는 타고난 행불행을 변역하려다가 실패하여 종국에는 운명을 받아들이는 것이다. 비록 그 과정은 다르지만, 이들 두 가지 대응방식은 정해진 운명이 그대로 실현되었다는 점에서는 동일하다.

예를 들어 <호식(1)>이나 <수살로 죽을 운명은 피할 수 없다> 등은 타고난 불행이 실현된 경우이다. 이때 등장인물이 비명非命에 죽은 것은 바로 타고난 운명의 실현일 뿐이다. 이런 점에서 등장인물의 불행한 죽음은 어쩔 수 없는 일로 치부된다. 곧, <호식(1)>의 누이는 정해진 운명대로 '그날 밤' 호식을 당했을 뿐이며, <수살로 죽을 운명은 피할 수 없다>의 소년 역시 '정해진 팔자' 그대로 물에 빠져 죽었을 뿐이다. 누이가 호식되었어도 전혀 이상하거나 불행한 일이 아니며, 소년이 '서슴없이' 물에 빠져 죽었어도 이는 당연한 일이다. 한편 <호식으로 죽을 운명>의 주인공은 무엇에 '씌인' 것처럼

'한밤중'에 '막차'를 타고 '산중'에 있는 친척집을 찾아가려다가 호랑이에게 잡혀 먹힌다. 이러한 주인공들의 죽음은 한결같이 불행한 죽음이다. 그렇지만 전승집단은 이들의 죽음을 정해진 운명의 실현으로 간주한다. 그럼으로써 불행한 죽음의 원인을 해명하고자 한다.

한편 <손복설화>는 타고난 행운이 실현된 경우이다. 다만 타고난 행운이 실현되지 못하다가 관상쟁이의 도움을 받아 행운이 실현된다. 이는 금기만 지킨다면 주어진 행운은 언제라도 실현될 것이라는 인식에 기초한다고 할 수 있다. 단서를 붙이기는 하였으나 타고난 행운은 실현된다는 대응을 보여주고 있다고 할 것이다. 특히 가난한 집주인의 태도는 이를 잘 말해준다. 집주인은 자신의 가난한 처지를 아무런 의문 없이 받아들이고 있으며, 또한 다리가 절단된 이후에도 행운의 실현을 수용한다. 결국 이 설화에서는 사람의 빈부란 운명적으로 정해지는 것으로 인식한다. 속신을 지킴으로써 자신에게 부여된 행운이 실현될 것으로 믿어진다고 할 수 있다.

이들 설화에서 공통되는 대응방식은 타고난 운명의 실현을 그대로 인정하는 것이다. 초월적으로 정해진 행불행은 반드시 실현된다고 인식된다. 인간은 정해진 운명을 인정하고 받아들이는 자세를 취해야 하는 것이다. 결국 타고난 운명대로 실현되는 이야기는 '운명의 품정 - 운명의 실현'이라는 단순한 대응양상을 보여주고 있다.

한편 변역이 좌절되어 운명이 실현되는 경우에는 이와는 다른 운명대응양상을 볼 수 있다. 예를 들어 <죽을 팔자>의 주인공은 예정된 죽음을 피하기 위하여 집안에만 머물다가 담장에 깔려 죽는다. 모일 모시에 죽을 팔자를 회피하려 했으나, 결과적으로는 초월적인 힘에 의하여 무위로 돌아간다. 또한 <복이 없는 사람>이나 <팔자에

없는 벼슬>에서도 마찬가지이다. 가난한 선비를 도우려던 정조의 의도를 좌절시킨 것도, 벼슬하는 남편을 두고자 했던 부인의 욕망을 좌절시킨 것도 모두 운명이다. 초월적으로 정해져 있는 복분이나 관운을 벗어나려는 행위는 모두 좌절되고 만 것이다. 또한 <호식당할 사람은 독에 들어가도 못 면한다>에서도 정해진 호환운을 모면하고자 하였으나 끝내 실패하고 만다.

이들 설화들은 모두 운명의 변역을 시도하였다가 실패하여 불행해지는 경우에 해당한다. 이때 등장인물은 주어진 운명을 순순히 받아들이지 않는다는 점, 그리고 그러한 변역 시도는 좌절되어 불행해진다는 점에서 공통점이 있다. 그런데 구연자는 이들의 실패를 당연한 것으로 받아들인다. 죽을 팔자를 타고난 사람은 죽게 마련이라느니, 복이 없는 사람은 어쩔 수 없다느니, 또는 관운이 없는 사람은 벼슬을 할 수 없다느니, 호식당할 사람은 아무리 해도 피할 수 없다느니 하는 논평에서 이를 짐작할 수 있다. 따라서 이들 설화 역시 정해진 운명은 실현된다는 것을 말하는 것은 동일하지만, 이를 더욱 강조하고 있다고 본다. 특히 <복이 없는 사람>이나 <팔자에 없는 벼슬>에서는 변역을 시도하는 것이 도리어 더 큰 불행을 초래하고 있는데, 이로써 운명의 절대성과 필연성을 한층 강조해 주고 있다고 할 수 있다. 따라서 변역이 좌절되어 불행해지는 경우는 '운명의 품정 - 변역의 시도 - 시도의 좌절 - 좌절의 결과'라는 대응과정을 통하여 운명의 절대성과 불가피성을 부각시키고 있다고 할 것이다.

다음 변역이 좌절되어 행복해지는 경우로는 <천생연분설화>와 <다남운설화>를 들어 보았다. 이는 변역이 좌절되어 불행해지는 경우와 동일한 대응과정을 가지고 있으나, 좌절의 결과는 다르게 나타나는 경우라고 할 수 있다. <천생연분설화>의 총각은 노구가 맺어준 인연을 끊어버리려고 하였으나, 총각의 시도는 끝내 좌절되고 만다. 천생연분으로 정해진 대상을 살해하고 다른 여성과 혼인하려던 총각의 시도는 아무런 결실을 맺지 못한다. 상처를 입은 여자아이는 죽지 않았으며, 총각은 다른 여성과 성혼하지 못하였던 것이다. 이렇게 변역 시도가 좌절된 후 총각은 천생연분과 혼인하게 되며, 이로써 천생연분의 불가피성을 인정하게 된다. 결국 천생연분을 받아들인 총각은 행복해질 수 있었다고 할 수 있다.

<다남운설화>의 주인공 내외 역시 남편에게 부여된 다남운을 회피하고자 하였다. 그렇지만 남편의 다남운은 부자 노인의 처첩을 통하여 실현되며, 이들 자식들은 훗날에 생부를 찾아와 함께 살아간다. 찾아온 자식들을 받아들이는 것은 곧 자신이 회피하려 했던 다남운을 인정하는 것과 같다. 그렇게 자신에게 품정된 다남운을 인정함으로써 주인공 내외는 부귀와 다남을 누리는 다복한 삶을 살게 되었던 것이다.

따라서 <천생연분설화>와 <다남운설화>에서도 '운명품부 - 변역시도 - 시도좌절 - 좌절결과'라는 대응과정을 찾아볼 수 있다. 이러한 대응을 가능하게 한 것은 바로 운명은 반드시 실현된다는 인식이라고 본다. 정해진 운명이 불운이던 행운이던 간에 필연적으로 실현되기 마련이며, 특히 변역 시도가 좌절된다는 점에서 절대불가피한 것으로 인식된다고 할 수 있다. 역으로 말한다면, 그러한 인식은 정해진 운명을 인정하고 이를 받아들이는 것만이 행복해질 수 있음을 보여준다. 이와 같은 인식은 운명실현형을 뒷받침하는 근본적인 사고라고 본다.

결국 운명실현형에서는 운명을 순순히 받아들이는 것이 최상의 선택임을 보여준다고 본다. 운명은 그 자체로 부정되거나 좌절될 수 없는 것으로 인식된다. 만약 운명을 부정하고 이를 변역시키려 하다가는 더욱 큰 불행을 당하게 된다. 반대로 운명을 인정하고 이를 받아들인다면 그만한 행복을 누릴 수 있다는 것이다. 따라서 운명은 어떠한 경우에도 필연적이고 불가피한 것으로 생각된다. 운명은 인간에 대하여 절대적인 우위를 점하고 있다고 할 것이다.

한편으로 운명변역형은 정해진 운명이 변역되는 이야기들이다. 즉 '운명품부 - 변역시도 - 시도성공 - 성공결과'라는 대응과정을 통하여 주어진 운명이 바뀌는 경우이다. 그런데 이러한 대응도 어떻게 변역이 이루어지는가에 있어서는 차이가 나타난다. 이에 의거하여 타력적인 변역, 타력·자력적인 변역, 자력적인 변역으로 나누어 살펴보았다.

먼저 타력적인 변역을 보여주는 경우로는 <연명설화>와 <호환도액설화>를 들어 보았다. <연명설화>의 주인공은 단명운의 변역을 시도한다. 이때 그가 택한 방식은 신의 감응에 의존하거나, 이인의 보호를 받는 것이다. <호환도액설화>에서도 유사한 방식이 사용된다. 소년은 호환운을 모면하기 위하여 칠성신의 감응을 받거나, 이인의 도움에 절대적으로 의존한다. 시주승이나 여성 이인의 도움을 받을 뿐만 아니라, 밤나무나 이인의 독경 등에도 의존하기도 한다. 이처럼 <연명설화>와 <호환도액설화>에서는 신이나 이인 같은 초월적인 존재의 도움이 필수적이다.

이 경우의 운명은 초월적으로 주어진 한계이자 조건으로 인식된다. 그것은 신이 얼마든지 조정할 수 있는 것이며, 이인이 나서서 퇴치할 수 있는 것이기도 하다. 그렇다고 해서 신이나 이인이 스스로 소년의 불운을 변역시켜 주는 것은 아니다. 그것은 소년의 의지와 노력을 바탕으로 하여 이루어지는 것일 뿐이다. 감응형의 경우 소년은 정성스런 재물을 마련하여 신에게 치성을 드려야만 한다. 신이 출현하는 시간과 장소에 찾아가 간원해야만 하는 것이다. 도액형의 경우에도 소년은 집을 떠나 갖은 고행을 겪거나, 여성 이인을 탐색해야만 한다. 또한 밤나무를 심어 정성껏 가꾸어야 하며, 담력 있는 제자가 한 글자도 틀리지 않고 경문을 읽어야만 한다. 이처럼 <연명설화>와 <호환도액설화>에서는 인간의 노력을 바탕으로 하여 초월적인 존재의 도움이 발휘되어야만 운명의 변역이 가능한 것으로 되어 있다.

그러므로 <연명설화>와 <호환도액설화>에서는 인간의 의지와 초월적인 의지의 합일에 의거한 대응양상을 볼 수 있다. 비록 인간의 노력만으로 변역이 성공하는 것은 아니지만, 필수적인 조건 중의 하나임은 분명하다. 이러한 조건이 갖추어진 연후에 신이나 이인 같은 존재의 힘으로 변역이 성공되는 것이다. 이와 같이 운명이 하나의 조건으로 인식된다는 점을 감안한다면, 운명은 인간에 대하여 상대적인 우위를 점하고 있다고 할 수 있다. 운명은 절대적인 것이 아니라, 신이나 이인의 초월적인 힘을 빌려서 조정 가능한 조건으로서의 의미를 가진다고 할 것이다.

한편 <차복설화>에서는 타력·자력적인 변역 양상을 볼 수 있다. <차복설화>의 주인공은 두 단계에 걸쳐 자신에게 주어진 박복운을 변역시킨다. 첫 번째는 신에게 간청하여 타인의 복을 빌리는 단계이고, 두 번째는 복주인과 동거함으로써 타인의 복분을 함께 누리는 단계이다. 첫 번째 단계는 복분을 관장하는 신에게 간청하여 이루어진 것이라는 점에서 타력적인 성격을 지닌다면, 두 번째 단계에서는 주인공 자신이 염출한 방책을 통하여 변역이 성취되었다는 점에서 자력적 성격을 지닌다고 할 것이다.

이는 오로지 타력에 의해서 운명을 변역하는 경우와는 사뭇 다른 양상이라고 할 수 있다. 신의 역할도 중요하지만, 궁극적으로 주인공이 평생 동안 부유하게 살 수 있게 된 것은 그 자신이 모색한 방책 때문이라고 할 것이다. <연명설화>와 <호환도액설화>에서는 주인공의 노력을 바탕으로 하여 초월적인 제3자의 도움이 결정적인 것과는 다른 양상이다. 이와 반대로 <차복설화>에서는 신의 도움을 바탕으로 하여 주인공이 결정적인 역할을 수행하고 있기 때문이다. 그러므로 <차복설화>에 나타난 운명대응방식은 신의 역할을 인정하면서도 또한 인간의 의지와 노력을 인정하는 성격을 지니고 있다고 할 것이다. 이때 인간은 운명에 대하여 상대적인 우위를 점하고 있는 것으로 볼 수 있다.

끝으로 자력적인 변역을 보여준 경우로는 <구복여행설화>를 들어 보았다. <구복여행설화>의 주인공은 스스로 구복여행을 결행하고, 타인이 부탁한 문제를 우선적으로 질문하는 이타적인 행위를 통하여 자신의 박복한 운명을 변역시킨다. 물론 <구복여행설화>에서도 신이 등장하는 것은 사실이다. 그러나 <구복여행설화>의 신은 인간의 복분을 관장하는 존재는 아니다. 그는 초월계를 찾아온 주인공에게 행위의 선악에 따라서 행불행이 결정된다는 것을 깨우쳐주는 존재일 뿐이다. 이러한 깨우침에 힘입어 주인공은 이타적이고 자기희생적인 행위를 택하게 된다.

그렇지만 총각이 자신의 희생을 선택했다고 해서 그의 박복운이 곧바로 변역되는 것은 아니다. 그러한 선택이 구체적인 행위로 실현되고, 그에 따른 좋은 결과를 얻은 이후에야 비로소 운명은 변역될 수 있는 것이다. 즉 주인공이 귀가하면서 한 번씩 자기희생을 행하면 그에 대한 보상으로써 박복한 운명이 변역되고 있다. 이는 <연명설화>나 <호환도액설화>에서의 변역과는 다른 면모이다. 단명운이나 호환운은 신이나 이인의 도움으로 곧바로 변역이 이루어졌던 것이다. 이와는 달리 <구복여행설화>에서는 귀가 도중에 이타적인 행동이 실현됨에 따라 단계적으로 박복운에 대한 변역이 성취되고 있음을 볼 수 있다. 이무기를 승천시켜준 대가로 여의주를 얻게 되고, 결실·개화·치유·등선이 가능하게 해준 대가로 금은보화를 얻게 된다. 또한 처녀의 배필이 누구인지 알려준 대가로 그녀와 혼인하게 된다. 이처럼 <구복여행설화>에서는 초월계에서 가르침을 받아 현실계에서 이타행利他行을 실천함으로써 박복한 운명을 변역시키고 있는 것이다.

따라서 <구복여행설화>에서는 인간 자신의 행위에 따라서 그에 맞갖은 행불행이 따른다는 것을 말해준다. 인간의 길흉화복은 더 이상 신에 의해서 주어지는 것도 아니고 정해지는 것도 아니다. 그것은 단지 인간의 자유의지에 입각한 행위의 선악에 달려 있다는 인식이다. 결국 <구복여행설화>에서는 이러한 자력에 의거하여 다복을 추구하고 있다고 할 것이다. 신의 힘에 의존하여 운명을 바꿀 수 있다는 사고는 부정되고, 인간의 의지와 노력에 의하여 운명을 바꾸거나 만들 수 있다는 인식을 보여주고 있다고 할 것이다. 따라서 인간은 운명에 대하여 절대적인 우위를 점하는 것으로 생각된다.

이와 같이 운명변역형에서 볼 수 있는 세 가지의 변역 양상은 운명과 인간 사이의 다층적인 역학관계를 보여주고 있다고 본다. 타력에 의한 변역에서는 운명의 상대적인 우위를 보여주고, 타력·자력에 의한 변역에서는 인간의 상대적인 우위를 볼 수 있으며, 자력에 의한 변역에서는 인간의 절대적인 우위를 보여주는 것이다.

결론적으로 운명실현형에서는 운명의 절대적인 우위를 보여주었다면, 운명변역형에서는 이러한 역학관계가 좀 더 다양하게 나타나고 있다고 할 수 있다. 그것은 바로 운명을 정해진 것으로 인식하는가 아니면 인간의 의지와 노력으로 바꾸거나 만들 수 있는 것으로 인식하는가 하는 차이에서 비롯된 결과라고 할 것이다.

3. 설화의 운명대응방식과 운명관과의 비교

본장에서는 설화에 나타난 운명인식을 운명관에 대비시켜 살펴보기로 한다. 이는 운명설화에 나타난 운명관이 어떠한 성격을 가지는지 살펴보기 위함이다. 이를 통해서 설화에 나타난 다층적인 운명대응방식이 가지는 상관관계가 분명하게 드러날 것으로 생각된다. 앞에서 살펴보았듯이 운명대응방식이 그처럼 다양하게 제기될 수 있었던 것은 근본적으로 운명관의 변화에 있다고 해도 과언이 아니다. 다시 말해서 운명관의 변화는 다양한 운명설화의 전승을 가능하게 한 근본적인 요인이라고 할 수 있다. 이런 점에서 운명관의 변화에 비추어 운명대응방식을 고찰하는 것은 중요한 의미가 있다고 본다.

다른 한편으로 운명관이라고 하는 것은 문학·철학·종교학·사회학 등의 접점에 위치하는 주제라고 할 수 있다. 이렇게 여러 학문의 접점에 위치하고 있다는 것은 논의가 다양하게 이루어질 수도 있지만, 그 반대로 항상 주변적인 관심사로 남아 있을 가능성도 매우 높은 것이다. 그러다 보니 운명관의 흐름이라든지 운명론의 실상에 대해서는 본격적인 논의가 제기되지 않았던 것으로 보인다. 그렇지만 한국인에게 있어서 운명이라는 것은 중요한 의식 중의 하나라고 할 수 있다. 사주팔자·관상·점복·풍수 등 운명과 관련된 문화현상이 아직도 성행하고 있는 점은 이를 잘 말해준다. 이렇게 볼 때 운명관에 비추어 운명대응방식이 가지는 의미망을 찾아보는 일은 매우 의미 있는 일이라고 본다.

 그럼에도 불구하고 본절의 논의는 분명한 한계를 가지고 있다고 할 것이다. 왜냐하면 본고는 운명관에 대한 본격적인 논의가 아니라, 설화에 나타난 운명대응방식과 비교하여 그 특성을 살피는 것이 목적이기 때문이다. 이는 본고의 목적상 어쩔 수 없는 한계라고 할 수 있다. 따라서 본고에서는 운명관의 변화 양상을 잘 보여줄 것으로 생각되는 일부 자료만을 대상으로 논의를 진행하기로 한다.

 운명관에 대한 검토는 제자백가서諸子百家書를 대상으로 하기로 한다. 이러한 문헌들은 비교적 이른 시기에 있어서의 다양한 운명관을 보여줄 수 있는 내용이 들어 있다. 따라서 제자백가서에 나타난 운명관은 운명인식의 대체적인 흐름을 가늠하게 해줄 수 있을 것으로 생각된다. 아울러 이들 문헌들은 우리 선조들에게도 지대한 영향을 주었다고 할 수 있다. 한 가지만 예를 든다면 『논어論語』<안연安淵> 편에 나오는 "사생유명死生有命 부귀재천富貴在天"이라는 구절이 대표적이라고 할 수 있다. 이 구절은 설화나 소설 등에서 흔히 인용되고 있을 뿐만 아니라, 일상생활에서도 흔히 사용될 정도로 잘 알려져 있다. 그만큼 이 구절이 가지는 지명도와 영향력은 높다. 이는 제자백가서에서 찾아볼 수 있는 운명관이 우리 민족에게도 심대한 영향을 주었다는 것을 보여주는 단적인 예이다. 이처럼 중국의 제자백가서는 운명관의 대체적인 양상을 보여주는 한편으로, 선조들의 운명관을 살펴볼 수 있는 단서를 제공해준다는 점에서 여러 가지로 유리할 것으로 보인다.

이때 운명관의 변화 양상을 다루면서 그러한 운명관과 견주어 볼 만한 선조들의 운명에 관한 철학적 논설을 함께 들어보기로 한다. 이는 제자백가서의 운명관과 선조들의 철학적 논설을 비교해 봄으로써, 양자 사이의 상관성을 드러내기 위함이다. 이는 운명관의 변화양상과 설화의 운명대응방식 사이의 관련성에 대한 효율적인 논의를 위한 예비적 과정이라고도 할 수 있다. 따라서 본절에서는 운명관의 변화양상과 선조들의 운명론을 포괄적으로 살펴보기로 하고, 차후 이를 설화의 운명대응방식과 비교할 때에는 필요한 대목만을 다시 언급하면서 논의를 진행하기로 한다.

3.1. 운명관의 실상과 관점

운명관이란 결국 인간이 운명을 인식하는 태도의 표현이라고 할 수 있다. 즉 운명관은 곧 '운명 - 인간' 사이에 형성된 관계양상인 셈이다. 이렇게 본다면 운명관은 운명과 인간을 축으로 하여 형성되는 역학관계라고 할 것이다. 이때 운명의 입장이 강화되는 경우도 있을 수 있으며, 반대로 인간의 입장이 중요시 되는 경우도 있을 수 있을 것이다. 물론 그 중간적인 태도를 보일 경우도 상정할 수 있다. 그것은 바로 운명과 인간 사이에서 맺어지는 여러 가지 관계로서의 의미를 가질 수 있기 때문이다.

이러한 관점에서 보면 운명관은 대략 세 가지 관점으로 추정할 수 있다. 첫째, 운명은 정해진 대로 이루어진다는 관점, 둘째, 운명은 정해져 있지만 인간의 노력으로 바꿀 수 있다는 관점, 셋째, 운명은 인간의 노력으로 만들 수 있다는 관점이 바로 그것이다. 그러면 이를 차례대로 살핀 후에 이들의 상호관계를 살펴보기로 한다.

3.1.1. 운명은 정해져 있다는 관점

먼저 운명은 정해진 대로 이루어진다는 관점을 살펴보기로 한다. 이러한 관점에서 보면 운명은 초월적 존재에 의하여 정해지고 부여되는 것, 혹은 인간의 노력으로서는 어쩔 수 없는 한계로 인식된다. 초월적 존재가 인간에게 운명을 부여해 준다는 관점을 보여주는 대표적인 문헌으로는 『서경書經』을 들 수 있다.

> 소자가 감히 상제의 명을 폐하지 못하노니, 하늘이 영왕寧王을 아름답게 하시어 작은 주나라를 흥하게 하시므로, 영왕이 점을 쓰시어 능히 이 명을 편안히 받으시며, 이제 하늘이 그 백성을 도우심에도 하물며 또한 점을 씀이랴. 오호라, 하늘의 밝음이 두려운 것은 우리의 크고 큰 터를 도우심이라.
> 子惟小子 不敢替上帝命 天休于寧王 興我小邦周 寧王惟卜用克綏 受茲命 今天其相民 矧亦惟卜用 嗚呼 天明畏弼我丕丕基[1])

소자가 감히 상제의 명을 폐할 수 없다는 것은 하늘이 세상을 편하게 다스리라고는 명했는데 이를 어길 수 없다는 말이다. 여기에서 말하는 상제는 곧 주재자로서의 하늘 [主宰天]을 의미한다. 하늘은 인간에게 명령을 내려주는 존재로 인식되고 있는 것이다. 이러한 신의 명령은 어길 수 없는 것으로 믿어진다. 이러한 사고는 국가적 차원에서의 흥망을 의미하는 것이기는 하지만, 천명天命이 초월적으로 결정된다고 믿는다는 점에서 정명定命을 중시하는 사고의 한 가지 유형이라고 할 수 있다. 이러한 사고는 점차 그 범위를 넓혀가면서 개인적인 길흉에까지 확대되었던 것으로 보인다.

한편 『논어論語』에서는 이러한 초월적 존재는 보이지 않지만, 인간의 능력을 벗어나는 것으로서의 운명이 제기되고 있다.

> 백우가 병에 걸렸다. 공자는 병문안을 가서 창 너머로 그의 손을 잡고 말했다. "가망이 없는가 보다. 운명인가 보다. 이런 사람이 이런 병에 걸리다니. 이런 사람이 병에 걸리다니."
> 伯牛有疾 子問之自牖執其手曰 亡之 命矣夫 斯人也 而有斯疾也 斯人也 而有斯疾也[2]

염백우는 덕행이 높아서 안자顏子와 민자閔子 다음 가는 공자의 제자인데, 마침 문둥병에 걸렸었다. 공자는 염백우의 병세를 보고 가망이 없다고 생각하고, 그 원인을 운명으로 치부하고 있다. 염백우와 같이 훌륭한 사람은 건강하게 장수해야 마땅하다고 하겠는데, 그렇지 못한 현실을 안타까워하는 것이다. 덕행의 높고 낮음과는 상관

---

1) 『서경書經』 <대고大誥> (김관식 역, 현암사, 1972, 273쪽.)
2) 『논어論語』 <옹야雍也>

없이 병에 걸려 죽게 되었으니, 일견 모순된 상황이라고 할 수 있다.
 이에 공자는 생사는 인간의 힘이나 노력으로 어찌할 수 없는 일, 즉 "운명인가 보다."라고 탄식하고 있다. 궁극적으로 염백우의 중병은 하늘에 의해 정해진 운명으로 간주되고 있는 것이다.
 그런데 이때의 운명은 초월적 존재가 점지하거나 부여해준 것으로 인식되지는 않는다. 그것은 하나의 객관적인 한계로서 인식되고 있다고 할 것이다. 따라서 염백우의 중병은 초월적 존재가 품부해준 것은 아니지만, 인간의 노력으로는 어찌할 수 없는 한계로서 인식된다고 할 수 있다. 즉 운명은 초월자의 명령이 아니라 인간이 부딪히는 한계인 셈이다.

> 공자께서 말씀하시기를 "도가 시행되는 것도 명이고 도가 시행되지 않는 것도 명이다. 공백료가 명을 어찌할 것인가?"
> 子曰 道之將行也與 命也 道之將廢也與 命也 公伯寮其如命何[3]

 도道의 행行·불행不行은 하늘의 의지에 달려 있다는 것을 말하는 구절이다. 그러므로 도가 시행되는 것도 명命이요, 도가 폐해지는 것도 명命이라고 하였다. 천명의 행·불행은 공백료와 같은 소인에 의하여 좌우될 수 없음을 이렇게 표현한 것이다. 이때의 명은 우주만물의 이치로서 인식된다. 그것은 인간이 좌우할 수 있는 것이 아니며, 인간의 뜻과는 상관없이 실행되는 것이다.
 이는 명의 의미를 재인식한 결과라고 할 수 있다. 본래 '명命'은 두 가지 의미로 해석되는데, 하나는 '명령을 내린다 [出令]'라는 뜻이고,

---

[3] 『논어論語』 <헌문憲問>

다른 하나는 '한정시킨다 [限定]'라는 뜻이다. 전자는 '명령의命令義'라고 하고, 후자는 '명정의命定義'라고 일컬어진다고 한다.[4] '명命'은 본래 '구口'와 '령令'을 합하여 만든 글자로서, 그 본원적인 뜻은 '입으로 하게끔 한다'라는 뜻을 가진다.[5] 처음에는 이러한 명령의 의미만을 가지고 있다가, 후대에 한정의 의미가 부가된 것이다. 공자가 명을 인간이 어찌할 수 없는 한계로 인식하는 것도 바로 이러한 '명정의命定義'와 관련되어 있다고 할 것이다.

『맹자孟子』에서도 이와 유사한 내용을 찾아볼 수 있다.

> 악정자가 맹자를 뵙고 말하였다. "제가 임금께 아뢰니 임금께서 와서 뵈려고 하시더니 폐인 장창이라는 자가 저지하였습니다. 임금께서 이 때문에 끝내 오지 않은 것입니다." 맹자께서 말씀하셨다. "길을 가는 것은 혹 누가 시켜서이며 멈춤은 혹 저지해서이다. 그러나 행지는 사람이 능히 시킬 수 있는 것이 아니다. 내가 노나라 임금을 만나지 못함은 천운이니, 장씨의 아들이 어찌 나로 하여금 만나지 못하게 할 수 있겠는가?"
> 樂正子見孟子曰 克告於君 君爲來見也 嬖人有臧倉者沮君 君是以

---

[4] 노사광, 『중국철학사』(고대편), 정인재 역, 탐구당, 1986, 48쪽.
[5] 다음과 같은 자료에서 '명命'의 의미를 알 수 있다. 『說文解字』에서는 "使也從口令 令者發號也 君事也 非君而口使之是亦令也 故曰命者天之令也…"라고 하였고, 『辭海』에서도 '使也', '爵命也', '道也', '名也' 등이라고 하였다. 『漢文大辭典』과 『中文大辭典』에서는 상기의 뜻 이외에도 '告也', '性也', '天命也', '運命也', '窮達之數也' 등의 의미가 추가되어 있다. 『中國哲學辭典』에서는 '壽命', '本性或天性', '性命', '人性', '人所禀之理', '天命', '自然而不可免', '太一下降', '命運' 등으로 철학적 쓰임새를 보여준다. 『유교대사전』에서는 "목숨이나 운명 혹은 천이 주는 명령"으로 보아 '명령'의 의미와 '결정된 한계'의 이중적인 의미로 나누어진다고 했다.(許愼 撰, 段玉裁 注, 『說文解字』, 臺北 : 黎明文化事業股分有限公司, 1974, 124쪽 ; 『辭海』, 臺灣 : 中華書局, 1976, 575쪽 ; 『漢文大辭典』, 서울: 景仁文化社, 1981 ; 『中文大辭典』, 中國文化大學出版部, 1973, 2546~2547쪽 ; 韋政通, 『中國哲學辭典』, 臺北: 大林出版社, 1978, 390~395쪽 ; 『儒敎大事典』, 서울 : 박영사, 1990, 413쪽.)

不果來也 曰 行或使之 止或尼之 行止非人所能也 吾之不遇魯侯天也 臧氏之子 焉能使予不遇哉[6]

노나라 임금이 맹사를 뵈려 하였는데, 장창臧倉이라는 자가 이를 저지하였다고 하였다. 이를 두고 맹자는 행지行止는 사람이 할 수 있는 바가 아니라고 하면서, 노나라 임금을 만나지 못한 것을 천운天運으로 간주한다. 이는 장창이라는 자가 저지했기 때문이 아니고, 이미 그렇게 운명이 주어졌기 때문이라는 뜻이다. 사람의 의지를 넘어서는 천운이 존재한다는 것을 인정하고 있음을 보여준다.

이처럼 『논어』와 『맹자』에서도 어느 정도는 인간이 어찌할 수 없는 한계가 존재하는 것으로 인식되고 있음을 알 수 있다. 이는 비록 인생사의 길흉화복에 대한 직접적인 언급은 아닐지라도, 인력을 초월하는 운명적 요소가 있다는 점을 긍정하였다는 점에서 운명은 초월적으로 정해져 있는 대로 이루어진다는 관점이 들어 있다고 하겠다.

한편 『열자列子』의 <역명力命> 편에서는 '명命'과 '역力'의 문답에서 이런 인식을 찾아볼 수 있다.

> 역이 명에게 말하기를 "너의 공이 어찌 나와 같겠는가?"라고 하였다. 이에 명이 답하기를 "네가 어찌 사물의 공을 나와 비교하려 하는가?"라고 하였다. 역이 말하기를 "요수궁달과 귀천빈부를 나의 힘으로 할 수 있다."고 하였다. 명이 답하기를 "팽조의 지혜가 요순을 능가하지 못하였지만 팔백 살을 살았고, 안연의 재능이 뭇사람의 아래가 아니지만 마흔여덟 살을 살았으며, 중니의 덕이 제후의 아래가 아니지만 진채에서 곤란하였고, 은주의 행실이 삼인의 위에

---

6) 『맹자孟子』 <양혜왕梁惠王>

나지 않았지만 왕위에 올랐으며, 계찰은 오나라에서 작위가 없었지만, 전항이 전제하여 제나라를 두었고, 이제는 수양에서 굶주렸지만 계씨는 전금에서 부유하였다. 만일 너의 힘으로 할 수 있는 것이라면 어째서 저 사람은 장수하고 이 사람은 요사하며, 성인은 곤궁하고 역적은 영달하며, 현인은 천하고 우인은 귀하게 하며, 선인은 가난하고 악인은 부유하게 하는가?"라고 하였다. 역이 말하기를 "만일 너의 말과 같다면 나는 본래 사물에 이바지함이 없는데 사물이 이러한가? 이것은 네가 제재한 것이냐?"고 물었다. 명이 답하기를 "이미 이것을 명이라고 하였으니, 어찌 이것을 제재하는 것이겠는가? 내가 곧게 하여 이것을 추진시키고, 구부리게 하여 이것에 맡기어 제 스스로 장수하고 스스로 요사하며, 스스로 궁곤하고 스스로 영달하며, 스스로 귀하고 스스로 천하며, 스스로 부유하고 스스로 가난하니, 내가 어찌 이것을 알 수 있겠느냐? 내가 어찌 이것을 알 수 있겠느냐?"고 하였다.

　　力謂命曰 若之功奚若我哉 命曰 汝奚功於物而欲比朕 力曰 夭壽窮達 貴賤貧富 我力之所能也 命曰 彭祖之智 不出堯舜之上 而壽八百 顔淵之才 不出衆人之下 而壽四八 仲尼之德 不出諸侯之下 而困於陳蔡 殷紂之行 不出三仁之上 而居君位 季札無爵於吳 田恒專有齊國 夷齊餓於首陽 季氏富於展禽 若是汝力之所能 奈何壽彼而夭此 窮聖而達逆 賤賢而貴愚 貧善而富惡邪 力曰 若如若言 我固無功於物而物若此邪 此則若之所制邪 命曰 旣謂之命 奈何有制之者邪 朕直而推之 曲而任之 自壽 自夭 自窮 自達 自貴 自賤 自富 自貧 朕豈能識之哉 朕豈能識之哉7)

'명命'과 '역力'은 각각 '천명天命'과 '인력人力'을 의인화시킨 것이다. 역이 먼저 명에게 요수궁달夭壽窮達과 부귀빈천富貴貧賤을 자신의

---

7) 『열자列子』 <역명力命>

힘으로 할 수 있다고 하자, 명이 이에 반박하고 있다. 즉 역대의 인물과 그들의 행실을 들어 역의 주장을 반박하고 있는 것이다.

팽조彭祖와 안연顏淵, 공자孔子와 주紂, 계찰季札과 전항田恒, 이제夷齊와 계씨季氏 등의 예를 보건대, 그들의 삶은 행실의 선악과 상반된 길흉화복을 누렸다는 말이다. 따라서 이들이 보여준 길흉화복은 재능이나 덕행과는 상관없이 운명이 그렇게 정해져 있었기 때문이라는 것이다. 그러니 역이 자신의 힘으로 요수궁달과 빈부귀천을 성취할 수 있다고 주장하는 것은 잘못되었다는 뜻이다.

이와 같이 명과 역의 논쟁은 결국 명의 우세로 결판난다. 즉 사람의 요수궁달과 빈부귀천은 품정된 명의 곡직曲直에 따라서 스스로 이루어지는 것으로 인식된다. 이는 명과 역 중에서 명의 역할을 절대적으로 인정하고 있음을 말해준다. 그러므로 인간의 힘이나 노력으로써 아무리 수·부·귀를 구한다고 해도 이루어질 수 없다는 인식이다.

왕충王充 역시 『논형論衡』에서 이러한 인식을 보여준다.

> 무릇 사람이 짝을 만나고 누해를 당하는 것은 모두 명으로 말미암은 것이다. 사생과 수요의 명이 있으며, 귀천과 빈부의 명도 있다. 왕공에서 서인에 이르기까지, 성현에서 하우에 이르기까지, 무릇 수목의 부류와 피를 가진 족속 중에서 명이 없는 것은 없다. 명이 빈천한데 비록 그를 부귀하게 할지라도 오히려 화환을 겪는다. 명이 부귀한데 비록 그를 빈천하게 하더라도 오히려 복선을 만난다.
> 凡人遇偶及遭累害 皆由命也 有生死壽夭之命 亦有貴賤貧富之命 自王公逮庶人 聖賢逮下愚 凡有首目之類 含血之屬 莫不有命 命當貧賤 雖富貴之 猶涉禍患矣 命當富貴 雖貧賤之 猶逢福善矣[8]

사람이 짝을 만나고 해를 당하는 것은 모두 명으로부터 말미암은 것이라고 하였다. 왕공王公에서 서인庶人에 이르기까지, 성현聖賢에서 하우下愚에 이르기까지 모든 사람의 빈부귀천은 운명으로 정해져 있다는 것이다. 그러므로 빈천한 운명을 타고난 사람을 인위적으로 부귀하게 하면 도리어 화환禍患을 겪게 되고, 반대로 부귀한 명을 타고난 사람을 빈천하게 만들지라도 끝내는 복선福善을 만나게 되어 있다는 말이다. 이는 모든 생물의 부귀빈천은 운명적으로 정해져 있어서 인위적으로 좌우할 수 없음을 의미한다. 상하를 막론하고, 오직 운명에 의하여 빈부와 귀천이 정해진다는 것이다.

왕충은 개인의 운명뿐만 아니라 한 나라의 흥망성쇠도 천명에 의하여 좌우된다고 생각하였다. 군주의 '현불현賢不賢'이나 정치의 '명불명明不明'이 국가의 성쇠에 아무런 영향을 끼칠 수 없다는 것이다.9) 결국 왕충은 개인과 국가를 막론하고 모든 행・불행이 명에 달려 있다는 사고를 보여주고 있다고 할 것이다.

이상으로 살펴본 자료들은 사람의 길흉화복은 운명에 의해 정해진 대로 이루어진다는 관점을 보여준다고 할 수 있다. 이른바 '정명定命'을 중시하는 사고라고 할 것이다. 이때 운명이란 '운명運命'과 '인력人力'의 상호 역학적인 관계로 규정되는데, 정명을 중시하는 관점은 바로 운명의 우위를 인정하는 인식에 해당한다. 이처럼 인간의 길흉은 정해진 대로 이루어진다는 인식은 정명 위주의 관점을 지니고 있다고 할 수 있다.

---

8) 왕충王充, 『논형論衡』 <명록命祿>
9) "國之安危 在數不在數 賢不賢之君 明不明之政 無能損益"(『논형論衡』 <치기治期>)

이와 같은 정명 위주의 관점을 보여주는 철학적 논설로는 남효온 南孝溫의 <명론命論>을 들 수 있다.

> 지극히 공평하여 사사로움이 없는 것을 천생이라고 하고, 화평하여 다함이 없는 것을 명이라고 한다. 명을 맑게 하는 것을 성스럽다고 하고, 명을 두려워하는 것을 현명하다고 하며, 명을 어지럽게 하는 것을 어리석다고 한다. 천명을 맑게 하는 자는 이에 복을 받게 되는데, 요와 문이 이런 경우이다. 요는 하늘의 공덕을 밝혀서 황천의 사랑을 받았으므로 천하의 군주가 된 것이다. 문은 순수하여 다함이 없었으므로 중년에 천명을 받아 나라를 다스린 것이 오십 년이었다. 명을 어지럽게 하고 이를 거슬린 자는 하늘이 끊어 버렸으니 후예와 왕망이 이런 경우이다. 이들 두 사람은 천명이 이미 있었다고 생각하여 탐욕스럽고 경멸스러우며 방자하게 행동하였으므로, 자신 또한 보전하지 못하였으며, 자손과 처자도 모두 살육되었다. 그러므로 하지 않으려고 해도 이루어지는 것이 천이다. 성스러움 또한 명이요 어리석음 또한 명이다. 명을 순수하게 하여 성스럽기로는 공자만한 사람이 없지만 그 자리가 따뜻해질 겨를이 없었다. 명을 두려워하여 현명하기로는 맹자만한 사람이 없지만, 길에 다니다가 늙어 죽었다.
>
> 至公無私之謂天 於穆不已之謂命 純命之謂聖 畏命之謂賢 暴命之謂愚 純乎天命者 錫玆祉福 堯文是也 堯亮天功 有皇天之眷命 爲天下君 文純不已 有中身之受命 厥享國五十年 暴命而橫者 天用剿絶 羿莽是也 玆二人者莫不謂已有天命 貪侮恣行 而身且不保 子孫孥戮 然莫之爲而爲者天也 聖亦命也 愚亦命也 純命而聖 莫如孔子 而席不暇煖 畏命而賢 莫如孟子 而卒老于行[10]

---

10) 남효온, <명론命論>, 『추강집秋江集』 권5(민족문화추진회 편, 『영인표점 한국문집총간』 권16, 1988, 107쪽.)

<명론命論>의 서두를 옮긴 것이다. 그는 먼저 천天과 명命을 일반적으로 정의하고, 명의 여러 가지 양상을 보여준다. 그는 천은 지극히 공평하여 사사로움이 없는 것이라고 하였고, 명은 화평하여 다함이 없는 것을 말한다고 하였다. 천이 공평무사하다는 것은 사의私意에 따라서 좌우되지 않는다는 것을 의미한다. 천은 사사로이 길흉화복을 주지 않는다는 것을 이렇게 말한 것이다. 결국 천명은 지극히 공평하고 사사로움이 없어서 화평함을 다하는 것을 말한다고 할 수 있다.

이렇게 천명의 의미를 밝힌 후, 남효온은 명에는 순명純命과 외명畏命과 폭명暴命이 있다고 하였다. 순명의 예로는 요와 순을 들고, 폭명의 예로는 후예와 왕망을 들고 있으며, 공자와 맹자는 각각 순명과 외명을 보여준 경우라고 하였다. 그런데 정작 중요한 것은 이러한 다양한 사건들이 가능했던 것은 바로 명 때문이라고 보고 있다는 점이다. 그에게 있어서 성聖·현賢·우愚는 모두 명에 의한 것으로서, 이는 아무리 하지 않으려고 해도 이루어지는 것이라고 하였다.

중간 부분에서는 부소扶蘇와 신생申生을 비롯한 역사적 인물을 들어 천명의 절대성을 피력하고 있다. 명을 받은 부소가 죽임을 당한 것이나, 신생이 살육당한 것조차 명이 바뀐 것이 아니라고 하였다. 그것은 명命의 변變이라는 것이다. 상常과 변變이 모두 명命이라는 말이다.11) 은나라의 삼인三仁이 도리를 다하였으나 주紂가 망하는 것을 막을 수 없었던 것도 명이며, 송나라의 문천상文天祥과 육수부陸秀夫가 지혜롭게 간신들을 물리쳤으나, 역시 원나라 병사를 물리칠 수

---

11) "扶蘇受命而誅 申生恭命而戮 何也 昊天疾威乎 降命無常乎 日 此命之變也 比如 春露而夏雨 秋霜而冬雪 常也 亦或殺氣之焦夏 桃李之冬華 變也 常亦命也 變亦命也"

없었던 것도 명이라는 것이다.12) 이렇게 <명론>에서는 현우賢愚·상변常變·흥망興亡이 모두 품부되어진 명에 의하야 정해진 기수氣數에 따라시 결정되는 것으로 인식된다.

마지막 부분에서는 개인의 빈부귀천도 운명에 의하여 정해진다고 하였다. 귀한 운명을 타고난 사람은 귀하게 되고, 천한 운명을 타고난 사람은 천하게 된다는 것이다. 마찬가지로 부유한 운명을 타고난 사람은 부유하게 되고, 빈곤한 운명을 타고난 사람은 빈곤하게 된다고 하였다. 한마디로 사람의 빈부귀천은 정해진 운명에 달려 있다는 생각이다. 따라서 사람은 하늘을 원망할 필요도 없고, 다른 사람에게서 구할 수 있는 것도 없다고 하였다. 빈부귀천이 모두 운명에 의해 정해진 것이라면, 굳이 하늘을 원망하고 다른 사람을 탓한다고 해도 소용이 없기 때문이다.13) 그러므로 담담하게 운명을 따르는 것이 바로 운명을 아는 자[知命者]의 행위라는 것이다.

결국 남효온은 국가의 흥왕興王과 참반僭叛에서부터 개인의 존망存亡·생사死生·득상得喪, 그리고 빈부貧富·귀천貴賤이 모두 명에 달려 있다고 보고 있다. 이런 사고는 인간사의 행불행 모두가 하늘이 정해준 바에 달려 있다고 믿는 인식에서 비롯되었다고 본다.
이와 같이 남효온이 <명론>에서 정명定命 위주의 관점을 견지하고 있는 것은 그의 생애와 밀접한 관련이 있는 것으로 보인다. 즉 생육신의 한 사람인 그는 단종의 친모인 현덕왕후의 복위를 상소했다가

---

12) "三仁祐商 不能扶紂亡 文陸相宋 不能却元兵 何也 畏命之實未盡乎 帝王之運有數乎 曰 福善禍淫曰命 懷仁背惡曰民 假如紂而改過 三仁用其道 則殷宗何至於遽亡乎 宋而有君如太祖 辨奸回之分 文陸用策 而陳賈退斥 則胡運方興 宋雖不能恢復中原 猶不失藝祖之祀矣 然興亡出於人主之聖狂 而有數亦定於自然之天者 興亦命也 亡亦命也"
13) 이는 공자의 말을 염두에 둔 것으로 볼 수 있다. "子曰 不怨天 不尤人 下學而上達 知我者其天乎"(『논어論語』<헌문憲問>)

좌절된 후, 세상사에 뜻을 잃고 유랑하다가 생애를 마친 인물이다. 또한 그는 개인적으로도 병약한 신체적 조건을 가지고 있었으며, 말년에는 누이와 작은 아들의 죽음 등으로 인하여 체념적인 사생관을 지니고 있었다고 한다.14) 이러한 그의 생애와 관련지어 볼 때, <명론>은 세조의 왕위찬탈의 부당성을 드러내는 한편, 자신의 불행도 운명적으로 이해하려 했던 것으로 보인다.

그러므로 남효온의 <명론>은 세상사의 길흉화복은 운명적으로 정해진 대로 이루어진다는 관점에 기초하고 있다고 할 수 있다. 이는 앞에서 언급했던 여러 문헌의 운명관과의 비교를 통해서 쉽게 짐작할 수 있는 바이다. 『서경』에서는 천명은 절대적인 것으로 믿어지고 있고, 『논어』와 『맹자』에서는 천명은 인력으로 좌우할 수 없다고 하였으며, 『열자』에서는 명에 의해 생사수요와 빈부궁달이 정해진다고 하였다. 이러한 인식은 <명론>에서도 그대로 찾아볼 수 있다.

그렇다면 <명론>은 운명은 정해진 대로 이루어진다는 관점을 견지하는 일례라고 본다. 앞에서 언급했던 문헌 중에서 남효온은 공자와 맹자의 영향을 특히 많이 받았던 것으로 보인다. 이는 <명론>에서 "하늘을 원망하지도 않고 사람을 탓하지도 않는다 [不怨天 不尤人]", "하지 않으려 해도 이루어지는 것이 곧 하늘이다 [莫之爲而爲者天也]"라는 구절15)이 언급되어 있는 것으로 보아 분명하다고 할 수 있다. 그러므로 <명론>은 공자와 맹자에서 찾아볼 수 있었던 정명 위주의 관점에 근거하고 있는 운명론이라고 할 수 있다.

---

14) 황패강, "남효온론," 『한국문학의 이해』, 새문사, 1991, 301~302쪽.
15) 이는 각각 『논어論語』<헌문憲問>과 『맹자孟子』<만장萬章>에 들어 있는 말이다.

3.1.2. 운명은 바꿀 수 있다는 관점

다음 운명은 정해진 것이기는 하지만 인간의 노력으로 바꿀 수 있다는 관점을 볼 수 있다. 즉 정해진 운명은 인간의 힘으로 어쩔 수 없는 한계이기는 하지만, 인간의 노력에 따라서 불운을 행운으로 바꿀 수도 있다는 것이다. 이러한 관점을 잘 보여주는 문헌이 바로 『논어』와 『맹자』이다. 이를 잘 보여주는 대목이 바로 사마우司馬牛와 자하子夏가 주고받은 문답이다.

> 사마우가 걱정하면서 말하기를, "사람들은 모두 형제가 있는데 나만이 홀로 없구나."라고 하였다. 이에 자하가 말하기를, "나는 들으니 '사생은 명에 달려 있고, 부귀는 하늘에 달려 있다'고 하였다. 군자가 공경하고 잃음이 없으며, 남과 더불어 공손하고 예가 있으면 사해의 안이 다 형제이니, 군자가 어찌 형제가 없음을 걱정하겠는가?"라고 하였다.
> 司馬牛憂曰 人皆有兄弟 我獨亡 子夏曰 商聞之矣 死生有命 富貴在天 君子敬而無失 與人恭而有禮 四海之內 皆兄弟也 君子何患乎無兄弟也[16]

앞에서도 언급하였지만, 이 부분이 주목되는 이유는 '死生有命 富貴在天'이라는 말이 포함되어 있기 때문이다. 자하가 이전에 들었다는 이 구절이 공자의 말인지 아닌지에 대해서는 아직도 논란이 계속되고 있지만, 이 대목은 초기 유가의 운명인식을 잘 보여주는 부분임은 틀림없다고 본다. '死生有命 富貴在天'에서의 명과 천은 첩어疊

---

[16] 『논어論語』 <안연顏淵>

語로 말한 것으로서17) 모두 객관적 한계로서의 의미를 가진다.18) 명과 천이 한정의 의미를 가진다면, 이는 사생과 부귀는 하늘이 정해준 객관적인 한계로 인식된다는 것을 의미한다. 그것은 사람이 태어날 때 하늘로부터 부여받는 것이니, 지금에 와서 바꿀 수 없는 것이다.19)

그렇지만 이 구절의 진정한 의미는 그 전후의 문맥을 함께 고려할 때 적실하게 드러난다고 할 수 있다. 자하는 '생사는 명에 달려 있고 부귀는 하늘에 달려 있다.'고 들었지만, 경건한 마음으로 법도를 잃지 말고 다른 사람에게 공손하여 예를 지킨다면, 모든 사람이 형제라고 하였다. 경건하고 공손한 태도를 지닌다면 형제가 없는 것이 전혀 문제되지 않는다는 말이다. 이는 인간의 생사와 부귀가 운명적으로 정해져 있음을 인정하면서도, 예를 다한다면 자신에게 주어진 불운을 바꿀 수도 있다는 인식이라고 할 수 있다.

> 공자께서 말씀하셨다. "부를 구하여 될 수 있다면, 말채찍을 잡는 자의 짓이라도 내 또한 그것을 하겠다. 그러나 만일 구하여 될 수 없는 것이라면, 내가 좋아하는 바를 따르겠다.
> 子曰 富而可求也 雖執鞭之士 吾亦爲之 如不可求 從吾所好20)

부富를 구할 수 있다면 '집편지사執鞭之士'의 짓이라도 해서 이를 구하겠다고 하면서, 만일 구할 수 없는 것이라면 자신이 좋아하는

---

17) 이익李瀷, <인귀사생人鬼死生>, 『성호사설星湖僿說』, 권20(민족문화추진회 편, 『국역 성호사설』권8, 원문 17쪽.)
18) 류명종, "공자의 천명관," 《현대와 종교》5집, 현대종교문제연구소, 1982, 79쪽.
19) 위의 인용문의 주석에서 이렇게 해석해 놓았다. "命稟於有生之初 非今所能移 天莫之爲而爲 非我所能必 但當順受而已"(『논어論語』 <안연顔淵>)
20) 『논어論語』 <술이述而>

바를 따르겠다고 하였다. 채찍을 잡는 일은 천한 일이다. 부를 구할 수 있는 것이라면 이러한 천한 일을 해서라도 구하겠지만, 그렇지 않다면 의리義理를 따르겠다는 생각을 이렇게 말한 것이다. 즉 빈부는 천명에 달린 것이니 억지로 구할 수 없는 것임을 분명히 밝혔다고 할 수 있다.21) 즉 부귀를 구할 수 있는가 없는가가 중요한 것이 아니라 그에 대한 태도가 중요하다는 인식이다.

이와 같은 구절들을 살펴보면 생사와 부귀는 천명에 의하여 정해진 것이면서도 또한 인간의 태도에 따라서 달라질 수도 있다는 인식을 보여준다고 할 수 있다. 이는 '정명定命'을 인정하면서도 또한 인간의 태도와 노력을 중시하는 인식이라고 본다. 이와 같은 공자의 운명관에 대해서는 양면적인 평가가 대립되어 있는 상태이다. 이를 긍정적으로 평가하려는 쪽에서는 사람들에게 돌연적인 질병이나 죽음에 이르러서도 굳건하게 대처할 수 있는 의연함과 힘을 주었다고22) 해석한다. 그러나 다른 한쪽에서는 생사와 빈부까지 운명적으로 어쩔 수 없는 것으로 받아들이고자 했다고 평하기도 한다.23) 이렇듯 상반된 평가가 이루어진 것은 근본적으로 공자의 운명관이 가지는 중간적 성격 때문이라고 할 수 있다. 그렇다면 어느 한쪽에 치

---

21) 이 구절에 대한 주석에서 이러한 내용을 볼 수 있다. 소씨는 "성인이 일찍이 부를 구함에 마음을 두신 적이 없으니 어찌 가능함과 불가능함을 따지겠는가. 그런데 이러한 말씀을 하신 것은 다만 결코 구해서 될 수 없음을 밝혔을 뿐이다"라고 하였다. (蘇氏曰 聖人未嘗有意於求富也 豈問其可不可哉 爲此語者 特以明其決不可求爾) 양씨는 "군자는 부귀를 싫어해서 구하지 않은 것이 아니라 그것이 하늘에 달려 있어서 구할 수 있는 방도가 없기 때문이다."라고 하였다. (楊氏曰 君子非惡富貴而不求 以其在天 無可求之道也)
22) 김승혜, 『원시유교』, 민음사, 1990, 133~134쪽.
23) 이와 같은 공자의 운명인식은 소극성과 적극성의 양면이 동시에 찾아볼 수 있다고 한다. 이에 대해서는 송정희, "공자의 천天에 관한 연구," 《중국학보》 18집, 1979, 16~17쪽을 참고하였다.

우친 평가를 내리기보다 그러한 두 가지 성격을 동시에 지니고 있다고 보는 것이 온당하다고 본다.
한편 『맹자』에서는 이러한 인식이 더욱 구체적으로 나타난다.

> 맹자께서 말씀하셨다. "그 마음을 다하는 자는 성을 알고, 성을 알면 하늘을 알게 된다. 그 마음을 보존하여 그 성을 기름은 하늘을 섬기는 것이요, 요절하거나 장수함에 의심하지 않아 몸을 닦고 천명을 기다림은 명을 세우는 것이다.
> 孟子曰 盡其心者 知其性也 知其性 則知天矣 存其心 養其性 所以事天也 夭壽不貳 修身以俟之 所以立命也[24]

'입명立命'은 하늘이 부여해 준 것을 온전하게 보존하여 인위人爲로써 해치지 않음을 이른다.[25] 그렇게 하기 위해서는 수명의 길고 짧음을 의심하지 말고 수신修身하여야 한다는 것이다. 요수夭壽를 의심하지 말라는 것은 요절할 것을 불안해하거나 근심하지 말라는 의미이다. 요수를 의심하기보다 오히려 수신하면서 명을 기다리는 것이 옳다는 말이다. 그러나 요수를 의심한다면 문제는 달라진다.

요수를 의심한다는 것은 곧 운명을 의심하는 것이 된다. 이는 곧 인력人力의 개입을 의미하며, 운명과의 대립과 갈등을 일으킨다는 것을 뜻한다. 그런데 맹자는 요수를 의심하지 말고 수신한 후에 천명을 기다리라고 하였던 것이다. 이는 수명의 장단을 객관적인 한계로 받아들여서, '외구外求'하지 말아야 한다는 것을 의미한다.[26]

---

24) 『맹자孟子』<진심盡心> 번역문은 성백효, 『현토완역 맹자집주』, 재판, 전통문화연구회, 1992를 참고하였으며, 이하 『맹자』의 인용 및 번역문도 동일하다.
25) "立命謂全其天之所付 不以人爲害之"
26) 노사광, 『중국철학사』(고대편), 정인재 역, 탐구당, 1986, 170쪽.

맹자께서 말씀하셨다. "명 아님이 없으나 그 정명을 순히 받아야 한다. 이런 까닭에 명을 아는 자는 위험한 담장 아래 서지 않는다. 그 도를 다하고 죽는 자는 정명이요, 질곡으로 죽는 자는 정명이 아니다."
孟子曰 莫非命也 順受其正 是故 知命者 不立乎巖墻之下 盡其道 而死者 正命也 桎梏死者 非正命也27)

맹자는 우선 세상의 모든 일이 명이 아닌 것이 없다고 하면서 그 정명正命을 순순히 받아야 한다고 했다. 따라서 명을 아는 자 [知命者]는 위험한 담장 아래에 서지 않는다는 것이다. 혹여 담장이 넘어져서 화를 당할 수 있기 때문이다. 이러한 죽음은 도를 다하지 못한 '비정명非正命'에 해당하기 때문이다. 또한 맹자는 죄를 범하여 죽는 것도 '비정명'에 해당한다고 보았다. 이 역시 하늘이 품부해 준 명命을 다하지 못한 까닭이다. 이렇듯 맹자의 정명론正命論은 명을 바르게 하는 데에 초점이 놓여 있다.

이를 통해서 맹자의 운명관은 '입명立命'과 '정명正命'에 초점이 놓여 있음을 알 수 있다. '입명'은 요수를 의심하기보다는 수신하면서 천명을 기다리는 일이요, '정명'은 도를 다하고 죽는 것을 말한다.

이는 인간의 운명이 정해져 있다는 것을 인정하되, 몸을 닦고 도를 다함으로써 명을 받아들여야 한다는 의미이다. 한마디로 말해서 인간의 운명은 하늘에 달려 있지만, 이에 집착하기보다 도리어 수신修身과 진도盡道에 비중을 두어야 한다는 말이다. 이야말로 "진인사대천명盡人事待天命"하는 태도이며, "모사재인謀事在人 성사재천成事在

---
27) 『맹자孟子』 <진심盡心>

天"이라는 인식이다. 이처럼 맹자는 천명天命과 인력人力의 조화를 인정하는 인식을 찾아볼 수 있다.

이와 같이 『논어』와 『맹자』에서는 인간의 길흉화복은 운명적으로 정해져 있으나 인간적인 노력을 소홀히 할 수 없다는 관점을 보여주고 있음을 알 수 있다. 이는 운명과 인력의 조화를 주장하는 중간적인 입장이라고 할 수 있다. 이는 『서경』이나 『열자』의 운명관과 분명하게 다른 부분이다. 유가에서는 운명적 요소의 우위를 인정하면서도, 인력적 요소를 소홀히 할 수 없다고 하였기 때문이다. 경건하고 공손한 태도를 지니고 수신하는 자세로 살아간다면 역경을 피할 수도 있다는 것이다. 이는 '중용中庸'을 중시하는 자세와도 관련이 깊으며,28) "귀신을 존숭하되 이를 멀리하는 [敬鬼神而遠之]"하는 귀신관鬼神觀과도 상통한다고 할 수 있다.29) 결국 공자와 맹자의 운명관은 운명은 정해진 것이기는 하되, 바꿀 수도 있다는 관점을 지니고 있다고 할 수 있다.

한편 이와 같은 인식을 보여주는 철학적 논설로는 이이李珥의 <수요책壽夭策>30)을 들 수 있다. <수요책>은 수명壽命의 관한 세 가지 설說의 타당성 여부를 논한 글이다. 그 세 가지 설은 바로 수數・기氣・리理를 말한다. 그는 먼저 서두의 물음에서 이러한 세 가지 설의 모순을 드러내고 이에 대한 답을 구한다고 했다. 즉 수數의 설은 사람의 수명이 제각각이어서 일정하지 않으므로 믿을 수 없다

---

28) 풍우馮寓, 김갑수 역, 『천인관계론』, 신지서원, 1993, 138쪽.
29) 『논어論語』 <옹야雍也>
30) 이이李珥, <수요책壽夭策>, 『율곡전서栗谷全書』 습유 권5(『국역 율곡전서 Ⅳ』, 재판, 한국정신문화연구원, 1996.)

고 하고, 기氣의 설은 기질의 순후하고 경박함에 따라야 하지만 그렇지 않으므로 믿을 수 없으며, 이理의 설은 사람의 인仁·불인不仁에 따라야 하지만 역시 그렇지 않으므로 믿을 수 없다고 문제를 제기한다.

이에 대해서 이이는 하나씩 답변한다. 먼저 수數의 설에서는 천지는 일원一元으로서 수를 삼고, 사람은 세世로서 수를 삼으며, 초목은 세월로서 수를 삼고, 하루살이는 하루로서 수를 삼는다고 했다. 그러나 천지만물은 각기 수數가 있기 때문에 모두 동일한 수를 적용할 수 없다고 하였다. 즉 사물도 한 가지가 아니고 사람도 한 사람이 아닌데, 단일한 수數로써 그 길고 짧음을 논단하는 것은 부당하다는 말이다.

다음 기氣의 설에서는 상고시대에는 기질이 순후하여 욕심이 적었기 때문에 기를 온전하게 하여 장수하였지만, 중고 이후로는 기질이 부박하여 기를 손상시켜 요사하게 되었다고 했다. 이 또한 만물과 사람이 각기 하나의 기를 타고 났다면, 옛날의 기는 풍부하고 지금의 기는 부족하다는 것은 잘못되었다고 보았다. 한편 이理의 설은 덕을 닦는 사람 [修德之人]은 하늘의 도움 [天佑]을 받아 장수하고, 그렇지 않은 사람은 하늘의 주벌을 면치 못한다고 하지만, 현실은 전혀 그렇지 않다고 하였다. 결국 수數·기氣·리理 중에서 어느 한 가지만으로 수요壽夭를 논하는 것은 잘못되었다는 것이다.

이를 해결하기 위해서 이이는 '품기稟氣'와 '양기養氣'를 들어 설명한다.

> 사람이 맑은 기운을 타고나면 착하기는 하지만, 맑은 기운을 타고난 사람이 반드시 후하라는 법은 없으니, 어진 사람이 꼭 장수한

다고 보장할 수 없는 것입니다. 탁한 기운을 타고난 사람은 악하기
는 하지만, 탁한 기운은 타고난 사람이 반드시 박하란 법은 없으니,
어질지 못한 사람이 꼭 요사한다고 할 수는 없는 것입니다. 그러니
안자의 요절과 도척의 장수를 어찌 의심하겠습니까. 선유가 말하기
를, "요순은 기운의 맑고 후한 것을 얻고, 공자는 기운의 맑고 박한
것을 얻었다."고 한 것도 이를 두고 하는 말입니다. 이것이 이가 기
속에 붙어 있는 소이입니다.

> 人之受氣之淸者 善則善矣 淸者未必厚 則仁者不可必其壽也 受氣
> 之濁者 惡則惡矣 濁者未必薄 則不仁者不可必其夭也 顔子之夭 盜蹠
> 之壽 又何疑哉 先儒之論 以爲堯舜稟氣之淸而厚者也 孔子稟氣之淸
> 而薄者也 其斯之謂乎 此所以理寓於氣者也[31]

'품기稟氣'가 맑다고 해서 반드시 후한 법이 없고, 또한 '품기'가 탁
하다고 해서 반드시 박한 법도 없다고 했다. '품기'의 청탁은 곧 그
사람의 선악을 좌우한다. 그러나 이러한 선악이 반드시 품기의 후박
에까지 영향을 주지는 않는다는 견해이다. 요堯와 순舜 임금처럼 맑
으면서도 후한 기운을 타고나는 경우도 있지만, 공자처럼 맑으면서
도 박한 기운을 얻을 수도 있다는 것이다. 이와 마찬가지로 안자顔子
와 같이 어진 사람이 요절하기도 하고, 도척盜蹠과 같이 악한 사람도
장수할 수도 있다는 말이다. 그러므로 안자의 요절과 도척의 장수를
의심할 필요가 없다는 것이다. 이는 사람의 수명에 있어서 '품기'의
역할이 심대하다는 것을 의미한다. 그가 타고난 '품기'의 후박에 따
라서 수요壽夭가 결정된다는 것이다.

그렇다고 해서 '품기'만으로 그의 수요가 결정되는 것은 아니라고 주

---

31) 위의 책, 150쪽.

장한다. 이를 위해서 '품기'에 대응될 수 있는 '양기養氣'를 내세운다.

> 그러나 여기에 한 가지 방도가 있으니, 기가 비록 박해도 진실로 잘 배양한다면 어찌 배양의 공이 없겠습니까. 기가 비록 후할지라도 진실로 자신이 자기 몸을 해친다면 어찌 손상되는 해가 없겠습니까.
> 雖然 有一於此 氣雖薄矣 苟能善養 則豈無培植之功乎 氣雖厚矣 苟使自戕 則豈無耗損之害乎[32]

'품기'가 박하다고 해도 이를 잘 배양培養하면 그에 상응하는 효과가 있을 것이고, 또한 '품기'가 후하다고 해도 이를 스스로 해친다면 그만한 손해가 있을 것이라고 했다. '품기'를 어떻게 보존하고 배양하느냐에 따라서 그 사람의 수요가 달라질 수 있다는 말이다. 즉 안자가 도척과 같은 악행을 저질렀다면, 이는 박한 기운에다 악행을 저지른 격이니, 서른 살도 못살았을 것이라는 생각이다. 이와 반대로 도척이 안자와 같은 행동을 했다면, 이는 기운이 후한데다 선행을 한 격이니, 요순의 장수를 누렸을 것이라는 생각이다. 이와 같이 사람의 수요는 '품기'에 따라 정해지지만, '양기'에 의하여 어느 정도 조정이 가능하다는 것이다.

즉 박한 기를 품부 받았다고 해도 이를 잘 배양하면 오래 살 수 있지만, 반대로 후한 기운을 품부 받았다고 해도 이를 잘 보호하지 못하면 화를 당할 수도 있다는 것이다. 따라서 군자는 비록 수명의 장단이 명에 달려 있는 줄 알면서도 기를 수양하는 일을 폐지하지

---

32) 같은 곳.

않는다고 했다. 결국 이이는 결국 사람의 수요를 '품기'와 '양기'의 관계로 인식하고 있음을 볼 수 있다.

이와 같은 <수요책>의 운명관은 근본적으로 『논어』와 『맹자』의 그것과 동일하다. 공자와 맹자는 생사와 빈부귀천이 운명적으로 정해지는 것이기는 하지만, 공손한 태도와 예의를 소홀히 할 수 없다고 하였다. 이이 역시 사람의 수요는 '품기'에 의하여 정해지지만, '양기'를 폐할 수 없다고 하였던 것이다. 이는 수신한 이후에 명을 기다린다는 맹자의 생각과 흡사하다. 사람의 수요가 초품初禀되는 것이기는 하지만, 배양하는 바에 따라 이를 바꿀 수 있다는 것이다. 이러한 이이의 운명관은 천명과 인간적 노력을 합일시키려는 인식이라고 할 수 있으며, 이야말로 인간적 도리를 다하는 것으로써 인간의 주체적 면모를 확보하고자 하였던 것으로 볼 수 있다.

사람의 수요가 초품된다는 것은 '정명定命'을 중시하는 관점이라고 할 수 있다. 그런데 이이는 품부 받은 기를 배양하는 바에 따라서 장수할 수도 있고 요절할 수도 있다고 하였다. 즉 인간의 노력에 의해서 배양의 공功이 있음을 인정한 것이다. 결국 품부 받은 기도 중요하지만, 더욱 중요한 것은 기의 배양이라고 할 수 있다. 이러한 배양의 공에 따라 수요가 바뀌어질 수 있다고 하였으니, 이는 인간의 노력도 함께 배려하고 있다고 할 것이다. 이런 점에서 이이는 '정명定命'과 '조명造命'을 함께 고려하는 관점을 보여주고 있다.

3.1.3. 운명은 만들 수 있다는 관점

한편 『묵자墨子』에서는 운명을 부정하는 인식을 찾아볼 수 있다. 이른바 '비명론非命論'이 바로 그것이다. 이는 앞서 살펴본 문헌에 나타난 운명관과는 다른 부분이다. 앞에서 다룬 두 가지 관점은 인간의 노력에 대한 비중에서 차이가 있을 뿐, 근본적으로 운명의 존재를 인정하고 있었다. 그러나 비명론에서는 이러한 태도에 대한 비판적 인식을 보여주고 있다.

> 운명이 있다고 주장하는 사람들은 말하기를, 운명이 부유하게 되어 있으면 부유해지고, 운명이 가난해지게 되어 있으면 가난해지며, 운명이 사람이 많아지게 되어 있으면 사람이 많아지고, 운명이 사람이 적어지게 되어 있으면 사람이 적어지며, 운명이 다스려지게 되어 있으면 다스려지고, 운명이 어지러워지게 되어 있으면 어지러워지며, 운명이 장수하게 되어 있으면 장수하고, 운명이 요절하게 되어 있으면 요절한다. 운명은 비록 강한 힘이 있다한들 어찌할 수 있는가? 이런 말로써 위로는 임금과 장관들을 설복시키고 아래로는 백성들이 일에 종사하는 것을 방해한다. 그러므로 운명이 있다고 주장하는 자들이란 어질지 못한 것이다.
> 執有命者之言曰 命富則富 命貧則貧 命衆則衆 命寡則寡 命治則治 命亂則亂 命壽則壽 命夭則夭 命雖强勁何益哉 以上說王公大人 下以駆百姓之從事 故執有命者不仁33)

운명이 있다고 주장하는 사람들 [執有命者]은 빈부貧富・중과衆寡・치란治亂・수요壽夭가 모두 운명으로 정해져 있다고 생각한다는 것이다. 이들은 사람이 아무리 강한 힘을 가지고 있다고 해도, 운명은 어찌할 수는 없다고 믿고 있다는 말이다. 그러나 묵자墨子는 그렇게 생각하지 않는다. '집유명자執有命者'의 말들은 위로는 왕공대인王

---

33)『묵자墨子』<비명非命>

公大人을 설복시키고, 아래로는 백성들의 종사從事를 방해할 뿐이라고 반박한다. 그렇게 함으로써 결국에는 정치를 혼란시키게 되고, 생업을 소홀히 하게 하여 백성들을 가난하게 한다는 것이다. 그러므로 묵자는 '집유명자' 즉 운명이 있다고 주장하는 사람들을 어질지 못하다고 비판한다.

이와 같은 묵자의 비명론은 유가儒家와 도가道家의 운명론에 대한 비판에서 비롯되었다고 한다.[34] 다음은 유가에 대한 비판이 직접적으로 드러난 경우이다.

> 또 억지로 운명이 있다는 이론을 주장하며 말하기를, 수요와 빈부, 안위와 치란이 본시 하늘의 명에 있는 것이어서 덜거나 보탤 수가 없다. 궁달과 상벌, 그리고 행과 불행이 정해진 것이어서 사람의 지혜나 노력으로는 어찌할 수가 없는 것이라고 한다. 여러 관리들이 이 말을 믿게 되면 자기의 직책에 태만하게 되고, 서민들이 이 말을 믿게 되면 자기 일에 나태하게 될 것이다. 관리들이 일을 처리하지 않으면 나라가 혼란하게 되고, 백성들이 농사를 허술하게 하면 가난해진다. 가난해지거나 혼란해지는 것은 정치의 근본에 위배되는 것인데, 유가에서는 올바른 도리라고 여기고 가르치고 있으니 이것은 천하의 사람들을 해치는 짓이다.
> 有强執有命以說議曰 壽夭貧富 安危治亂 固有天命 不可損益 窮達賞罰 幸否有極 人之知力 不能爲焉 羣吏信之 則怠於分職 庶人信之 則怠於從事 吏不治則亂 農事緩則貧 貧且亂 倍政之本 而儒者以爲道敎 是賊天下之人者也[35]

---

34) 김학주, 『묵자』, 민음사, 1988, 132~135쪽.
35) 『묵자墨子』 <비유非儒>

유가의 운명관을 비판하는 내용이다. 유가에서는 수요와 빈부, 그리고 안위와 치란을 천명에 달려 있다고 하여, 이를 덜거나 보탤 수 없다고 믿는다는 것이다. 또한 궁달과 상벌, 그리고 행과 불행도 정해진 것이어서, 사람의 지혜나 노력으로는 어찌할 수 없다고 한다는 것이다. 이러한 유가의 운명관을 묵자는 정치의 근본에 비추어 비판하고 있다. 만약 유가의 이런 말을 관리가 믿는다면 그는 직분을 게을리 하고, 백성이 믿는다면 그 또한 농사를 소홀히 하게 된다는 것이다. 왜냐하면 이미 치란과 빈부가 운명적으로 정해져 있기 때문에 굳이 잘 다스리거나 농사를 잘 지으려고 노력할 필요가 없기 때문이다. 이렇게 되면 도리어 나라는 혼란해지고 백성들은 가난해지게 되는데, 이는 정치의 근본에 어긋난다는 말이다.

이러한 묵자의 비판은 유가의 운명관이 가지는 양면성兩面性 때문이다. 앞서 살펴본 바와 같이 유가의 운명관은 운명은 초월적으로 정해져 있다는 것을 인정하면서도 인간적인 노력을 중시하고 있기 때문이다. 이는 시각에 따라 얼마든지 편향적으로 이해할 수 있는 것이 사실이다. 예를 들어 맹자의 입명론立命論이나 정명론正命論도 정명적定命的 관점의 변형으로 볼 수 있기 때문이다. 이런 점에서 묵자의 비판은 타당성을 가진다고 할 수 있다. 그렇지만 더욱 중요한 것은 묵자가 운명과 인간을 상호 대립적인 위상으로 파악하고 있다는 점이다. 그럼으로써 운명을 배제하고 인력人力을 적극적으로 옹호하는 입장을 취할 수 있었던 것으로 보인다.

이와 같이 『묵자』에서는 유가와 도가의 운명관을 비판하고, 인력人力을 긍정하는 비명론非命論을 펼치고 있다. 인생의 길흉화복은 운명에 의하여 정해지는 것이 아니라, 인간의 지혜와 노력에 달려 있다는 인식이다. 이는 『서경』이나 『열자』에서의 인식과는 정반대의 입장이라고 할 수 있으며, 『논어』와 『맹자』와도 상당히 다른 인식이라고 생각된다. 이러한 묵자의 비명론은 운명과 인력 중에서 인력의 비중을 특히 높게 인식하는 경우라고 할 수 있다. 이는 '정명定命'을 인정하는 견해에 대한 반론적 성격을 가진다는 점에서 인력을 위주로 하는 관점으로서의 의미가 있다고 할 것이다.

한편 묵자의 비명론은 명대明代에 이르러 제기된 '조명설造命說'과 궤를 같이한다고 할 수 있다.36) 물론 조명설이 비명론을 그대로 이어받았다는 말은 아니다. 좀 더 정확하게 말한다면 조명설은 공자·맹자의 운명관과 묵자의 비명론의 중간적인 위치를 차지한다고 보는 것이 타당하다.37) 즉 공자와 맹자도 인정했던 인간적인 노력을

---

36) 풍우馮寓, 김갑수 역, 『천인관계론』, 신지서원, 1993, 160~168쪽.
37) 예를 들어 다음과 같은 왕부지王夫之의 조명설造命說에서도 이를 짐작할 수 있다. "군주와 재상은 운명을 만들 수 있다는 업후의 말은 훌륭하다. 군주나 재상의 자리에 올라 하늘과 더불어 권력을 다툰다는 것은 운명을 기다려야 한다는 옛말과는 다르다. 운명을 만든 뒤에야 기다릴 수 있으며, 운명을 받아들인 후에야 운명을 만들 수 있는 것이다. 이와 같이 추론하면 어찌 군주와 재상만이 그렇다고 할 수 있겠는가? …… 군주나 재상이 커다란 권력을 가지고 있기 때문에 치란과 존망의 운수 또한 크다. 그러나 실제로 사서인의 궁통과 생사도 동일한 비중을 가지고 있다. …… 그러므로 업후의 말은 대단한 것이 아니며, 하늘과 더불어 권력을 다툴 만한 것도 아니다. 그는 자신이 왜소하기 때문에 하늘의 희노를 감당할 수 없다고 생각하였지만, 하늘은 본래 희노가 없으므로 오직 이치에 따라 하늘을 두려워하면 운명은 자기에게 놓여 있는 것이다. 그러나 그 말에도 잘못이 있다. 오직 군주와 재상만이 운명을 만들 수 있다면, 군주와 재상 이외에는 운명과 무관하다는 말인가? 수신하여 명을 기다리며 행동을 삼가서 명을 길이 보존한다면, 일개 선비라도 운명을 만들지 못할 것이 없다. 君子可以造命 鄴候之言大矣 進君相而與天爭權 異乎古之言侯命者矣 乃惟能造命者而後可以侯命 能受命者而後可以造命 推致其極 又豈徒君相爲然哉 …… 而君相之權藉大 故治亂存亡之數亦大 實則與士庶之窮通生死 其量適止於是者 一也 …… 故鄴候之言非大也 非與天爭權 自知貌然不足以當天之喜怒 而天固無喜怒 惟循理以畏天 則命在己矣 雖然 其言有病 唯君相可以造命 豈非君相而無於命乎 修身以侯命 愼動以永命 一介之士 莫不有造焉"(왕부지王夫之, 『독통감론讀通鑑論』)

높이 평가하면서 동시에 '정명定命'을 부정했던 묵자의 인식을 받아들인 것이 아닌가 한다. 따라서 운명은 인간의 지혜와 노력으로 만들 수 있다는 관점은 또 하나의 운명관이라고 할 수 있다.

이처럼 인력人力의 중요성을 인식하고 있는 철학적 논설로는 성호星湖 이익李瀷의 <조명造命>을 들 수 있다. <조명>은 <인귀사생人鬼死生>, <원천우인怨天尤人>, <정명定命> 등과 더불어 이익의 운명관을 보여주는 글이다. <원천우인怨天尤人>이라는 글에서는 운명이란 내가 받아서 간직한 것으로서, 사람의 수요壽夭·강약强弱·지우知愚는 물론이고 귀천·빈부·일로逸勞가 모두 하늘에 달려 있다고 하였다.[38] 그러므로 하늘을 원망하거나 다른 사람을 탓할 필요가 없다는 것이다.

한편 <인귀사생人鬼死生>이란 글에서는 운명을 '품수되어 정해진 명' [稟定之命]과 '만나는 바의 길흉' [所値之吉凶]으로 나누어 논하고 있다.[39] '품정지명稟定之命'은 태어나는 순간에 주어지는 것이고, '소치지길흉所値之吉凶'은 일생 동안 살아가면서 만나게 되는 바를 의

---

[38] "命者我之所受而有者也 我樂人憂我非替人之樂而爲樂 人樂我憂亦豈人替我之樂者哉 然人貴而我賤 人富而我貧 人逸而我勞 此出於人者也 人壽而我夭 人强而我弱 人知而我愚 此出於天者也 常人之情愁若困極竊竊然尤人而怨天 殊不知命非替當者也 天地交感 絪縕化醇 物各賦形 氣有淸濁輕重分數 而物以之貴賤 天何嘗有意於其間" (이익李瀷, <원천우인怨天尤人>, 『성호사설』 권7(『국역 성호사설』 권3, 원문 10쪽.)) 원문은 민족문화추진회 편, 『국역 성호사설』, 중판, 민문고, 1989의 영인본을 이용하였으며, 번역문도 부분적으로 첨삭하여 사용하였다. 차후 『성호사설』의 원문 및 번역문은 별도의 언급이 없는 한, 이 책을 이용하였음을 밝혀둔다.

[39] "然人生已有稟定之命 死生是也 旣稟之後隨其所値 或有吉凶之異 如富貴貧賤之類 是天也 凡論命 須在墮地之初 至富貴貧賤 則必把終身看 方得於此 又須言天也 此類 與孟子之意 差不同也"(이익, <인귀사생人鬼死生>, 『성호사설』 권20(민족문화추진회 편, 『국역 성호사설』 권8, 원문 17쪽.))

미한다. 전자가 바로 '명命'이라면, 후자는 '운運'을 의미한다고 할 수 있다. 이러한 두 가지 글은 운명의 의미를 파악하는 글로서 의미를 가진다고 할 수 있다.

그러나 이익은 여기에서 더 나아가 조명론造命論을 제기하고 있어 주목된다. 먼저 <정명定命>이라는 글을 보기로 한다.

> 하늘이 정한 운명 [定命]은 마땅히 사람의 사사로움이 들어가지 않은 경지에서 보아야 한다. 대저 수목에 대하여 편楩·남柟과 같은 교목, 진榛·극棘과 같은 잡목이나 가시나무 등 각각의 크고 작은 성질이 있고, 빈 산에서 자라 각각 품수稟受한 한계를 채워서 옮기거나 바꿀 수 없는 것을 명이라 이른다. 혹은 바람에 뽑히고 비에 떠내려가거나, 소와 양에 시달리고 크고 작은 도끼에 상하게 되는 것을 만난 바의 길흉 [所值之吉凶]이라 이른다. 품수한 바와 만난 바가 또 경중의 분수가 있다. 혹 품수한 바는 중하고 만난 바가 경하거나, 혹 품수한 바는 경하고 만난 바가 중하기도 하다. 그러나 경한 것은 중한 것에 지고 마는 법이므로 이 두 가지 것을 합하여 그 운명을 판단할 수 있다.
> 사람에게 있어서 마음의 생각은 통하고 막힌 바가 있고, 일을 처리하는 데에 선과 악이 있다. 복을 속여 화가 된 것은 제신帝辛 때 참새가 큰 새를 낳은 것이 그것이고, 화를 얻어 복이 된 것은 태무太戊 때 뽕나무와 닥나무가 하루에 한 아름이 된 것이 그것이다. 이는 몸과 마음을 합하여 그 운명을 판단한 것이다. 혹 바른 것을 지켜도 액을 당하고, 간활한 짓을 하여도 출세하는 것은 사람과 세상을 합하여 그 운명을 판단한 것이다. 운명을 어찌 일정하게 논할 수 있겠는가? 오직 수목은 처음이나 나중이나 그 품수한 바에 안착할 뿐 화와 복은 자기가 구할 수 없는 것이니, 이 점에 대하여 사람이 마땅히 힘쓸 바이다.

天之定命當於不擾人意處看 夫樹木梗相榛棘各有大小之性 長於空山各充所稟之限不可移易 是之謂命 或風拔雨漂 牛羊之觸 斧斤之傷 是謂所値之吉凶也 稟與値又有輕重分數 或稟重而値輕 或稟輕而値重 輕爲重所勝 是合二物而斷其命也 至於人 心思有通塞 處事有臧否 有詭福爲禍者 帝辛之雀生大鳥 是也 有得禍爲福者 太戊之桑穀大拱 是也 是合身與心而斷其命也 或守正而披厄 奸猾而得志 是合人與世而斷其命也 命其可一定論乎 惟樹木始終安其天賦 禍福無有自己求者 是乃人之所當勉也[40]

<정명定命>에서는 운명을 판단할 수 있는 세 가지 기준을 제시한다. '품여치稟與値', '신여심身與心', '인여세人與世'가 바로 그것이다.

첫째, '품稟'과 '치値'의 경중을 따져서 운명을 논할 수 있다고 하였다. '품'이란 바로 '품수된 바의 한계' [所稟之限]을 의미하며, '치'는 '만나는 바의 길흉' [所値之吉凶]을 뜻한다. 나무에게서 볼 수 있는 대소의 성질은 '품'에 의해 정해지는 것이지만, 나무가 바람에 뽑히고 비에 떠내려가거나, 소와 양에 시달리고 크고 작은 도끼에 상하게 되는 것은 '치'에 달려 있다는 것이다. 이러한 '품'과 '치'의 경중을 따져서 운명을 논할 수 있다는 것이다. 둘째, '신身'과 '심心'을 합쳐서 운명을 판단할 수 있다고 하였다. 즉 심사心思의 통색通塞과 처사處事의 장부臧否에 따라서 화가 복이 되기도 하고, 복이 화가 되기도 하였다. 셋째, '인人'과 '세世'를 합하여 운명을 논할 수도 있다고 하였다. 바른 것을 지켜도 액을 당하기도 하고, 간활한 짓을 하여도 출세하기도 하는 경우가 생기는 것은 바로 '인'과 '세'에 따라서 운명이 정해지기 때문이라는 것이다.

---

[40] 이익, <정명定命>, 『성호사설』 권13(『국역 성호사설』 권5, 원문 64~65쪽.)

이와 같이 이익은 운명을 판단할 수 있는 기준을 들고 난 이후, "운명을 어찌 일정하게 논할 수 있겠는가?" 하고 반문한다. 이는 운명을 일정하게 논할 수 없다는 말과 다름없다. 다양한 기준이 적용될 수 있으니, 어느 한 가지 척도만 가지고 운명을 판단할 수 없다는 생각이다. 이는 운명에 대한 판단이 쉽지 않다는 것을 의미한다. 운명을 인정하면서도 그에 대한 섣부른 판단을 경계하고 있다고 할 것이다. 그런 점에서 사람은 섣부른 판단에 좌우될 것이 아니라, 스스로 화복을 구하는 데 힘써야 한다고 하였다. 운명을 부정지는 않았지만, 인간 스스로의 노력으로 화복을 구할 수 있다는 인식을 보여주었다고 할 수 있다. 이는 율곡 이이의 <수요책壽夭策>에서의 운명관과 유사하면서도, 인력人力의 의미를 더욱 부각시킨 경우라고 생각된다.

이러한 인식은 이익의 <조명造命>이라는 글에서도 분명하게 드러난다.

> 천명天命이 있고, 성명星命이 있고, 조명造命이 있다. 천명이란 기수氣數의 길고 짧은 것과 맑고 흐린 것과 후하고 박한 것이 이것이니, 긴 자는 장수하고 짧은 자는 단명하며, 맑은 자는 현명하고 흐린 자는 어리석으며, 후한 자는 부귀하고 박한 자는 빈천한 것이다.
> 성명이란 칠요七曜·사여四餘와 별의 경도·위도가 엇갈리며 서로 승乘하고 제除하여 길흉이 생기는 것이니, 후세에 명리命理를 추단하는 술수가 이것이다. 왕왕이 맞는 수는 있으나 큰 명수命數는 정해져 있으므로 한두 가지 손익을 알아보는 데에 지나지 않으니, 족히 믿고 취할 것이 못되는 것이다.
> 조명이란 시세를 만나 인력이 참여되는 것이다. 이장원李長源의

이른바 "임금과 재상이 운명을 만든다."는 것이 이것이다. 만약 오로지 천명만을 말한다면 착한 일도 상줄 것이 없고 악한 일도 벌줄 것이 없는 것이다. 홀로 임금과 재상만이 운명을 만드는 것이 아니요 사서인士庶人도 또한 그러하니, 부지런히 일에 종사하여 가족을 이끌어 나가는 것과 기회를 알고 흉한 일을 피하는 등속은 모두 족히 앙화에서 모면하여 행복한 길로 인도할 수 있는 것이다.

> 有天命 有星命 有造命 天命者 氣數之長短淸濁厚薄 是也 長者壽而短者夭 淸者賢而濁者愚 厚者貴而薄者賤也 星命者 七曜四餘及星斗經緯錯綜 互相乘除吉凶生焉 後世推命之術 是也 雖往往有中 然有大數存焉 不過一曲之損益 何足信取乎 造命者 時勢所値人力參焉 李長源所謂君相造命 是也 若專言天命 則善不可賞而惡不可罰也 不獨君相爲然 士庶亦然 如勤力事育 知機避凶之類 皆足以移易禍福41)

<조명造命>이란 '운명을 만든다.'는 뜻으로, 천명天命과 성명星命과 조명造命을 비교하여 조명의 타당성을 제기하는 글이다. 이익은 먼저 천명을 비판한다. 천명이란 타고난 기수氣數의 장단長短·청탁淸濁·후박厚薄에 따라서 사람의 수요壽夭·현우賢愚·귀천貴賤이 결정된다는 인식인데, 만일 이것이 사실이라면 선악을 상벌할 수 없다는 것이다. 선악이 이미 운명적으로 정해졌으므로, 인간의 자유의지에 따른 책임을 물을 수 없다는 말이다.42)

다음 그는 성명星命을 비판한다. 성명은 칠요七曜·사여四餘·성두星斗43)의 경도와 위도로 길흉을 판단하는 방법으로써 후세에는 명리

---

41) 이익, <조명造命>, 『성호사설』 권3(『국역 성호사설』 권1, 원문 89~90쪽.)
42) 자유의지와 도덕적 책임에 대해서는 Paul W. Taylor, *Principles of Ethics*, Dickenson Publishing Company Inc., 1975(김영진 역, 『윤리학의 기본원리』, 서광사, 1985, 197~234쪽.) ; S. E. Frost, *Basic Teaching of the Great Philosophers*(서배식 역, 『철학의 이해』, 현암사, 1982, 183~217쪽)을 참고하였다.
43) 칠요七曜는 '일日·월月·금金·목木·수水·화火·토土'를 말하고, 사여四餘는 '나후羅

를 추단하는 술법이 되었다고 했다. 이는 남북두칠성을 위시한 성수星宿가 사람의 요수빈부夭壽貧富와 생사화복을 통제한다는 믿음에서 비롯된 술법이다. 성명은 바로 그러한 내용을 예측하기 위한 술법이라는 것이다.44) 그러나 성명은 한 두 가지 손익을 알아보는 정도에 그치므로, 족히 이를 믿고 취할 수 없다고 했다. 큰 명수命數는 이미 정해져 있다고 믿기 때문에 작은 명수만을 알 수 있다는 한계가 있다는 것이다.

이익은 마지막으로 조명造命의 필요성을 제기한다. '조명'이란 시세時勢를 만나서 인력人力을 참여시키는 것이라고 정의하고, 이를 이필李泌의 말을 들어 논하고 있다. 즉 이필은 임금과 재상이 운명을 만든다고 말한 바 있다.45) 그렇지만 이익은 이러한 신분적 제한을 넘어서서 사서인도 시세를 만나서 인간의 힘을 개입시키면 운명을 만들 수 있다고 주장하고 있다. 즉 현실과 시대적 변화에 근거하여 인력을 참여시킨다면, 사서인도 얼마든지 운명을 만들 수 있다는 인

睽・계도計都・자기紫氣・월패月孛'를 말하며, 성두星斗는 남두육성南斗六星과 북두칠성北斗七星을 말한다. 이는 칠정七政・사요四曜・십일요十一曜・남두육성・북두칠성을 중요시하는 도교의 성수 관념과 관련된다. 다만 이익은 '칠요'와 '사여'라고 하였는데 비하여, 차주환은 '칠정'과 '사요'라고 하여 약간의 차이를 볼 수 있다.(차주환, 『한국 도교사상 연구』, 서울대출판부, 1978, 79쪽.)

44) 사전에는 성명星命을 "術數家以人生八字按天星運數 推算其祿命 世稱星命之學 古來擅此術者 有一行禪師 悟玄子 李虛中 徐子平等 近世星命家多宗徐子平 故稱子平術 星命之說 漢有太乙星子等書 推數行以論吉凶 見於藝文志"이라고 하였다.(『中文大辭典』권4, 1259쪽.) 이를 보면 성명은 사주팔자로서 운명을 점치는 것이라고 할 수 있다. 즉 성명은 사주팔자의 이칭으로 보아도 무난할 듯하다.

45) 『당서唐書』 권139 열전 제64 <이필李泌>(『신당서新唐書』, 경인문화사, 1977, 4631~4640쪽.) "夫命者 已然之言 主相造命 不當言命 言命則不復賞善罰惡矣"한편 앞서 살펴보았던 왕부지王夫之의 조명설造命說에서도 이필의 말을 언급하고 있어 주목된다. 즉 왕부지는 '운명을 만들 수 있다.'라는 이필의 말은 매우 대단한 것이기는 하지만, 군왕과 재상에게 한정하고 있다는 점에서 한계가 있다고 하였다. 이와 같은 왕부지의 견해는 이익의 견해와 유사한 내용으로 되어 있어서 양자 간에 어떤 관계가 있는 것으로 추정된다.

식이다. 부지런히 힘써서 부모를 섬기고 자녀를 양육하며 [勤力事育], 기미를 알아 흉사를 피하면 [知機避凶] 된다는 것이다.

이러한 이익의 조명론造命論은 시세를 만나야 한다는 것과 인력을 참여시킬 수 있다는 것으로 요약된다고 할 수 있다. 시세를 만나야 한다는 것은 인간 외적인 요소라고 할 수 있다. 그것은 인간에게 주어지는 하나의 조건이라고 볼 수 있다. 따라서 시세를 만나야 한다는 조건은 인간 자신의 의지를 넘어서는 부분이라고 할 수 있다.46)

한편 인력을 참여시킨다는 것은 인간 자신의 자유의지적인 노력을 의미한다. 이러한 선택적이고 자유의지적인 행동은 화를 복으로 바꿀 수 있는 힘이 된다. 이는 운명의 변역성을 긍정하는 부분이며, 인간적 의지의 역할을 보여주는 말이라고 할 수 있다. 이와 같은 두 가지 조건을 가진 성호 이익의 운명인식은 시세時勢와 인력人力의 필요성을 함께 긍정하면서도 후자에 더욱 비중을 두고 있다고 할 것이다. 그러므로 <조명>은 천명과 성명의 한계를 넘어서서 사서인士庶人의 각성을 촉구하고 있다는 점에서 새로운 면모를 지니고 있다고 할 수 있다.

이처럼 이익이 제기한 조명설은 '인력人力'의 중요성을 부각시키고 있다고 본다. 그러면서도 그는 그러한 인력이 작용하기 위해서는 '시세時勢'를 만나야 한다고 하였으니, 정명定命의 요소를 완전하게 배제

---

46) 이익은 역사발전을 우연적인 요인들의 작용에 의한 흥망성쇠의 순환적 과정으로 보았다고 한다. 그는 유학 일반의 태도와 같이 중국 고대를 이상적인 시대로 묘사하면서 이 이후에는 때를 만났는가 못 만났는가 [時勢]에 따라서 성쇠를 거듭하는 것이라고 보았다고 한다. 이때의 시세는 숙명적 필연성으로서의 의미를 가진다고 한다. 이러한 이익의 시세에 대한 해석을 참고한다면, 여기서의 시세도 그러한 의미를 가진다고 보는 것이 무난하다고 본다.(김용걸, "성호 이익," 『한국인물유학사』 권3, 조준하 외편, 한길사, 1996, 1385쪽.)

한 것은 아니다. 이런 점에서 이익의 조명설은 묵자의 비명론非命論 과는 분명한 차이가 있다. 좀 더 정확하게 말한다면, 이익은 공자와 맹자의 운명관을 이어받아 그가 처한 사회적 상황 속에서 재해석하고 있다고 할 수 있다. 이이李珥가 <수요책壽夭策>에서 '품기稟氣'와 '양기養氣'의 입장을 비등하게 인식하였다면, 이익 인력의 참여를 중요시하고 있다고 할 것이다. 결국 성호 이익의 조명설은 공자와 묵자의 중간적인 위치를 점하고 있는 것으로 볼 수 있다.

이익이 조명설을 제기할 수 있었던 것은 시대적인 흐름과 관련이 있는 것으로 보인다. 그는 17세기 말에 태어나 18세기 중반까지 살았는데 이 시기는 임병양란이 끝난 후 정치적, 사회적으로 불안정했던 시대이다. 개국 이래 3백여 년 동안 유지되어 왔던 양반 관료 체제가 지탱하기 어려울 만큼 사회적 변동이 현저하게 나타났던 시대였던 것이다. 이러한 변화는 곧 정치·사회·경제적 측면 모든 분야에서의 변혁으로 이어졌다. 정통적인 유학에 대한 반성은 사장詞章에만 주력하는 유폐流弊를 근절하고 실심實心·실정實政·무실務實의 기풍을 강조하게 되었던 것이다.

이익의 『성호사설星湖僿說』도 이러한 시대적 변화의 산물이다. 『성호사설』은 애초부터 저술의 목적을 가지고 집필된 것은 아니지만, 여기에는 시무時務를 비롯하여 경사經史·예교禮敎·지리地理에 이르기까지 광범위한 분야에 대한 새로운 지식과 견해가 온축蘊蓄되어 있다.[47] 이처럼 이익은 『성호사설』을 통하여 사회 전반에 걸친 새로운 인식과 비판을 보여주었다고 할 수 있다. 이익의 조명론도 이러

---

[47] 한우근, "성호사설 해제," 민족문화추진회 편, 『국역 성호사설』 권1, 중판, 민문고, 1989. 5쪽.

한 성찰 중의 한 가지이다. 사회 전반에 걸쳐 새로운 견해와 대안을 제시하였듯이, 기존의 운명관에 대해서도 조명론이라는 새로운 인식을 제기하였던 것이다. 그러므로 이익의 조명론은 이러한 시대적인 조류 속에서 제기된 운명관이라고 할 수 있다.

이상에서 살펴본 바와 같이 제자백가서에 나타나는 운명관은 세 가지로 정리할 수 있음을 알 수 있다. 즉 사람의 길흉화복은 운명적으로 정해진다는 관점, 인간의 노력으로 운명을 바꿀 수 있다는 관점, 운명은 인간의 지혜와 노력으로 만들 수 있다는 관점이 그것이다.

이러한 세 가지 관점은 기실은 운명과 인간이 맺고 있는 상관성의 차이에 입각하고 있다고 해도 과언은 아니다. 사람의 길흉화복은 바로 '운명運命 - 인간人間'의 상호관계의 표현이기 때문이다. 이때 '운명 - 인간'은 각각의 입장을 중시하여 '정명定命'과 '조명造命'이라는 말로 대체할 수 있다. '정명'은 초월적으로 품정되는 성격을 의미한다면, '조명'은 인간의 노력에 의하여 운명을 바꾸거나 만들 수 있음을 뜻한다. 그렇지만 하나의 운명관 속에서 '운명'과 '인간'을 분리하여 생각할 수 없듯이, '정명'과 '조명'도 떼어내어 생각할 수 없다. 이러한 세 가지 관점이 존재한다고는 하지만, 기실은 이들은 완벽하게 분리될 수 없다는 것이다. 그것은 '운명'과 '인간' 혹은 '정명'과 '조명'의 비중이 역사적 상황 속에서 달라질 수 있다는 것을 의미할 뿐이다.

이렇게 생각한다면 운명은 정해진 대로 이루어진다는 관점은 '정명'의 비중에 높은 경우라고 할 수 있고, 운명은 정해져 있으나 인간의 노력으로 바꿀 수도 있다는 관점은 '정명'과 '조명'의 비중에 비등한 경우라고 할 수 있으며, 인간의 노력으로 운명을 만들 수 있다는 관점은 '조명'의 비중에 높은 경우라고 할 수 있다. 따라서 이들은 각각 정명 위주의 관점, 정명과 조명의 비등한 관점, 조명 위주의 관점으로 부를 만하다. 다시 한 번 말해서 이들 세 가지 관점은 서로 분리되어 있는 것이 아니라 상호 역학적인 관계 속에서 인식되며, 주어진 상황에 따라서 어느 한쪽의 비중이 높아지기도 하고 낮아지기도 한다고 할 수 있다.

3.2. 설화의 운명대응방식과 운명관의 상관성

운명관의 변화가 운명에 대한 인간의 의식의 변화 혹은 정신사적 진전을 의미한다면, 이는 반드시 설화의 운명대응방식과 깊은 관련이 있을 것으로 짐작된다. 설화 속에는 전승집단의 의식이 반영되기 마련이고, 이러한 의식은 설화를 형성·변이시키는 한 가지 요인이기 때문이다. 이는 운명설화도 예외일 수는 없다. 운명설화에서 찾아볼 수 있었던 네 가지의 운명대응방식도 기실은 이러한 운명관의 변화에 기초하고 있다고 해도 과언은 아닌 것이다. 운명대응방식이 달라졌다는 것은 그에 걸맞은 새로운 운명관이 뒷받침되고 있음을 의미한다. 이런 점에서 운명관의 변화에 비추어 운명대응방식의 관련성을 살펴보는 일은 의미가 크다고 본다.

3.2.1. 운명은 정해져 있다는 관점과 운명실현형運命實現型

정명定命 위주의 관점은 사람의 생사수요生死壽夭와 빈부귀천貧富貴賤이 모두 운명에 의하여 정해진다고 믿는 인식이다. 여기에서는 운명 이외의 어떤 요소도 인정되지 않는다. 오로지 운명만이 사람의 행불행을 결정짓는 요인으로 인식될 뿐이다. 그것이 초월적 존재로부터의 명령으로 인식되던지, 아니면 자연적인 이치로 인식되던지 간에 한번 정해진 운명은 절대적인 것으로 간주된다. 따라서 정명 위주의 관점은 운명의 절대성絶對性, 고정성固定性, 불가피성不可避性을 특징으로 한다고 할 수 있다.

이러한 정명 위주의 관점은 운명실현형과 관련이 깊은 것으로 보인다. 운명실현형은 변역 시도가 없는 이야기와 변역이 시도되는 이야기로 나누어 보았는데, 이중에서 전자는 특히 운명의 신비성과 외경성을 잘 보여주는 것으로 보인다. 이때에는 '인력人力'에 대한 고려조차 허용되지 않는다. 예를 들어 <호식(1)>에서는 호랑이 울음이 들린 그 날 누이가 호환을 당하였다고 언술될 뿐이다. 구연자는 누이의 호환을 하나의 사실事實로서 믿고 있으며, 호환을 신비한 사건으로 인식하고 있음을 볼 수 있다. <호식으로 죽을 운명> 역시 주인공은 '죽을 때'를 만나 호환을 당한 것으로 이야기된다. 호랑이가 굳이 물어가지 않아도 호환운은 저절로 실현되는 것으로 인식된다.

<수살로 죽을 운명은 벗어날 수 없다>에서도 소년의 익사는 '서슴없이' 이루어지는 신비한 사건일 뿐이다. 그것은 대대로 수살을 당하게 되어 있는 필연적인 죽음으로 인식된다.

이처럼 변역 시도가 없는 운명실현형은 오로지 운명만이 존재할

뿐이다. 인간은 주어진 운명대로 따라가는 존재이다. 이때 인간은 주어진 운명에 대하여 아무런 의문이나 회의를 가지지 않는다. 신비한 힘에 이끌린 듯이 행동하게 된다. 그러므로 주인공들은 죽음에 대한 두려움도 없고, 미래에 대한 불안도 찾아볼 수 없다.

이러한 운명실현 양상은 "자수自壽 자요自夭 자궁自窮 자달自達 자귀自貴 자천自賤 자부自富 자빈自貧"한다는 『열자列子』의 말을 상기시켜 준다.48) 정해진 운명의 '곡직曲直'에 따라서 길흉화복이 스스로 이루어 진다는 것이다. <호식(1)>에서 보여준 누이의 호환이나, <호환으로 죽을 운명>에서의 남자의 호환, 그리고 <수살로 죽을 운명은 벗어날 수 없다>에서의 소년의 익사는 '자요自夭'의 경우를 보여준다고 할 수 있다.

다음 변역을 시도하되 그 시도가 좌절하는 운명실현형에서는 운명은 불가피한 것으로 인식된다는 점은 동일하지만, 운명과 아울러 인력의 요소가 고려된다는 차이가 있다. <호식당할 사람은 독에 들어가도 못 면한다>에서는 부인과 호랑이가 대결하지만, 결국 호랑이의 승리로 귀결된다. 호랑이는 부인의 인간적 한계를 이용함으로써 호환운을 실현시킨다. <죽을 팔자>에서도 주인공은 운명과 대결하지만, 이 역시 운명의 승리로 귀착된다. 꽃에 대한 동정심이라는 정서적 한계 때문에 주인공은 담장에 깔려 죽었던 것이다. 그만큼 운명은 냉정한 것으로 인식된다. 이외에도 <복이 없는 사람>에서는 가난한 선비를 영달시키려던 정조正祖의 좌절을 보여주고, <팔자에 없는 벼슬>에서는 관운官運이 없는 부인의 좌절을 보여준다.

---

48) 『열자列子』 <역명力命>

그렇지만 인간은 주어진 불운에 만족하지 않고, 끊임없이 변역을 시도한다. 이러한 변역 시도는 도리어 더 큰 화를 불러 오기도 한다.

> 명이 빈천한데 비록 그를 부귀하게 할지라도 오히려 화환禍患을 겪는데. 명이 부귀한데 비록 그를 빈천하게 하더라도 오히려 복선福善을 만난다.
> 命當貧賤 雖富貴之 猶涉禍患矣 命當富貴 雖貧賤之 猶逢福善矣[49]

빈천한 운명을 타고난 사람을 부귀하게 하면 오히려 화를 당하고, 부귀한 운명을 타고난 사람을 빈천하게 해도 도리어 복을 만나게 되어 있다고 하였다. <복이 없는 사람>에서는 정조가 박복한 운명을 타고난 선비를 부귀하게 만들려고 하다가, 도리어 그를 죽게 만들었다. <팔자에 없는 벼슬>에서는 관운을 타고나지 않은 부인이 영달을 누리려다 죽게 된다. 이처럼 변역이 실패하는 운명실현담에서는 운명은 정해져 있는 것이며, 이를 변역하려 하다가는 화를 당한다는 것을 보여준다. 이는 이들 설화가 정명 위주의 관점을 가지고 있음을 암시한다.

한편 <천생연분설화>에서도 천정된 연분을 끊으려던 총각의 시도는 끝내 좌절되고, 결국에는 그녀와의 혼인을 필연적으로 받아들이게 된다. 다음과 같은 언술은 이를 극명하게 보여주는 경우이다.

> 그래서 그 좋은 인연 연분은 인력으로 어찌 할 수 없다. 천생天生의 인연은 불가분不可分이다. 막을 도리가 없다 하는 얘기가 거기서 나왔다는 얘기가 되겠습니다.[50]

---

[49] 왕충王充, 『논형論衡』 <명록命祿>

남녀의 인연이란 '인력人力'으로 어찌 할 수 없으며, 천생연분은 '불가분不可分'한 것이라는 말은 정명의 필연성과 불가피성을 말해준다. 이는 <다남운설화>에서도 마찬가지이다. 다남운을 피하려던 내외는 결국 그러한 운명을 인정하고 받아들임으로써 부유하게 살 수 있게 된다. 이처럼 초월적으로 정해진 운명을 거부하려는 인간의 의도는 여지없이 실패하고 만다. 운명은 인간의 한계를 이용하여, 혹은 자연적인 재해로 위장하여 끝내는 정해진 대로 실현되고 있다. 운명은 절대적으로 불가피한 것임을 다시 한 번 보여주고 있는 것이다. 사람이 인위적 노력으로 품정된 불운을 모면하려고 해도 이는 끝내 실현되기 마련이라는 것이다.

결국 운명실현형에서는 주어진 운명에 따랐을 경우와 그렇지 않은 경우에 어떠한 결말에 귀착하게 될 것인지를 불명하게 보여준다. 자신에게 주어진 불운은 인간적인 지혜와 노력으로는 절대로 모면할 수 없으며, 만약 이를 어기려 했다가는 더욱 큰 화를 자초하게 된다는 것을 말해준다. 이와 아울러 자신에게 주어진 행운마저도 현실적인 사고에 비추어 논단하는 것도 허용하지 않는다. 이를 잘 보여주는 것이 바로 <천생연분설화>와 <다남운설화>이다. 천생연분으로 맺어진 여성이 너무 어리다고 하여 이를 끊어 버리려 했던 주인공의 노력은 끝내 허사가 되었으며, 너무 많은 아들을 먹여 살릴 수 없다고 하여 생남을 거역하려던 내외의 방책도 실패하였다. 자신에게 주어진 운명을 현실적 논리로서는 피할 수 없다는 것을 보여준다.

이와 같은 운명실현형의 운명인식은 남효온이 <명론>에서 '담담히

---

50) <막을 수 없는 천생연분>, 『대계』 3-2, 95쪽.

허물함이 없이 운명에 따라야 한다.'라고 했던 것도 이와 상통한다.

그러므로 운수에는 비색함과 통태함이 있고, 도리에는 융성함과 스러짐이 있으니, 왕이 되는 것도 진실로 명이요, 어그러져 모반하는 것 또한 명이다. 이런 까닭에 운명을 아는 자는 존망이 하나의 도리임을 알고, 사생이 하나의 이치임을 알며, 득실이 하나의 몸체임을 알고 있다. 운명이 귀하면 귀하게 되고, 운명이 천하면 천하게 된다. 운명이 부유하면 부유하게 되고, 운명이 가난하면 가난하게 된다. 하늘을 원망할 것도 없고 다른 사람에게서 구하여 취할 것도 없으니, 담담히 허물함이 없이 오로지 운명에 따라야 한다.
然數有否泰 道有隆殺 興王固命也 而僭叛亦命也 是故 知命者 知存亡之一道 知死生之一理 知得喪之一體 命之貴而貴 命之富而富 命之貧而貧 無責望於天 無求取於人 淡然無累 唯命是從[51]

그는 먼저 운수에는 비태否泰가 있고 도리에는 융살隆殺이 있지만, 이 또한 운명이라고 하였다. 왕이 되는 것도 운명이요, 모반이 일어나는 것도 운명이라는 것이다. 귀한 운명을 타고나면 귀하게 되고, 천한 운명을 타고나면 천하게 되며, 부유한 운명을 타고나면 부유하게 되고, 가난한 운명을 타고나면 가난하게 산다는 것이다. 설사 불행을 당하여 하늘을 원망해도 아무런 소용이 없으며, 다른 사람에게 구하여도 별다른 도리가 없다고 단정하고 있다. 그러므로 주어진 운명을 탓하지 말고 담담하게 받아들이라는 말이다.

이수광李睟光도 사람의 궁달은 운명적으로 정해진 것이므로, 인간의 지혜와 능력으로써 얻을 수 있는 것이 아니라고 한 바 있다.

---

51) 남효온南孝溫, <명론命論>, 『추강집秋江集』 권5(앞의 책, 107쪽.)

> 『열자』에 말하기를, "너희 현달함은 지혜로 얻은 것이 아니며, 북궁자北宮子의 곤궁함은 어리석기 때문이 아니다. 모두 하늘이 정한 것이다."라 하였다. 지봉자芝峯子는 말한다. 궁곤하고 영달하는 것은 모두 하늘이 정한 것이다. 그런데 세상의 용렬한 사람들은 요행으로 벼슬을 한 자리 얻으면 곧 스스로 지혜와 능력으로 얻었다고 하고, 어질면서 아래 지위에 있는 자를 도리어 비천하게 여기니 또한 괴이하지 않은가.
> 列子曰 汝之達非智得也 北宮子之窮非愚也 皆天也 芝峯子曰 窮達 皆於天 而世之庸人 幸得一官 則自以爲智能得之 反以賢而在下者爲 可鄙 不亦異哉52)

『열자』에 이르기를 사람의 현달은 지혜로 얻은 것이 아니고, 북궁자의 빈궁은 어리석은 까닭이 아니며, 이는 모두 하늘이 정한 것이라고 하였다. 한마디로 사람의 영욕은 하늘에 달려 있다는 말이다.

이수광은 이러한 열자의 말에 공감하고 있다. 즉 궁곤과 영달은 모두 하늘이 정한 것이라는 인식이다. 그런데 용렬한 사람들은 요행으로 벼슬을 얻은 후에 자기의 지혜와 능력으로 얻었다고 과시한다고 하였다.

이수광의 이러한 견해는 사람의 영욕은 하늘에 달려 있다는 것으로 집약된다. 하늘에 달려 있다는 것은 곧 인위적 노력의 개입이 불가능하다는 것을 의미한다. 사람의 지혜나 능력으로 관직을 구할 수 없음을 분명히 한 셈이다. 이는 사람의 영욕을 '천정天定'과 '인위人爲'의 대립적 개념으로 파악하되, '천정'의 절대적인 우위를 인정하고 있음을 보여준다. 이런 인식 속에는 '인위'가 할 수 있는 바는 없다.

---

52) 이수광李睟光, 『지봉유설芝峯類說』 권6 경서부經書部 제자諸子.

사람의 지혜나 능력은 영욕에 아무런 영향력을 미치지 못한다. 사람이 하는 것은 오로지 하늘이 정해준대로 예정된 길을 가는 것뿐이다.

이는 <복이 없는 사람>에서의 정조의 실패, 그리고 <팔자에 없는 벼슬>에서의 부인의 죽음을 이해하는 데에 도움을 준다. 정조가 끝내 가난한 선비를 죽게 만든 것은 바로 궁곤과 영달이 하늘에 달려 있음을 알지 못한 까닭이다. 적어도 첫 번째 시도가 실패한 후 이를 알아차렸어도 가난한 설비를 죽이지는 않았을 것이다. 그런데도 정조는 인간적인 지혜와 힘으로 선비를 영달시킬 수 있다고 생각했었기 때문에, 결국에는 선비를 죽이고 말았다. 부인의 죽음 또한 마찬가지이다. 부인은 관운이 없으면 벼슬을 할 수 없다는 남편의 말을 따랐다면, 바다에 던져지는 불행은 면할 수 있었을 것이다. 즉 부인의 죽음은 인간의 지혜로서 벼슬을 할 수 없음을 깨우치지 못한 탓이라고 할 수 있다.

그러므로 운명실현형은 천정된 운명의 절대성과 불가피성을 잘 보여주고 있다고 본다. 운명은 자연적 이치처럼 저절로 이루어지며, 인간이 이를 아무리 저지하려고 해도 불가능한 것으로 인식된다. 설사 인간이 운명의 실현을 모면하기 위하여 모종의 방책을 취한다고 하더라도, 이는 인간이 지닌 한계 때문에 결국에는 실패하고 만다.

운명은 인간에 대하여 절대적인 우위를 차지하고 있으며, 인간은 주어진 운명에 순종하도록 요구된다. '담담히 허물함이 없이 따라야 한다.'라는 남효온의 말처럼 운명에 순종하는 자세가 요구된다고 할 수 있다. 이야말로 운명은 정해져 있다는 정명 위주의 관점과 상통하는 운명대응방식이라고 본다.

3.2.2. 운명은 바꿀 수 있다는 관점과 타력변역형, 타력·자력변역형

한편 운명은 바꿀 수 있다는 관점은 타력변역형他力變易型과 타력·자력변역형他力·自力變易型 이야기와 관련이 있는 것으로 보인다. 운명을 바꿀 수 있다는 관점은 정명과 조명을 함께 고려하는 운명관이다. 이는 운명은 초월적으로 정해진 것이기는 하지만, 사람의 노력과 지혜에 의하여 부분적으로 조정이 가능하다는 것을 인정하는 인식이다. 이러한 관점은 바로 타력변역형과 타력·자력변역형에서의 운명대응방식과 상통하는 면이 있다.

먼저 타력변역형에서는 신이나 이인의 힘에 의존하여 정해진 운명을 변역시킨다. <연명설화>나 <호환도액설화>의 경우처럼 감응의 방식이건, 도액의 방식이건 간에 운명을 변역시키기 위해서는 궁극적으로 초월적인 힘에 의존할 수밖에 없다. 비록 구체적인 양상이나 과정은 다를지라도 이러한 변역 양상은 동일하게 나타난다. 따라서 타력변역형에서는 신과 인간 혹은 이인과 인간 사이의 조화로운 관계를 통하여 정명된 바를 바꾸고자 한다.

한편 타력·자력변역형에서는 신의 힘과 아울러 인간의 지혜로써 운명을 변역시킬 수 있다고 한다. 신은 초월적으로 정해진 바를 조정해주고, 인간은 현실적으로 가능한 방책을 모색하여 박복한 운명을 바꾸고 있다. 즉 <차복설화>와 같이 신은 타인의 복분을 임시로 빌려주기로 하고, 인간은 복주인과 함께 사는 방안을 실행함으로써 평생 동안 부유하게 살 수 있게 된다.

그런데 타력변역형과 타력·자력변역형은 일단 초월적인 힘에 의존하여 주어진 운명을 변역시킨다는 점에서도 동일하다. 다만 초월적인 힘에 대한 의존도가 어느 정도인가의 차이가 있을 뿐이다. 타력변역형이 초월적인 힘에 대한 의존도가 매우 높다면, 타력·자력변역형은 신과 인간의 비중이 대등하다고 할 수 있다. 인간의 지혜에 의하여 평생을 부유하게 할 수 있었다는 점을 생각한다면, 오히려 인위적 방책이 가지는 비중이 상대적으로 높다고 할 수도 있을 것이다.

이는 근본적으로 '운명 - 인간'의 관계를 통해서도 확인된다. 타력변역형과 타력·자력변역형에서는 양자 간의 상대적인 관계를 찾아볼 수 있었다. 타력변역형에서는 운명이 상대적으로 우위에 있었다면, 타력·자력변역형에서는 인간이 상대적으로 우위에 있었다. 그러므로 타력변역형과 타력·자력변역형은 변역 양상에서 차이가 있을 뿐이지, 정해진 바의 운명을 변역시켰다는 점에서는 동일하다.

이런 점에서 율곡 이이의 <수요책壽夭策>을 다시 한 번 음미해 볼 필요가 있다.

> 그러나 여기에 한 가지 방도가 있으니, 기가 비록 박해도 진실로 잘 배양한다면 어찌 배양의 공이 없겠습니까. 기가 비록 후할지라도 진실로 자신이 자기 몸을 해친다면 어찌 손상되는 해가 없겠습니까. 만약 안자의 기로써 도척의 행위를 했다면, 기가 본시 박한 데다가 또 뒤따라 해치는 격이 되니, 그는 서른 살도 못 되어 죽었을지 어찌 알겠습니까. 만약 도척의 기로써 안자의 행실을 하였다면, 기가 본시 후한데다 또 뒤따라 수양을 한 셈이니, 그가 요순의 장수에 이르게 되었을지 어찌 알겠습니까.
> 비유하자면 여기에 불이 있다고 합시다. 하나는 화로에 있어서 그 형세가 매우 미약하고, 하나는 들판을 태우면서 그 형세가 매우 왕성합니다. 아무리 미약한 불일지라도 진실로 밀실에 두고 그 기염을 보호하면 오래갈 수 있고, 아무리 왕성한 불일지라도 만약 사

람이 머리를 태우고 이마를 데어가며 짓누르면 금시 꺼지게 할 수가 있습니다. 반대로 만약 들판을 태우는 불은 그 기염을 돕고 화로에 있는 불은 박멸하고자 한다면, 그 형세는 더욱 현격할 것입니다. 이래서 군자는 비록 수명의 장단이 명에 있는 줄 알면서도 기를 기르는 일을 폐하지 않는 것입니다.

> 雖然 有一於此 氣雖薄矣 苟能善養 則豈無培植之功乎 氣雖厚矣 苟使自戕 則豈無耗損之害乎 如以顏子之氣 有盜蹠之行 氣本薄矣 又從而戕之 則安知其不至於三十而死也 如使盜蹠之氣 有顏子之行 氣本厚矣 又從而養之 則安知其不至於堯舜之期頤耶 譬如有火於此 一則在鑪 其勢甚微 一則燎原 其勢甚盛 雖曰甚微 苟置於密室 養其氣焰 則可得久延矣 雖曰甚盛 若燋頭爛額 四面撲之 則可使亦滅矣 若使燎原之火 助其氣焰 在鑪之火 可以撲滅 則其勢益以懸隔矣 此君子所以雖知脩短有命 而不廢養氣者也[53]

'품기稟氣'를 보완하는 방법이 있는데, 바로 '양기養氣'라는 것이다. 아무리 박한 '품기'라도 잘 배양하면 그만한 공이 있다는 말이다. 반대로 후한 '품기'를 타고났더라도 이를 잘 보호하지 않는다면 손상될 수도 있다는 생각이다. 이는 마치 불을 대하는 것과 같다고 비유하였다. 들판을 태우는 왕성한 불길일지라도 사방에서 짓누르면 금방 꺼지게 할 수 있지만, 아주 미약한 화로불일지라도 이를 밀실에서 잘 보호하면 오래 갈 수 있다는 것이다. 이와 마찬가지로 사람의 수명도 '양기'의 정도에 따라서 '품기'를 온전하게 할 수도 있고, 또한 이를 해칠 수도 있다는 생각이다. 수신하면서 자기의 도리를 다하는 것이 바로 '양기'하는 방법이라는 것이다.

---

[53] 이이李珥, <수요책壽天策>, 『율곡전서栗谷全書』 습유 권5(한국정신문화연구원 편, 『국역 율곡전서』 권4, 중판, 1997, 원문 150쪽.)

그런데 이이는 '양기'를 신에게 치성을 드리고 감응을 바라는 것이나, 혹인 이인을 찾아가 보호를 받는 것과 동일한 선상에서 이해하고 있어서 주목된다.

> 이와 같이 한다면 이理로써 기氣를 길러 기의 길러지는 바가 그 올바름을 얻을 것입니다. 선과 악은 나에게 있고 장수와 요사는 하늘에 달려 있는 것입니다. 옛날 성왕聖王이 장수를 한 것이 어찌 다른 방도가 있었겠습니까. 자기가 할 도리를 다한 것뿐이었습니다. 이렇게 하지 않고 혹 귀신에게 복을 빌거나, 혹은 불사약을 구하거나, 역리逆理의 섭생을 한다거나, 사신捨身하여 장수하기를 구한다면 장수는 얻지도 못하고 도리어 그 몸을 잃는 자가 많을 것입니다.
> 如是 則以理養氣而氣之所養 得其正矣 善惡在己 壽夭在天 古昔聖王之所以得壽者 豈有他哉 盡其在己者而已 不如是 而或祈鬼神之福 或求不死之藥 逆理而攝生 捨己而求壽 則不得其壽 而反喪其身者 亦多矣[54]

이理로써 기氣를 기르는 방법만이 성왕이 장수하는 방도였다고 하면서, 이를 무속·도교·불교의 방식과 비교하여 설명하고 있다. 물론 이이의 말은 이교異敎의 방법보다는 유교적 수양이 최고의 방법임을 역설하는 데 목적이 있다. 하지만 유교적인 '양기'가 무속적인 기복, 도교적인 불사약과 섭생, 그리고 불교의 사신捨身의 방식과 함께 언급되고 있다는 점은 주목할 만한 부분이라고 할 것이다.

그것은 바로 '양기'와 '기복 - 불사약 - 사신'이 동일한 차원에서 논의되고 있다는 것이다. 특히 귀신에게 기복하는 무속적 방법은 <연

---

[54] 같은 곳.

명설화>와 <호환도액설화>의 감응형에서 볼 수 있었던 것이다. 칠성신이나 저승차사 혹은 염라대왕에게 치성을 드리고, 그 대가로 복을 구하는 것을 칭한 것으로 볼 수 있다. 결국 '품기 - 양기'의 관계는 '치성 - 감응'의 관계 또는 '고행 - 도액'의 관계에 비견될 수 있다고 할 수 있다.

 그렇지만 이이는 유교적 수양 이외의 방식은 모두 부정한다. 특히 타력변역형에서 볼 수 있었던 무속적인 기복 방식은 부정된다. 즉 <수요책>에서는 귀신에게 복을 비는 행위는 바람직하지 않다는 것이다. 이 점이 바로 <수요책>과 타력변역형의 차이이다. 타력변역형에서는 기복 행위를 긍정하고 있지만, <수요책>에서는 이런 방식을 부정하고 있다. 그 대신 유가적인 수양을 통하여 정해진 수명까지도 변역할 수 있다고 했다.

 오히려 이이의 '양기'는 타력·자력변역형에서 찾아볼 수 있는 근면한 노력과 선행에 가깝다고 할 수 있다. <차복설화>의 주인공은 부지런히 일하고, 불쌍한 처지의 사람들을 도와줌으로써 자신에게 부여된 복분 이상의 부를 향유할 수 있었다고 본다. 이러한 행위야말로 자신에게 주어진 수명 이상으로 장수할 수 있는 '양기'와 상통한다고 할 수 있다.

 한편 김안노金安老와 이황李滉의 글에서도 이러한 인식을 볼 수 있다. 김안로는 본격적인 운명론을 남기지는 않았지만, 『용천담적기龍泉談寂記』에는 그의 운명관을 보여줄 수 있는 글이 남아 있다. 그 중의 일부를 들어 보기로 한다.

무릇 천지만물은 일정한 운수가 아닌 것이 없으니, 진실로 지혜나 계략으로써 이것을 바꾸어 버릴 수는 없다. 그러나 운수는 사람이 힘쓰는 것을 용납하지 아니하면서도 사람이 하는 대로 따르는 것이니, 스스로 끝까지 밀고 나아가서 궁진함이 없는 것도 또한 이치인 것이다. 공자가 운명에 대해서 드물게 말씀하셨고, 정자가 소강절의 술수를 배우지 않았던 것은, 일정한 운수와 운명이 없다는 것을 이르는 것은 아니다. 이는 대개 사람의 일이 퇴폐되는 것을 꺼려하였던 때문이다. 말하기를, "운명을 모르면 군자가 될 수 없다."고 하였고, 또 "진실로 운명이 아닌 것이 없으니 순순히 그 정당한 것을 따르는 것이다."라고 하였으니, 이것은 진실로 일정한 운명이 있음을 말한 것이다. 말하기를, "하늘의 도리란 선한 자에게 복을 주고 음란한 자에게 화를 내린다."고 하였고, 또 "화와 복은 자기 스스로 구하지 않는 자가 없다."고 하였으니, 이 말은 화와 복이 옮아가고 바뀌지는 이치를 말한 것이다. 또 말하기를 "교만한 것은 손해를 초래하고 겸양한 것은 이익을 받게 된다."고 하였으니, 곱하고 제하고 가고 오는 이치는 그림자와 메아리가 서로 어긋나지 않는 것과 같다.

凡天地萬物 莫不如一定之數 固不可以智計移易之 然不容人力 而隨人所爲 自能推遷而不可窮者 亦理也 夫子罕言命 程子不從康節學數學 非謂其無一定之數與命也 盖惡夫人事之廢也 其日 不知命無以爲君子 又曰莫非命也 順受其正 是固有一定之命 其日天道福善禍淫 又曰禍福無不自己求之者 是言禍福移易之理 而又曰滿招損謙受益 則乘除往復之理 又若影響之不相僭[55]

이 글의 요지는 두 가지로 정리될 수 있다. 하나는 천지만물은 모

---

55) 김안노金安老, 『희락당고希樂堂稿』 권8(민족문화추진회 편, 『영인표점 한국문집총간』 권21, 1988, 463쪽.) ; 김안노, 『용천담적기龍泉談寂記』, 『대동야승』 권13, 126~127쪽. 원문은 두 자료를 함께 이용하였으며, 번역문은 민족문화추진회 편, 『국역 대동야승』 권3, 중판, 민문고, 1989를 부분적으로 첨삭하여 사용하였다.

두 일정한 운수가 있어서 어떠한 지혜나 계략으로도 이를 바꿀 수 없다는 것이고, 다른 하나는 운명은 사람의 힘 [人力]이 개입할 수 없으면서도 또한 사람이 하는 대로 따른다는 것이다. 전자는 운명의 '불가이역不可移易'을 말하는 것이고, 후자는 화복의 '이역移易'[56) 가능성을 말한다.

김안로는 이러한 두 가지 생각을 경서의 구절을 이용하여 설명하고 있다.

(가1) "曰 不知命無以爲君子"[57) ┐
(가2) "曰 莫非命也順受其正"[58) ┘ ── 固有一定之命

(나1) "曰 天道福善禍淫"[59) ┐
(나2) "曰 禍福無不自己求之者"[60) ┤ ── 禍福移易之理
(나3) "曰 滿招損謙受益"[61) ┘ ── 乘除往復之理 又若影響之不相僭

(가1)과 (가2)는 운명의 품정성稟定性을 보여주는 구절이고, (나1)과

---

56) '이역移易'이라는 말은 '옮기어 바꾼다.'라는 의미로서 '변역變易'과 동일한 뜻을 가지고 있는 용어이다.
57) "子曰 不知命 無以爲君子也 不知禮 無以立也 不知言 無以知人也"(『논어』<요왈堯曰>)
58) "孟子曰 莫非命也 順受其正 是故 知命者 不立乎巖墻之下 盡其道而死者 正命也 桎梏死者 非正命也"(『맹자』<진심盡心>)
59) "天道 福善禍淫"(『서경』<상서商書> 탕고湯誥)
60) "孟子曰 仁則榮 不仁則辱 今惡辱而居不仁 是猶惡濕而居下也 如惡之 莫如貴德而尊士 賢者在位 能者在職 國家閒暇 及是時 明其政刑 雖大國 必畏之矣 詩云 治天之未陰雨 徹彼桑土 綢繆牖戶 今此下民 或敢侮予 孔子曰 爲此詩者 其知道乎 能治其國家 誰敢侮之 今國家閒暇 及是時 般樂怠敖 是自求福也 禍福無不自己求之者 詩云 永言配命 自求多福 太甲曰 天作孼 猶可違 自作孼 不可活 此之謂也"(『맹자』<공손축公孫丑>)
61) "三旬 苗民逆命 益贊于禹曰 惟德勤天 無遠不屆 滿招損 謙受益 時乃天道"(『서경』<대우모大禹謨>)

(나2)는 운명의 변역성變易性을 보여주는 구절이다. 이는 사람에게서 정해진 운명이 있지만, 또한 이를 이역移易할 수 있는 이치가 있다는 것이다. 그것이 바로 (나3)에서 제시한 겸손한 자세라는 말이다. 즉, 김안로는 사람의 길흉화복을 '일정지명一定之命'와 '이역지리移易之理'의 관계로 설명하고 있음을 볼 수 있다. 이러한 '일정지명'과 '이역지리'의 관계는 바로 '품기'와 '양기'의 관계와 동일하다고 할 수 있다.

퇴계退溪 이황李滉도 이굉중李宏仲에게 보내는 편지 속에서 이와 유사한 인식을 보여준다.

> 사람의 사물의 운명은 애초에 정해진다는 설이 또한 있습니다. 옛말에, "노루와 사슴은 산림으로 달아나도 그 명은 원래 정해져 있는 것이다." 하였으며, 주자는 말하기를 "나무가 산에서 나는데, 베어져서는 혹은 귀한 기둥과 들보가 되며 혹은 천한 측간 재료가 되니, 이것은 모두 처음 날 때에 타고난 기수氣數가 이같이 정하여진 것이다." 하였습니다. 이로 미루어 본다면 짐승이 사람에게 잡히는 것이나, 나무가 벌채를 당하는 것이 모두 명을 타고나는 처음에 정하여진 것을 알 수 있습니다. 그런즉, 인간사에 있어서도 일이 기약되지 않은데 그렇게 되는 것이나, 이르지 않으려 해도 이르게 되는 것도 역시 어찌 처음부터 정하여지는 것이 아니겠습니까.
> 至於人物賦命之定於初 亦有說 古語云 麋鹿走山林 其命固有所懸 朱子曰 木生於山 取之或貴而爲棟梁 或賤而爲厠料 皆其生時所稟氣數如此定了 獸之被獲 木之見伐 皆定於稟命之初 可知其於人事 事之不期然而然 亦豈不定於初乎[62]

짐승이 사람에게 잡히거나 나무가 벌채를 당하는 것은 처음부터

---

[62] 이황李滉, <답이굉중答李宏仲>, 『퇴계집退溪集』 권5.

품부되어 정해진 명 [賦命之定]이라고 하였다. 이와 같이 인사人事에 있어서도 그렇게 하지 않으려고 해도 그렇게 되는 것이나, 이르려 하지 않아도 이르게 되는 것이 있는데, 이는 처음부터 그렇게 정해진 때문이라는 것이다. 이는 바로 이이와 김안로가 말했던 '품기稟氣'와 '일정지명一定之命'과 상통한다.

그러면서도 이황은 사람은 명수를 바꿀 수 있다고 하면서 도를 다하여 미흡함이 없으면 가역할 수 있는 이치 [可易之理]가 있다고 하였다. 즉 운명은 처음에 부여받은 '부명지정賦命之定'이지만, 도리를 다하면 변역할 수 있다는 '가역지리可易之理'가 있다는 것이다. 이러한 '가역지리'는 바로 '양기養氣'와 '이역지리移易之理'에 부응되는 인식이다.

결국 이이는 '품기 - 양기'의 관계로 자신의 운명관을 설명하였다면, 김안로는 '일정지명 - 이역지리'의 관계로 논하고 있으며, 이황은 '부명지정 - 가역지리'의 관계로 제시하고 있음을 알 수 있다. 이들은 각각 운명의 품정성과 변역 가능성을 동시에 긍정한다는 점에서 유사한 면모를 가지고 있다. 즉 사람의 길흉화복은 품기·일정지명·부명지정에 달려 있지만, 양기·이역지리·가역지리에 의하여 변역될 수도 있다는 것이다. 따라서 이들의 논설은 표현상의 차이가 있으나 근본적으로는 일맥상통한다고 할 수 있다.

이들 논설에서 운명이란 정해져 있으나 자신의 노력하는 바에 따라서 바꿀 수 있다는 것으로 말해진다. 그렇지만 타력변역형이나 타력·자력변역형에서 보여준 타력적인 변역은 부정된다. 그 대신 도道를 다하는 것 혹은 복선화음福善禍淫의 이치에 의하여 운명을 바꿀 수 있는 것으로 인식한다는 특징이 있다.

3.2.3. 운명은 만들 수 있다는 관점과 자력변역형

자력변역형은 인간의 자유의지에 입각하여 주어진 불운을 변역시키는 이야기이다. 여기에는 <구복여행설화>가 해당된다고 보았다. 왜냐하면 <구복여행설화>의 주인공은 자의적自意的 판단에 따라 구복여행을 결행하고, 스스로 자신보다는 타인의 문제를 해결해주는 자기희생을 선택하고 있기 때문이다. 그가 복을 받을 수 있었던 것은 신의 덕택이 아니다. 주인공 자신이 택한 선행의 결과로 인식된다. 이는 선행을 한만큼 그에 대한 보상을 받은 것이라고 할 수 있다. 이와 같이 <구복여행설화>에서는 복은 인간 자신의 행위에 대한 보상으로 인식된다. 자신이 선행을 했으면 그만큼의 상을 받을 것이고, 반대로 악행을 했다면 그만한 벌을 받게 된다는 것이다. 따라서 다복한 삶을 살고자 한다면 선행을 행하면 되는 것이다.

결국 <구복여행설화>에서는 자력에 의거하여 운명에 대응하는 방식을 취하고 있다고 할 만하다. 여기에서는 타력적 요소가 매우 미약해지는 대신 자력적 요소의 비중이 높아졌다고 할 수 있다. 그럼으로써 자력에 의한 운명의 변역을 성취시킨다. 이때의 자력적인 변역은 행위의 선악과 그에 대한 상벌을 연계하여 파악하고 있다는 점에서 그 특징이 있다고 본다. 행위의 선악에 따라서 인생의 길흉화복이 결정된다고 할 수 있으니, 이는 곧 행위의 주체인 인간에 의하여 행불행이 정해진다고 볼 수 있다. 그러므로 <구복여행설화>는 주인공 자신의 의지와 행위가 행불행을 결정짓는 핵심적 요소로 언술되고 있다.

이런 점에서 보면 자력변역형은 운명을 만들 수 있다는 관점과 관련이 깊다고 할 수 있다. 앞서 살펴본 바와 같이 조명 위주의 관점으로는 비명론非命論과 조명설造命說을 들 수 있다. 비명론은 묵자에 의하여 주장된 것으로 인간의 지혜와 노력으로 길흉화복을 만들 수 있다는 견해이다. 비명론의 요지는 길흉화복이 운명적으로 정해져 있다면 굳이 나라를 다스리거나 열심히 일할 필요가 없다는 것이다.

이미 운명적으로 정해져 있다면, 인간이 아무리 지혜를 모으고 노력한다고 할지라도 소용이 없기 때문이다. 요수와 빈부, 안위安危와 치란治亂, 궁달窮達과 상벌賞罰, 행과 불행이 모두 운명지어진대로 실현될 뿐인 것이다. 그러므로 잘 살고자 노력할 필요도 없고, 나라를 잘 다스릴 필요조차 없는 것이다. 이야말로 운명은 정해져 있다는 정명 위주의 관점이 가지는 맹점이자 모순인 것이다. 이런 점에서 묵자의 비명론은 사람의 지혜와 노력으로써 운명을 만들 수 있다는 관점을 견지하고 있는 것이다.

이러한 견해는 이익의 조명설에서도 그대로 유효하다.

> 조명造命이란 시세時勢를 만나 인력人力이 참여하는 것이다. 이장원李長源이 이른바, "임금과 재상이 운명을 만든다."는 것이 이것이다. 만약 오로지 천명만을 말한다면, 착한 일도 상줄 것이 없고, 악한 일도 벌줄 것이 없다. 홀로 임금과 재상만이 운명을 만드는 것이 아니요, 사서인士庶人도 또한 그러하다. 부지런히 힘써서 부모를 섬기고 자식을 양육하는 것과, 기회를 알아 흉한 일을 피하는 것과 같은 일은 모두 족히 화를 복으로 변화시킬 수 있다.
>
> 造命者 時勢所値人力參焉 李長源所謂君相造命 是也 若專言天命 則善不可賞而惡不可罰也 不獨君相爲然 士庶亦然 如勤力事育 知機避凶之類 皆足以移易禍福[63]

'조명'이란 시세를 만나 인력을 참여시키는 것이라고 하였다. 이러한 조명설은 정명에 대한 비판에서 비롯된다. 즉 오로지 천명만으로 사람의 길흉화복을 논할 수 있다면, 선행도 상줄 수 없고 악행도 벌줄 수 없다고 하였다. 정명 위주의 관점에서는 인간은 자유의지에 따른 행위와 선택이 있을 수 없다. 잘 사는 것도 운명이요, 못 사는 것도 운명이며, 선한 것도 운명이고 악한 것도 운명일 뿐이다. 그러므로 선악을 상벌하기 위해서는 인간의 자유의지를 긍정해야만 한다는 것이다. 결국 이익은 이필李泌의 말을 확대하여 사서인士庶人도 부지런히 힘써서 부모를 섬기고 자식을 양육함으로써 화복을 이역移易시킬 수 있다고 하였다. 또한 기회를 알아 흉사를 피하는 것도 마찬가지라고 하였다.

이와 같이 이익이 천명을 부정한 것은 선악에 따른 상벌이 불가하다는 이유 때문이었다. 이는 조명론적 입장에서는 선악에 대한 상벌이 중요한 관건으로 제기되고 있음을 볼 수 있다. 이런 점에 비추어 볼 때, <구복여행설화>에 등장하는 주인공의 행동은 시사하는 바가 많다. 가난한 총각은 자기희생이라는 선행을 통하여 복을 구할 수 있음을 보여준다. 이야말로 자유의지에 따른 선행과 악행에 의거하여 그에 상응하는 화복이 주어지고 있는 것이다. 이렇게 주인공이 보여주는 행위의 선악은 운명실현형이나 타력변역형에서는 전혀 고려되지 않았던 바이다. 타력변역형에서는 주인공이 선행을 했다고 해서 그에 대한 대가로 행운이 주어지지는 않는다. 예를 들어 단명소년의 연명이나 호환소년의 퇴호에 있어서는 그들의 선악이 고려

---

63) 이익, <조명造命>, 『성호사설』 권3(『국역 성호사설』 권1, 원문 89~90쪽.)

되지 않는다. 오직 치성을 잘 드렸는가, 또는 고비를 잘 넘겼는가에 따라서 단명운이나 호환운이 변역되고 있는 것이다. 이와 달리 <구복여행설화>에서는 주인공의 선악이 곧 다복을 좌우하는 결정적인 변수로 인식되고 있음을 볼 수 있다.

한편 이익의 조명론은 '시세時勢를 만나야 한다.'라는 전제를 가지고 있는데, 이 또한 설화 속에서 관련되는 언급을 찾아볼 수 있다. 이는 <구복여행설화>에서 특히 많이 나타나는데, 몇 가지 예를 들어보면 다음과 같다.

> 김돌이인데, 그래 그 카니까 가만 보더니만,
> "여 너 복이 여기 있다. 있은께 너 그만함 고생 많이 했다. 너 이 길로 나가면 니가 참 대복이 있어서 인제 때를 만나 잘 살끼다."
> 그래 뭐 쪼꼬만 표를 하나 주거덩.64)

> "석숭아, 석숭아, 너 물에 빠져 죽을 것이 아니라, 니가 아직 때가 미진해서 그려. 그런즉 너 사는 동네 그 우에 그 안맹한 봉사한티 가서 점을 칠 것 같으면 너 살 길을 일러 줄테닝게 너 빠져 죽지 말구, 오늘 가서 거기 가서 점을 쳐라." 하구,
> 이러구 공중에서 이렇게 외는 소리가 딛겨.……(중략)……
> "음! 인저 때가 어지간히 돼 갔구만. 그러지 말구 낼 부터일랑은 서쪽으로 향해서 갓윦는 디까지 기냥 몇 달 메칠이구 가. 가면 인저 살 길이 터질겨."65)

> "잘 사는 것도 때가 있지. 마음으로 잘 사나. 어야든지 노력하고 잘 살아 보자."꼬. 이래 사는데.66)

---

64) <복 타러가서 복 타가지고 온 머슴>, 『대계』 3-4, 846쪽.
65) <석숭의 복>, 『대계』 4-2, 737~738쪽.

이러한 언술을 보면 구복여행은 운명적으로 품정된 '시세'를 알아보기 위한 여행이라고 할 수도 있다. 과연 언제나 잘 살게 될 것인지 신에게 물어보고자 여행을 떠났다고 할 것이다. 이는 사람마다 잘 살 수 있는 '때'가 정해져 있기 때문에, '때'를 만나지 않고서는 잘 살 수 없다고 인식되고 있음을 보여준다. 이러한 '시세' 혹은 '때'는 <정명>에서 말했던 '품여치稟與値'와도 관련된다. 애초에 복분이 정해지는 것을 '품稟'이라고 한다면, 그 '때'를 만나는 것은 바로 '치値'라고 할 수 있기 때문이다.

이와 같이 이익의 조명설은 자력변역형과 인식적 토대를 같이 하는 것으로 보인다. 자력변역형에서 자력에 의거하여 운명과 대응하고 있듯이, 조명설에서도 인간 자신의 주체적인 지혜와 노력을 중시하고 있는 것이다. 특히 자력변역형과 조명설은 행위의 선악에 따라서 길흉화복이 달라질 수 있다는 점에서는 견해를 같이 한다. 자력변역형에서는 선행의 대가로 보상을 받았다는 것을 구체적으로 보여주고 있다면, 이익의 조명설에서는 행위의 선악에 따라 상벌이 있을 것이라고 하였던 것이다.

3.3. 비교를 통해 본 전통적 운명관의 특징

지금까지 운명관의 실상과 관점을 토대로 하여 운명설화를 살펴보았다. 그 결과 제자백가서에서 찾아볼 수 있었던 세 가지 운명관은 운명설화와 밀접하게 관련되어 있음을 확인할 수 있었다. 그러면

---

66) <복을 타러 가는 사람>, 『대계』 7-3, 498~499쪽.

본절에서는 운명관과 운명설화를 비교하는 종합적 논의를 하고, 이를 바탕으로 하여 설화에 나타난 전통적 운명관의 특성을 추출해 보기로 한다.

먼저 운명실현형 설화는 운명의 필연성과 불가피성을 보여줌으로써, 운명에 대한 외경심이나 신비감 혹은 불가사의함을 불러 일으켰다고 할 수 있다. 이러한 운명의 성격을 거부하려고 하면 도리어 그에 부응하는 화를 당한다. 특히 설화에서는 주어진 운명을 변역하려다가 좌절하는 경우를 보여줌으로써, 운명의 불가피성을 부각시켜 주고 있다고 할 것이다.

그러나 남효온南孝溫의 <명론命論>에서는 하늘을 원망하지도 말고, 다른 사람에게서 구하지도 말라고 하였다.67) 사람의 빈부와 귀천은 정명定命된 바와 같이 이루어지기 때문이라는 것이다.68) 따라서 사람은 정해진 운명을 담담히 받아들여야 한다고 하였다. 이는 정명에 높은 비중을 두고 있는 반면에 조명에 대한 고려는 매우 미약한 인식이라고 할 수 있다.

그렇지만 운명변역형에서는 타력과 자력의 비중에 따라서 다양한 방식의 변역이 가능함을 보여주었다. 이러한 변역 방식들은 일면 철학적 논설과 일치하기도 하고, 상반되기도 한다. 양자간의 상반된 성격을 잘 보여주는 부분이 바로 타력에 대한 인식 차이이다. 즉 타력변역형 설화에서는 타력에 의한 운명의 변역을 긍정적으로 인식한다. 치성 - 감응의 방식이나 출가 - 도액의 방식을 통해서 초월적인 제3자의 힘에 의존하면, 불운을 바꾸거나 피할 수 있다고 인식한다.

---

67) "無責望於天 無求取於人"
68) "命之貴而貴 命之賤而賤 命之富而富 命之貧而貧"

이런 인식 아래 기복祈福에 의한 변역, 주술적 도액에 의한 변역이 긍정된다. 그렇지만 이이李珥의 <수요책壽夭策>에서는 타력에 의한 변역을 부정하고 있다. 귀신에게 복을 빌지도 말고, 불사약을 구하여 이치에 어긋나게 섭생하지도 말며, 사신捨身하여 영생하기를 구하지도 말라고 하였다. 이러한 방법들은 모두 타력에 의한 것으로 간주되며, 그 대신 '양기'와 자신의 할 바를 다하면 배양의 공이 있을 것이라는 견해이다. 이때 기를 배양하는 것은 자력적인 방식이라고 할 수 있다.

이런 점에서 타력·자력변역형은 중간적인 양태를 띠고 있다고 할 수 있다. 즉 신이 인간의 복분을 관장한다는 것을 인정하면서도, 사람의 지혜와 행위에 따라서 복분 이상의 부를 향유할 수 있는 것으로 인식된다. 이러한 자력적인 성격은 자력변역형에서 더욱 분명하게 나타난다. 자력변역형 설화에서는 자발적인 행위와 선택을 통하여 자유의지를 구현하고, 자기희생이라는 선행을 통하여 그에 대한 보상을 받는다. 행위의 선악과 화복을 매우 밀접하게 연관시킴으로써, 자신의 의지와 선택에 따라서 화복이 결정되는 것으로 인식한다.

이익李瀷의 <조명造命>에서도 타고난 기수氣數의 후박청탁厚薄淸濁에 따라 요수와 빈부가 결정된다는 것을 부정한다. 이는 인간의 노력에 대한 긍정을 보여준다. 선악을 상벌과 관련지어 이해하기는 하지만, 이들을 필연적으로 인식하지는 않는다. 일상생활에서의 근면과 피흉避凶을 위한 노력을 통하여 자신의 운명을 만들 수 있다고 보았다.

이와 같은 차별성에 비추어 보면 설화에 나타난 운명대응방식이 어떠한 특징을 지니고 있는지 드러난다. 이를 정리하는 것으로 본장의 논의를 마무리하기로 한다.

　첫째, 운명설화에서의 운명이란 반드시 실현되는 것이면서 또한 경우에 따라서 변역시킬 수 있는 것으로 인식된다. 이러한 양면적인 인식에 의거하여 운명의 우위가 인정되기도 하고 인간의 우위가 인정되기도 하는 것이다. 이를 철학적 논설에서는 정명 - 조명의 관계로 논하고 있다. 정명 - 조명의 관계는 정명을 위주로 하는 관점, 정명과 조명을 대등하게 보는 관점, 조명을 위주로 하는 관점으로 구체화되었던 것이다. 결국 운명설화에 나타는 운명관은 이러한 정명과 조명을 아우르는 다양한 관점이 나타나고 있다고 할 수 있다.

　둘째, 운명실현형에서는 정해진 운명을 반드시 실현되며, 아울러 불가피하다는 것으로 보여준다. 이때 전승자들은 운명을 신비하거나 불가사의한 것으로 여기고, 이에 대한 외경심을 보여준다. 그들에게 있어서 운명은 불행한 사건에 대한 해명이거나, 자신의 불운한 처지에 대한 변명이기도 하다.

　셋째, 운명변역형에서는 타력 혹은 자력에 의하여 불운을 변역시킬 수 있다고 인식된다. 이중에서 철학적 논설에서는 타력에 의한 변역이 부정되고 있으나, 설화에서는 이에 대한 관심이 높다. 이는 초월자와의 합일을 통하여 운명을 변역시킬 수 있다는 인식과 밀접하다.

　넷째, 행위의 선악과 길흉화복이 밀접하게 연관되어 있다. 이는 자력에 의한 변역을 보여주는 설화에서 잘 나타난다. <차복설화>의 주인공은 가난한 거지 내외를 구휼하다가 이들이 바로 복주인임을 인지하게 된다. 그 결과 거지 가적과 동거하는 방안을 염출할 수 있었다. 한편 <구복여행설화>은 선행과 보상이 긴밀하게 맞물려 있다. 자기희생적이고 이타적인 행위에 대한 보상으로 다복하게 되었던 것이다. 이처럼 설화에서는 선악과 길흉이 인과적 필연성을 가지고 있는 것으로 인식된다.

4. 설화에 나타난 운명관의 의미

지금까지 설화에 나타난 운명관을 철학적 논설과 대비하여 그 특징을 살펴보았다. 그 결과 운명설화 속에는 다층적인 운명대응방식을 볼 수 있었으며, 이는 운명관의 실상과 부합되고 있음을 볼 수 있었다. 그렇다면 이러한 운명대응방식과 운명관이 어떠한 의미를 가지고 있는지 살펴볼 필요가 있다. 본장에서는 이를 정신사적 측면, 사회문화적 측면, 그리고 한국인의 의식구조적 측면으로 나누어 고찰하기로 한다.

4.1. 정신사적 측면

4.1.1. 등장인물의 상호관계와 역할

설화에 나타난 운명대응방식은 '운명 - 인간'의 상관관계에 입각하여 네 가지 경우로 나타나고 있었으며, 이는 다시 세 가지의 운명관과 관련되어 있음을 볼 수 있었다. 이를 통해서 다양한 역학관계를 보여주었던 운명대응방식은 운명관의 관점에 기초하고 있음을 살펴보았다. 즉 운명과 인간의 관계는 정명과 조명의 관계로 논해지고 있음을 보았던 것이다. 이들은 함께 존재하면서 상황에 따라서 어느 한 쪽의 비중이 높아지는 것으로 볼 수 있다.

이러한 비중의 변화는 등장인물의 상호관계와 역할을 통해서도 엿볼 수 있다. 먼저 운명실현형運命實現型에서는 운명을 주관하는 신이 등장하기도 하고, 운명을 좌우하는 불가사의한 힘으로 표현되기도 한다. 예를 들어 <호식(1)>이나 <호환으로 죽을 운명>과 같은 자료에서는 신이 등장한다. 여기서의 신은 물론 호랑이를 말한다.

운명주관자 혹은 운명실행자로서 믿어지는 호랑이와 호환운을 당하기로 예정되어 있는 인간이 직접적인 관계를 형성하고 있는 것이다. 또한 <호식될 팔자는 독 안에 들어가도 못 면한다>에서도 호랑이가 등장한다. 호랑이는 남자, 노승, 아기업은 여인으로 변신하여 출현하는데, 이들은 호환운을 실행하는 신격으로 믿어진다. <천생연분설화天生緣分說話>에서도 신이 등장한다. 신은 바로 부부의 연분을 맺어주는 것으로 믿어지는 노구老嫗를 말한다. 노구는 청실홍실로 부부의 인연을 맺어주며, 주인공에게 배필이 누구인지 알려준다. 이들 설화에 등장하는 신은 인간보다 우월한 위치를 점하고 있으며, 인간의 생사나 연분을 좌우하는 존재로 인식된다.

한편 <죽을 팔자>, <수살로 죽을 운명은 벗어날 수 없다>, <복이 없는 사람>, <팔자에 없는 벼슬>에서는 신은 등장하지 않는다. 다만 운명은 보이지 않는 불가사의한 힘으로서 인식된다. 예를 들어 <죽을 팔자>에서는 갑자기 소나기가 내린 것이나, 무너진 담장에 깔려죽은 것은 초월적인 힘에 의해 일어난 필연적인 사건으로 이해된다. <복이 없는 사람>에서 과제를 감춘 붓을 친구에게 빌려준 것이나, 돈뭉치에 맞아 죽은 것도 마찬가지이다. <팔자에 없는 벼슬>에서도 제주도로 가는 도중 갑자기 태풍이 불어온 것이나, 부인의 옷이 가라앉은 것은 신의 뜻으로 말해진다.

이와 같이 이들 설화에서는 비록 신은 등장하지 않지만, 여전히 인간의 생사와 길흉화복을 조종하고 있는 것으로 인식된다. 운명은 설화의 이면에 감추어져 있으면서도 지속적으로 인간의 삶에 관여하고 있는 것이다. 신으로 등장하든지, 아니면 이면에 감추어진 힘이든지 간에 운명은 인간의 생사수요와 빈부귀천을 좌우하는 것으로 인식된다.

이는 구연자의 언술을 통해서 더욱 분명하게 드러난다. 인간은 자신의 주체적인 의지에 따라 살아가는 것이 아니라, 운명적으로 정해진 대로 살아가는 존재로 인식되고 있다. 가령 <호식(1)>의 누이는 호랑이 울음이 심상치 않음에도 불구하고 그 날 밤 호환을 당한다.

누이는 호환을 당연시 받아들이고 있는 것으로 생각된다. 설화 구연자는 누이의 호환을 지극히 당연한 사실로 인정하고 있는 것이다.[1] 또한 <호식으로 죽을 운명>에서도 주인공은 정해진 시각에 호랑이를 찾아가는 것으로 되어 있다. 이를 두고 구연자는 호식은 호랑이가 물어가지 않아도 저절로 죽게 되어 있다고 하였다.[2] <수살로 죽을 운명은 벗어날 수 없다>에서도 소년은 서슴없이 웅덩이에 빠져 죽는다.[3] 이처럼 운명실현형에 등장하는 인간은 운명의 조

---

[1] 『대계』 6-2, 815쪽. 조사자가 호식해 갔느냐고 묻자 제보자는 '정연히 그랬다.'라고 답하고 있다.
[2] 『대계』 8-13, 403쪽.
[3] 『대계』 8-13, 411~413쪽. 소년은 잠자리 날개 같은 옷을 입고 달려와 웅덩이에 뛰어 들었다고 했다. 이를 목격한 사람도 감히 붙잡을 엄두를 내지 못할 정도였다고 하였다.

종을 받는 존재로 인식되고 있다. 이들의 모습은 마치 천상적天上的 주재자主宰者의 의도에 따라 등장인물의 천정天定된 운명과 인생역정을 살아가는 신성소설神聖小說의 주인공과 흡사하다.4) 자신의 의지와는 상관없이 정해진 운명대로의 삶을 살아가고 있다고 할 것이다.

물론 <죽을 팔자>, <호식당할 사람은 독에 들어가도 못 면한다>, <팔자에 없는 벼슬>, <복이 없는 사람>에서는 어느 정도는 자신의 의지를 보여주기는 한다. 그렇지만 이들의 의도는 모두 실패로 돌아간다. 이를 두고 구연자들은 지극히 당연한 일로 인식한다.

이들의 죽음은 주어진 운명을 벗어날 수 없음을 확실하게 보여주고 있다고 할 것이다. 그렇기에 <호식당할 사람은 독에 들어가도 못 면한다>를 듣고 있던 청중들은 '답답하다.'라고 한탄하며,5) <복이 없는 사람>의 정조正祖 역시 어쩔 수 없다고 탄식한다.6) 이러한 내용은 <천생연분설화>에서도 분명하게 언급된다. 자신이 죽이려 했던 여아와 혼인하게 된 것을 알게 된 총각은 '천생연분은 어쩔 수 없다.'라고 받아들이게 된다. 이는 <다남운설화多男運說話>에서도 마찬가지이다. 다남운을 피하려던 남편의 의도는 좌절되고, 이를 두고 구연자는 '사람은 팔자 속으로 산다.'라고 인식한다.

이들의 삶은 결국 운명에 따라 살았음을 알 수 있다. 정해진 시각에 호환을 당한 것, 돈뭉치에 맞아서 죽게 된 것, 천정된 배필과 혼인하게 된 것, 타고난 팔자대로 수명의 아들을 낳은 것은 겉으로는 우연한 일처럼 되어 있으나, 그 이면에는 필연적인 사건으로 인식되

---

4) 이상택, 『한국고전소설의 탐구』, 중앙출판, 1981, 261쪽.
5) 『대계』 8-13, 405쪽.
6) 임석재, 『한국구전설화』 권5, 평민사, 1989, 323쪽.

고 있는 것이다. 따라서 운명실현형의 등장인물은 운명적으로 품정된 삶을 살아가는 존재로서의 모습을 가지고 있다고 할 수 있다. 이는 운명과 인간, 혹은 신과 인간 사이에 일방적이고 순종적인 관계가 형성되어 있음을 말해준다. 인간은 운명이나 신에게 절대적으로 순종하는 태도를 지니고 있다고 할 것이다.

그러나 운명변역형運命變易型에서는 등장인물의 성격과 역할이 한층 다단하게 나타난다. 먼저 타력변역형他力變易型에서는 신과 이인의 등장이 주목된다. 설화의 전반부에서는 운명예언자 또는 정보제공자로서의 이인이 등장한다. 이러한 이인은 다양한 모습으로 형상화되어 있는데, 시주승·도승·친척·봉사 등으로 나타난다.

이들은 소년의 단명운短命運 또는 호환운虎患運을 예언하고, 또한 이를 모면할 수 있는 방책을 알려 준다. 한편 설화의 후반부에서는 신이나 이인이 등장하여 소년의 단명운 또는 호환운을 변역시켜 준다. 칠성신이나 저승차사 혹은 염라대왕은 운명을 주관하는 신으로서 믿어진다. 이들은 소년의 치성에 감응하여 명부를 수정하거나, 다른 사람으로 대신代身·대명代命하거나, 또는 다른 사람의 수명을 빌려주어[借壽] 소년을 연명시켜 준다.

소년을 데리고 출가하는 시주승은 소년이 무사하게 고행苦行을 겪어 낼 수 있도록 도움을 준다. 삼정승의 딸로 이야기되는 여성 또한 찾아온 소년을 도액시켜 보호해준다. 시주승이건 여성이건 간에 모두 소년의 도액이 성공할 수 있도록 도와준다는 점에서 동일한 기능을 수행한다고 할 수 있다.

그렇지만 타력변역형에 등장하는 인간은 주어진 운명대로만 살아가는 모습을 보여주지는 않는다. 그들은 예언자에게 방책을 간청하고, 끝내는 어려운 방책을 실현한다.

> 옛날 어떤 사람이 독자獨子를 두었었다. 하루는 지내치던 한 사람의 신승神僧이 들어와서 그 아이의 상相을 보고 「이 애는 열 아홉 살을 넘기지 못하겠습니다」고 말하였다. 아이의 아버지는 크게 놀랐다. 그래서 그 신승에게 재배삼배再拜三拜하면서 「선사禪師께서 사람의 명命을 아시니 아마 우리 아이를 구하실 방법도 있겠습니다. 우리 가문이 끊혀지지 않도록 부대 구해줍시사」하고 애걸하였다. 두 번 째까지 「수명壽命의 장단長短은 알 수 있지마는 내가 어떻게 사람의 명을 구할 수가 있느냐」하고 신승은 거절하였으나…7)

신승이 독자의 관상을 보고 9살에 죽을 것이라고 예언하자, 부친이 재배삼배하면서 아이를 구할 방법을 간청하고 있다. 부친은 단명운을 체념적으로 받아들이는 것이 아니라, 이를 변역變易할 수 있다고 믿고 있는 것이다. 이러한 부친의 마음자세는 매우 어려운 방책을 실천하는 것으로 구체화된다.

> "그걸 아시며는 살릴 무슨 방법이 없습니까?" 이리 물으니까,
> "참, 살릴 방법이 있기는 하나 있어도 하늘의 참, 운명이 달렸다고 어렵다고."
> "그러면 그것을 알려 주시며는 제 힘대로 해 보겠다고."8)

예언자가 방법이 있기는 있으나 어렵다고 하자, 부친은 '알려만 준다면 힘 닿는 대로 해 보겠다.'하고 답한다. 소년에게 주어진 연명

---

7) 손진태, 『한국민족설화의 연구』, 을유문화사, 1947, 11쪽.
8) <뇌물 먹고 명을 연장시켜준 저승사자>, 『대계』 8-3, 70쪽.

방책 또는 퇴호방책은 그것 자체가 매우 어려운 것이 사실이다. 그것은 치성을 받는 신에게 일임되어 있는 것이며, 또한 애지중지하는 귀자貴子와 수년간 생이별을 해야 하는 고통을 감수해야 하는 것이다.

그럼에도 불구하고 소년과 그의 부모는 이러한 시련과 고통을 이겨내고 단명운 혹은 호환운을 변역하고 있다. 이처럼 타력변역형에 등장하는 인간은 천정된 운명대로 살아가는 운명실현형의 인간과는 다른 모습을 보여준다. 즉 그들은 운명이 품정되어 있는 줄 알면서도, 초월적인 힘을 빌려 불운에서 벗어나고자 한다. 이는 인간으로서 해야 할 바를 다하려는 의지를 가지고 있고, 그러한 노력을 아끼지 않는 것으로 그려져 있다. 이와 같이 타력변역형의 인간은 신이나 이인에게 의존하면서도, 그들과의 교섭을 시도하는 존재인 것이다. 따라서 타력변역형에서는 신과 인간, 또는 이인과 인간의 관계는 쌍방적이면서도 초월적 존재의 역할이 절대적인 경우라고 할 수 있다.

한편 타력·자력변역형他力·自力變易型을 보여주는 <차복설화借福說話>에서도 신과 인간이 등장한다. 이때의 신은 인간의 복분福分을 관장하는 존재로서 인식된다. 하늘나라에 거처하는 옥황상제는 이미 태어난 사람은 물론이고 앞으로 태어날 사람의 복분까지 주관한다. 복분에 관한 절대적인 권능을 행사하고 있다고 할 것이다. 그렇기에 인간의 빈부는 바로 옥황상제에 의해 품정되고, 통제되는 것으로 말해진다.

> 옥황님께서 지 분수대로 사지, 거 한 짐 백에, 한 짐 백에 있으먼 내일 갖다 져다 팔아가 식냥 사다 팔아가주 묵고, 지가 한 짐 백에

몬 파는데, 두 짐 갖다 놓이, 분수 밖에 짓을 한다 싶어가, 한 짐은 마 천상에서 마 나무를 한 짐씩 천상에 올라가뿌렜는데. 그 따문에 읽어(잃어) 뿌렜는기라.9)

옥황상제는 자기의 분수대로 살지 않는 나무꾼의 처사를 못마땅하게 생각한다. 즉 나무 한 짐 복분밖에 타고나지 않은 주제에 나무를 두 짐씩 하려고 하니, 이는 분수에 맞지 않는다는 것이다. 이에 옥황상제는 복분 이상의 나뭇짐을 하늘로 가져가 나무꾼의 의도를 방해한다. 이처럼 <차복설화>의 신은 인간의 복분을 관장하는 존재로서의 면모를 분명하게 지니고 있는 것이다.

그렇지만 <차복설화>에 등장하는 신은 타력변역형의 신과는 또 다른 면모를 가지고 있다. 타력변역형의 신은 치성을 받아 감응을 내리는 절대적인 존재였다고 할 수 있다. 이에 비하여 <차복설화>의 신은 인간과 논쟁을 벌이기도 하고, 어쩔 수 없이 인간의 요구사항을 받아들이는 존재로 형상화된다. 나무꾼이 밥을 먹게 해 달라고 끈질기게 요구하면, 결국에는 이를 떨쳐버리지 못하는 존재인 것이다.10) 이는 <차복설화>의 신이 인간의 빈부를 좌우하는 존재이기는 하지만, 상대적으로 그 위상이 격하되어 있음을 말해준다.

이는 역으로 말하면 인간의 위상이 그만큼 높아졌다고도 할 수 있으며, 인간의 역할이 중요해졌다는 것을 의미한다고도 할 수 있다. <차복설화>의 주인공도 가난을 벗어나기 위하여 더 근면하게 노력하고 있으며, 신과의 논쟁을 통하여 남의 복을 빌려오게 된다. 더욱

---

9) <석숭이의 복을 임시로 맡은 사람>, 『대계』 7-1, 468쪽.
10) 『대계』 2-6, 91쪽, <차자의 복>이나, 『한국구전설화』 권4, <남의 복을 빌려서 잘 살다>와 같은 자료에서 이런 면모가 잘 드러난다.

이 그는 차복한 복분을 돌려줄 시기가 돌아오자, 재산을 처분하여 은신하기도 한다.

> 가마안히 그 연조를 인제 생각해 보니까, 불과 참 얼마가 남지를 않았어. 그 연조가. 그래 내외 상이하기를,
> "야. 우리가 아, 현몽할 적이 여차여차하게 그 현몽을 했는디이, 그 연조가 얼마 남지 않았오. 그러허니 그 재산을 우리가 줄 수두 욱구 … 허니 그 재산을 방 … 토지라던지 모등 걸 방매해 가지구서 우리 멀찌감치 떠나봅시다."
> 그 말에 합이가 됐어.[11]

나무꾼은 신과 약속한 기한이 돌아오자 재산을 방매하여 멀리 떠나기로 한다. 이는 바로 신과의 약속을 어기려는 행위라고 할 수 있다. 아니 신의 명령을 거부하는 행위인 것이다. 신에 의해 정해진 복분을 인정치 않으려는 도전적 행위인 셈이다. 이처럼 <차복설화>에서는 신의 입장과 아울러 인간의 입장을 주장하는 인식이 함께 드러나고 있다고 할 것이다.

이러한 나무꾼의 은신은 복주인과의 조우로 인하여 실패하게 된다. 이때 나무꾼이 모색한 방안은 바로 복주인과의 동거이다. 복주인인 줄 모른 채 출산한 거지 내외를 구휼하기도 하고, 의도적으로 거지 내외를 후대하기도 하지만, 어느 경우에나 나무꾼 자신의 판단에 따라 복주인과 동거하는 방안을 모색하고 있다. 그는 비록 빌렸던 복을 복주인에게 돌려주었지만, 자신이 모색한 방안으로 평생을 부유하게 살아간다. 이로써 본다면 타고난 운명과는 달리 나무꾼이

---

[11] <장거정 이야기>, 『대계』 4-4, 135~136쪽.

부유해질 수 있었던 것은 신의 역할과 인간의 역할에 공히 힘입고 있다고 할 것이다.

따라서 타력·자력변역형에서는 신과 인간이 함께 등장하고 있으며, 이들의 역할이 공히 중요하다고 할 수 있다. 타력변역형에서의 신은 인간의 치성을 받는 절대적인 존재이며, 운명의 변역은 오로지 그의 역할에 달려 있었다. 하지만 타력·자력변역형에서의 신은 논쟁의 대상이기도 하고 인간의 요구를 수용하기도 하는 존재이며, 운명의 변역에 있어서도 부분적인 역할을 담당하였다고 할 수 있다.

이는 바로 타력과 자력이 합치되는 변역양상에서 기인된 결과라고 할 것이다.

한편 자력변역형自力變易型에 해당하는 <구복여행설화求福旅行說話>에서도 신과 인간이 등장한다. 처음에는 <구복여행설화>에 등장하는 신은 인간의 복분을 관장하는 것으로 믿어진다. 주인공은 하늘 끝까지 가면 복을 탈 수 있는 곳이 있다고 믿고 구복여행을 출발한다.[12] 하지만 <구복여행설화>의 신은 인간의 행불행을 좌우하는 존재는 아니다. 그보다는 행위의 선악을 판단하게 하는 존재라고 할 수 있다. 그는 단지 인간에게 선행을 하면 복을 받을 수 있다는 것을 가르쳐 주는 존재일 뿐이다. 결국 <구복여행설화>의 신은 여전히 초월적 성격을 지니고 있기는 하지만, 복분을 좌우하는 직능을 가지고 있지는 않다.

그렇다면 다복을 누릴 수 있게 되는 결정적인 계기는 인간 자신의 행위에 달려 있다고 할 수 있다. 그가 어떠한 행위를 하느냐에 따라

---

[12] <복타러 가는 사람>(『대계』 7-3, 499쪽.)이 대표적인 경우이다.

서 그의 행운과 불운이 결정된다고 할 것이다. 주인공이 스스로 구복여행을 떠나고, 세 가지의 질문을 부탁받으며, 또한 자신의 질문을 포기하는 것은 오로지 그의 선택과 판단에 의한 것이다. 결국 <구복여행설화>에서는 신과 인간이 함께 등장하지만, 인간의 역할이 한층 중요시되고 있다고 할 수 있다.

이러한 면모는 일부 자료에서 더욱 분명하게 구체화되기도 한다.

서천서역국에 당도한 주인공은 하느님과 '싸워서' 복을 얻기도 하고,[13] 아버지의 복분을 달라고 요구하여 이를 가지고 돌아오기도 한다.[14] 이와 같은 주인공의 행동은 그의 자의적自意的 선택과 아울러 인간의 역할이 가지는 비중을 높게 해 준다고 할 수 있다.

이와 같이 운명변역형에서는 운명과 인간 사이에 신이나 이인 등이 끼어들어 있음을 알 수 있다. 이는 운명실현형과는 다른 면모이다. 운명실현형에서는 운명과 인간은 직접적인 관계를 맺고 있었다면, 운명변역형에서는 간접적인 관계가 형성되어 있다고 할 것이다.

신이나 이인이 중간에서 운명과 인간의 관계를 조정해주고 있다고 할 수 있다.

그렇지만 운명변역형 내에서 신의 역할이 가지는 비중이 동일한 것은 아니다. 타력변역형, 타력·자력변역형, 자력변역형에서는 공히 신이 등장하지만, 이들의 역할이 가지는 비중은 조금씩 다르게 나타난다. 타력변역형에서는 신이 운명의 변역에 절대적인 역할을 수행하고 있다면, 타력·자력변역형에서는 신과 인간의 역할이 대등하다고 할 수 있다. 이에 비하여 자력변역형에서는 인간의 역할이

---

13) <구복여행>, 『대계』 1-6, 618쪽.
14) <구복여행>, 『대계』 5-7, 207쪽.

더욱 중요시 되고 있다. 결국 운명변역형에서는 초월적 존재와 인간이 가지는 비중이 다층적으로 형성되고 있음을 알 수 있다.

지금까지 각 유형에 나타난 등장인물의 성격과 역할을 살펴보았다. 먼저 등장인물은 신과 이인, 인간이 등장하는 것은 대체로 유사하였지만, 그들이 지니고 있는 성격에서는 분명한 차이를 볼 수 있었다. 특히 운명주관자運命主管者가 누구인가 하는 점에서 본다면, 이러한 차이는 분명하게 드러난다. 운명실현형에서는 운명은 불가사의한 힘이나 신이 주관하는데, 이는 인간에 대하여 절대적인 위상을 점하고 있다. 인간은 절대적인 운명을 인정하고 그에 따를 뿐이었다.

타력변역형에서는 운명을 주관하는 신이 등장하여 그의 힘으로 운명이 바뀔 수 있는 것으로 인식되기도 하며, 또한 이인이 등장하여 주인공을 보호하여 불운을 변역시켜 준다. 신이나 이인의 역할이 절대적이기는 마찬가지이다. 한편 타력·자력변역형에서도 운명주관자로서의 신이 등장하여 임시로 박복한 운명을 변역시켜 주지만, 완전한 변역이 이루어지지는 않는다. 변역이 완전히 성취되기 위해서는 주인공 자신의 역할이 함께 필요한 것으로 인식된다. 끝으로 자력변역형에서도 신이 등장하기는 하지만, 운명주관자로서의 면모는 매우 미약해진다. 대신에 자력변역형의 신은 도덕적 가르침을 주는 존재로서의 역할을 담당하며, 박복운의 변역에는 직접적으로 관여하지는 않는다고 할 수 있다. 이때 불운의 변역은 주인공 자신이 선택한 자기희생적인 행동을 통하여 이루어진다.

이처럼 동일한 신이 등장하지만, 그들은 운명에 대한 절대적인 권한을 가지고 있기도 하고, 그렇지 않기도 하다. 신이 역할에 따라 변역이 완전하게 성취되기도 하고, 임시적으로 성취되기도 하며, 별다른 역할을 수행하지 않기도 한다. 이와 같은 차이는 운명과 인간의 비중이 달라지는 것과 같다고 할 수 있다. 또한 운명관에 있어서 정명定命과 조명造命의 비중이 달라지는 것과도 매우 밀접하게 관련되어 있다고 할 수 있다. 그것은 운명과 인간이 서로 맞물려 있으면서 상황에 따라서 어느 한쪽의 비중이 달라지는 것으로 볼 수 있다.

4.1.2. 시간·공간의 설정과 성격

설화 속에 설정되어 있는 시간과 공간도 의식의 변화를 보여주는 중요한 단서가 될 수 있다. 왜냐하면 시간적·공간적 체계는 설화 속에 내재되어 있는 문화적文化的 결정소結定素이기 때문이다. 이때 시간적 체계는 사건이 일어나는 '어느 때'를 말하는데, 이의 일반적인 경계는 신화적 시간과 역사적 시간이라고 할 수 있다. 또한 공간적 체계는 이야기가 전개되는 '어느 곳'을 말하는데, 이의 가장 기본적인 구분은 자연계와 초자연계로 나누어진다고 한다.15) 이러한 시간과 공간의 체계는 기실은 초월성과 현실성을 축으로 하여 구분한 것과 일맥상통한다고 본다. 신화적 시간이 초월적이라면 역사적 시간은 현실적이며, 초자연계가 초월적이라면 자연계는 현실적이라고 할 수 있는 것이다.

이와 같은 시간적·공간적 체계는 설화의 내용 결정소를 뒷받침하는 중요한 문화적 가치체계라고 할 수 있다. 이렇게 본다면 설화 속에 설정된 시간적, 공간적 배경 역시 전승집단의 의식의 변화를

---

15) 최정무, "구비문학에의 다원적 접근," 『민담학개론』, 김열규 외, 일조각, 1982, 326~328쪽.

살펴볼 수 있는 좋은 준거가 될 수 있다고 본다. 등장인물의 성격을 살펴보았던 것처럼 각 유형별로 시간적, 공간적 체계를 고찰하기로 한다.

먼저 운명실현형에서는 초월적 시공간과 현실적 시공간의 구분이 분명하게 나타나지는 않는다. 예를 들어 <호식(1)>, <호환으로 죽을 운명>, <호식당할 사람은 독에 들어가도 못 면한다>와 같은 자료에서는 호환을 당하는 공간이 바로 일상적인 공간이다. 주인공은 그들의 집에서 혹은 버스를 타고 가다가 호환을 당한다. 이는 <복없는 사람>이나 <팔자에 없는 벼슬>, <수살로 죽을 운명은 벗어날 수 없다>, <죽을 팔자>도 마찬가지이다. 가난한 선비는 자기 집에서 죽었으며, 부인은 제주로 부임하던 도중에 죽었으며, 소년은 마을 주변에 있는 웅덩이에 빠져 죽었다. 이러한 공간도 모두 일상적 공간이라고 할 수 있다. 이러한 양상은 <다남운설화>에서도 그대로 나타난다. 남편은 '집→부자집→집'으로 이동하고 있는데, 이때에도 별도의 초월적인 공간은 나타나지 않는다.

시간적 배경도 이와 마찬가지이다. 운명이 실현되는 시간은 '정해진 시각'으로 인식된다. '정해진 시각'이란 바로 초월적이며 신화적인 시간 체계에 속한다. 하지만 이는 또한 인간이 살아가는 일상적인 시간 체계이기도 하다. 운명은 정해진 시간에 실행될 뿐, 이 이외의 어떠한 초월적 징표를 찾아보기 어렵다. 호환이나 수살, 그리고 비명횡사가 대낮에 일어나는 것과도 관련이 깊다. 이는 마치 등장인물이 초월적으로 예정된 시간표에 따라 살아가는 존재인 것과 같다. 이는 운명실현형의 시간적 체계는 초월성과 현실성이 분명하게 구분되지 않는다는 것을 말해준다.

한편 <천생연분설화>에서는 이러한 시공간이 부분적으로 분화되어 있음을 볼 수 있다. 주인공은 그냥 어디를 가다가 노구를 만났다고 하는 것이 일반적이다.16) 하지만 일부 자료에서는 초월적 공간으로서의 모습이 분명하게 나타나기도 한다.

> 등짐을 지구서 한 고개를 넘어설랑은 마을을 찾아가는데 한동안 마을이 없고, 똑 후미진디루 해서 가는디, 해는 져서 어두웠어. 그런디 워서 불이 반짝반짝 뵈는 데가 있거든. 거기를 찾아가니께 오두막집 하나가 있는데 가 주인을 찾으니께 호호한 할메가 나오면서,
> "누가 와서 이 밤에 찾는가? 여기는 인간이 왕래를 못하는 덴디 누가 여기를 와서 찾느냐?"
> "아, 그런 것이 아니라 나는 장사길루 나와서 다니다가 날도 저물고 인가를 찾는 길인디 불이 뵈어 여기를 왔소."17)

> 옛날에 어느 사람이 하나 있었는데 어디를 가라 가라 해서 가다보니까 해가 일모가 되었다. 밤은 야심하고 인가를 찾았으나 야밤중에 야단이 났더라. 멀리 등잔불이 보여서 덤불을 헤치고 주인을 찾으니 노구 할머니가 나오더래요. 그 할머니 말이 "여기엔 웬 사람이 찾아오면 귀신 밖에 안 온다. 귀신이면 돌아가고 인간이면 들어와라." "나는 인간이다." 하고 들어가니 노부부가 있었더라.18)

노구가 머무는 공간은 인가가 없는 산중으로 그려져 있다. 이러한 노구의 집은 '인간이 왕래를 못하는' 곳이며, '귀신 밖에 찾아오지 않는' 곳이기도 하다. 그야말로 노구의 거처는 인간의 공간이 아니라

---

16) 『대계』에 채록된 자료들은 대부분 이런 경우에 해당한다.
17) <천생연분>, 최운식, 『충청남도 민담』, 집문당, 1980, 147쪽.
18) <천생연분>, 한국구비문학회 편, 『한국구비문학선집』, 일조각, 1977, 59쪽.

신의 공간인 것이다. 한편 총각과 노구의 만남이 이루어지는 시간은 밤중이다. 총각이 노구의 집에 유숙하게 된 것도 야심한 시각이며, 노구가 부부의 인연을 맺어주는 것도 밤중이다.19) 이는 밤을 신의 활동 시간으로 인식하고 있음을 보여준다고 할 수 있다. 한편 주인공의 혼인 역시 정해진 시간에 따라 성사된다. 주인공은 별다른 이유 없이 혼인을 하지 못하다가 종국에는 여아가 성장한 후에 그녀와 혼인하게 된다. 이와 같은 총각과 여아의 혼인은 초월적으로 예정된 시간에 이루어졌다고 할 수 있다. 이는 총각의 일생은 기실은 초월적으로 품정된 시간표대로 이행된 것임을 분명하게 해 준다.

이와 같이 <천생연분설화>의 일부자료에서는 시간과 공간의 초월성이 분명하게 나타나고 있음을 볼 수 있다. 이는 <천생연분설화>의 시공간이 분화되어 있으면서 동시에 미분화되어 있음을 잘 보여준다. 결국 운명실현형의 시공간 체계는 초월성과 현실성이 분화되어 있기도 하고 그렇지 않기도 한 이중성을 지니고 있다고 본다. 이러한 시공간의 미분화 현상은 변역 시도가 없는 경우에 더욱 분명하게 드러나는 것으로 보인다. 다만 변역이 시도되는 이야기에서는 부분적으로 분화 현상이 일어나고 있다. 따라서 운명실현형의 시공간은 초월성과 현실성이 미분화된 양상을 그 특징으로 하고 있다고 본다.

한편 운명변역형에 나타난 시공간 체계는 좀 더 다양한 양상을 보

---

19) 이는 중국 자료에서도 확인되는 바이다. 예를 들어 <정혼점定婚店>에서는 용흥사로 가는 도중에 월하노인을 만난다. 노인은 달빛에 책을 보고 있었는데, 이 책은 바로 '세간서世間書'가 아니라 '유명지서幽冥之書'라고 하고 있다. 이처럼 <정혼점>의 시공간은 달밝은 밤의 산중의 어떤 곳으로 설정되어 있다. 이는 바로 초월적인 시공간의 성격을 가진다고 할 것이다.

여준다. 먼저 타력변역형에서의 시공간은 초월성과 현실성이 분명하게 분화되어 있음을 볼 수 있다. 이는 주인공의 시간적, 공간적 이동 양상을 살펴보면 분명하게 드러난다. 먼저 <연명설화延命說話>의 감응형부터 보기로 한다. 감응형의 주인공은 현실계에서 초월계로 이동하였다가 다시 현실계로 복귀한다. 단명자가 찾아가는 초월계는 산꼭대기, 동구밖, 다릿목, 시장 등 다양하다. 그렇지만 이들 장소는 모두 신들이 머무는 곳 혹은 신들이 지나가는 곳으로서, 신과 인간의 만남이 이루어지는 공간이다. 그런 점에서 이들 공간은 초월성이 분명하게 나타난다.

시간적 배경 또한 초월성이 확연하다. 단명자가 신들을 찾아가는 시간은 대부분 밤중이거나 새벽이다. 한밤중은 칠성신이 산 정상에서 바둑을 두는 시간이며, 저승차사가 저승에서 이승으로 나오는 시간이다. 이처럼 한밤중은 신들이 활동하는 시간이며, 이때야말로 신과 인간과의 만남이 가능한 시간으로 인식된다. 주인공은 바로 이러한 초월적 시간에 초월적인 공간으로 신을 찾아가고 있는 것이다.

이러한 양상은 <호환도액설화虎患度厄說話>의 칠성감응형에서도 동일하게 나타난다. 호환소년은 한밤중에 호랑이를 만나러 산중으로 들어갔다가, 우연히 만난 칠성신의 보호를 받아 호랑이를 물리친다. 여기에서도 '한밤중', '산중'이라는 시공간의 신성징표가 분명하게 드러나고 있는 것이다. 따라서 타력변역형의 감응형에서는 초월적 시공간과 현실적 시공간이 분명하게 분화되어 있는 것으로 나타난다.

다른 한편으로 도액형의 경우에는 좀 더 복잡한 설명이 필요하다. 먼저 고행도액형의 경우 소년은 산중에서 여러 차례의 죽을 고비를 넘기거나, 또는 절에 들어가 수행하는 것으로 되어 있다. 이때 '산중'이나 '절'과 같은 공간은 주술적 원리에 의하여 지배되는 공간이라고 할 수 있다. 고행이나 수행은 바로 미래의 불운을 상징하기 때문이다. 이와 같이 고행도액형에서도 주인공은 '현실계→초월계→현실계'로의 이동하고 있음을 볼 수 있다.

다음 혼인도액형에서는 시공간의 초월성이 구체적으로 언급되고 있음을 볼 수 있다.

> 사람은 사람인데 들어올 도리가 없을 텐데 어뜨케 들어왔는디, 나는 새도 못 들어 온다는 놈을 들어왔까든. 그러니께 음— 막 옥추경玉樞經을 읽구 뭐 이래두 그대루 선 채 있거든. 그림 부채(부처) 같이 서 있거든, 말두 안하구 서 있단 말야. 그래,
> "네가 사람이냐 짐승이냐? 여길 어드케 들어왔느냐? 나는 새두 못 들어오는데 어드케 들아왔냐?"구, 하니께…20)

소년이 삼정승 딸이 거처하는 초당에 들어가는 장면이다. 초당은 병사들이 지키는 대문을 들어가서 대감의 처소를 지난 후에, 다시 연못으로 둘러싸인 곳으로 그려진다. 이는 물론 대가집의 후원에 있는 별당처럼 그려져 있으나, 그 속성은 초월적 성격을 지니고 있다고 할 수 있다. 초당은 바로 나는 새 [飛鳥]도 들어갈 수 없는 접근이 매우 어려운 곳이며, 삼정승 딸들이 소년의 도액의례를 수행하는 곳이다. 따라서 초당은 사제의 성격을 지닌 여성의 거처로서 의미를 가지고 있다고 할 수 있다.

---

20) <삼정승의 딸을 얻은 아이>, 『대계』 1-4, 72쪽.

또한 소년이 초당에 접근하는 시간은 한밤중이다. 물론 한밤중은 문지기 병사와 대감의 눈을 속이기 위해 선택된 시간이라고 할 수 있다. 그러나 더욱 중요한 것은 한밤중에 소년을 잡아가려는 귀신이나 호랑이가 출현하는 시간이라는 점이다. 즉 한밤중은 소년의 단명운·호환운이 실현되기로 정해진 초월적 시간인 셈이다.

결국 혼인도액형의 주인공은 '현실계→초월계→현실계'로의 공간 이동을 하고 있으며, '현실시간→초월시간→현실시간'으로의 시간 이동을 하고 있다고 할 수 있다. 이처럼 혼인도액형에서는 시공간의 분화 현상이 뚜렷하며, 주인공은 초월계와 현실계를 넘나들고 있다.

그렇지만 <호환도액설화>에서만 볼 수 있는 율목도액형과 독경도액형은, 고행도액형이나 혼인도액형과는 상이한 시공간을 보여주는 것으로 생각될 수도 있다. 고행도액형과 혼인도액형에서는 주인공이 '출가出家'하고 있는 반면에, 율목도액형과 독경도액형에서의 주인공은 '재가在家'하고 있기 때문이다. 호환의 당사자인 율곡이나 신부는 모두 집에 머물러 있는 것이다. 그러므로 율목도액형과 독경도액형에서의 주인공은 현실계와 초월계를 넘나들지 않는다고 할 수 있다. 즉 고행도액형과 혼인도액형에서와 같은 '현실계→초월계→현실계'로의 이동은 나타나지 않는 것이 사실이다.

그러나 주인공의 공간 이동은 보이지 않는다고 할지라도 율목도액형과 독경도액형에서도 초월적 시공간과 현실적 시공간이 교차하고 있는 것은 사실이다. 율곡의 부친이 조성한 밤나무 숲은 조상신 혹은 산신이 거주하는 공간으로서의 의미를 가진다고 할 수 있으며, 이인의 제자가 밤새워 독경하는 마당·마루는 신성공간에 해당한다고 할 수 있다. 율곡이 호환을 당하기로 되어 있는 시각은 바로 초월적으로 예정된 시각이며, 신부의 첫날밤 역시 초월적인 '위험'이 내재되어 있는 시각인 것이다. 따라서 율목도액형과 독경도액형에서도 초월적 시공간과 현실적 시공간이 분리되어 있음을 알 수 있다.

위에서 살펴본 바와 같이 타력변역형에서는 초월적인 시공간과 현실적인 시공간이 분화되어 있으며, 주인공은 이를 넘나들고 있다고 본다. 이는 시공간의 성격이 미분화된 운명실현형과는 상이한 부분이다. 또한 타력변역형의 등장인물은 분화된 시공간을 얼마든지 넘나들 수 있다는 점도 한 가지 특징이라고 할 수 있다. 주인공은 신의 거처를 찾아가 감응을 받아내기도 하고, 이인의 거처를 찾아가 도액을 간청하기도 한다. 이렇듯 등장인물은 자신의 힘으로 초월계를 방문할 수 있는 것으로 인식된다. 그러므로 타력변역형의 시공간은 초월성과 현실성이 분화되어 있으며, 주인공은 이를 자유롭게 넘나들 수 있는 것으로 인식된다는 특징을 가지고 있다고 본다. 타력·자력변역형에서의 시공간도 대체로 타력변역형과 유사하지만, 초월계와 현실계의 분화가 더욱 심화되어 있는 것으로 보인다.

<차복설화>의 주인공인 나무꾼은 우연히 승천하여 옥황상제를 만나 다른 사람의 복분을 빌려오고 있다. 주인공은 현실과 하늘나라를 넘나들면서 그의 운명을 변역시키고 있는 것이다. 또한 나무꾼의 승천은 한밤중에 이루어진다는 점도 함께 고려될 필요가 있다. 옥황상제는 한밤중에만 나뭇짐을 끌어 올린다. 낮은 나무꾼이 활동하는 시간이라면 밤은 옥황상제가 활동하는 시간이라고 할 수 있다. 따라서 <차복설화>의 주인공은 초월적인 시간에 초월계를 다녀오게 된다.

이와 같은 타력·자력변역형의 공간 이동은 타력변역형과 유사하다고 할 수 있다. 하지만 자세히 살펴보면 분명한 차이를 볼 수 있다.

타력변역형에서는 주인공 자신의 힘으로 초월계를 찾아갈 수 있었다. 그러나 타력·자력변역형에서는 자신의 힘만으로는 초월적인 공간에 도달할 수 없는 것으로 인식된다.

> 그래서 하루 저녁에는 나무다발 속에가 들어가서 잠복을 했다고. 어떤 도둑놈이 와서 가져갔는가 하고. 아, 한밤중이 되닝개 회오리바람이 일어나더니 자기가 나무다발 속에가 들었는디 그 나무가 둥둥 떠. 공중으로 떠. 하하하. 그래서 인자 어떻게 해서 천상으로 올라간 모양이제.[21]

나무꾼이 승천하는 대목이다. 옥황상제는 회오리바람을 일으켜 복분에 넘치는 나뭇짐을 하늘로 가져간다. 이때 나뭇짐 속에 숨어있던 나무꾼도 함께 승천했다고 했다. 이처럼 나무꾼의 승천은 인간 자신의 힘으로는 불가능한 것으로 그려져 있다. 옥황상제는 바람을 일으켜 나뭇짐을 끌어 올리거나, 갈고리를 이용하여 나뭇짐을 하늘로 올려 간다. 나무꾼의 승천은 나뭇짐 속에 숨어 있다가 우연히 이루어지고 있는 것이다. 이와 같은 나무꾼의 승천을 보면, <차복설화>에서는 초월계와 현실계는 완전히 분리되어 있으며, 인간의 힘으로는 초월계에 들어갈 수 없는 것으로 인식되고 있음을 알 수 있다.

이렇듯 타력·자력변역형에서는 초월계와 현실계는 분명하게 나누어져 있으며, 이를 넘나들기 위해서는 초월적인 존재의 도움이 필수적인 것으로 보인다. 수 천 년이나 묵은 이무기의 도움을 받아야만 초월계로 이어지는 강이나 바다를 건널 수 있었듯이, 나무꾼은

---

[21] <하늘의 복을 빌리다>, 『대계』 5-3, 28~29쪽.

옥황상제의 힘을 빌어서 하늘에 올라갈 수 있었던 것이다. 따라서 타력·자력변역형에서의 초월계와 현실계는 수평적 혹은 수직적으로 분화되어 있는 공간이라고 할 수 있으며, 인간의 힘으로는 넘나들 수 없는 곳으로 인식되고 있다고 본다. 이는 곧 타력·자력변역형의 공간체계는 타력변역형의 그것에 비하여 분화의 정도가 심화되었음을 말해준다. 아니 초월계와 현실계는 장애물을 경계로 하여 단절되어 있다고 하는 것이 타당하다.

이러한 양상은 자력변역형에서도 동일하게 나타난다. <구복여행설화>의 주인공은 서천서역국 혹은 하늘나라라는 초월계에 다녀오는 것으로 되어 있다. 이렇게 초월계는 현실계와는 수평적, 수직적으로 분리되어 있는 공간으로 인식된다. 이때 인간이 초월계에 당도하기 위해서는 장애물을 뛰어넘을 수 있는 존재의 도움이 필수적이다. 이를 담당하는 것이 바로 이무기이다. 이무기는 물속을 다닐 수도 있고, 하늘을 날 수도 있는 존재이다. 그러므로 이무기의 도움을 받으면 수평적이거나 수직적인 장애물을 돌파할 수 있는 것으로 이야기된다.

> 떠나서 가는데 큰 강이 맥혔어. 갈 때 올 때 없어. 돌아는 못 오것고. 그래서 대성통곡하고 우는 거야. 함자서. 땅을 두들기믄서.
> "나 하느님한테 복을 타러 가는데 이 강이 맥혀 갈 떼가 없다."
> 그래 우니께 어지간해서 그냥 머리가 광대통 같은—겉은게 나오더니.[22]

---

22) <구복여행>, 『대계』 1-1, 469~470쪽.

구복여행 말미에 주인공이 장애물을 만나는 대목이다. 총각은 큰 강이 막혀 있어서 오고 가지도 못하는 곤란한 지경에 빠진다. 이때 주인공은 이무기의 도움을 받아 강을 건너게 된다. 또한 초월계에서 현실계로 돌아올 때에도 마찬가지이다. 주인공은 이무기에게 승천하지 못하는 이유를 알려주고, 그 대가로 강을 건너 현실로 돌아온다. 이와 같은 큰 강 혹은 바다는 바로 현실계와 초월계를 가르는 경계선이라고 할 수 있다.23) 그런데 문제는 인간의 힘만으로는 이를 건너갈 수 없다는 점이다. 즉 총각은 이무기의 도움을 받지 않고서는 초월계에 들어갈 수 없는 곳으로 인식되고 있는 것이다. 이는 초월계와 현실계 사이의 구분이 더욱 명확해진 것을 의미한다고 본다.

이렇게만 본다면 타력·자력변역형과 자력변역형의 시공간 체계는 동일하다고 할 수 있다. 그러나 여기서 또 하나 고려할 것은 어디에서 운명의 변역이 이루어지는가 하는 점이다. 타력변역형은 초월계에서 운명의 변역이 완전하게 성취된다. 신의 감응을 받아 명부를 수정하거나 타인의 수명을 빌려주는 것으로 소년의 단명운은 변역된다. 또한 이인의 보호 아래 고행을 겪거나 도액을 실행함으로써 소년은 장수하게 된다. 초월계에서의 신의 역할에 의하여 불운이 완전하게 변역된다고 하겠다. 하지만 타력·자력변역형에서는 초월계에서 임시적으로 변역한 후, 다시 현실계에서 궁극적인 변역을 거친 후에야 완전한 변역이 이루어진다. 한편 자력변역형에서는 현실계에서의 선행과 보상을 통하여 다복한 삶을 살게 된다. 주인공이 초

---

23) 대부분의 자료에서는 강물이나 바다가 가로막고 있어 수평적 이동이 필요한 것으로 되어 있으며, 일부자료에서는 수직적인 상승이 필요한 하늘로 설정되어 있기도 하다.

월계에 다녀온 것은 사실이지만, 실제로 불운의 변역이 성취된 것은 현실계인 것이다. 이처럼 타력변역형, 타력·자력변역형, 자력변역형에서는 초월계와 현실계가 분리되어 있다는 점에서는 동일하지만, 실제로 불운의 변역이 일어나는 공간이 어디인가 하는 점에서는 분명한 차이를 볼 수 있다.

이는 시공간 체계와 아울러 그러한 시공간이 가지는 기능에서는 차이가 있음을 말해준다. 이러한 차이는 시공간이 가지는 비중의 차이라고 할 수도 있다. 즉 운명과 인간, 또는 정명과 조명의 비중이 달라졌듯이 시공간에서도 어느 한쪽의 비중이 달라진 것으로 보인다. 즉 초월계와 현실계에 대한 인식이 공존하면서 상황에 따라서 초월계의 비중이 높아지기도 하고, 반대로 현실계의 비중이 높아지기도 한 것이라고 할 수 있다. 이러한 비중의 변화는 초월계 위주의 인식, 초월계와 현실계가 비등한 인식, 현실계 위주의 인식이라고 할 수 있다. 이를 정신사적으로 본다면 초월주의적 세계관에서 현실주의적 세계관으로의 이행을 보여주는 한 가지 예라고 할 수 있다고 본다.

4.2. 사회문화적 측면

설화는 그 사회와 문화를 토양으로 하여 전승된다고 해도 과언이 아니다. 이는 설화는 전승집단의 사회와 문화를 반영하고 있다는 말이다. 이런 점에서 모든 구비문학은 역사적 현실을 반영하고 있다는 프로프의 말24)은 음미할 만하다. 운명설화도 우리의 사회와 문화를 바탕으로 하여 형성되고 전승되어 왔다고 할 수 있다. 이런 맥락에서 운명설화를 형성시키고 전승해온 사회문화적 토대를 살펴보기로 한다. 본고에서는 이를 복에 관한 인식과 사회문화적 특성과 관련지어 생각해 보기로 한다.

4.2.1. 한국인의 복福 인식과 운명설화의 주제의식

동양문화에서는 이른바 '오복五福'이라는 것이 있다.『서경書經』에서는 오복을 다음과 같이 말하고 있다.

> 오복이란 첫째는 장수하는 것이요, 둘째는 부유한 것이며, 셋째는 건강하고 평안한 것이며, 넷째는 덕을 좋아하는 것이며, 다섯째는 천수天壽를 다하는 것을 말한다.
> 五福 一日壽 二日富 三日康寧 四日攸好德 五日考終命25)

이는 정치를 함에 있어서 백성들을 행복하게 하는 다섯 가지 항목으로 간주되었던 것이다. 오복은 백성을 괴롭히는 '육극六極'26)과는 반대되는 것으로 누구나 누리기를 원하는 것으로 인식된다. 한편『통속편通俗編』에서는 오복을 '수壽・부富・강녕康寧・귀貴・자손중다子孫衆多'로 일컫기도 한다.『서경』의 오복과 비교해보면 '유호덕攸好德'과 '고

---

24) V. Propp,『구전문학과 현실』, 박전열 역, 교문사, 1990, 147쪽.
25)『서경書經』<홍범洪範>
26) "육극이란 첫째는 일찍 죽는 것, 둘째는 병드는 것, 셋째는 근심, 넷째는 가난, 다섯째는 악한 것, 여섯째는 약함을 이른다. 六極 一日凶短折 二日疾 三日憂 四日貧 五日惡 六日弱"(『서경書經』<홍범洪範>)

종명考終命'이 빠지는 대신 '귀貴'와 '자손중다子孫衆多'가 들어가 있음을 알 수 있다.

한편 성호星湖 이익李瀷은 『서경』에서 '귀貴'를 말하지 않은 이유를 다음과 같이 설명한다.

> 홍범의 오복에서 귀貴를 말하지 않은 것은, 복이란 사사로이 혼자서만 잘 사는 일이 아니기 때문이다. 백성을 교화시키기 위하여 교화를 베푸는 데에는, 착한 데로 나아가고 악한 짓을 버려서 천하의 풍속을 동일하게 만드는 일보다 더 큰 것이 없다.
> 洪範五福不言貴 福非私亨之厚 爲敎化設敎化 莫大乎向善背惡一同天下之俗也27)

『서경』의 오복에서 '귀'를 말하지 않은 까닭은 복이란 사사로이 혼자서 잘 사는 데 있지 않기 때문이라는 것이다. 백성들을 교화시키는 데에는 '향선배악向善背惡'이 필요한데, '귀'와 '선善'은 이와 아무런 관련이 없다는 것이다. 도리어 "대개 착함으로써 작위를 얻는 자는 있어도 작위로 인해 착한 일은 더하는 자는 보지 못했다."28)는 말이다. 그렇기 때문에 사람들을 경계하기 위하여 『서경』에서는 '귀'를 말하지 않았다는 말이다.

이처럼 오복의 범주도 일정하게 정해진 것이 아니라, 시대와 사회 문화에 따라서 약간씩 달라졌던 것으로 보인다.29) 최근에는 치아가

---

27) 이익, <오복불언귀五福不言貴>, 『성호사설』 권24(『국역 성호사설』 권9, 원문 45쪽.)
28) "固有爲善而得爵者 未見因爵以增善也"
29) 정한택, "오복관五福觀의 미래상," 『한국인의 가치관』, 세계평화교수협의회 편, 일념, 1978에서는 오복을 '수・부・귀・자손창성・고종명'으로 나누어 설명하고 있다. 한편 이 논문에 대한 논평에서 김영곤은 오복은 사람에 따라 다르다고 하면서 '수・부・귀・호덕好德・다남', '수・부・귀・다남・고천명考天命', '수・부・강

건강한 것, 부인을 잘 얻는 것까지도 오복으로 취급한다고 하여 그 타락상을 한탄하기도 한다.30) 그렇지만 분명한 것은 오복이란 시대와 사회 사정에 맞게 변화되고 있다는 점일 것이다. 최근 한국인의 복福에 관한 연구에 의하면 우리 민족은 수壽・부富・귀貴・다남多男을 가장 중요한 복으로 인식된다고 한다.31)

그런데 이러한 네 가지 복의 범주는 우연히도 운명설화의 내용과 일치한다. 특히 타력변역형, 타력・자력변역형, 자력변역형에서 이런 내용이 두드러진다.

　　　　수 : <연명설화>, <호환도액설화>
　　　　부・귀 : <구복여행설화>, <차복설화>
　　　　다남・부 : <다남운설화>
　　　　수・귀・부・다남 : <연명설화>와 <호환도액설화>의 혼인도액형

이는 일단 운명설화가 우리 민족의 복 인식을 잘 보여줄 수 있는 이야기임을 시사해 준다. 설화의 주제의식을 살펴보면 이런 면모가 특히 잘 드러난다. 먼저 <연명설화>와 <호환도액설화>에서는 단명과 호환에 대한 불안을 제거하고 장수하고자 하는 소망을 형상화하고 있다고 보았다. 이들 유형의 주인공은 대체로 열다섯 살 내외의 외동아들이며, 이들에게는 항상 단명의 불안이 잠재되어 있었던 것으로 보인다. 이러한 귀자貴子의 죽음은 곧 가문의 절사絶嗣를 의

　　녕・호덕・다남', '수・부・강녕・호덕・고종명'의 네 가지가 있다고 하였다. 다만 그 출처를 밝혀져 있지 않아서 누구의 말인지는 알 수 없다.
30) 김동리, "오복론五福論" 조선일보, 1982. 6. 15.
31) 최정호, "복에 관한 연구,"《월간조선》1983.8~1984.9.

미하는 만큼, 매우 중요한 가치로 인식되었던 것이다. 그러므로 <연명설화>와 <호환도액설화>에서는 단명의 불안을 제거하여 가문을 유지시키고자 하는 인식이 강하게 깔려 있다고 할 수 있다.

다음 <구복여행설화>와 <차복설화>에서는 부유한 삶에 대한 소망이 표출되고 있다. <구복여행설화>의 주인공은 현실적 가난을 벗어나기 위하여 구복여행을 결행한다. 이는 바로 빈곤을 벗어나 부유하게 살고자 하는 바람이라고 할 것이다. 그렇지만 그는 자기를 희생한 대가로 여의주, 금은 단지, 부인을 얻게 된다. 여의주는 우주적인 조화의 힘, 풍요의 힘, 그리고 남성적인 힘 등을 포괄적으로 상징하며, 불교에서는 인간의 부귀영화에 대한 욕망을 다스리는 의미를 가진다고 한다.[32] 여의주의 상징성을 고려한다면, <구복여행설화>에서의 여의주는 바로 남성과 부귀영화를 상징하는 것으로 보인다. 처녀는 여의주를 가진 남성과 혼인하여야 한다는 답변내용과, 총각이 여의주를 가져와 부자가 되었다는 점에서 이를 짐작할 수 있다. 그렇다면 결국 <구복여행설화>에서는 부유한 삶에 대한 소망을 담고 있는 한편으로, 천생배필을 만나 영화로운 삶을 살고자 하는 바람이 중첩되어 있다고 본다. 그야말로 다복한 삶에 대한 소망이 상징적으로 그려져 있다고 할 것이다.

<다남운설화>에서는 다남과 부에 대한 소망이 그려져 있다고 할 수 있다. <다남운설화>는 물론 다남운을 변역하는 이야기이기는 하지만, 도리어 그 이면에는 다남에 대한 소망이 깔려 있다고 보아야 한다. 다남에 대한 세인들의 긍정적인 평가와 씨내리로 태어난

---

32) 한국문화상징사전편찬위원회, "구슬," 『한국문화상징사전』, 동아출판사, 1992, 72~76쪽.

자식들과 함께 살게 되었다는 결말에서 이를 짐작할 수 있다. 그들은 한 마을을 이루어 가문을 번창시켰다고 하였다. 이를 보면, <다남운설화>에는 다남과 부를 향유하고자 하는 복 인식이 내재되어 있음을 말해준다.

한편 <연명설화>와 <호환도액설화>의 혼인도액형에서는 수·부·귀·다남에 대한 소망을 형상화하고 있다. 소년은 단명운이나 호환운을 도액한 후, 과거에 장원급제하여 삼정승의 사위로 발탁된다. 지방의 한미한 가문 출신의 소년이 과거에 급제하여 명문거족의 사위가 되었다는 것은 파격적이라고 할 수 있다. 그만큼 입신양명에 대한 바람이 강렬하게 형상화되어 있다고 할 것이다. 그런데 소년은 한 명의 여인과 혼인하기도 하지만, 대부분의 자료에서는 통상 삼정승의 딸과 성혼하고 있다. 심한 경우에는 열두 명의 처녀와 혼인하기도 한다. 이는 여러 명의 부인으로부터 많은 자식을 낳아 가문을 번성시키고자 하는 의식을 보여주는 부분이다. 이처럼 <연명설화>와 <호환도액설화>의 혼인도액형에서는 수·부·귀·다남을 누리고자 하는 기대감이 투영되어 있다고 할 수 있다.

그렇다면 운명설화 속에 일관되게 나타나는 주제의식은 수·부·귀·다남에 대한 소망이라고 본다. 그것은 단명이나 호환에 대한 불안감을 제거하고, 부와 귀를 누리면서, 자손이 번창하는 삶을 향유하고자 하는 인식을 그리고 있다고 할 수 있다. 이는 바로 운명설화가 한국인의 복 인식을 반영하고 있는 설화라는 것을 보여준다. 한국인이 누리고자 하는 네 가지 복 인식이 운명설화 속에 그대로 반영되어 있다고 할 것이다.

이와 같은 운명설화에 나타난 주제의식과 복 인식은 현세긍정주의 現世肯定主義와 맥을 같이한다고 본다.33) 수·부·귀·다남을 누리는 삶이란 바로 가장 이상적이고 다복한 삶으로서의 의미를 가진다. 한국인은 바로 개인적으로는 장수를 누리면서, 가정적으로 부귀영화를 향유하고, 가문적으로 대대손손이 번창하는 삶을 누리기를 소망하였던 것이다. 내세의 영생보다는 현세에 희망을 걸고, 자손의 번창을 통하여 그러한 이상을 실현할 수 있기를 바라는 것이라고 할 수 있다.34) 이런 점에서 한국인의 의식에 대한 다음과 같은 진술은 음미해 볼 만하다.

> 이러한 여러 관찰과 조사를 통해서 보면 한국인은 전통적인 오복관념五福觀念에 매우 깊게 집착하고 있다는 것을 알 수 있다. 건강하고 장수하며, 아들 많이 낳아서 자기의 세력 영토를 넓히고, 조상을 소중히 여기며, 출세 영달해서 가문家門의 이름을 빛내고, 부귀를 고루 갖추는 것이, 표면적이든 잠재적이든 가장 강하게 간직하고 있는 가치의식이라고 할 수 있다.
> 이렇게 보면 공공公共의 가치보다 사적私的(가족적) 가치를 우위에 두고 있으며, 영원한 가치보다 현세적이고 찰나적 가치를 우위에 두고 있고, 민주적 가치보다 권위주의적 가치를 우위에 두고 있다고 하겠다.35)

한국인의 의식과 행동양식에 대한 문헌적 연구에 대한 종합적인 결론이다. 그 요지는 한국인은 아직도 수·부·귀·다남을 실현하

---

33) 최정호, 앞의 글,《월간조선》1983. 8월호, 317쪽.
34) 박종홍, "한국사상연구에 관한 서론적인 구상,"『박종홍전집』IV, 형설출판사, 1980, 24쪽.
35) 김재은,『한국인의 의식과 행동양식』, 이화여대출판부, 1987, 334쪽.

여 가문을 빛내는 것을 가장 강한 가치의식으로 보고 있다는 것이다. 이는 바로 운명설화에서 추출된 내용과 동일한 결론이라고 할 수 있다. 운명설화도 단명의 불안을 벗어나 장수하고, 과거에 급제하여 영달하며, 자손을 많이 두어 가문을 번창시키고자 하는 주제의식을 가지고 있기 때문이다.

그렇지만 한국인은 공공公共의 가치보다는 사적私的・가정적家庭的 가치를 우위에 두고 있다는 단점을 가진다는 것이다. 그것은 또한 영원한 가치보다는 현세적이고 찰나적 가치를 중시하는 경우라고 할 수 있으며, 민주적 가치보다는 권위주의적 가치를 우위에 두는 인식이라는 것이다. 이러한 가치의식은 개인과 가정 차원에서의 현실적인 다복을 중시하는 인식이라고 할 수 있다. 이제는 현실지향적인 오복관五福觀을 벗어나 사회적이고 국가적인 차원의 오복관을 가져야 한다는 반성이 제기된 것36)도 바로 이 때문이라고 할 것이다.

이런 점에서 운명설화는 한국인의 오복관의 실상을 잘 보여주었다는 점에서 의미가 있다고 본다.

4.2.2. 점복문화와 설화의 운명인식

운명설화의 형성과 전승에 있어서 점복문화占卜文化는 중요한 사회문화적 배경이 되었다고 할 수 있다. 점복이란 미래사를 예언하고 그에 대한 대비책을 강구하는 술법을 말한다. 우리나라의 경우 점복에 관한 기록은 고대에서부터 볼 수 있다.

---

36) 정한택, 앞의 논문, 110~136쪽.

새벽이면 일어나 별의 움직임을 보고 농사의 풍흉을 미리 점쳤다.37)

만일 군사를 일으킬 일이 있으면 소를 잡아서 하늘에 제사를 지내는데 이럴 때면 소의 발톱을 모아서 전쟁의 길하고 흉한 것을 미리 판단한다. 즉 소의 발톱이 째졌으면 흉하다는 것이고 소의 발톱이 합해졌으면 길하다는 것이다.38)

예濊와 부여국夫餘國에서의 점복에 관한 기록이다. 예에서는 성수星宿를 보고 농사의 풍흉을 점쳤다는 것이고, 부여에서는 군사를 일으킬 때 소의 발톱을 보고 전쟁의 길흉을 판단한다고 했다. 이와 같이 고대에서부터 점복은 농사의 풍흉과 국가의 대사를 예언하는 중요한 방법으로 활용되었음을 알 수 있다.

이후 점복은 개인적 신수身數를 예언하는 술법으로서 크게 성행되었던 것으로 보인다. 이러한 신수점身數占의 예로는 최관崔瓘의 일화를 들 수 있다.

내가 일찍이 보니, 고려 인종 때에 평장사平章事 최관崔瓘이 팔십여 세에 이르러 소시에 점친 것을 보고 탄식하기를, "평생 지내온 바가 한결같이 전정된 바와 같으나, 다만 늦게 귀한 아들을 낳는다고 한 것은 헛된 말이다."라고 하였다. 얼마 되지 않아서 이웃에 사는 고관 집에서 사위를 맞아들이려다 사위가 폭사하여 성사되지 못한 일이 있었다. 최관은 계집종을 보내어 청혼하니, 그의 부모가 능히 결단하지 못하였다. 하루는 규중에서 조용히 딸에게 말하기를,

---

37) 『후한서後漢書』 <동이전東夷傳> 예濊.
38) 『진서晉書』 <사이전四夷傳> 부여국夫餘國.

"문벌가의 딸로서 미관에게 시집가서 해로하기보다는 차라리 하루라도 재상의 아내가 되는 것이 낫지 않느냐?"고 하였다. 즉시 딸이 좋다고 하여 혼인이 성사되었다. 부인이 임신한 지 7개월 만에 최관이 죽었다. 부인은 유복자로 홍윤洪胤을 낳고 평생을 수절하였다. 홍윤은 명왕 계사년에 을과 1위에 급제하여 벼슬이 평장사에 이르고, 사마시를 한 번 주장하였으며, 네 번이나 예위를 주장하였다. 모부인은 건강한 몸으로 복을 누렸으니, 신씨와 같은 이는 최부인의 죄인인 것이다.

予嘗見 高麗仁宗朝平章事崔瓘 年八十餘 閱少時卜算 嘆曰 平生所歷 一如前定 但晚生貴子 是虛語耳 未幾隣有一達官家將納壻 壻暴死不果 瓘遣女奴求婚 父母不能決 一日閨中從容語女曰 以家閥女 嫁與微官而偕老 寧一日作宰相妻乎 女率爾曰可矣 遂婚有娠 越七月而瓘卒 生子曰洪胤 終身守節 洪胤擢明王癸巳乙科第一 官至平章事 一主司馬 四開禮闈 母夫人康强享福 如申氏者 崔夫人之罪人也[39]

최관崔瓘이 나이 팔십여 살에 이르러 젊어서 점친 것을 살펴보면서 탄식했다고 한다. 즉 평생에 지내온 바가 모두 전정前定된 것과 같지만, 단지 만년에 귀자를 얻을 것이라는 점괘는 헛되다는 것이다. 다시 말해서 평생의 일들이 모두 점괘와 일치했으나 다만 만년에 귀자를 얻을 것이라는 점괘만 적중되지 않았다는 말이다. 그런데 이웃에 사는 고관이 사위를 얻으려 하는데, 사위가 갑자기 죽게 된다.

이에 최관이 청혼했으나 그 부모는 결단을 내리지 못했다고 한다. 어린 딸을 여든 살이나 먹은 최관에게 시집보낸다는 것은 쉬운 일이 아니므로 주저했던 것이다. 그러다가 하루는 딸에게 벼슬이 낮은 관

---

39) 서거정徐居正,『필원잡기筆苑雜記』권2(번역은 민족문화추진회 편,『국역 대동야승』권1, 중판, 민문고, 1989을 일부 고쳐서 이용하였다.)

리에게 시집가서 해로하기보다는 하루라도 재상의 처가 되는 것이 낳지 않겠느냐고 물으니, 딸은 솔직하게 응낙한다. 그 후 부인이 임신한 지 일곱 달만에 최관은 죽고, 최홍윤崔洪胤은 유복자로 태어나게 된다. 최홍윤은 후에 등과하여 벼슬이 평장사平章事에 이르렀다고 했다. 결국 만년에 귀자를 얻을 것이라는 점괘마저 적중한 것이다.

그렇다면 최관이 젊어서 본 점들은 모두 적중하였으며, 그의 일생은 전정된대로 이루어진 셈이다. 최관의 이야기는 그가 점술을 신봉하고, 또한 그에 의존해서 일생을 살았음을 알 수 있게 한다. 그는 평생의 일들을 모두 전정된 것으로 인식하고 있으며, 점괘를 적은 종이를 소중히 간직했던 것이다.

이는 최관 한 사람에게 국한된 이야기이기는 하지만, 당대인들의 점복문화에 대해서 시사해 주는 바가 많다. 즉 당대인들은 최관처럼 인생사를 이미 정해진 바에 따라 이루어진다고 인식하고, 점복을 신봉했을 가능성이 크다.

조선 전기의 점복의 성행은 성현成俔의 『용재총화慵齋叢話』에서 살펴볼 수 있다. 그는 "우리나라의 명과류命課類는 맹인이 맡아서 한다."40)라고 하면서 당시의 유명했던 네 명의 점쟁이에 대한 일화를 제시하고 있다. 그 내용이 번다하므로 줄거리만 들기로 한다.

    (가) 국초에 진眞이라는 점쟁이가 둔갑술에 능하였다. 하루는 진이 둔갑술로 궁궐에 들어가, 임금에게 오늘이 명이 다하는 날이니 구해달라고 하였다. 임금이 궁궐을 침입한 죄를 물어 죽였다.
    (나) 그 후 김숙중金叔重이라는 사람이 세상에 이름을 떨쳤다. 생원生

---

40) "我國命課類 皆盲人爲之"(성현成俔, 『용재총화慵齋叢話』 권8)

員 박운손朴雲孫의 살인죄를 판결하는 날, 정랑正郞 노회신盧懷愼이 김숙중에게 그 길흉을 점치게 했다. 김숙중은 박운손은 죽음을 면할 뿐더러 벼슬길도 정랑보다 낫다고 하였다. 이에 사람들이 모두 비웃었다. 과연 박운손은 도망쳐서 3품 벼슬을 하고 일흔 살에 죽었는데, 노회신은 얼마 후 죽었다. 선군先君이 김숙중을 후대하였는데, 내 [성현]가 5살에 역질에 걸려 위독하자 그를 불러 삼형제의 길흉을 점치게 했다. 김숙중은 장남 [成任]은 이조판서에 이를 것이고, 차남은 명이 길지 않을 것이며, 삼남 [성현]은 복록은 장남과 같으나 영화는 더 낫다고 하였다. 과연 숙중의 말한 바와 같았다.

㈐ 김효순金孝順이 점을 잘 쳤는데, 백형伯兄이 이관의李寬義와 함께 길흉을 점치게 했다. 효순은 백형은 금년에 장원급제하여 현달하게 되지만, 이관의는 선비로서 늙어서 만년에 임금을 만나게 될 것이라고 하였다. 이관의는 끝내 급제하지 못하였으며, 나이 일흔에 일민逸民으로서 임금의 부름을 받았으나 너무 늙어서 관직에 나아가지는 못하였다.

㈑ 이웃에 김산실金山實이 살고 있었는데, 정미 무신년간에 길흉을 물었다. 김산실이 대명大明이 처음 나오는 곳에 빛을 보리라고 하면서 고관에 오를 징조라고 하였다. 과연 이 해에 홍치황제弘治皇帝가 즉위하면서 명에 사은사로 다녀왔으니, 미관美官을 얻지는 못하였으나 그 징조는 옳았다고 할 수 있다.[41]

진眞, 김숙중金叔重, 김효순金孝順, 김산실金山實이라는 네 명의 점쟁이에 관한 이야기를 병렬적으로 열거해 놓은 이야기이다. 진은 점복뿐만 아니라 둔갑술까지 능하였다고 하여, 그가 고도의 도술을 부릴 줄 아는 사람임을 부각시켰다. 나머지 세 명은 사람들의 생사수요와 부귀영달을 알아 맞히는 훌륭한 점쟁이로서의 면모를 드러내고 있

---

41) 성현成俔, 『용재총화慵齋叢話』 권8.

다. 이렇듯 옥사나 질병 같은 특별한 경우는 물론이고, 연시年始와 같은 일상적인 경우에도 점복이 행해졌음을 알 수 있다. 그만큼 점복이 일상적으로 성행하고 있었다고 할 수 있다.

그러나 점복은 미래에 대한 불안감을 없애주고 운명에 대한 호기심을 충족시켜 준다는 이점이 있는 반면, 그 폐해 또한 크다고 할 수 있다. 성현과 동시대를 살았던 서거정徐居正의 생각은 이런 시각을 잘 보여주는 경우이다.

> 혹은 말하기를, '이순풍李淳風·이허중李虛中·소요부邵堯夫·서자평徐子平 등은 백발백중으로 맞았는데, 어찌 모두 다 그르다고 할 수 있겠는가'라고 말합니다. 신의 생각으로는 밝은 거울이 여기 있어서 물건이 와서 비추면 좋고 나쁜 것이 스스로 나타나는 것과 같이, 이순풍과 소요부의 무리는 마음이 본래 허령해서 밝기가 거울과 같기 때문에, 사물이 그 앞에 이르면 길흉화복이 스스로 밝게 비추어 속이지 못하니, 후세 술사들이 한갓 옛 사람의 글로써만 51만 8천 4백 가지의 명수로써 천하 억조의 인명을 판단하는 것과는 같지 아니하니, 신은 녹명서를 믿을 수 없다 하겠습니다.
> 或曰 如李淳風李虛中邵堯夫徐子平 發無不中 則安可盡得而非之乎 臣意以謂 有明鏡於此 物來照之 姸女蚩自見 於李淳風邵堯夫輩 心本虛靈 如鏡之明 事至物來 吉凶禍福自燭難逃耳 非如後世術士徒守古人之糟粕 以五十一萬八千四百之人命 惟斷天下億兆之人命也 臣以謂祿命之書不可信也42)

'녹명서祿命書의 모든 것을 그르다고 할 수 있는가'에 대한 서거정의 답변이다. 이순풍李淳風 등의 점이 백발백중할 수 있었던 것은 사

---

42) 서거정徐居正, 『필원잡기筆苑雜記』 권1.

물을 비추는 명경明鏡 같이 허령한 마음을 가지고 운명을 점쳤기 때문이라는 것이다. 그러나 후세의 술사들은 허령한 마음이 없이, 오직 녹명서에만 의존하여 운명을 판단하고 있으므로, 적중하기는커녕 길흉을 왜곡한다는 말이다.

선조 때의 문신인 심수경沈守慶도 이러한 폐해를 지적한다.

> 세상의 유생들이 뛰어난 점쟁이에게 아첨을 하고 있다. 나[沈守慶]는 평생 한 번도 점을 쳐 물어본 적이 없다. 대개 이순풍李淳風, 소강절邵康節 같은 사람을 만나기 어려웠기 때문이다. 점쟁이는 길흉을 말하지만 반드시 믿을 수 있는 것은 아니다. 어느 해가 길하다는 말을 들으면 요행을 바라고 길하기를 바라나 끝내 효험이 없으며, 어느 해가 흉하다는 말을 들으면 공연히 근심하고 의심하나 결국 아무 일도 없기 마련이다. 어찌 무익하고 해로운 일이 아니겠는가? 유생들 간에는 간혹 스스로 점을 잘 친다고 하기도 한다. 그러나 점을 잘 쳐 사람의 길흉을 말하는 것 또한 마땅한 일은 아니다.
> 世之儒生好卜者諂諂 余於平生 一不問卜 盖以李淳風邵康節難得以遇矣 卜者言吉凶 未必可信 而聞某年吉 則或有僥倖待吉 竟無其驗 聞某年凶 則或有虛費憂疑 竟無其驗 豈非無益而有害乎 儒生或有自以爲善推卜 善推卜善言人之吉凶 亦非所當爲也[43]

유생들이 점복을 좋아하여 점쟁이들에게 아첨한다고 하면서 자신은 한 번도 점을 쳐 본 일은 없다고 했다. 그 까닭은 명복名卜으로 이름이 높았던 이순풍李淳風이나 소강절邵康節 같은 훌륭한 점쟁이를 만날 수 없었기 때문이라고 했다. 그러면서 심수경은 점쟁이의 말을

---

43) 심수경沈守慶, 『견한잡록遣閑雜錄』, 『대동야승』 권13(원문 및 번역문은 민족문화추진회 편, 『국역 대동야승』 권3, 중판, 민문고, 1989, 584쪽을 참고했다.)

반드시 믿을 수는 없다고 주장한다. 이는 점쟁이가 길하다고 하면 요행을 바라게 되고, 반대로 흉하다고 하면 근심하고 걱정하지만, 끝내 그 길흉이 실현되지는 않았기 때문이라고 했다. 따라서 점을 치고 그 결과에 따라서 행동하는 것은 무익할 뿐 아니라 해롭다는 것이다. 그런데 심수경이 더욱 개탄해 마지않는 것은 유생들이 직접 점을 친다는 사실이다. 일부의 유생들이 스스로 자신의 운수를 점치기도 하고, 더구나 다른 사람의 길흉까지 말한다고 했다. 유생들의 이러한 행태는 마땅히 해야 할 일은 아니라는 것이다.

결국 심수경은 점복문화의 폐해를 경계하려 했던 것이다. 점복문화의 폐해가 심각했다는 것은 얼마나 점복이 신봉되고 성행되었는지 보여주는 증거이기도 하다. 이러한 점복의 폐해에 대한 지적은 이덕무李德懋의 <사소절士小節>[44], 정약용丁若鏞의 <갑을론甲乙論>·<상론相論>·<풍수론風水論>·<역론易論>[45], 이규경李圭景의 <점명변증설占命辨證說>[46] 등에서도 찾아볼 수 있다.

이러한 글들은 비록 점복의 폐해를 드러내는 글이기는 하지만, 조선시대에 얼마나 점복이 성행했는지 반증해주는 자료들이라고 할 수 있다.

이러한 점복은 원시시대에서부터 오늘날에 이르기까지 하나의 문화적 현상으로서 성행하고 있다고 할 것이다. 현재 점술업에 종사하

---

44) "談命析子觀相堪輿之流 素多傾仄不祥之人 愚惑生民 譸張妖言 士君子斥而遠之可也 豈可墮其術中 又從而信之乎 …… 流俗 固無論也 稍知讀書者 亦對雜術人 必問何日登科除官 得財多寡 彼詔而曰 吉且好 則必巍然自負 彼若恐嚇之 則茶然自沮 嗚呼雖曰讀書 其眞不知讀書者也"(이덕무李德懋, 『청장관전서靑莊館全書』 권27·28·29, 「사소절士小節」 제5.)
45) 정약용丁若鏞, 『여유당전서與猶堂全書』 권1, 경인문화사, 1973, 235쪽.
46) 이규경李圭景, 『오주연문장전산고五洲衍文長箋散稿』 권16, 영인본, 명문당, 1982, 499쪽.

는 사람의 수는 4만 명 정도이고, 추산되지 않은 사람까지 합한다면 10만여 명 정도라고 한다.[47] 점복은 개인 및 가정의 대소사에 있어서 광범위한 영향을 미친다. 즉 점복은 신수를 비롯하여 질병, 이사, 혼사, 입사, 작명, 진학, 사업 등 거의 모든 일에 관여하고 있다고 할 수 있다.

이와 같은 점복문화는 운명설화의 전승에 크게 기여하였다고 할 수 있다. 이는 운명실현형과 타력변역형에서 쉽게 확인할 수 있다. 예를 들어 <천생연분설화>에서는 부부의 인연은 하늘이 정해주는 것으로서 절대로 끊을 수 없다는 것을 보여주었다. 이는 결혼과 관련된 점복신앙과 밀접하게 연관된다. 즉 우리의 혼인 풍속에서는 궁합이 맞아야 하고, 택일을 하는 것이 좋다고 믿는 인식이 아직도 강하게 남아 있다.[48] 궁합과 택일에 대한 이러한 믿음은 부부의 인연은 운명적으로 정해진다는 사고를 바탕으로 한다. 이는 곧 <천생연분설화>에서 할머니가 청실홍실로 남녀의 인연을 맺어주는 것으로 이야기되는 것과 상통하는 인식이다.

타력변역형에서는 이러한 표면적인 유사성 이외에 점복의 구조와 원리가 투영되어 있음을 볼 수 있다. 가령 <연명설화>와 <호환도액설화>가 그런 경우라고 할 수 있다. <연명설화>의 서사적 전개는 '예언→방책제공→방책실현→변역'으로 요약될 수 있는데, 이는 바로 점복의 실제 절차와 흡사하다고 볼 수 있다. <호환도액설화>에

---

47) 김홍철, "한국 점복신앙에 관한 연구,"《한국종교사연구》3집, 한국종교사학회, 1995, 202쪽.
48) 김홍철의 연구에 의하면, 남녀 간의 혼사에 있어서 궁합이 맞다는 믿는 사람이 38%라고 하며, 결혼식 날짜를 택일하는 것이 좋다고 믿는 사람이 22%라고 한다. (위의 글, 222쪽.)

서도 이러한 양상은 동일하게 나타난다. 따라서 타력변역형은 점복의 절차를 설화로 형상화하였다고 해도 과언은 아니다.

그렇다면 <연명설화>와 <호환도액설화>에서는 점복의 원리가 설화 전개의 밑바탕이 되었을 것으로 생각된다. 점복에 대한 일반적인 사고방식을 보면 이를 짐작할 수 있다.

> 1) 사람의 출생, 건강, 부귀, 자녀, 배우자, 원만한 인간관계 등 삶에 필요한 모든 사항들은 신의 뜻에 따라 결정되거나, 우주 운행의 이치에 따라 태어날 때 이미 정해진다.
> 2) 영력靈力을 획득한 신권자神權者나 역리易理, 상리相理, 지리地理, 성명학姓名學 등을 깊이 연구한 점복자들은 점을 하여 위의 사항, 즉 사람의 운명을 알 수 있다.
> 3) 질병이나 재난이 있을 때에는 굿, 독경, 액막이, 살풀이, 부적, 개명改名, 이사移徙, 이장移葬 등을 통하여 이를 예방하거나 물리치고, 복을 받을 수 있다.49)

이는 인생사는 운명적으로 정해져 있지만, 점복으로 품정된 불운을 알아내어 예방하거나 모면할 수 있다는 생각이다. 이것은 바로 타력他力에 의존하여 운명을 변역하는 경우에 해당하는 인식이라고 할 수 있다. 이와 같이 운명실현형과 타력변역형은 점복문화에 기대어 지금까지도 전승되고 있다고 할 수 있다.

비록 이처럼 점복문화의 성격이 뚜렷하지는 않지만, 타력·자력변역형과 자력변역형도 변역의 원리만은 투영되어 있는 것으로 볼 수 있다. 다만 변역의 힘이 타력에서 자력으로 바뀌어져 있다고 생

---

49) 최운식, "점복신앙의 의미와 원리," 《국제어문》 16집, 국제어문학연구회, 1995, 367쪽.

각된다. 타력에 의존하는가 아니면 자력에 의존하는가 하는 것만 다를 뿐 본질적으로는 운명의 변역에 상대적으로 높은 비중이 놓여 있다고 할 것이다. 그렇다면 운명설화 속에는 운명 실현의 당위성을 인정하는 한편으로 변역의 가능성을 함께 긍정하는 인식이 공존하고 있다고 할 수 있다.

이처럼 운명의 변역을 긍정하는 인식의 이면에는 음양설과 아울러 무속적 사고가 깊숙이 관여하고 있는 것으로 볼 수 있다. 음양설에 입각하여 세상사를 해명하려 한 것으로는 『주역周易』이 대표적이다. 역易의 이치는 양의兩儀·사상四象·팔괘八卦·64괘卦·384효爻로 전개되지만 결국에는 음양설로 수렴된다.50) 역易이라는 명칭은 세 가지 의미를 함유하고 있는데 '역易·변역變易·불역不易'이 그것이다. '역易'은 천지가 보여주는 평이平易하고 간약簡約한 이치를 말하고, '변역變易'은 그러한 이치가 멈추지 않고 계속 순환하는 것을 뜻하며, '불역不易'은 본질적으로 바뀔 수 없는 정체성을 가지고 있음을 의미한다.51) "한번 음陰이 되고 한번 양陽이 되는 것이 도道이다."52)라는 말은 바로 지속적인 변화를 의미한다고 할 수 있다. 그런데 자연 자체는 궁窮하면 변變하게 되고, 변變하면 통通하게 되어 있지만,53) 인간의 일은 그렇지 않아서 문제가 발생된다. 따라서 인간은 점을 쳐서 미래사를 알아내고, 이를 미리 변통變通시켜 그 이로움을 크게 해야 할 필요가 있는 것이다.

---

50) 곽신환, 『주역의 이해』, 서광사, 1990, 28쪽.
51) 김진근, "새로운 주역관周易觀 정립을 위한 연구," 『주역의 현대적 조명』, 한국주역학회 편, 범양사출판부, 1992, 35쪽 ; 풍우란 외, 『중국사상사』, 강재륜 역, 일신사, 177쪽.
52) 『주역周易』 <계사전繫辭傳>上.
53) "易窮則變 變則通 通則久"(『주역周易』 <계사전繫辭傳>下)

> 성인이 상象을 세워 뜻을 다하고 괘卦를 만들어 진실과 거짓을 알
> 게 하였으며, 계繫와 사辭를 설명하여 할 말을 다하고, 변하고 통하
> 게 하여 이로움을 다하게 하였다.
> 聖人入象以盡意 設卦以盡情僞 繫辭言以盡其言 變而通之以盡利[54]

이는 곧 점복의 원리와 상통한다. 앞일을 예견하여 미리 대비하면 길흉화복이 변역될 수도 있다는 것이다. 이와 같은 변역의 논리는 바로 설화의 운명대응방식에서도 그대로 확인할 수 있다. 타력변역형을 비롯하여 타력·자력변역형, 자력변역형에 이르기까지 이러한 변역의 양상을 찾아볼 수 있기 때문이다. 다만 그러한 변역이 타력에 의존하는지 아니면 자력에 의존하는지의 차이가 있을 뿐이다. 따라서 운명설화의 이면에는 『주역』에서 볼 수 있었던 변역의 논리가 뒷받침되고 있다고 할 것이다.

한편 이는 무속적 사고와도 관련이 깊다고 할 수 있다. 무속의 신들은 대접 여하에 따라서 선악이 결정되기도 한다고 한다. 즉 무속의 신들은 대접을 잘 하면 복을 주지만 대접을 제대로 하지 않으면 해를 끼치는 것으로 인식된다는 말이다. 이는 근본적으로 무속의 신들은 선신善神과 악신惡神의 구분이 명확하지 않기 때문이다.[55] 이런 까닭에 무속에서의 신관神觀은 인간의 소원성취를 위한 "현실적인 공리적公利的 성격"[56]을 가진다는 것이다.

결국 무속에서는 신을 접대함으로써 초복제액招福除厄을 할 수 있는 것으로 인식된다고 할 수 있다. 무가에서도 이런 내용을 쉽게 확

---

54) 『주역周易』 <계사전繫辭傳> 上.
55) 임석재, "한국 무속 연구 서설," 《아세아여성연구》 10집, 1971, 167~168쪽.
56) 김태곤, 『한국무속연구』, 집문당, 1981, 295쪽.

인할 수 있다.

> 산신제야 서낭제야 유왕제야 시끔굿에
> 장자풀이를 허면 액운을 막어
> 일년一年 열두달 삼백육십일三百六十日 죄액을 거두어
> 모든 액을 쇠멸消滅시키어
> 정칠월正七月 이팔일二八月 삼구월三九月 오동지五冬至 육六섣달
> 일년삼백육십일一年三百六十日 지내가도 월액月厄 도액 막어내고
> 신액身厄도 막어내고 관액官厄도 막어내고
> 근심걱정 없애여 집안 평안平安시깁니다.[57]

산신제·서낭제·용왕제·씻김굿에서 <장자풀이>라는 서사무가를 구연하면 모든 액운厄運이 소멸된다는 것이다. 월액月厄을 비롯하여 신액身厄과 관액官厄도 막아내고, 온갖 근심걱정을 없애주어 집안이 평안해진다는 것이다. 이는 푸짐하게 굿을 하여 신을 위무하면 초복제액이 가능하다는 인식을 말해준다. 이와 같은 무속의 기복적 성격은 불교·유교·도교와 습합하여 많은 영향을 미쳤다고 한다.[58] 불교에 있어서는 밀교와 아미타신앙과 습합하여 기복적 성격을 강화시켰으며, 유교에 있어서는 조상숭배祖上崇拜가 무속의 가신신앙家神信仰과 일체화되어 뿌리를 내렸다고 한다.[59] 초복양재招福禳災를 중시하는 도교에서는 <태상현령북두본명연생진경太上玄靈北斗本命延生眞經>은 독송讀誦하기만 하면 재앙을 면하고 복록을 누릴 수

---

57) 임석재, 『줄포무악』, 무형문화재조사보고서 79호, 문화재관리국, 1970, 518쪽.
58) 문상희, "토속신앙이 한국인의 윤리관에 미친 영향—무속신앙을 중심으로," 『철학사상의 제문제 III』, 한국정신문화연구원, 1985, 56~63쪽.
59) 금장태, "유교와 무속의 상관관계," 《종교학연구》 4집, 1981, 43~49쪽.

있는 것으로 믿어졌다.[60] 인간의 생사화복을 관장하는 사명신司命神인 북두칠성의 권능에 힘입을 수 있다는 인식이다. 또한 보화천존普化天尊의 은혜와 위력을 설하고 있는 <옥추경玉樞經>도 독송하기만 하면 재난을 면할 수 있는 것으로 인식되었다.[61]

　이와 같이 무속의 기복적 사고는 주변 종교와의 습합을 통해서 광범위하게 영향을 끼쳤던 것으로 보인다. 이는 초월적 존재의 힘을 빌리면 능히 화를 복으로 변역시킬 수 있다는 인식에 기초하고 있다고 할 수 있다. 이러한 무속적 사고는 변역형 운명설화를 활발하게 전승하게 해준 힘이었다고 할 수 있다. 그러므로 운명설화는 변역에 기초한 점복의 원리와 기복적인 무속적 사고를 인식적 토대로 하고 있다고 본다.

4.3. 한국인의 의식구조적 측면

　한국인의 의식세계에 대해서는 사학・심리학・사회학・종교학 등 여러 분야에서 논의되어 왔다. 그럼에도 불구하고 그 결과는 서로 일치하는 점도 있고 상반되는 점도 있는 것이 사실이다. 이렇게

---

60) 김낙필, "조선후기 민간도교의 윤리사상,"《한국문화》12집, 서울대학교 한국문화연구소, 1991, 432쪽. 한편 불교에서는 <불설북두칠성연명경佛說北斗七星延命經>이 있는데 그 내용은 도교의 경전과 대체로 일치한다고 한다. 다만 도교에서는 경을 설한 주체가 태상노군太上老君으로 되어 있다고 한다. 불교와 도교의 칠성경에 대해서는 서경전, "대장경과 도장道藏에 나타난 칠성경七星經의 비교 고찰,"《논문집》16집, 원광대학교, 1986에서 논한 바 있으며, 칠성신앙 전반에 대해서는 서경전, "한국의 칠성신앙 연구,"《논문집》14집, 원광대학교, 1980에 정리되어 있다.
61) 김낙필, 앞의 글, 434쪽.

된 데는 연구 동기의 불순성부터 연구 방법의 미숙성 등에 이르기까지 많은 요인이 복합적으로 작용하였다고 할 수 있다. 따라서 한국인의 진정한 의식세계를 드러내기 위해서는 각 분야에서 실질적인 이루어질 필요가 있다.

이런 점에서 운명설화는 한국인의 의식세계의 일면을 보여줄 수 있는 좋은 대상이라고 생각된다. 왜냐하면 운명설화의 주요한 관심사라고 할 수 있는 운명인식 자체가 한국인의 의식세계에 있어서 중요한 일부분을 차지하고 있기 때문이다. 이러한 운명인식은 한국인의 오복관五福觀과 점복문화占卜文化 등과 어울려 현실지향적現實指向的이고 인간중심적人間中心的인 사고를 입증해주는 일례로 볼 수 있는 것이다. 물론 운명설화가 한국인의 제반 의식세계를 포괄할 수는 없다. 다만 한국인의 의식세계에 있어서 중요한 특징으로 간주되고 있는 숙명성宿命性에 대하여 중점적으로 논의를 펼치기로 한다. 이를 통해서 한국인이 숙명적인지, 그렇지 않은지 논해보기로 한다.

그러면 먼저 한국인의 숙명성에 대한 기존의 논의를 살펴보기로 한다. 한국인의 숙명성에 대해서는 이광수李光洙에 의하여 본격적으로 논의되기 시작하였던 것으로 보인다.

> 그리하야 이 숙명론적宿命論的 인생관人生觀은 태내胎內에서부터 전생활全生活을 통通하야 묘문墓門에 니르기까지 조선인朝鮮人을 지배支配하오. 소위所謂 신교육新敎育을 밧앗다는 우리 청년靑年들도 임사대물臨事對物에 이 사상思想이 튀어 나오나니 누구든지 자기自己를 내성內省하면 이 가증가악可憎可惡한 미신迷信이 쑤리깁히 백힌 것을 보오리다.[62]

이광수는 조선인이 태어나면서부터 죽을 때까지 숙명론의 지배를 받고 있다고 지적한다. 이러한 숙명성은 신교육을 받았다는 청년들도 마찬가지라는 것이다. 우주와 국가는 물론이고 풀 한 포기 나무 한 그루에 이르기까지 모두 일정한 명命과 수數를 타고나며, 평생 동안 이러한 운명의 지배를 받는다는 것으로 믿고 있다는 말이다.

또한 이와 같은 뿌리 깊은 숙명성은 우리 민족에게 좋지 않은 습성을 배태시키게 되었다고 진단한다.

> 개인個人이나 민족民族의 성쇠흥체盛衰興替는 오즉 팔자八字와 운수運數에 달린 것이니 이것이 족음이라도 완화緩和하는 방법方法은 오즉 신명神明의 음우陰佑를 빌기에 잇다 하는 숙명론적宿命論的 인생관人生觀은 「나태懶惰」, 「요행僥倖」, 「미신迷信」, 「의뢰依賴」가튼 개인個人과 민족民族의 생활生活의 독毒이 되는 제악諸惡의 어미가 됩니다. 나태懶惰, 요행僥倖, 미신迷信, 의뢰依賴! 이것이 우리 민족民族의 공통共通한 습성習性이 아닙니까.63)

즉 우리 민족의 숙명성은 나태懶惰, 요행僥倖, 미신迷信, 의뢰依賴와 같은 습성을 낳게 되었다는 주장이다. 이광수의 이러한 진단은 이른바 '민족개조론民族改造論'으로 구체화된다.64) 우리 민족성의 장단점을 드러내고 단점을 보완하자는 이광수의 주장은 대체로 수긍되는 것이기는 하지만, 한편으로 일본인 사학자에 의하여 악용되었던 것

---

62) 이광수, "숙명론적宿命論的 인생관에서 자력론적自力論的 인생관에," 《학지광學之光》 17호, 1918, 18쪽.
63) 이광수, "팔자설八字說을 기초로 한 조선민족의 인생관," 《개벽》 14호, 1921, 40쪽.
64) 이광수, "민족개조론," 《개벽》 1922. 5.(『이광수전집』 권10, 우신사, 1979, 116~147쪽.)

으로 보인다.

그 대표적인 사람이 삼품창영三品彰英이라고 하겠는데, 그는 한국의 역사는 반도半島라는 부수적이고 주변적인 자연환경 속에서 유지되어 온 특성이 있다고 규정하고 있다. 이러한 한국의 역사는 자율적으로 발전되어 온 것이 아니라, 타율적으로 이루어져 왔다는 것이다. 이는 한국민족의 특성으로 이야기되는 당파성黨派性, 의뢰성依賴性, 뇌동성雷同性, 숙명성宿命性을 낳게 된 동기라고 보았다.[65] 즉 삼품창영은 지정학적으로 한국인은 숙명성을 벗어날 수 없다고 주장하고 있는 것이다. 물론 이러한 삼품창영의 식민주의적 사관은 1960년대 이후 이기백李基白 등에 의하여 비판되었듯이, 아무런 논리적 타당성도 지니고 있지 않은 것이다.[66] 그럼에도 불구하고 이러한 인식은 아직도 불식되지는 않고 있는 실정이다.

최남선崔南善도 우리 민족은 오랫동안 이민족의 압박을 받아온 결과, 부지중에 초노력적超努力的인 운명지상주의運命至上主義에 빠져 단념斷念, 소만疏慢, 퇴탁退托, 방임放任 등의 심리를 가지게 되었다고 하였다.[67] 이는 대체로 이광수와 유사한 주장이라고 할 수 있다. 이광수와 최남선의 분석이 비록 체계적인 것은 아니라고 할지라도, 타력他力에 의한 숙명성을 지적하고 있다는 점에서는 공통된다.

한편 한상복韓相福은 조선시대의 문화를 평민문화平民文化와 양반문화兩班文化로 나눈 후, 평민들에게는 신분 상승의 기회도 제공되지

---

65) 삼품창영三品彰英, "한국사의 타율성," 『조선사개설』 홍문당, 1940, 2~7쪽.
66) 이기백, 『국사신론』, 태성사, 1961, 서론(이 글은 이기백, 『민족과 역사』, 일조각, 1971에 "식민주의적 한국사관 비판"이라는 제목으로 재수록되었고, 식민사관에 대하여는 이기백 편, 『한국사 시민강좌』 1집, 일조각, 1987에서 종합적으로 다루고 있다.)
67) 최남선, "역사를 통하여 본 조선인," 『육당 최남선전집』 권1, 현암사, 1973, 89쪽.

않았고, 수탈의 대상이었기 때문에 숙명적 성격을 가지게 되었다고 보았다.68) 황필호黃弼昊도 한국인의 부정적인 성격을 세 가지로 논하고 있다.

> 그러면 인류공통의 삶에 대한 의지를 오늘 우리나라 사람들은 어떤 형태로 표현하고 있는가? 필자는 그것을 개인적個人的인 현세주의現世主義, 집단적集團的인 분파주의分派主義, 전체적全體的인 숙명주의宿命主義로 표현하겠다. 첫째 성격은 '눈에 보이는 것'만을 숭상하는 성향이고, 둘째 성격은 '끼리끼리 살려는' 성향이고, 셋째 성격은 '되는대로 살려는' 성향이다. 그러나 이 세 가지 성격은 결국 한 가지 성격의 변형된 형태라고 말할 수 있다. 그 이유는 현세적인 이기주의利己主義가 충족되지 않을 때 우리는 비슷한 이익을 추구할 수 있는 분파를 조성한다. 그러므로 분파주의는 집단적인 현세주의이다. 그러나 집단적인 현세주의가 그 목적을 달성하지 못할 때는 더욱 노력하는 대신에 우리들의 실패를 운명으로 돌리는 숙명주의로 빠지기 때문이다.69)

한국인의 삶에 대한 의지를 살펴보면 개인적인 현세주의, 집단적인 분파주의, 전체적인 숙명주의로 규정할 수 있다는 것이다. 이는 각각 눈에 보이는 것만을 추구하고, 끼리끼리 살려고 하며, 되는대로 살려고 하는 성향으로 표현된다. 이들 세 가지 성격은 별개의 것이 아니라 서로 밀접하게 연관되어 있다고 하였다. 현세적인 이기주의가 충족되지 않으면 분파를 형성하여 집단적인 현세주의를 추구

---

68) 한상복, "한국인의 생활양식과 사고방식: 그 전통과 변화," 『한국의 민족문화』, 한국정신문화연구원, 1978, 22쪽.
69) 황필호, "한국인의 부정적 성격에 대한 종교학적 고찰," 『한국인의 윤리관』, 한국정신문화연구원, 1983, 288~289쪽.

하고, 이러한 집단적 현세주의가 한계에 부딪히면 숙명주의에 빠진다는 것이다. 이는 한국인의 부정적인 면을 세 가지로 집약하고, 이를 총체적으로 연관시켜 논의하고 있다는 점에서 의의가 있다.

장덕순張德順은 고대문학에 나타난 가치의식을 검토하면서 우리 민족의 두드러진 의식으로서, 인간중심주의, 현세주의, 배타주의를 들고 있다.[70] 인간중심주의는 단군신화가 대표적이고, 현세주의는 심청의 재생이나 <조신몽調信夢>에서 잘 드러나며, 배타주의는 <동명왕편東明王篇>이나 <임진록壬辰錄>에서 찾아볼 수 있다는 것이다.

이러한 기존 논의들을 살펴보면 숙명성宿命性과 현세성現世性은 한국인의 주요한 성격으로 파악된다. 그러다보니 한국인은 외국인에 비하여 숙명의식이 강하다거나, 한국인은 운명에 패배해서 속으로 곪는 내향적이고 폐쇄적인 운명관을 지니고 있다는 피상적인 주장이 제기되기도 한다.[71] 한국인의 숙명성이 사실이기는 하지만, 다소 과장되어 온 것도 또한 사실이라고 할 수 있다.

이는 한국인의 의식에 관한 실증적인 조사 연구를 통해서도 입증된다. 김재은의 연구 결과는 이를 잘 말해준다.

> 한국인은 앞날의 일도 내세관으로 다루지 않고 현세관으로 다루는 경향이 있으며, 숙명적인 인과응보를 믿으며 자력갱생도 믿는다. 그리고 어려운 일이 있을 때 점치러 가는 사람은 약 20%, 관상・사

---

70) 장덕순, "한국문화와 한국적 휴머니즘," 『한국인의 가치관』, 일념, 1982, 333~394쪽.(이 글은 장덕순, 『한국문학의 연원과 현장』, 성산장덕순선생저작집 권6, 박이정출판사, 1995, 263~273쪽에 "고전문학의 가치의식"이라는 이름으로 재수록되어 있다.)
71) 이규태, "숙명의식," 『한국인의 의식구조』, 문리사, 1977, 151~158쪽.

주보기를 좋아하는 사람도 약 20%이고, 범신론적이거나 부적을 지니고 다니는 사람은 10% 전후이다. 그래서 일반적으로는 미신숭상 경향이 적다. 한국인은 일반적으로는 현세주의적인 입장에서 종교적 신앙을 가지고 있고, 인과응보와 자력갱생을 같이 믿는 이중구조적 내지 모순통일적矛盾統一的인 의식을 가지고 있다.72)

한국인은 현세중심적인 인식을 가지고 있으며, 숙명적이면서 또한 숙명적이지 않은 성격을 가지고 있다는 것이다. 즉 내세보다는 현세를 중시하고, 숙명적인 인과응보因果應報를 믿으면서도 자력갱생自力更生도 믿는다는 말이다. 점복이나 관상, 사주에 대해서도 이를 좋아하기도 하고 그렇지 않기도 한 이중적 성향이 나타난다.73) 따라서 한국인은 현세주의적인 입장에서 인과응보와 자력갱생을 동시에 믿는 이중구조적인 혹은 모순통일적인 의식을 보여준다고 하였다.

이러한 연구 결과는 한국인의 의식이 숙명적이면서 또한 숙명적이지 않다는 것을 보여주었다는 점에서 의미가 있다. 그렇다고 해서 앞선 연구들이 모두 잘못되었다는 것은 아니다. 다만 앞선 연구에서는 숙명성만을 부각시킴으로써 그렇지 않은 부분들이 정당하게 평가되지 못했다고 할 수 있다. 이런 측면에서 숙명성과 탈숙명성에 대한 균형 잡힌 시각이 필요하다고 본다.

이는 운명설화를 통해서도 입증될 수 있다. 앞에서 논한 바와 같이, 운명설화는 크게 운명실현형과 운명변역형으로 나누어진다. 전자는 운명지어진대로 실현되는 이야기이고, 후자는 정해진 운명이

---

72) 김재은, 『한국인의 의식과 행동양식』, 이화여대출판부, 1987, 186~187쪽.
73) 이는 앞에서 김홍철의 연구와 배치되는 결과로 볼 수도 있다. 하지만 김홍철의 연구에서도 약 40% 내외의 사람이 점을 보고 운명을 믿고 있다고 하였으므로 대체로 일치하는 성향을 보인다고 할 수 있다.

바꾸어지는 이야기이다. 그렇지만 이들 두 유형은 기실 매우 밀접하게 관련되어 있다고 할 것이다. 이는 설화에 나타난 운명관을 살펴본 결과에서 짐작되는 바이다. 왜냐하면 운명실현형은 정명定命 위주의 관점을 지니고 있다면, 운명변역형은 정명과 조명造命이 대등하거나 혹은 조명 위주의 관점을 견지하고 있는 것으로 볼 수 있기 때문이다. 선조들의 철학적 논설에 의하면 정명과 조명은 운명을 논하는 두 개의 축이었다. 양자를 함께 논할 때에 비로소 운명에 대한 온전한 파악이 가능한 것이다. 이는 운명설화에서도 유효하다고 할 수 있다. 운명은 정해져 있다는 관점을 지닌 운명실현형, 그리고 운명은 바꾸거나 만들 수 있다는 운명변역형을 함께 고려할 때, 운명설화 본연의 면모가 드러날 수 있다고 본다.

그러므로 운명실현형과 운명변역형은 양분되어 있으면서도 기실은 통합되어 있다고 할 것이다. 철학적 논설에서 정명과 조명을 함께 논하였듯이, 설화에서는 운명의 실현과 변역을 동시에 형상화하고 있는 것이다. 정명을 인정하면서도 항시 조명의 필요성을 제기하였듯이, 운명실현형과 운명변역형을 함께 향유하고 전승시켜 왔다고 할 수 있다. 결국 운명설화와 철학적 논설에 나타난 운명관은 한국인의 운명인식의 실상을 보여주고 있다는 점에서 그 의의가 크다고 하지 않을 수 없다.

이는 한국인의 의식구조에 대한 실증적인 연구와 합치되는 결과이다. 즉 설화와 철학적 논설에 나타난 운명관은 인과응보를 믿는 숙명적宿命的 의식과 자력갱생을 믿는 탈숙명적脫宿命的 의식이 중첩되어 있다고 본다. 이는 한국인은 숙명적이라고 규정하는 것은 더 이상 온당하지 않다는 것을 시사한다. 그것은 한국인의 탈숙명성脫

宿命性에 대해서는 아무런 고려도 하지 않은 편향적인 판단에 불과하다. 따라서 한국인의 숙명성과 탈숙명성에 대한 균형 잡힌 접근이 필요하다고 본다.

5. 결론

지금까지 한국 운명설화運命說話에 나타난 운명관運命觀을 살펴보았다. 이를 위해서 세 단계에 걸친 논의를 진행하였다. 첫 번째 단계에서는 설화에 나타난 운명대응방식運命對應方式에 입각하여 운명설화의 유형을 구분하고, 이를 차례대로 살펴보았다. 이는 운명설화의 전반적인 면모를 파악하는 동시에 운명대응방식의 특성을 추출하기 위한 논의였다. 두 번째 단계에서는 동양 고전과 선조들의 철학적 논설에 나타난 운명관과 설화의 운명대응방식을 비교해 보았다. 운명관의 실상에 비추어 운명대응방식이 가지는 상관성을 살펴봄으로써, 각각의 운명대응방식이 가지는 총체적인 면모를 고찰할 수 있었다. 세 번째 단계에서는 설화에 나타난 운명대응방식이 가지는 의미를 검토하였다. 이는 정신사적 측면, 사회문화적 측면, 한국인의 의식구조적 측면으로 나누어 논의를 진행하였다.

이러한 세 단계의 논의는 한마디로 운명대응방식에 입각하여 설화 속에 나타난 운명관을 살펴보고, 그 의미가 무엇인지 드러내는 것이라고 할 수 있다. 이때 운명대응방식이란 운명에 대하여 인간이 취하는 자세 혹은 태도라고 보았다. 이러한 운명대응방식은 운명설화의 구조와 의미 내지는 인식적 토대에 이르기까지 광범위한 영향을 미치는 것으로 볼 수 있다. 따라서 운명대응방식은 운명설화의 핵심적인 요소라고 본다. 운명대응방식에 비추어 운명설화를 조망하고자 했던 것도 바로 이러한 이유 때문이다.

그러면 각 장별로 논의된 바를 정리하는 것으로 결론을 대신하기로 한다. 먼저 제2장에서는 운명설화의 유형을 구분하여 전승양상을 살펴보았다. 이를 위해 개별 유형을 대상으로 하여 변이양상을 살핀 후에 갈등 및 주제의식, 그리고 설화 속에 나타난 운명인식을 살펴보았다.

운명설화의 유형은 운명의 실현 여부와 변역의 성격에 따라서 나누어 보았다. 즉 운명이 정해진 대로 실현되는가 아니면 인간의 의지와 노력으로 변역되는가, 만약 변역된다면 어떻게 변역되고 있는가에 따라서 구분하여 보았다. 그 결과 운명설화는 우선 운명실현형運命實現型과 운명변역형運命變易型으로 양분할 수 있었으며, 이는 다시 몇 개의 하위유형으로 세분할 수 있었다. 운명실현형은 변역 시도 여부와 행불행에 의거하여 타고난 운명대로 불행해지거나 행복해지는 경우, 그리고 변역이 좌절되어 불행해지거나 행복해지는 경우로 나눌 수 있었다. 한편 운명변역형은 누구의 힘에 의해서 어떻게 변역되는가에 따라서 타력他力에 의해 변역되는 경우, 타력·자력他·自力에 의해 변역되는 경우, 자력自力에 의해 변역되는 경우로 나누어 보았다.

먼저 운명실현형을 보면, 타고난 대로 불행해지는 경우는 <호식(1)>, <호환으로 죽을 운명>, <수살로 죽은 운명을 벗어날 수 없다> 등을 들 수 있으며, 타고난 대로 행복해지는 경우는 <손복설화

損福說話>를 들어 보았다. 이와 같은 타고난 대로 불행 혹은 행복해지는 경우는 정해진 운명은 반드시 실현되기 마련이라는 인식을 보여준다고 보았다. 한편 변역이 좌절되어 불행해지는 경우는 <호식당할 사람은 독에 들어가도 면하지 못한다>, <죽을 팔자>, <복이 없는 사람>, <팔자에 없는 벼슬> 등을 들어 보았다. 이들 이야기에서는 인간의 힘으로 운명을 바꿀 수 없으며, 이러한 변역 시도는 도리어 더 큰 화를 초래한다는 것을 보여준다.

다음 변역이 좌절되지만 행복해지는 경우로는 <천생연분설화天生緣分說話>와 <다남운설화多男運說話>를 들어 보았다. <천생연분설화>는 어떤 노총각이 나이 어린 배필과의 연분을 변역시키려다가 실패한다는 이야기이다. 이때 갈등은 주인공과 노구老嫗 혹은 주인공과 천생연분 사이에 발생한다. 그렇지만 현실적 논리에 입각하여 연분을 끊어 버리려던 주인공의 변역 시도는 실패하게 되고, 결국에는 노구가 맺어준 천생배필과 혼인하게 된다. 주인공은 '천생연분은 인력으로 어찌 할 수 없는' 것으로 인정하고 만다. 이로써 신이 맺어준 부부의 인연은 절대 불가피하고 불가역不可易하다는 것을 말해준다.

<다남운설화>는 가난한 부부가 남편에게 주어진 다남할 팔자를 회피하려다가 실패하고, 도리어 이 때문에 잘 살게 되었다는 이야기이다. 이 설화의 갈등은 가난한 현실과 다남할 팔자에서 비롯된다. 이러한 갈등은 결국 다남운의 실현을 통해서 해소된다. 결국 다남운에 대한 변역을 시도하기보다는 이를 인정하고 받아들이는 것이 다복한 삶을 사는 길이라는 것을 말해준다. 이를 두고 전승자는 사람은 팔자대로 살아가게 마련이라고 평하고 있다.

이와 같이 운명실현형에서는 정해진 운명이란 절대적이고 필연적

이며, 불가피한 것으로 인식되고 있음을 알 수 있다. 이들 이야기를 전승하는 사람들에게 있어서 운명은 불행한 사건에 대한 설명 방식의 하나로 간주된다. 그렇기에 운명은 신비하고 불가사의한 힘에 의하여 정해지고 실현되는 것으로 믿어진다. 결국 운명실현형에서는 정해진 운명은 반드시 실현된다는 점을 인정하고, 이에 순응하는 대응방식을 찾아볼 수 있었다. 초월적으로 품정된 운명이 실현되는 것을 당연하게 생각하고, 변역이 좌절되는 것도 인력으로 어쩔 수 없는 것으로 받아들이는 태도이다.

한편, 운명변역형은 주어진 불운을 변역하여 행복해지는 경우가 해당되는데, 변역의 성격에 따라서 세 가지로 나누어 보았다. 먼저 제3자의 초월적인 힘을 빌어 불운을 변역시키는 타력변역형에는 <연명설화延命說話>와 <호환도액설화虎患度厄說話>가 해당된다.

<연명설화>는 방책의 성격에 따라 크게 감응형感應型과 도액형度厄型으로 나누어 검토하였다. 감응형은 다시 치성을 받는 신격에 따라 칠성감응형七星感應型, 차사감응형差使感應型, 염왕감응형閻王感應型으로 나눌 수 있는데, 이는 칠성신앙, 사자상 풍속, 시왕신앙과 관련되어 생겨난 변이형으로 보았다. 한편 도액형은 그 구체적 양상에 따라서 고행도액형苦行度厄型과 혼인도액형婚姻度厄型으로 나누어 보았다. 고행도액형은 고행과정을 통하여 액을 풀어버릴 수 있다는 유사주술적 인식에 근거한 변이이며, 혼인도액형은 이인적 면모를 지닌 여성을 탐색한 후 그녀의 힘을 빌어 단명운을 벗어난다는 통과의례에 입각한 변이로 보았다.

<연명설화>의 갈등은 소년과 단명운 사이에서 일어난다. 소년은 단명운을 변역하고 장수하기를 희망하고, 운명은 이를 허락하지 않

으려고 한다. 이들 사이에 형성된 갈등은 감응과 도액을 통하여 해소된다. 이러한 갈등에 비추어 보면 <연명설화>의 주제의식은 일단 '잠재된 단명의 불안의 탈피'라고 할 수 있다. 이러한 공통적인 주제의식은 혼인도액형에서는 수·부·귀·다남을 누리는 이상적인 삶에 대한 소망으로 확대되기도 한다. 한편 <연명설화>에서는 첫째, 단명운은 불가역적不可易的이면서 동시에 가역적可易的인 것으로 인식된다는 점, 둘째, 단명운의 변역에는 초월적인 제3자의 도움이 결정적이라는 점, 셋째, 정성을 다하거나 고난을 겪은 만큼 반드시 상응하는 대가가 있다고 믿어진다는 운명인식을 살펴볼 수 있었다.

이러한 운명인식에 비추어 볼 때 <연명설화>는 타력에 의존하여 단명운을 변역시키는 대응방식을 보여준다고 할 수 있다.

<호환도액설화>도 감응형과 도액형으로 대별할 수 있는데, 대체로 도액형의 비중이 높다. 감응형에는 칠성감응형만이 전승되고 있으며, 그나마 구조와 내용이 불완전한 편이다. 이는 <연명설화>에서 <호환도액설화>로 전개되는 과정에서 생겨난 변이라고 보았다.

도액형에는 고행도액형과 혼인도액형뿐만 아니라 율목도액형栗木度厄型과 독경도액형讀經度厄型이 전승되고 있다. 고행도액형과 혼인도액형은 <연명설화>에서도 볼 수 있었던 변이형이지만, 율목도액형과 독경도액형은 <호환도액설화>에서만 나타나는 변이형이다. 율목도액형은 밤나무 천 그루 혹은 백 그루를 심어 가꾼 대가로 호환운을 모면한다는 이야기이다. 이때의 밤나무는 조상신 혹은 산신령이 깃드는 신성한 숲을 상징한다고 할 수 있으며, 나무와 인간은 신비적인 유대를 가지고 있는 것으로 인식된다. 독경도액형은 이인의 제자가 독경으로써 첫날밤 호환될 신부를 구해냈다는 이야기

이다. 이는 독경신앙을 바탕으로 하는 한편, 신부를 위험스러운 존재로 인식하는 주술적 사고에 기초하고 있는 것으로 보았다.

<호환도액설화>의 갈등은 소년과 호환운 사이에서 형성된다. 소년은 호환운을 모면하고 장수하려 하고, 호랑이는 천정되어 있는 초월적 질서를 실현하고자 한다. 이들 사이의 갈등은 신의 감응이나 이인의 가호를 통해서 해소된다. 즉 칠성신을 비롯한 이인, 여성, 밤나무, 제자가 호랑이의 범접을 막아 호환될 시각을 넘기게 된다. 이러한 갈등은 곧 '잠재된 호환의 불안에서 탈피'하고자 하는 주제의식을 보여주고 있다고 할 것이다. 귀자貴子는 물론이고 명현名賢과 신부新婦도 모두 호환의 불안이 내재되어 있는 존재로서 인식되고 있다고 할 수 있다. 이러한 주제의식은 혼인도액형에서는 수·부·귀·다남을 향유하는 다복한 삶에 대한 소망으로 확대되기도 한다. 한편 <호환도액설화>에 나타난 운명인식은 <연명설화>의 그것과 흡사하다. 즉 호환운은 불가역성不可易性과 가역성可易性을 동시에 지니고 있으며, 호환운의 변역에는 신의 감응이나 이인의 가호 같은 초월적인 제3자의 도움이 필요한 것으로 인식된다. 따라서 <호환도액설화>에서는 신이나 이인의 힘에 의존하는 타력적인 대응방식을 보여주고 있다고 보았다.

다음 타력·자력변역형으로는 <차복설화借福說話>를 들어 보았다. <차복설화>는 가난한 나무꾼이 옥황상제로부터 복을 빌려서 잘 살게 되었다는 이야기이다. 이는 주인공이 재산을 처분하여 은신하는 화소와, 결말부에서 주인공이 처한 처지에서 변이를 찾아볼 수 있다. 은신 화소는 신과의 약속을 어기려는 행위에 해당되므로, 이는 후대에 생겨난 변이라고 할 수 있다. 결말에서의 주인공의 처지

는 다시 가난해지는 경우와 계속을 부유하게 사는 경우로 나누어진다. 이를 중국의 자료와 비교해 보면, 우리나라에 전파된 이후 복주인과의 동거 화소가 생겨난 것으로 볼 수 있다. 이는 다복자多福者와 함께 하면 복을 누릴 수 있다는 인식에 근거한 변이라고 보았다.

<차복설화>의 갈등은 잘 살아 보려는 주인공과 이를 제지하려는 초월적 존재 사이에서 일어난다. 이러한 갈등은 일차적으로 신이 복을 빌려줌으로써 해소되고, 이차적으로는 복주인과의 동거를 통해서 궁극적으로 해소된다. 이와 같은 갈등은 부유한 삶에 대한 소망이라는 주제의식을 내포하고 있다고 할 수 있다. 한편 <차복설화>에서는 신이 복분을 관장한다는 입장과, 인간의 노력에 따라 잘 살 수 있어야 한다는 입장이 대립되어 있다는 특징이 있다. 전자는 타력적 요소에 의거하고 있다면 후자는 자력적 요소에 기대고 있다고 할 것이다. 결국 이 설화에서는 사람의 빈부란 초월적 요소와 인력적人力的 요소가 함께 어우러져 결정된다는 절충적인 대응방식을 보여주고 있다고 보았다.

마지막으로 자력에 의해 운명을 변역하는 이야기로는 <구복여행설화求福旅行說話>를 들어 보았다. <구복여행설화>는 박복한 운명을 타고난 총각이 타인의 문제를 해결해준 대가로 다복하게 되었다는 이야기이다. 스스로 결행한 구복여행, 그리고 자의적으로 선택한 자기희생적인 행위를 통하여 다복한 삶을 살게 된 것이다. 물론 이 유형에도 신이 등장하기는 하지만, 신은 주인공에게 가르침을 주어 선행을 유도하는 역할만을 하는 존재로서 그려진다. 이런 점에서 주인공의 행위는 자유의지에 입각한 행위이며, 그 행위에 따라서 길흉화복의 보상이 주어지는 것으로 인식된다.

<구복여행설화>의 갈등은 표면적으로는 박복한 운명과의 갈등이라고 할 수 있으나, 이면적으로는 이기적인 욕망과의 갈등이 형상화되어 있다고 할 수 있다. 설화의 주제의식도 '부유한 삶에 대한 소망' 내지 '다복한 삶에 대한 바람'이라고 할 수 있다. 그러나 이러한 갈등양상을 감안한다면 선행을 하면 복을 받는다는 주제의식이 내포되어 있다고 보았다. 또한 이러한 주제의식은 선인선과善因善果 악인악과惡因惡果를 핵심으로 하는 불교의 업설業說과 관련된 것으로 추정하였다. 한편 <구복여행설화>의 운명인식에 있어서는 자의적自意的으로 자신의 구복여행을 결행한다는 점, 부탁받은 질문을 우선시 한다는 점, 그러한 선행의 결과 잘 살게 되었고, 구연자는 이를 팔자를 고친 것으로 인식한다는 점이 특징적이었다. 이는 신에 의하여 복분이 주어지는 것이 아니라, 인간 자신의 행위에 의하여 복을 받는다는 것으로 요약될 수 있다. 이야말로 인간에 의한 자력적인 변역이라는 대응방식을 보여주고 있다고 할 것이다.

　이와 같이 운명설화 속에는 운명에 순응하는 대응방식과, 이를 변역시키려는 대응방식이 함께 나타나고 있음을 알 수 있다. 이는 바로 '운명 - 인간'의 상호 역학관계가 다중적임을 말해준다. 즉 운명실현형에서는 운명 그 자체가 불가사의하고 신비스러운 대상으로 인식되었으며, 그 결과 운명은 인간에 대하여 절대적인 우위를 차지하고 있는 것을 볼 수 있었다. 그러나 운명변역형에서의 운명은 인간에게 주어진 한계적인 조건으로 인식된다. 이러한 한계적인 조건은 요건만 갖추어진다면 얼마든지 변역될 수 있는 것으로 여겨진다. 운명을 변역시킬 수 있는 요건에 따라서, 운명 - 인간은 상이한 역학관계를 형성하고 있는 것이다. 즉 타력변역형에서는 초월적인 힘에 의

존하여 운명을 변역하는데, 운명은 인간에 대하여 상대적인 우위를 점한다고 할 수 있다. 타력·자력변역형에서는 신과 인간의 역할이 대등한 경우인데, 인간은 운명에 대하여 상대적인 우위를 점한다.

자력변역형에서는 인간의 선택과 행위가 결정적이므로 인간의 절대적인 우위를 보여준다고 할 수 있다. 이처럼 운명변역형에서는 운명은 하나의 한계이며, 이에 대한 변역과정에서 운명과 인간 사이에 다양한 역학관계가 형성되고 있음을 볼 수 있다.

제3장에서는 동양 고전에 나타난 운명관과 설화의 운명대응방식을 대비하여 보았다. 동양 고전에 나타난 운명관은 주로 제자백가서를 대상으로 하였다. 그 결과 제자백가서 속에는 운명은 정해져 있다는 관점, 운명은 바꿀 수 있다는 관점, 그리고 운명은 만들 수 있다는 관점을 찾아볼 수 있었다. 이러한 세 가지 관점은 선조들의 철학적 논설에서도 유효하였다. 먼저 운명은 정해져 있다는 관점은 남효온南孝溫의 <명론命論>을 들어 살펴보았다. 남효온은 흥망과 상변常變을 비롯하여 수요·빈부·귀천이 모두 명으로 정해지는 것이니, 이를 담담하게 받아들여야 한다고 하였다. 다음 운명은 바꿀 수 있다는 관점은 이이李珥의 <수요책壽夭策>을 들어 보았다. 율곡은 사람의 수요는 '품기稟氣'에 의하여 정해지는 것이지만, '양기養氣'하는 바에 따라서 어느 정도의 공이 있을 수 있다고 하였다. 그것은 마치 미약한 불 [火]일지라도 잘 보호하면 오래 갈 수 있는 것과 같다고 하였다. 한편 운명은 만들 수 있다는 관점은 이익李瀷의 <조명造命>을 들어 보았다. 이익은 사서인일지라도 때를 만나 인력人力을 참여시키면 운명을 만들 수 있다고 하였다. 인간의 의지와 노력에 따라서 자신의 운명을 개척할 수 있다는 말이다.

이들 세 가지 운명관은 기실은 '정명定命 - 조명造命'의 상관관계에 기초한다고 할 수 있다. 즉 운명은 정해져 있다는 관점은 정명적 요소를 위주로 한다면, 운명은 바꿀 수 있다는 관점은 정명적 요소와 조명적 요소를 대등하게 인정한다. 한편으로 운명은 만들 수 있다는 관점은 정명보다는 조명을 위주로 하는 경우라고 할 수 있다.

이러한 세 가지 관점은 설화의 운명대응방식과도 밀접하게 관련된다. 운명은 정해져 있다는 관점은 운명실현형과 밀접하다. 운명은 정해져 있다는 관점은 정명 위주의 관점으로서, 세상사의 길흉화복은 모두 운명적으로 정해져 있다는 인식이다. 운명실현형에서도 행운이건 불운이건 간에 모두 운명으로 이해되며, 이러한 운명은 반드시 실현되는 것으로 인식된다. 이는 운명의 절대적 우위를 인정하고, 그에 순응하는 대응방식과 상통한다.

다음 운명은 바꿀 수 있다는 관점은 정명과 조명이 대등한 비중을 보여주는 경우로서, 길흉화복은 운명적으로 정해지는 것이면서도 인간적인 의지와 노력에 의하여 조정 내지는 변역이 가능하다는 인식이다. 이러한 인식은 타력변역형과 타력·자력변역형과 관련이 깊다. 타력변역형은 타력에 의하여 변역이 이루어지는 이야기이다. 이때 운명적 요소의 비중이 상대적으로 높지만, 정명과 조명이 함께 고려되는 것은 사실이다. 이에 비하여 타력·자력변역형은 타력과 자력에 의해서 운명의 변역이 이루어지는데, 정명과 조명의 비중이 비교적 균등한 경우라고 할 것이다.

끝으로 운명은 만들 수 있다는 관점은 조명적 요소의 비중이 높은 경우라고 하겠는데, 이는 자력변역형과 상통한다. 조명적 요소란 결국 인간 자신의 의지와 노력을 의미하는데, 이는 바로 자력변역형에서의 대응방식과 같다고 할 수 있다. 이와 같이 운명관의 세 가지 관점과 설화의 운명대응방식은 일맥상통하는 것으로 보인다.

제4장에서는 운명대응방식이 가지는 의미를 살펴보았다. 먼저, 정신사적 측면에서 볼 때 운명대응방식의 이행 양상은 바로 의식의 변화 내지는 세계관의 이행을 의미하는 것으로 보았다. 이를 위해서 등장인물과 시공간의 성격을 살펴보았다. 등장인물의 역할을 보면 운명실현형에서는 인간의 역할이 매우 미약하지만, 운명변역형에서는 인간의 역할이 가지는 비중이 다양하게 나타난다. 타력변역형에서는 인간의 역할보다는 초월적인 존재의 역할이 상대적으로 높은 비중을 차지하며, 타력·자력변역형에서는 신과 인간의 역할이 비등하게 나타나며, 자력변역형에서는 인간의 역할이 가지는 비중이 월등하게 높게 나타난다. 이는 점차 초월적 인물의 역할이 축소되고 대신 현실적 인물의 역할이 확대되는 양상을 보여준다고 할 수 있다.

시간적·공간적 배경도 마찬가지이다. 운명실현형에서는 초월계와 현실계가 미분화未分化되어 있어서, 주인공이 생활하는 현실적 시공간이 곧바로 초월적 시공간이기도 하였다. 이와는 달리 타력변역형에서는 초월계와 현실계가 분화分化되어 있기는 하지만, 얼마든지 넘나들 수 있는 것으로 인식된다. 이때 운명의 변역은 초월적인 시공간 속에서 성취된다. 따라서 타력변역형에서는 초월계의 비중이 상대적으로 높다고 할 수 있다.

이에 비하여 타력·자력변역형에서는 초월계와 현실계 사이의 분화가 더욱 심화되어 있음을 볼 수 있다. 이들 이야기 속에 형상화된 초월계와 현실계 사이에는 수평적 혹은 수직적 장애물이 놓여 있는 것으로 인식된다. 이러한 장애물은 인간 자신의 힘으로는 건너갈 수 없으며, 이를 왕래하기 위해서는 반드시 초월적인 존재의 도움이 요구된다. 이 경우 운명의 변역은 초월적 공간과 현실적 공간에서 함께 이루어진다. 한편 자력변역형의 시공간 체계도 타력·자력변역형의 그것과 유사하다고 할 수 있다. 초월계와 현실계의 구분이 분명하고, 장애물로 단절되어 있는 것도 동일하다. 그러나 변역이 실현되는 곳은 초월계가 아니라 현실계 속에서 이루어진다.

이처럼 운명설화 속에 나타난 시공간 체계는 점차 분화의 정도가 심해지는 것을 알 수 있다. 운명변역형의 경우 각각의 하위유형에 따라서 변역이 성취되는 공간은 초월계, 초월계와 현실계, 그리고 현실계로 구분된다. 이는 운명변역형 내에서도 초월계와 현실계의 비중에 있어서 변화가 이루어졌음을 말해준다. 이와 같이 등장인물의 역할이나 시공간 체계의 비중 변화는 인식의 이행을 의미한다고 할 수 있다.

다음 사회문화적 측면에서는 한국인의 복 인식 및 점복문화와 관련지어 그 의미를 도출해 보았다. 먼저 한국인의 복 인식과 관련지어 보면, 운명설화는 바로 그러한 복 인식을 형상화한 이야기라고 해도 과언이 아니라고 본다. 이는 운명설화에 나타난 주제의식에서 분명하게 드러난다. 이는 특히 운명실현형을 제외한 나머지 유형에서 쉽게 확인된다. <연명설화>와 <호환도액설화>에서는 단명이나 호환의 불안에서 벗어나 장수하고자 하는 소망이 공통적으로 나타난다고 할 수 있으며, 이는 다시 부·귀·다남을 누리는 다복한 삶에 대한 바람으로 확대되고 있다. <구복여행설화>와 <차복설화>에서는 부유한 삶에 대한 희구가 강하게 드러나고 있으며, <다남운설화>에서도 미약하나마 그러한 의식을 찾아볼 수 있다. 이렇게 본다면 운명설화는 전체적으로 보아서 수·부·귀·다남을 누리면서 가문을 번성시키고자 했던 우리 민족의 복 인식에 기초하고 있는 것으로 볼 수 있다. 운명설화에 나타난 이러한 복 인식은 우리 민족의 현실지향적인 성향과 잘 부합되고 있다고 할 것이다. 따라서 운명설화는 한국인의 복 인식 내지는 오복관五福觀의 실상을 잘 보여준다는 점에서 의미가 있다고 보았다.

한편, 옛날부터 오늘날에 이르기까지 성행하는 점복문화는 운명설화를 전승시키는 데 중요한 힘이 되었다고 할 수 있다. 점복에 대한 최고最古의 기록은 예濊와 부여夫餘에서 찾을 수 있으며, 점복에 관한 이야기는 『용재총화』를 비롯한 문헌설화집에서 쉽게 찾아볼 수 있다. 또한 점복의 폐해를 지적하는 심수경, 이덕무, 정약용 등의 글은 얼마나 점복이 성행하였는지 보여주는 단서들이다. 그런데 이러한 점복의 원리가 바로 운명설화에 투영되어 있음을 볼 수 있다.

점복은 사람의 길흉화복은 초월적으로 품정되는 것이기는 하지만, 적절한 방책으로 이를 모면하거나 변역할 수 있다는 인식에 기초한다. 이러한 점복의 원리는 무속적 사고와도 밀접하게 관련되어 운명설화를 전승시키는 힘이 되었다고 본다.

마지막으로 한국인의 의식구조적 측면에서 보면 운명설화는 숙명성宿命性과 탈숙명성脫宿命性을 동시에 보여주는 구체적인 자료로서 의미가 있다. 한국인의 숙명적 성향에 대해서는 이광수에 의하여 지적된 이래, 삼품창영 같은 식민사학자에 의하여 악의적으로 왜곡되기도 하였으며, 최근에는 한국인은 운명에 패배하는 숙명의식이 강하다는 피상적인 견해까지 제기되고 있는 실정이다. 그러나 운명설화에서는 '운명運命 - 인간人間'의 역학관계에 입각하여 운명의 실현과 아울러 운명의 변역을 함께 보여주고 있었다. 이는 철학적 논설에서 '정명定命 - 조명造命'을 함께 관련지어 인식했던 것과 마찬가지이다.

운명설화와 철학적 논설에 나타난 이러한 운명관을 감안할 때, 한국인의 의식구조에 대한 균형 잡힌 접근이 가능하다고 본다. 이런 점에서 운명설화와 철학적 논설에 나타난 운명관은 기존의 편향된 논의를 수정하는 계기가 되리라고 본다.

이상으로 본고에서 논의된 바를 정리하여 보았다. 본고는 운명설화에 나타난 운명대응방식과 그 의미를 살펴보는 데에 치중하다 보니, 이와 관련이 적은 부분은 소홀히 다루어질 수밖에 없었다. 특히 개별 유형에 대한 작품론적 논의를 비롯하여, 타국 자료와의 비교, 서사무가와 소설과의 비교도 이루어지지 못하였다. 차후에 이러한 논의가 보충되었을 때 비로소 운명설화의 진면목과 위상이 드러나리라고 본다.

제2부 연명설화의 소설적 변용양상에 대한 예비적 고찰

1. 서론
2. 화소 및 삽화 차원의 변용양상
3. 유형 차원의 변용양상
4. 결론

연명설화의 소설적 변용양상에 대한
예비적 고찰

1. 서론

  설화와 소설 사이의 관련성은 여러 가지 차원에서 논의될 수 있다. 설화와 소설은 소재 차원에서부터 구조적, 주제적 차원에 이르기까지 다층적으로 관련되어 있기 때문이다. 이러한 다층적인 관련성은 설화와 소설이 매우 밀접하게 관련되어 있다는 것을 의미한다.
  이는 선행 연구를 통해서도 쉽게 짐작할 수 있는 바, 김태준·장덕순 등의 논의가 주목된다. 김태준은 『조선소설사朝鮮小說史』에서 약 15종의 고전소설에 대한 배경설화를 논의한 바 있으며,[1] 장덕순은 설화와 고대소설·현대소설과의 연관성은 물론이고 시가와의 관련성까지 폭넓은 논의를 진행하였다.[2] 이후에도 설화와 소설의 연

---

1) 김태준,『조선소설사朝鮮小說史』, 증보판, 학예사, 1939, 126~224쪽의 여러 곳. 이러한 김태준의 논의는 조희웅, "고전소설 속의 설화,"《어문학논총》14집, 국민대학교 어문학연구소, 1995, 48~50쪽에 정리되어 있다.

관성에 대하여 서대석, 최래옥, 김일렬, 이헌홍을 비롯하여 신동흔, 김정석의 연구에 이르기까지, 일일이 언급하기 어려울 정도의 많은 연구 결과가 축적되어 있다.3) 이와 같이 설화와 소설의 관계를 다룬 연구는 그 대상 및 주제 등에 있어서 실로 다양한 논의가 진행되어 왔다고 할 수 있다.

본고는 이러한 선행연구를 바탕으로 하여 <연명설화延命說話>의 소설적 변용양상을 살펴보고자 한다. <연명설화>는 다수의 소설작품으로 변용되었다는 점에서 매우 큰 의미가 있다고 본다. 여러 개의 설화유형이 모여 하나의 소설작품을 이루는 경우나, 또는 하나의 설화유형이 하나의 소설작품의 골간이 되는 경우는 흔히 볼 수 있다.4) 이러한 작품들은 어떤 설화유형이 혼용되어 있는지, 또는 하나의 설화유형이 어떻게 소설화되고 있는지를 보여준다고 할 수 있다.

그렇지만 이와 같은 경우가 소설적 변용의 다면적 양상을 모두 보여줄 수 없다는 점에서 근본적인 한계가 있다고 할 것이다. 이런 측면을 고려한다면, 일단 <연명설화>는 다각적인 설화의 소설화를

---

2) 장덕순, 『한국설화문학연구』, 서울대학교출판부, 1978 ; 장덕순, 『설화문학개설』, 이 우출판사, 1980에 관련 연구가 집적되어 있다.
3) 설화의 소설화에 관한 대표적인 논의는 다음과 같다. 서대석, "설화와 이조소설의 비교연구," 《국어국문학》 64호, 국어국문학회, 1974, 102~105쪽; 최래옥, "설화와 그 소설화 과정에 대한 구조적 분석―특히 장자못 전설과 옹고집전의 경우," 《국문학연구》 7집, 서울대학교, 1968, 97~103쪽 ; 김일렬, "설화의 소설화," 조동일 외, 『한국문학연구입문』, 지식산업사, 1982, 145~153쪽; 이헌홍, 한국송사소설연구, 삼지원, 1997; 신동흔, "정수경전," 『한국고전소설작품론』, 완암김진세선생 회갑기념논문집, 집문당, 1990, 857~886쪽; 김정석, "단명담・추노담의 소설적 변용과 그 성격," 성균관대학교 박사논문, 1994.
4) 전자의 예로는 <임진록>이나 판소리계 소설이 대표적이라고 할 수 있다. 이들 판소리계 소설은 하나의 작품 속에 다수의 설화유형이 결구되어 있는 경우이다. 판소리계 소설의 초기 연구에 있어서 배경설화에 대한 천착이 집중적으로 이루어진 것도 이 때문이라고 할 수 있다. 후자의 대표적인 작품으로는 <정수경전>을 예로 들 수 있다.

보여줄 수 있는 대상이라고 할 수 있다.

 설화의 소설화는 다층적인 차원에서 이루어진다. 그것은 화소적 차원에서 이루어질 수도 있고, 삽화적 차원에서 이루어질 수도 있으며, 유형적 차원에서 이루어질 수도 있다.[1] <연명설화>는 특히 다양한 소설작품과의 관련성을 찾아볼 수 있다는 점에서 이런 양상을 보여줄 수 있을 것으로 생각된다.

2. 화소 및 삽화 차원의 변용양상

2.1. 화소 차원 : <매화전>의 경우

 화소적 차원에서 <연명설화>가 소설로 변용되는 양상을 보여주는 작품으로는 <매화전>을 들 수 있다. <매화전>은 필사본으로 전해지는 소설인데, 그 줄거리는 다음과 같다.

>   1. 김주부는 벼슬을 사직하고 황해도 장단으로 낙향한다. 그는 슬하에 자식이 없었는데, 하루는 천상선녀가 현몽한 이후 잉태하여 외동딸 매화를 낳는다.
>   2. 어느 날 김주부는 매화가 단명운을 타고 태어났음을 알고, 그녀를 집에서 내보내기로 한다.
>   3. 김주부는 구월산으로 들어가고, 매화에게는 남복을 입혀 유랑하

---

 [1] 조희웅이 설화의 소설화 양상을 고찰하면서 설화의 층위를 모티프 차원, 삽화적 차원, 주제적 차원으로 나눈 것을 일부 변형한 것이다.(조희웅, 앞의 논문, 51쪽.)

게 한다.
　　　4. 매화는 남복을 입고 유랑하다가 우연히 조병사의 집에 의탁하게 된다. 매화는 조병사의 아들 양유와 함께 수학한다. 양유는 매화의 재질을 사모하지만 그가 남자임을 한탄한다.
　　　5. 하루는 관상가가 찾아와 매화는 여자이고, 양유는 16세에 호식될 팔자라고 예언한다. 조병사가 관상가를 쫓아내자, 그는 양유를 매화와 혼인시켜야만 호환을 피할 수 있다는 편지를 남기고 사라진다.
　　　6. 이에 조병사는 매화가 여자임을 확인하고, 양유와 혼인시키고자 한다.
　　　7. 이때 부인 최씨는 매화를 홀아비 남동생과 혼인시키기 위하여 양유와의 혼인을 반대한다. 또한 최씨는 장단 사람을 매수하여 조병사를 속인다.
　　　8. 조병사는 최씨의 간계에 속아서 매화를 쫓아낸다. 매화는 최씨의 남동생에게 쫓기다가 부친인 김주부에 의해 구출된다.
　　　9. 조병사는 양유를 다른 곳으로 장가보내기로 한다. 김주부는 양유가 혼인하기 전날 밤 호랑이로 변신한 동자를 보내 양유를 잡아온다.
　　　10. 매화와 양유는 혼인하고, 조병사와도 재회하게 된다.[2]

　위에 제시한 줄거리를 보면, 2단락과 5단락에서 남녀주인공의 단명운短命運이 예언되는 것을 볼 수 있다. 2단락에서는 여주인공 매화의 단명운이 예언되고, 그에 대한 방책으로서 부모와의 분리가 제시된다. 5단락에서는 남주인공 조양유의 호식운虎食運이 예언되고, 그에 대한 방책으로서 매화와의 혼인이 제시된다. 이를 좀 더 자세히 살펴보기 위하여 해당 장면을 인용하기로 한다.

---

　[2] <설중매화전>(박순호 소장본, 월촌문헌연구소 편, 『한글필사본고소설자료총서』 권22, 보경문화사, 1986.)

(가) 여아의 일홈을 미화라 ᄒ시고 사랑하시던니 쥬부 여아의 사주와 관상을 자싱이 보니 미간이 청성사리 잇셔 초연 고상 안이ᄒ면 둔명이 수ᄒ기 분명ᄒ도다 엇지ᄒ여야 조흘고 쥬야료 염예하던니 문득 한 쇠을 싱각ᄒ고 부인다려 가로디 여아의 상을 보니 초연 고상 안이ᄒ면 단수홀 테온니 우리난 산중의료 드러가 여아는 남복을 입피여 유리걸식ᄒ야 단이다가 조흔 가문의 의틱ᄒ야 잇실 것신니 그리ᄒ사이다 ᄒ대3)

(나) 상보난 사람이 쏘한 양유의 상을 보고 왈 니뒤의 제일 직상 될 거시로디 불상코 가련ᄒ도다 나의 십뉵세가 되면 호식할 팔자오니 두렵지 안이 ᄒ리요 한디 병사 디로ᄒ야 하인을 불너 쪼차 니랴 ᄒ니 상객이 문득 간디 업거날 실노 괴이ᄒ여 살펴보니 안져던 자리여 무신 그리 잇거날 피여보니 하여씨되 양유 미화가 부부가 안이 되면 양유난 임진연 삼월 십오일리 결단고 호식ᄒ리라 ᄒ엿더랴4)

(가)는 2단락에서 뽑은 것이고, (나)는 5단락에서 뽑은 것이다. 이렇듯 단명운이 예언되고 그에 대한 도액방책度厄方策이 제시되는 것은 <연명설화>의 그것과 별반 차이가 없다고 본다. 이는 일단 <매화전>과 <연명설화>가 상호 관련이 있다는 것을 보여주는 명백한 증거이다. 특히 여주인공 매화의 연명양상은 <연명설화>의 하위유형 중에서 '출가고행형出家苦行型'과 관련이 깊다고 할 수 있다.5) 아울러, 남주인공 양유의 연명과정은 <호환도액설화>의 하위유형인 '혼

---

3) <매화전>(박순호 소장본, 월촌문헌연구소 편, 『한글필사본고소설자료총서』 권10, 보경문화사, 1986, 279~280쪽.)
4) <매화전>(박순호 소장본, 위의 책, 293쪽.)
5) 연명설화의 전반적인 양상에 대해서는 졸고, "연명설화의 변이양상과 운명인식," 《구비문학연구》 3집, 한국구비문학회, 1996 및 졸고, "한국운명설화에 나타난 운명관 연구," 서울대학교 박사논문, 1998에서 다루었다.

인도액형婚姻度厄型'과 밀접하게 연관되어 있다. 이와 같이 <매화전>은 여주인공의 단명운 회피 화소와, 남주인공의 호환운 모면 화소가 결구되어 있다는 점에서 특색이 있다. 이는 곧 <연명설화>와 <호환도액설화>의 핵심적 화소를 이용하여 남녀주인공의 결연담으로 변용하고 있음을 보여준다.

하지만 이들 단명화소의 쓰임새는 상당히 다르다는 것을 주목할 필요가 있다. <연명설화>에서는 단명운이 예언되고 방책이 제시되면 도액방책을 실현하는 이야기가 이어진다. 즉 주인공의 도액과정이 그려지는 것이다. 이때 '예언 - 도액'이 하나의 구조로서 역할을 수행하면서, 주제를 구현한다고 할 것이다. 그러나 <매화전>의 '예언' 부분은 연명설화의 그것과 매우 유사한 반면에, '도액'부분은 그리 분명하게 나타나지 않는다. 매화의 유랑이 도액에 해당한다고 하겠으나, 설화에서처럼 구체적이지 못한 것으로 보인다. 그것은 단지 부모와의 분리를 위한 장치로서의 역할만을 수행하는 것으로 보인다.

또한 다른 이본에서는 2단락과 같은 단명화소가 아예 없는 경우도 있다. 이런 경우에는 김주부의 도술에 위협을 느낀 조정에서 금부도사를 보내자, 김주부 내외는 매화를 버리고 구월산으로 피신하는 것으로 되어 있다. 이때 김주부가 왜 매화를 데리고 피신하지 않았는지에 대한 해명은 없다. 나이 사십에 얻은 무남독녀인 매화가 부모와 분리되어야만 하는 납득할만한 이유를 찾아볼 수 없는 것이다. 이런 점을 감안한다면, 매화가 단명운을 타고난 경우가 논리적으로는 더욱 합당하다고 본다.

결국 매화의 단명운 여부에 국한하여 볼 때, <매화전>은 매화가 단명운을 타고난 경우와 그렇지 않은 경우의 두 가지 이본을 찾아볼 수 있다. 매화가 단명운을 타고난 경우는 도액을 위하여 부녀가 분리되며, 그렇지 않은 경우에는 금부도사를 피하는 과정에서 부녀가 분리된다. 이때 후자의 경우에는 부녀간의 분리가 필연적이지 않다는 점에서 논리적인 비약을 찾아볼 수 있다. 이러한 비약은 설화가 소설화되는 과정에 있어서 점차 설화적인 모습이 탈각되어 생겨난 것으로 추정된다.[6] 설화를 수용하면서 화소 상호간에 볼 수 있는 관계양상은 수용하지 않은 결과라고 할 것이다.

양규의 호환운 역시 화소만 가져왔을 뿐으로 도액과정 자체는 그다지 심각하게 다루어지지 않은 것으로 보인다. '혼인도액형' 설화에서는 주인공이 삼정승의 딸과 혼인해야만 호환운을 면할 수 있다는 방책이 제시된다. 이때 등장하는 삼정승의 딸들은 사제적 성격을 지닌 여성 이인의 면모를 가지고 있다. 하지만 양유가 혼인해야 하는 매화에게서는 이런 면모를 찾아보기 어렵다. 매화는 평범한 인간인 최씨에 의해 축출되고 홀아비 남동생의 늑혼의 대상일 뿐이다. 이렇듯 양유와 매화의 도액과정은 설화에서처럼 심각하게 수용되지 않고 있으며, 오히려 이들의 결연은 혼사장애화소로서의 성격이 짙다고 할 수 있다.

2.2. 삽화 차원 : <이진사전>의 경우

삽화 차원에서 <연명설화>를 변용한 소설작품의 예로는 <이진

---

[6] 이는 설화가 소설화될 때, 점차 설화적 양상은 약화되는 반면에 소설적 양상은 강화될 것이라는 추정에 근거한 것이다. 그렇지만 이러한 추정이 점진적인 소설화 과정을 보여준다고는 할 수 없다.

사전>을 들어 보기로 한다.

1. 조선 영조시절 충청도 공주에 이옥린이라는 사람이 살았는데 가세가 매우 빈한하였다. 한번은 강서현령으로 있는 외삼촌에게 구걸을 하러 갔다가, 말도 꺼내지 못하고 그냥 되돌아온다.
2. 도중에 옥린은 평양에 이르러 우연히 백일장에 참여하여 장원에 뽑힌다. 이때 잔치에 참석했다가, 기녀 경패가 옥린의 풍채에 반하여 혼인하기를 소망한다.
3. 옥린은 경패와 혼인하지만, 첩을 얻으면 화를 당하는 집안 내력 때문에 경패와 동침하지 않는다.
4. 하루는 조상의 혼령이 나타나 불구에 액사厄死할 운명이니, 3년간 고초苦楚를 겪어야만 살 수 있다고 하였다.
5. 옥린은 계룡산 노인에게서 보검을 사서 어떤 남자를 죽이고 도망쳐 해인사에서 불목한을 하면서 고초를 겪는다.
6. 경패는 승복을 입고 옥린을 찾아 나섰다가 합천 아전 방종직에게 잡혀가 혼인을 강요받는다.
7. 옥린은 군수에게 소지를 올려 경패를 구해내고, 액운이 다했음을 알고 집으로 돌아온다.
8. 옥린은 과거에 급제하여 복록을 누리게 된다.[7]

이옥린이 첩을 얻으면 참화를 당하는 집안내력을 모면하고, 경패와 혼인하여 복록을 누린다는 내용이다. 전반부는 옥린이 경패와 혼인하는 과정이라면, 후반부는 액사할 운명을 도액하는 과정을 보여준다. 결국 이 작품은 남녀주인공의 분리와 재회, 그리고 남주인공의 단명운과 도액이라는 두 가지 삽화가 얽혀져 있음을 볼 수 있다.

---

7) <이진사전>(동국대 한국학연구소 편, 『활자본고전소설전집』 7권, 아세아문화사, 1976, 77~137쪽.)

즉 '혼인 - 분리 - 재회'의 삽화와 '예언 - 도액'의 삽화가 결합되어 작품의 구조적 골격을 이루고 있다고 할 수 있다.

'혼인 - 분리 - 재회'의 구조는 2~7단락까지 관련되어 있다. 2단락에서는 옥린과 경패가 혼인하게 되는 과정을 보여주고 있고, 5·6단락에서는 옥린과 경패가 헤어져 고초를 겪는 과정을 보여주고 있으며, 7단락에서는 그들이 재회하게 되는 과정을 보여준다. 한편 '예언 - 도액'의 구조는 4~7단락까지 관련되어 있다. 4단락은 단명운이 예언되고 그에 대한 방책이 제시되는 단락이고, 5단락은 도액방책이 실현되는 단락이며, 7단락은 도액이 완료되는 단락이다. 이와 같이 <이진사전>은 남녀주인공의 '혼인 - 분리 - 재회'의 구조와 남주인공의 '예언 - 도액'의 구조가 서로 얽혀 있는 작품이라고 할 수 있다. 즉 옥린과 경패 사이에서 '혼인 - 예언 - 분리 - 도액 - 재회'가 이루어지는 과정을 그리고 있다고 할 것이다.

이처럼 <이진사전>의 한 축을 이루고 있는 '예언 - 도액'의 구조는 바로 <연명설화>를 변용한 것이라고 할 수 있다. 물론 단명의 이유 자체도 흥미롭지만,[8] '예언'과 '도액'은 설화에서와 같은 논리적인 연결을 보여준다. 이는 단명이 예언되는 장면에서도 잘 나타난다.

> ㈎ 샹좌의 안진 관인이 허희장탄 왈 닉 불힝히 쳡으로 인ᄒᆞ야 텬년을 누리지 못ᄒᆞ얏고 너의 등도 ᄯᅩᄒᆞᆫ 쳔쳡을 엇어다가 모다 비명에 죽엇스니 엇지 참혹지 아니ᄒᆞ리오 이졔 옥린이 공교로온 일을 인연ᄒᆞ야 ᄯᅩᄒᆞᆫ 쇼실을 두엇스니 비록 뎌의 허물은 아니로ᄃᆡ 일로 말

---

8) 조선시대는 축첩이 허용되던 사회였지만, <이진사전>에서는 축첩행위가 도리어 단명의 화근으로 언급되고 있다. 이런 점에서 <이진사전>에는 축첩제도에 대한 부정적 인식이 깔려 있다고 생각된다.

미암아 불구에 익수를 당홀 것이니 우리 리씨의 루딕향화를 다시 부탁홀 곳이 업스니9)

(나) 관인 왈 금월 십스일에 옥린이 일작이 니러나 계룡산하에 가면 흔 로인이 칼을 가지고 산밋히 안져 탄식홀 것이니 삼십량 은즈를 주고 그 칼을 사가지고 밧비 도라와 타인이 아지 못ᄒ게 감쵸고 십오일 야삼경에 경낭의 방즁에 드러가 경낭으로 더부러 슐을 마셔 경낭으로 ᄒ야곰 취ᄒ야 잠이 들게 흔 후 그 칼을 가지고 방문 녑히 숨엇다가 흔 남즈ㅣ 비슈를 손에 들고 문을 열고 드러오거ᄂ 그 머리를 버히고 그 남즈의 의복을 밧고와 입은 후 시신은 금리에 더지고 그 머리를 가지고 그 길로도망ᄒ야 가마가 깁흔 물에 바리고 인ᄒ야 멀니 써나 삼년 고초를 격근 후에 도라오면 부귀영화ㅣ 극ᄒ고 즈손이 또흔 창셩ᄒ려니와 만일 시각을 지체ᄒ면 딕화를 면치 못ᄒ리라 ᄒ거늘10)

(가)는 옥린의 단명이 예언되는 부분이고, (나)는 도액방책이 제시되는 부분이다. 여기서 제시되는 도액방책은 출가고행이다. 옥린은 절명의 순간을 피하여 3년간 고초를 겪어야 하는 것이다. 이렇게 도액의 한 방책으로 출가하여 고초를 겪는 것은 출가고행형 <연명설화>와 흡사한 경우라고 하겠다.

결국 <이진사전>은 <연명설화>의 기본적인 골격을 변용한 작품이다. 그것은 단명운에 대한 예언과 도액을 포함하는 삽화 차원의 변용이라고 할 것이다. 이러한 삽화 차원에서는 화소간의 관계양상 역시 수용된다고 할 수 있다. 설화에서 보여주었던 논리적인 관계를 그대로 유지한 채, 소설작품 속에 수용되고 있는 경우이다.

---

9) 위의 책, 102~103쪽.
10) 위의 책, 103쪽.

3. 유형 차원의 변용양상

유형 차원에서 <연명설화>를 변용하고 있는 작품으로는 <홍연전>, <반필석전>, <전관산전>, <사대장전>, <십생구사>를 들 수 있다. 이들 작품은 모두 <연명설화>를 기본 골격으로 삼고 있는 작품이다. 그런 점에서 앞에서 살펴본 <매화전>이나 <이진사전>보다는 설화와의 연관성이 훨씬 더 큰 경우로 생각된다.

3.1. <홍연전>

<홍연전>은 김동욱과 정신문화연구원이 소장하고 있는 필사본 소설이다. 이 작품은 설성경이 김동욱 소장본을 소개함으로써 학계에 알려졌으며,[1] 김정석에 의해 작품론적 논의가 이루어진 바 있다.[2] 두 이본의 내용은 대체로 일치하므로, 본고에서는 정신문화연구원 소장본의 줄거리를 들어보기로 한다.

  1. 숙종대왕 즉위 초에 경상도 상주에 등과하면 횡사하는 내력을 가진 구대진사 집안이 있었다. 홍규 역시 등과 후에 횡사하고, 그의 아들 홍연은 유복자로 태어난다.
  2. 하루는 시주를 받아가던 노승이 홍연을 보고 열다섯 살에 죽을 것이라고 예언한다.
  3. 모친이 노승을 불러 방책을 간청하니, 노승은 홍연의 사주에

---
1) 설성경, "역易의 눈으로 본 여성의 꿈,"《문학사상》44호, 1976, 321~348쪽.
2) 김정석, "홍연전 연구,"《성대문학》27집, 1991, 187~208쪽.

는 삼흉三凶이 있다고 하면서, 김정승·이참판·박판서의 딸과 혼인하면 액을 면할 수 있다고 알려준다.

4. 홍연은 세 소저를 만나보기로 결심하고 집을 떠나 상경한다.

5. 홍연은 몇 달 간 팥죽장사 노파의 집에 유숙하다가, 노파 딸의 도움을 받아 김정승 딸의 처소에 들어간다.

6. 홍연의 단명운을 알게 된 김소저는 선영의 향화를 끊을 수 없다고 하면서, 홍연과 결연을 맺는다. 김소저는 이소저와 박소저를 설득하여 모두 결연을 맺는다.

7. 홍연은 장원급제한 후, 세 소저와 정식으로 혼례를 올린다.

8. 어느 날 밤 신장神將이 홍연을 잡으러오자 김소저가 황건역사黃巾力士[3]를 불러 쫓아낸다.

9. 또 하루는 김소저가 홍연에게 삼각산 노인에게 간청하라고 알려준다. 홍연이 삼각산 노인에게 간청하자, 그는 뇌공장군雷公將軍을 불러 신장을 물리친다.

10. 홍연은 최정승의 딸과 강제로 혼인하게 되자, 김소저가 황구黃狗 세 마리가 그려진 그림을 내어준다.

11. 초야에 최소저가 살해되고, 홍연은 하옥된 후 김소저의 그림을 내어준다. 형관은 범인이 황구삼黃狗三임을 알아내고, 홍연은 누명을 벗고 살아난다.

12. 홍연은 경상감사를 제수 받아 고향에 돌아와 모친과 재회하고, 선정을 베풀어 형조판서에 임명된다.

13. 이때 중원에 흉노가 침범하자 천자는 조선에 구원병을 청한다.

14. 홍연은 자원 출병하였다가 패하고, 포로가 되어 옥문관 토굴 속에 갇힌다.

15. 위기에 처한 천자는 다시 조선국에 구원병을 청한다.

16. 김소저가 출병을 자원하여 흉노를 물리친 후 천자를 구해낸다. 또한 김소저는 토굴 속에 갇혀 있던 홍연까지 구해낸다.

---

3) 황건역사黃巾力士는 힘이 센 신장의 하나로 알려져 있다.

17. 홍연과 김소저는 귀국하여 높은 지위에 올라 복록을 누린다.

이상의 줄거리를 보면 1~12단락은 혼인도액형 <연명설화>와 연관되어 있고, 13~17단락은 남녀주인공의 해외원정담임을 알 수 있다. 또한 10~11단락은 세 번째의 도액과정으로서 원령설화怨靈說話 혹은 재판설화裁判說話를 복합적으로 수용되어 있다. 결국 <홍연전>의 앞부분은 재판설화와 <연명설화>를 이중적으로 수용하고 있으며, 뒷부분은 영웅소설적 구조를 갖추고 있다고 할 수 있다.

본고의 관심인 <연명설화>의 소설적 변용양상을 살펴보기 위해서 해당부분을 혼인도액형의 공통단락과 비교해 보기로 한다.

A. 어떤 사람이 귀자貴子(만득자·유복자)를 둔다.
B. 이인(시주승·친척)이 소년의 단명을 예언한다.
C. 부모가 이인을 불러 방책을 간청한다.
D. 이인이 삼정승 딸과 결연해야 한다고 가르쳐준다.
E. 소년이 집을 떠나 유랑한다.
F. 팥죽장수와 그 딸의 도움을 받아 삼정승 딸의 처소에 들어간다.
G. 소년이 삼정승 딸과 비정상적인 결연을 맺는다.
H. 삼정승 딸이 소년의 단명을 도액시켜 준다.
I. 소년이 장원급제하여 삼정승의 사위에 발탁되어 혼인한다.
J. 소년이 삼 부인을 데리고 귀가하여 잘살게 된다.[4]

이러한 혼인도액형의 순차단락은 '결핍 - 예언 - 방책탐색 - 방책제공 - 격리유랑 - 원조자 - 1차결연 - 도액 - 2차결연 - 충족'의 기능을 가진다. 이를 바탕으로 하여 <홍연전>의 해당단락과 그 내용을

---

4) 졸고, "연명설화의 변이양상과 운명인식," 《구비문학연구》 3집, 1996, 360~361쪽.

정리하면 다음과 같다.

> A. 홍연은 등과 후에 횡사한 홍규의 유복자로 태어난다. (1단락: 서두/결핍)
> B. 시주승이 홍연은 열다섯 살에 단명한다고 예언한다. (2단락: 단명예언)
> C. 모친이 노승을 불러 방책을 간청한다. (3단락: 방책탐색)
> D. 시주승이 삼정승 딸과 결연해야 한다고 가르쳐준다. (3단락: 방책획득)
> E. 홍연은 세 소저를 만나기 위해 집을 떠나 상경한다. (4단락: 격리유랑)
> F. 홍연은 노파 딸의 도움으로 김소저의 처소에 들어간다. (5단락: 원조자)
> G. 홍연은 삼정승의 딸과 은밀한 결연을 맺는다. (6단락: 1차결연)
> H. 김소저가 황건역사를 불러 신장을 물리친다. (8단락: 1차도액) 삼각산 노인이 뇌공장군을 불러 신장을 물리친다. (9단락: 2차도액) 김소저가 준 황구 그림으로 살인 누명을 벗고 살아난다. (10~11단락: 3차도액)
> I. 홍연은 장원급제하여 삼정승의 사위에 발탁되어 세 소저와 혼인한다. (7단락: 2차결연)
> J. 홍연이 세 부인을 거느리고 귀향하여 모친과 재회한 후, 행복한 여생을 살아간다. (12단락: 재회/충족)

이처럼 혼인도액형의 공통단락에 비추어 보면, <홍연전>과의 차이점이 명확하게 드러난다. 첫째, 1~2단락에서는 홍연의 집안 내력이 자세하게 설명된다. 그 내용은 등과하면 횡사하는 구대진사 집안이라는 것으로 요약된다. 그의 부친 역시 모친의 반대를 무릅쓰고 과거를 보았다가 비명횡사했다고 했다. 이러한 상황은 홍연 역시 그러한 운명을 타고났음을 암시한다. 이러한 암시와 더불어, <홍연전>에서는 시주승에 의한 단명예언과 방책제공 단락이 함께 나타난다. 단명하는 집안내력만으로 예언을 대신할 수도 있지만, <홍연전>에서는 이중으로 홍연의 단명운을 예언해주고 있다고 할 수 있다. 이는 <홍연전>이 그만큼 설화의 구조를 중시하고 있다는 것을 말해주는 단서이다.

둘째, 도액 단락이 확장되어 있다는 점이다. 홍연의 도액은 세 차례에 걸쳐 이루어진다. 이러한 세 차례의 도액 중에서 세 번째는 재판설화를 종속적으로 수용하고 있기도 하다. 이처럼 도액 부분이 확장되어 있는 것은 소설화되면서 변용된 것으로 볼 수 있다.

셋째, '1차결연 - 도액 - 2차결연'의 순차가 바뀌어져 있다는 점이다. 홍연은 '1차결연 - 2차결연 - 도액'의 순서를 따르고 있는 것이다. 이는 홍연의 도액 부분이 확장된 것과 관련이 있다. 세 차례에 걸친 도액이 이루어지기 위해서는 그만한 상황과 시간이 필요하게 된다. 특히, 살인 누명을 쓰게 되는 세 번째 도액은 전혀 새로운 여건이 필요하다고 본다. 하룻밤에 3차에 걸쳐 도액할 수도 있지만, 그럴 경우 3차로 이루어진 도액과정에서 줄 수 있는 흥미는 미약하기 마련이다.

이런 점을 고려하여 '도액 - 2차결연'의 순서가 뒤바뀌게 된 것이 아닌가 한다. 결국 <홍연전>은 혼인도액형을 수용하면서 서두의 상황을 추가시키고, 도액 과정을 3차로 확장하였으며, 부분적으로 단락의 순서를 바꾸었음을 알 수 있다.

한편 뒷부분은 남녀주인공의 해외원정 군담이다. 홍연은 출정하였다가 포로가 되고 말지만, 김소저는 영웅적인 능력을 발휘하여 홍노를 물리친다. 또한 포로로 잡혀있던 남편을 구해낼 때에는 흉노에게 항복하였다고 남편을 우롱하기도 한다. 이는 일단 여성영웅소설女性英雄小說에서 볼 수 있는 여성 우위의 군담이 단편적으로 추가된 것으로 생각된다.5) 왜냐하면 김소저는 다른 여성영웅과는 달리 비범한 출생이나, 고난, 수학의 과정을 거치지는 않기 때문이다. 따라서 <홍연전>은 혼인도액형 <연명설화>에 충실한 전반부와, 여성영웅의 입공담만을 첨가한 후반부로 이루어져 있다고 할 것이다.

3.2. <반필석전班弼錫傳>

<반필석전>은 1책 48면으로 이루어진 한글필사본으로서 숭실대학교 한국기독교박물관에 소장되어 있다. 이 작품은 소재영에 의해 최초로 학계에 알려졌으며,6) 김근태는 해제를 겸하여 원문을 영인하여 소개하고 있다.7) 그 줄거리를 보이면 다음과 같다.

> 1. 반필석은 등과하면 횡사하는 팔대진사의 후손이다. 그의 모친은 가화家禍를 두려워하여 과거를 보지 못하게 하지만, 필석은 과행을 출발한다.

---

5) <백학선전>이나 <정비전>이 좋은 예이다. <백학선전>에서는 남주인공 유백노는 패배하지만 여주인공 조은하는 승리한다. <정비전>에서도 부친 정각노는 패하지만, 딸 정현무는 승리한다. 이와 같이 남성영웅이 패배하고, 여성영웅이 승리하는 군담이 <홍연전>과 관련이 있다고 할 수 있다.
6) 소재영, "반필석전 논고,"《한국문학》1975. 1.(이 글은 소재영,『고소설통론』, 이우출판사, 1983에 재수록되어 있다.)
7) 김근태, "연명을 위한 탐색 이야기의 한 변형―반필석전에 나타난 구술적 서술원리를 중심으로,"《숭실어문》8집, 숭실어문연구회, 1991, 225～241쪽.

2. 필석은 산중에서 어떤 여인을 만난다. 그녀는 필석에게 늑혼勒婚하려는 이방 부자의 원수를 갚아달라고 하면서, 황성의 김노파 집에 기거하면 귀문의 사위가 될 것이라고 가르쳐준다.

3. 필석은 김노파의 집에 머물다가 그녀의 도움으로 김소저의 처소에 들어간다.

4. 필석이 김소저에게 전후사를 설화하니, 김소저는 천연임을 알고 결연한다.

5. 김소저는 과거답안지를 얻어내 필석을 급제시킨다. 김승상은 필석을 사위로 맞이하기로 하고, 임금의 주선으로 혼례를 치른다.

6. 필석은 약속한 날짜에 산중여인을 찾아가 성례하고, 늑혼하려던 이방 부자를 타살한다.

7. 필석은 두 부인을 거느리고 고향에 돌아와 모친과 재회한다.

8. 하루는 재부인이 명일 오시午時에 죽을 운수라고 하면서 방책을 가르쳐준다.

9. 필석은 술취한 노승으로 하여금 이방 부자의 보수報讐를 대신 받도록 하여 살아난다.

10. 필석은 본도의 태수로 부임하여 선정을 펼쳐 명성이 자자해진다.

11. 이때 표수읍에서 신관이 도임하는 첫날밤에 죽는 변고가 연달아 발생하자, 임금은 필석을 표수태수에 제수한다.

12. 필석은 도임 첫날밤 자물쇠의 도움을 받아 노호老狐와 지렁이를 퇴치한다.

13. 대국大國으로 들어가 황제의 총첩이 된 노호는 반필석의 간을 먹어야 병이 낫는다고 하자, 천자는 필석을 즉시 잡아오게 한다.

14. 필석은 자물쇠의 도움으로 강아지와 새매를 사가지고 대국으로 들어가서, 노호를 죽인다.

15. 삼 년 만에 귀국하는 도중 자물쇠의 집을 방문하고, 자물쇠는 동자로 변신한다.

16. 필석은 어옹漁翁에게 잡힌 자라를 살려준 대가로 수국水國에 들어가 용녀와 혼인한다.
17. 필석이 가족을 데리러 간 사이 공주는 어옹에게 겁간을 당한 후 잠적한다.
18. 필석이 가족을 데리고 들어가서 잠적한 공주를 찾아낸다.
19. 용왕은 필석에게 전위하여 오천년 복록을 누린다.

이러한 작품의 줄거리만을 보아도 <반필석전>은 여러 가지 이야기가 결부되어 있음을 짐작된다. 1~10단락은 혼인도액형 <연명설화>가 변용되어 있으며, 11~12단락은 원령설화와 연관되어 있다. 13~15단락은 요괴퇴치설화妖怪退治說話가 관련되어 있으며, 16~19단락은 용자보은설화龍子報恩說話와 지하국대적퇴치설화地下國大賊退治說話가 변용되어 있음을 알 수 있다. 여러 유형의 설화가 수용되어 한편의 소설을 이루고 있는 것이다. 그중에서 우선 <연명설화>와 관련된 부분을 중점적으로 살펴보기로 한다.

  A. 팔대진사 집안이지만 등과하면 횡사하는 내력 때문에 모친이 과거보기를 반대한다. (1단락: 서두/결핍)
  B. 재부인이 명일 오시가 죽을 시각이라고 알려준다. (8단락: 단명예언)
  C. (방책탐색)
  D. 산중여인이 김노파의 집에 기거할 것과 전정前程을 가르쳐준다. (2단락: 방책획득[1]) 재부인이 명일 오시가 죽을 시각이라면서 방책을 가르쳐준다. (8단락: 방책획득[2])
  E. 필석이 입신양명과 가문의 번성을 내세워 과행科行을 출발한다. (1단락: 격리유랑)

F. 필석은 노파의 도움을 받아 김소저의 처소에 들어간다. (3단락: 원조자)
　G. 필석은 김정승의 딸과 은밀한 결연을 맺는다. (4단락: 1차결연)
　H. 방책을 실현하여 타살한 이방 부자 원혼의 보수報讐를 피한다. (9단락: 단명도액)
　I. 필석은 장원급제하여 김정승의 사위에 발탁되어 혼인한다. (5단락: 1차결연)필석이 이방 부자를 타살하고, 산중여인과 혼인한다. (6단락: 2차결연)
　J. 두 부인을 거느리고 귀향하여 모친과 상봉하고, 태수로 부임하여 선정을 베푼다. (7·10단락: 재회/충족)

　혼인도액형의 공통단락에 비추어 볼 때, 무엇보다도 몇 가지 차이점을 살펴볼 수 있다. 첫째, 등장인물이 다르다는 점이다. 설화에서의 예언자와 도액주관자가 상이했었는데, 반필석전에서는 동일하다. 즉 산중여인山中女人이 이 두 가지 기능을 담당하고 있으며, 그 대신 김소저는 별다른 역할을 수행하지 않고 있다. 둘째, 순차단락의 순서가 많이 혼착되어 있다는 점이다. 특히 예언 단락은 후반부에 나오고 있어서, 그 비중은 사뭇 약화되었다고 할 수 있다. 그 결과 <연명설화>의 서두 부분이 많이 변화되고 있음을 볼 수 있다.
　셋째, 김소저와의 1차 결연이 가지는 의미가 다르다는 점이다. 이는 혼인도액형의 의미구조와는 상당히 다른 부분이라고 할 수 있다.
　이러한 차이점을 살펴보면 <반필석전>은 혼인도액형을 수용하기는 하였지만, 상당한 변화가 동반되었음을 알 수 있다. 이는 여러 유형의 설화를 혼용하는 과정에서 생겨난 변화라고 생각된다. 즉 다양한 근원을 가진 이야기를 토대로 하여 이들을 이리저리 엮어서 소설화하였던 것으로 보인다. 그 과정에서 <연명설화>의 순차구조에도 혼착이 생겨났으며, 등장인물의 기능도 변화된 것으로 볼 수 있다.

3.3. <전관산전全寬算傳>

<전관산전>은 28쪽으로 이루어진 한글필사본 소설이다. 이 작품은 진동혁이 해제를 곁들여 활자로 옮겨 소개한 바 있으며,[8] 조상우가 작품론을 전개하면서 전문을 영인하기도 했다.[9] 그 줄거리는 다음과 같다.

  1. 숙종대왕 즉위 초에 강원도 금강산 학동촌에 전광월이라는 사람이 살았는데, 벼슬이 참판에 이르렀으나 슬하에 자식이 없었다.
  2. 전광월은 석불의 지시에 따라 폐사를 중창한다. 그후 현몽한 석불石佛이 단명할 자식을 점지하여 관산을 낳았는데, 그는 매우 총명하였다.
  3. 부모는 진명일盡命日이 다가오자 비탄에 빠지고, 관산은 하인 충남을 데리고 집을 떠난다.
  4. 유랑 도중 점을 치니, 서울 정승상 딸과 내외가 되어야 살 수 있다고 가르쳐준다.
  5. 관산은 상경하여 정승상 댁 근처에 여관을 정하고, 술장사하는 노구를 후대한다. 관산의 운명을 알게 된 노구와 자녀들은 정소저의 처소에 들어가게 도와준다.
  6. 관산은 정소저에게 살려 달라고 간청한다. 정소저는 관산을

---
8) 진동혁, "전관산젼,"《어문논집》27집, 고려대학교 국어국문학회, 1987, 465~482쪽.
9) 조상우, "전관산전全寬算傳 연구," 단국대학교 석사논문, 1995, 93~120쪽.

금침에 누이고 연못물을 떠다가 경명주사를 풀어 불덩이를 세 번 물리친다.

　7. 관산은 과제를 알려준 정소저의 도움으로 장원급제하여 정승상의 사위에 발탁된다. 임금도 관산을 부마로 삼는다. 관산은 결국 공주와 정소저를 부인으로 맞이한다.

　8. 관산은 고향에 돌아가 부모를 모시고 상경하여 현덕궁에 거처한다. 임금은 전광월을 영의정으로 삼고, 관산은 이조판서를 삼아 국사를 총괄하게 한다.

　9. 이때 대국 천자가 옥새를 잃어버린다. 천자는 각국에 사신을 보내어 옥새를 찾아낼 사람을 천거하게 한다. 아무도 자원하는 사람이 없자 정부인이 자원한다.

　10. 대국에 당도한 정부인은 오방신장을 시켜 번국 망달의 이질을 잡아들여 옥새를 찾아내고, 번국의 음모를 밝혀낸다. 정부인은 번국을 함락시키고, 천자는 관산에게 번국왕의 직첩을 내린다.

　11. 정부인이 귀국하자 임금은 관산에게 좌승상을 제수하고 부인을 정렬부인에 봉한다.

이 작품은 1~8단락까지는 혼인도액형 설화와 유사한 내용으로 이루어져 있고, 9~11단락은 정소저의 해외활약상을 보여준다. 먼저 혼인도액형과 그 내용을 비교해 보기로 한다.

　　A. 전관산은 전광월의 만득자로 태어난다. (1~2단락: 서두/결핍)
　　B. 석불이 현몽하여 열다섯 살에 단명할 자식을 점지해준다. (2단락: 단명예언)
　　C. 관산이 유랑 도중에 문복한다. (4단락: 방책탐색)
　　D. 점쟁이가 정승상의 딸과 내외가 되어야 한다고 가르쳐준다. (4단락: 방책획득)

E. 진명일이 다가오자 관산을 집을 떠나 유랑한다. (3단락: 격리유랑)

F. 관산은 노파와 자식들의 도움으로 정소저의 처소에 들어간다. (5단락: 원조자)

G. (1차결연)

H. 정소저는 경명주사를 풀어 불덩이를 세 번 물리친다. (6단락: 단명도액)

I. 관산은 장원급제하여 정승상의 사위가 되고, 부마가 된다. (7단락: 2차결연)

J. 관산은 두 부인을 데리고 귀가하여 부모와 재회한다. (8단락: 재회/충족)

<전관산전> 역시 혼인도액형의 순차단락과 비추어 볼 때 몇 가지 차이점이 발견된다. 첫째, A단락에서는 전관산이 태어나게 된 경위를 소상하게 보여주고 있으며, 이때 관산의 단명운이 함께 예언된다는 점이다. 따라서 B단락에서 볼 수 있었던 이인은 등장하지 않는다. 다만 석불에 의해서 단명할 소년이 점지되는 것으로 예언을 대신하고 있다. 둘째, C단락에 해당되는 내용은 관산이 유랑 중의 문복으로 대신한다. 이는 B단락에서 이인이 등장하지 않은 것과 관련된다. 단명운을 예언해주는 이인이 출현하지 않았으므로, 부모와 이인 간의 대화는 이루어질 수 없는 것이다.

셋째, D단락과 E단락의 순서가 바뀌어져 있다는 점이다. 설화에서는 이인이 등장하여 방책을 제공해 주지만,10) <전관산전>에는

---

10) 물론 일부 각편에서는 점쟁이에 의한 제2의 방책이 제공되는 것이 사실이다. 그러나 설화는 최소한의 등장인물과 상황을 필요로 하는 양식임을 생각한다면, 유사한 기능을 가진 인물이 중복 출현하는 것은 바람직하지 않다고 본다. 즉 방책을 제공하는 이인이 이중적으로 등장하는 것은 기본적인 형태는 아니었다고 할 수 있다.

이러한 역할을 하는 이인이 등장하지 않는다. 당연히 이인에 의한 방책 제공은 이루어지지 않는다. 따라서 이인 대신에 연명방책을 제공해주는 또 다른 인물이 등장할 필요가 제기된다고 할 수 있다. 그러한 필요성에 따라 관산이 집을 떠나 유랑하는 도중에 점쟁이로부터 연명방책을 제공받는 것으로 보인다.

넷째, 소설에서는 G단락의 비정상적인 결연이 보이지 않는다. 관산의 말을 들은 정소저는 곧바로 도액에 들어간다. 관산을 금침에 누이고, 경명주사를 풀어 불덩이를 물리치는 것이다. 이는 관산의 단명 시각이 임박했기 때문이기도 하지만, 비정상적인 남녀 결연에 대한 거부감도 커다란 이유로 작용했던 것으로 본다. 대신 정소저는 천생연분이기는 하지만, 부모의 허락을 받아서 혼인을 이루자고 한다.11) 이는 천생연분이라는 천상적 질서보다도 부모의 허락이라는 사회적 규범을 중시하고 있음을 말해준다. 이는 작가의 의도에 따라 정소저와 관산 사이에 비사회적인 결연이 이루어지지 않은 것으로 볼 수 있다.

다섯째, I단락에서의 혼인 양상이 다르다. 설화에서는 삼정승의 딸과 혼인하지만, 관산은 정소저와 공주와 혼인한다. 정소저는 도액과 관련된 혼인이고, 공주는 임금이 주선한 혼인이다. 이는 단명운의 도액을 위한 삼정승 딸과의 혼인이 정소저 한 명으로 축소되어 있음을 보여준다. 사실 한 남자가 동시에 세 명의 여성과 혼인한다는 것은 비현실적이다. 일부일처제가 정립된 조선 중기 이후의 사정

---

11) "쇼제 염실단좌ᄒ고 曰 그듸 웃지ᄒ여 드러 왓던지 이 지푼 밤의 드러와 男女 상봉ᄒ니 천칭연분니 안니고난 그러할슈 읍신니 우리 양닌은 ᄒ날니 지시한 연분니라 무삼 허물 잇ᄉ올잇가 만난 부모가 계시온니 고치 안니ᄒ고난 二姓지예을 미질 슈 읍신니 그리 알으시고 닉의 훈슈딕로 ᄒ쇼셔"(<전관산전> 11~12쪽.)

을 비추어본다면, 삼정승 딸과의 혼인은 설화적인 상황일 뿐이다.

그에 비해서 정소저 한 사람과의 결연은 상대적으로 현실적이라고 본다. 이는 작가의 인식이 그만큼 현실적이고 합리적이라는 것을 말해준다. 그러나 작가는 설화적 상황을 완전히 배제하지 못했던 것으로 생각된다. 공주와의 혼인 화소가 삽입된 것은 설화적 상황을 염두에 둔 결과가 아닌가 한다. 즉 작가는 현실에 부응되도록 이야기를 각색하면서도, 설화적 상황을 고려하여 그 중간적인 변화를 보인 것으로 본다.

이와 같이 <전관산전>은 혼인도액형 설화를 계승하면서도, 부분적으로 변화되어 있음을 알 수 있다. 그 변이의 핵심은 단명운을 예언하고 방책을 제공해주는 이인을 등장시키지 않은 것, 설화의 내용을 현실에 맞추어 변용시킨 것이라고 하겠다.

한편 9~11단락은 정소저의 영웅적 활약상을 보여준다. 정소저는 대국 천자의 옥새를 찾아 주기 위해 자원 출정한다. 정소저는 '여사신女使臣'으로서 당당하게 대국에 들어가며, 천자 또한 '남사신男使臣'과 동등하게 대우한다. 정소저는 도술을 부려 옥새를 찾아줄 뿐만 아니라, 반국의 반역 음모를 발본색원한다. 그 공로를 인정받아 관산은 번국왕의 직첩을 받는다. 이렇듯 9~11단락은 여주인공 정소저의 도술적 영웅의 모습을 보여준다. 결국 <전관산전>은 혼인도액형 <연명설화>와 여성영웅소설의 입공담을 수용하여 소설적으로 변용하고 있음을 알 수 있다.

3.4 <사대장전史大將傳>

<사대장전>은 구활자본 소설로서 1926년 광학서포廣學書舖에서 출판된 작품이며,[12] 필사본 <사안전>은 김동욱과 박순호가 소장하고 있다.[13] 필사본과는 달리 구활자본은 6개의 회장回章으로 나누어진 장회소설章回小說의 형태를 갖추고 있어 주목된 바 있다.[14] 필사본과 구활자본 사이에는 부분적인 차이가 있기는 하지만 대략적인 내용은 일치하는 것으로 보인다. 그러므로 구활자본의 줄거리를 중심으로 논의하기로 한다.

> 1. 진나라 귀주 소흥현에 사인이란 사람이 살았다. 그는 벼슬이 예부상서에 이르렀으나 나이 마흔 살이 되도록 슬하에 자식이 없어 사직하고 고향에 은거한다. 그 후 서천 추월사의 부처에게 치성을 드리고 사안을 낳았으나, 노승이 현몽하여 열다섯 살에 액운이 있으니 조심하라고 가르쳐준다.
> 2. 사안은 총명하고 비범하였다. 부친은 사안의 단수를 염려하여 여덟살 때 도인을 찾아가 문복한다. 도인은 열다섯 살에 대액이 있으니, 부모 슬하를 떠나야 한다고 알려준다.
> 3. 사안은 열세 살이 되자 하인 기인과 함께 집을 떠나 유랑한다.
> 4. 15살이 되었을 때 김덕만의 권유로 다시 문복한다. 점쟁이는 재액을 면하려면 황가 처자와 혼인해야 한다고 알려 준다.

---

12) 우쾌제, "구활자본 고소설의 출판 및 연구현황 검토,"『고전소설 연구의 방향』, 한국고전문학회 편, 새문사, 1985, 126쪽(<사대장전>은 인천대학교 민족문화연구소 편,『구활자본고소설전집』권4, 은하출판사, 1983, 423~458쪽에 영인되어 있다.)
13) 박순호 소장본 : 월촌문헌연구소 편,『한글필사본고소설자료총서』권18, 1986, 622~724쪽 ; 김동욱 소장본:『한국고소설목록』, 정신문화연구원, 1983, 마이크로필름.
14) 김태준,『조선소설사』, 학예사, 1939, 220쪽.

5. 사안은 황승상 딸과 혼인할 방도를 찾지 못하다가, 그 유모의 도움으로 황소저의 처소에 들어간다.

6. 사안의 말을 들은 황소저는 사안과 결연을 맺는다.

7. 그날 밤 신장이 사안을 잡아가려다가 황소저의 장원한 복록 때문에 그냥 물러간다.

8. 사안이 과거에 급제하여 황승상 댁에 신은을 온다. 황소저는 사안의 홍패를 빌려다가 감추고, 황승상은 사안을 사위삼기로 한다. 사안과 황소저는 황상의 주혼으로 혼인한다.

9. 사안은 고향의 부모에게 편지를 보내 부모와 재회한다. 황제는 사인에게 초공을 제수한다.

10. 이때 대안왕과 남이왕이 결탁하여 모반하니, 황제는 사안을 평북대원수에 봉하여 출정시킨다.

11. 사안과 기인은 반군을 평정하고 개선하여, 복록과 장수를 누린다.

이러한 줄거리를 보면 1~9단락은 혼인도액형 설화와 연관되어 있음을 알 수 있다.

    A. 사안은 기자정성 후 만득자로 태어난다. (1단락: 서두/결핍)
    B. 노승이 현몽하여 열다섯 살에 액운이 있다고 알려준다. (1단락: 단명예언)
    C. 단수를 걱정하던 부모가 여덟 살에 문복한다. (2단락: 방책탐색[1])사안이 김덕만의 말에 따라 열다섯 살에 문복한다. (4단락: 방책탐색[2])
    D. 도인은 사안을 집을 내보내야 한다고 하다. (2단락: 방책획득[1]) 점쟁이는 황가 처자와 결연해야 한다고 가르쳐준다. (4단락: 방책획득[2])
    E. 사안은 충복 기인과 함께 출가하여 유람을 다닌다. (3단락: 격리유랑)

F. 황승상댁 유모의 도움을 받아 황소저 처소에 들어간다. (5단락: 원조자)
G. 황소저는 사안과 은밀한 결연을 맺는다. (6단락: 1차결연)
H. 신장神將이 홍복洪福을 지닌 황소저를 보고 물러간다. (7단락: 단명도액)
I. 사안은 장원급제하여 황정승의 사위에 발탁되어 혼인한다. (8단락: 2차결연)
J. 사안은 편지를 보고 상경한 부모와 재회한다. (9단락: 재회/충족)

 전체적인 단락의 순차에 비추어 주목되는 점은, 예언 단락이 분리되어 있지 않다는 것과, C·D단락이 두 번 반복되어 나타난다는 것이다. 먼저 소년의 단명 예언은 1단락에 포함되어 있다. 사안이 잉태될 때, 이미 열다섯 살에 액운厄運이 있음이 정해져 있는 것이다. 이러한 주인공의 태몽 화소는 설화에서의 예언 화소를 대신하는 것으로 볼 수 있다. 노승이 현몽하는 것이나, 도승이 소년의 관상을 보고 예언하는 것은 매우 유사한 기능이다. 그러므로 소설화하면서 주인공의 태몽으로 일괄 변이된 것으로 보인다.
 다음 C·D단락에서는 유사한 내용이 반복되고 있음을 볼 수 있다. C·D단락은 연명방책이 모색되고, 제공되는 부분이다. 혼인도액형에서는 소년의 부모와 이인 사이에서 방책이 모색되고 제공된다.
 그런데 <사대장전>에서는 2단락과 4단락에서 중복되어 나타난다. 2단락에서는 사안의 부모가 운수를 문복하고 있고, 4단락에서는 사안 자신이 문복하고 있다. 그 결과 '집을 떠나야 한다.'라는 다소 막연한 방책과, '황가 처자와 결연해야 한다.'라는 좀 더 구체적인 방책이 제공되고 있는 것이다. 단계적인 두 가지 방책이 시간적 차이를 두고 모색·제공되고 있다는 점에서 주목된다.

이러한 두 가지를 제외한다면 <사대장전>은 혼인도액형 <연명설화>를 수용하여 소설화하고 있다고 본다. 그리고 11~12단락은 사안과 기인의 군담軍談으로 이루어져 있다. 사안과 기인이 대안왕과 남이왕의 모반을 평정하고, 복록과 장수를 누렸다는 내용이다.

이러한 차이도 소설적 변용과정에서 생겨났다고 할 수 있다.

3.5. <십생구사十生九死>

<십생구사>는 1923년 대성서림大成書林에서 발행된 구활자본 한글소설이다.[15] 그후 1933년에 삼문사三文社와 성문당서점盛文堂書店에서 다시 출판되어 총 3회에 걸쳐 출판된 작품이다.[16] 한편 김동욱이 소장한 <이운선전>이 <십생구사>의 필사본일 것으로 판단되지만, 낙장본이라는 점에서 논의자료로는 부적당하다고 생각된다.[17]

따라서 본고에서는 구활자본인 <십생구사>를 중심으로 논의를 전개하기로 한다. <십생구사>는 총 32쪽으로 되어 있고, 표제에 '충의소설忠義小說'이라는 부제가 붙어 있다. 그 줄거리를 보면 다음과 같다.

---

15) 인천대학교 민족문화연구소 편, 『구활자본고소설전집』 권8, 은하출판사, 1983, 381~415쪽.
16) 우쾌제, 앞의 논문, 129쪽.
17) 김동욱이 소장한 <이운선전>(68장)은 정신문화연구원의 마이크로필름과 『나손본 필사본고소설자료총서』에서 확인하였다. 표지에 '낙장본'이라고 표기되어 있다. 이 작품은 김기동, "비유형非類型 고전소설의 연구," 《한국문학연구》 5집, 동국대학교 한국문학연구소, 1982에 소개된 바 있다.

1. 금능 땅에 사는 이상서 부부는 재산은 부요하나 슬하에 일점 혈육이 없었다. 하루는 선관이 현몽하여 동해용왕의 아들이 상제께 득죄하여 인간에 적강할 것이라고 한 후, 운선을 낳는다.

2. 운선이 다섯 살이 되었을 때, 시주를 받아가던 노승이 관상을 보고 '십년 후에 삼차三次 횡액橫厄을 당하여 죽기를 면치 못할 것'이라고 예언한다.

3. 이상서 부부는 노승에게 횡액을 도액할 방책을 간청하자, 노승은 병신 하인 골개똥이와 함께 집을 내보내 십 년 간 풍상을 겪으면 도액할 수 있다고 가르쳐준다.

4. 이상서 부부는 할 수 없이 운선과 골개똥이를 내보낸다. 운선은 유랑걸식하다가 형주 영보산 청룡사에 기숙하게 된다. 이 때 골개똥이는 음식을 빌어다 운선의 공부를 뒷바라지한다.

5. 십 년이 지난 후 운선은 과거차 상경하였다가 문복한다. 맹선생은 14일에 김각노의 딸 옥향을 만나면 명을 도모할 수 있다고 알려준다.

6. 운선은 노파 딸의 도움을 받아 여복을 개착시켜 김옥향의 처소에 들어간다.

7. 운선을 만난 김옥향은 천생연분임을 알아보고 결연을 맺는다.

8. 그날 밤 김옥향이 축귀경逐鬼經을 읽어 귀졸鬼卒을 물리치고, 과제科題를 알려준다.

9. 과장에서 이운선은 왼발을 구르며 축귀경을 외워 횡사시橫死時를 모면하고, 대신 김옥향과 정혼했던 백운선이 횡사한다.

10. 이운선은 장원급제하여 한림학사에 제수되고, 김각노의 사위로 발탁되어 혼인한다.

11. 다음날 김소저는 술주정뱅이를 데려와 자기 옷을 입혀놓도록 한다. 그날 밤에 백운선의 원혼이 나타나 술주정뱅이를 대신 죽인다.

12. 이운선은 계림부자사를 제수받아 부임하여, 부모와 재회한다. 황제는 이상서에게 우승상을 제수하고, 운선은 선정을 베풀어 명성

이 자자해진다.

13. 마침 형주에서 김공필의 부인 노씨가 시묘侍墓 중에 겁간당하고 자결하는 사건이 발생하였으나, 아무도 범인을 잡지 못한다. 이에 황제는 이운선을 형주자사에 임명하여 사건을 해결하게 한다.

14. 도임 첫날밤에 노씨의 원혼이 '삼三'자가 쓰인 백기白旗를 들고 나타나 원한을 풀어달라고 한다.

15. 백기삼이 범인임을 안 운선은 약재로 쓸 곡성 안들은 상복喪服을 구해달라고 하여, 그의 죄를 밝혀낸다.

16. 운선은 벼슬이 좌승상에 이르러 부귀와 장수를 누린다.

이 작품의 줄거리만을 보아도 두 가지 설화가 결합되어 한편의 소설을 이루고 있음을 알 수 있다. 즉 1~12단락은 혼인도액형 설화와 연관되어 있고, 13~16단락은 <곡성 안들은 상복> 이야기를 수용하고 있는 것이다. <곡성 안들은 상복>은 재판설화에 속하는 유형으로서 명관明官의 면모를 보여주는 이야기이다.[18] 전자가 이운선 자신의 문제를 해결하는 이야기라면, 후자는 억울한 백성의 문제를 해결해주는 관리의 입장에서 전개된다. 두 가지 이야기가 각각 개인 차원에서 사회 차원으로 확장되면서 긴밀하게 결부되고 있음을 알 수 있다.

    A. 이운선은 이상서의 만득자로 태어난다. (1단락: 서두/결핍)
    B. 시주승이 운선의 관상을 보고 열다섯 살에 삼차 횡액이 있다고 한다. (2단락: 단명예언)
    C. 이상서 내외가 노승에게 모면할 방책을 간청한다. (3단락: 방책탐색¹) 이운선이 상경하였다가 맹선생에게 문복한다. (5단락: 방

---

18) 졸고, "재판설화의 양면성 연구," 《국문학연구》 113집, 1993, 12~15쪽.

책탐색²)

　D. 노승은 운선을 십 년 간 내보내서 풍상을 겪어야 한다고 하다. (3단락: 방책획득¹) 맹선생은 천연인 김각노의 딸과 만나야 한다고 하다. (5단락: 방책획득²)
　E. 운선은 골개똥이와 함께 집을 떠나 유랑한다. (4단락: 격리유랑)
　F. 운선은 노파 딸의 원조를 받아 김소저 처소에 들어간다. (6단락: 원조자)
　G. 김소저는 천연임을 알고 운선과 결연을 맺는다. (7단락: 1차결연)
　H. 김소저는 축귀경을 읽어 귀졸을 물리친다. (8단락: 단명도액¹) 운선은 과장에서 축귀경을 외워 횡사를 모면한다. (9단락: 단명도액²) 운선은 술주정뱅이에게 백운선의 보수를 대신 받게 하여 살아난다. (11단락: 단명도액³)
　I. 운선은 장원급제하여 김각노의 사위에 발탁되어 혼인한다. (10·12단락: 2차결연)
　J. 운선은 계림부자사에 부임하여 부모와 재회한다. (14단락: 재회/충족)

　혼인도액형 설화와 <십생구사>의 순차단락을 비교할 때 두드러진 차이는 두 가지이다. 첫째, 방책 탐색이 두 차례에 걸쳐 이루어진다는 점이다. 1차 방책탐색은 시주승에게 이상서 내외가 방책을 간청한다. 노승은 이에 십 년 간 집을 떠나 풍상을 겪어야 한다고 가르쳐준다. 2차 방책탐색은 유랑하던 운선이 맹선생에게 문복한다. 맹선생은 이에 김각노의 딸 옥향을 만나야 한다고 가르쳐준다. 첫 번째 방책에 비하여 두 번째 방책은 그 방법과 대상이 구체적이다. 방책의 구체성에 비추어 보면, 두 차례에 걸친 방책 모색은 단계적인 성격을 가지고 있는 것으로 보인다. 설화에서는 이인에 의해 한번에 결연의 방책까지 제공되는 것에 비한다면, 소설에서는 이를 발전적으로 반복하여 확장시키고 있음을 알 수 있다.

둘째, 운선의 도액과정이 3차례나 반복된다는 점이다. 1차 도액은 김소저와 1차 결연한 직후에 이루어지고, 2차 도액은 과장科場에서 이루어지며, 3차 도액은 옥향과의 혼인 이후에 이루어진다. 시간적인 간격을 두고, 3차에 걸쳐 도액이 실현되고 있음을 알 수 있다. 이는 설화에서보다 구체적이고 다양한 도액행위를 보여준다고 할 것이다. 이 역시 방책 모색과 마찬가지로 소설화되면서 확대된 것이라고 본다.

따라서 <십생구사>는 방책 탐색 부분과 도액 부분을 반복하고 있다는 차이점 이외에는 혼인도액형 설화를 비교적 충실하게 수용하고 있다고 본다. 이는 순차구조에서도 아무런 변화를 보이지 않을 정도로 온전하게 혼인도액형 설화를 수용하고 있다. 반복되는 사건 역시 해당 부분에서 발전적으로 또는 병렬적으로 반복되고 있을 뿐이다. 이는 작가가 설화 본래의 모습을 깨트리지 않으면서 그 분량을 확대하고자 하였던 것이 아닌가 한다.

3.6. 종합적 고찰

이상으로 <홍연전>을 비롯한 5작품의 내용을 제시하고, 이를 <연명설화>의 순차단락과 비교하여 보았다. 이를 통하여 <연명설화>와 이를 소설화한 작품의 동이성同異性을 살펴볼 수 있었다. 그 결과를 일목요연하게 비교해보기 위하여 도표로 정리하면 다음과 같다. 이는 혼인도액형 <연명설화>의 순차단락을 기준으로 하여, 소설의 해당되는 단락의 내용을 요약한 것이다. 공란으로 남겨진 부분은 그에 해당하는 내용을 찾아볼 수 없는 경우이다.

연명설화	홍연전	반필석전	전관산전	사대장전	십생구사
귀자	구대진사 유복자	팔대진사 독자	참판 전광월 폐사중창 및 석불 단명점지	예부상서 사인 기자정성 및 석가 단명점지	이상서 선관현몽 동해용자 적강
단명예언 방책탐색[1]	시주승 예언 혼인방책제공			부친 문복(1차) 출가방책제공	시주승 예언 출가방책제공
격리유랑	출가유랑	과거차상경	출가유랑 (충남)	출가유랑,수학 (기인)	출가유랑 (골개통)
방책탐색[2]		山中女人 혼인방책 제공	문복 혼인방책 제공	문복(2차) 혼인방책 제공	문복(노승현몽) 혼인방책 제공
원조자	노파딸과 결연 노파모녀 원조	노파 원조	노파 원조	유모 원조 (남편 현몽)	노파모녀 원조
1차결연	3소저와 결연	김소저와 결연	(정소저의승낙)	황소저와 결연	김옥향과 결연
도액[1/2]			불덩이퇴치 (주사)	신장퇴진 (홍복)	귀졸퇴치(축귀경) 횡사시모면 (축귀경)
2차결연	급제 후 3소저와 혼인	급제 후 김소저 및 산중여인혼인	급제 후 정소저와 혼인	급제 후 황소저와 혼인	급제 후 김옥향과 혼인
도액[1/2/3]	김소저신장퇴치 산신령신장퇴치 살인누명탈피	원혼報讐 모면			원혼報讐 모면
귀가재회	귀가재회	귀가재회	귀가재회	부모상경 재회	귀가재회

이렇게 하나의 도표로 정리해보면, 5개의 소설작품은 대체로 혼인도액형 <연명설화>의 순차단락의 순서를 따르되, 부분적으로 변용되고 있음을 알 수 있다. <연명설화>의 단락 중에서 가장 변이가 많이 보이는 부분은 시주승의 예언과 방책획득 단락이다. 이는 <홍

연전>과 <십생구사>에서만 나타나고 있으며, <사대장전>은 부친의 문복으로 대신하고 있고, <반필석전>과 <전관산전>은 누락되어 있다.

또한 도액 단락은 5작품 모두에 나타나지만 그 순서가 다르게 되어 있다. 도액은 1차 결연과 2차 결연 사이에 이루어지는 것이 일반적이다. 그런데 <홍연전>과 <반필석전>에서는 급제하여 혼인한 후에 도액이 이루어지고 있다. 더욱이 <반필석전>에서는 1차 결연의 대상자인 김소저는 도액에 있어서 아무런 역할도 수행하지 않는다. 이러한 도액을 주관하는 것은 산중에서 만난 여인이 대신한다.

이러한 대체적인 변화 양상을 참고한다면 5작품 중에서 <반필석전>이 가장 큰 변화를 보이고 있는 작품이라고 할 수 있다. 나머지 4작품은 대체로 설화의 모습을 온전하게 간직하고 있는 것으로 보인다.

그렇지만 5작품을 통해서 드러나는 변화도 자세히 살펴보면 일정한 규칙이 있음을 알 수 있다. 이러한 변화의 규칙은 차후 설화의 소설화를 논하는 데 매우 긴요한 내용이라고 할 수 있다.

첫째, 서두에는 남주인공의 출생담이 추가되어 있다. 홍연은 유복자로 태어나고 있지만 신비로운 출생 장면을 보여준다. 전관산과 사안은 기자정성을 드린 후에 석불·석가의 점지로 태어나고 있으며, 이운선은 동해용자가 적강하는 것으로 설정되어 있다.

둘째, 운명과 방책을 탐색하는 내용이 세분화되어 있다. 홍연의 운명은 시주승의 단명 예언과 방책 획득으로 설화와 별 차이가 없다. 그러나 전관산은 스스로 문복하여 혼인방책을 얻어내고 있으며, 사안은 2차에 걸쳐 문복하고 있다. 1차 문복 시에는 출가해야 한다는 방책이 제공되고, 2차 문복 시에는 정소저와 혼인해야 한다는 방책이 제공된다. 이운선은 1차로 시주승에 의해 출가하는 방책이 제공되고, 2차로 문복을 통하여 혼인의 방책이 제공되는 것과 같다. 이처럼 운명을 탐색하고, 그에 대한 방책을 모색·획득하는 부분이 점점 구체적으로 발전되고 있음을 알 수 있다.

셋째, 1차 결연의 대상자가 축소되어 있다. 설화에서와 같이 3명의 소저와 동시에 혼인하는 경우는 홍연 뿐이다. 나머지 4작품에서는 1차 결연 시에 1명의 처자와 결연하고 있다. 그나마 <전관산전>에서는 부모의 허락을 내세워 동침하지 않는 것으로 설정되어 있다.

넷째, 단명소년의 도액과정은 확대되거나 축소된다. 홍연과 이운선의 도액은 확대되는 경우라면, 사안은 축소되는 경우라고 할 수 있다. 홍연과 이운선의 도액은 3차에 걸쳐 치밀하게 이루어진다. 그에 비해 사안의 도액과정은 신장이 스스로 물러나는 정도로 약화되어 있다. 이처럼 하나의 사건이 확대되거나 축소되고 있는 것을 볼 수 있다.

다섯째, 부수적인 사건이 삽입되어 있다. 서사적 진행에 있어서 생략되어도 무방한 화소들이 삽입되어 있는 것을 말한다. 하나의 예를 든다면, 혼령이 현몽하여 앞일을 지시해주는 경우이다. <사대장전>에서는 유모의 죽은 남편이 현몽하여 그녀에게 사안을 도와주라고 지식하고 있으며, <십생구사>에서는 노승이 현몽하여 맹복에게 이운선의 살 도리를 가르쳐 주라고 지시한다.

이러한 다섯 가지의 두드러진 변화는 설화의 소설화 원리를 규명하는 데 매우 중요한 내용들이라고 할 수 있다. 여러 작품에서 일정하게 나타나는 이러한 변화들은 아무런 이유 없이 생겨난 변화라고 할 수 없다. 이러한 변화가 생겨난 이면에는 그럴만한 이유가 있다고 보는 것이 타당하다. 따라서 이러한 변화가 일어나게 된 필연적인 이유와 원리를 찾아내는 것이 무엇보다도 긴요한 과제라고 본다.

이러한 변화내용들을 염두에 두는 한편, 설화의 소설화에 관한 기존 연구를 반성적으로 이어받아 몇 가지 규칙을 찾아야 할 것이다.

4. 결론

지금까지 <연명설화>를 대상으로 하여 소설적 변용양상을 고찰하였다. 그 결과 <연명설화>는 화소, 삽화, 유형의 차원에서 소설적으로 변용되고 있음을 볼 수 있었다. 화소 차원에서는 <매화전>을 살펴보았는데, 이때에는 단명화소가 독립적인 차원에서 변용되고 있음을 보았다. 단명화소만이 수용됨으로써, <연명설화>에서와 같은 화소간의 관계는 찾아보기 어려웠다. 즉 설화에서 볼 수 있었던 기능의 연쇄는 볼 수 없었다. 다음 삽화 차원에서는 <이진사전>의 경우를 살펴보았다. 이때에는 '예언 - 도액'의 구조와 '혼인 - 분리 - 재회'의 구조가 어우러져 있음을 볼 수 있었다. '예언 - 도액'의 구조는 설화에서와 같은 연쇄를 유지하고 있으며, 소설작품의 한 축을 이루고 있었다.

한편 유형 차원에서는 <홍연전>, <반필석전>, <전관산전>, <사대장전>, <십생구사>를 살펴보았다. 이들 다섯 작품은 부분적인 차이는 있지만, 전반적으로 보아서 <연명설화>의 구조를 간직하고 있음을 볼 수 있었다. 일부 요소를 확대하거나 축소하고, 새로운 내용을 추가함으로써 설화를 소설화하고 있는 것을 볼 수 있다. 본고에서는 일단 이들 작품의 순차단락을 <연명설화>의 그것과 대비함으로써, 둘 사이의 공통점과 차이점을 찾아보았다.

본고는 장차 설화가 소설화되는 과정 내지는 원리를 고찰하기 위한 예비적인 작업이다. 서두에서 말한 바와 같이 <연명설화>는 다수의 작품으로 소설화된 보기 드문 경우이다. 그러므로 다른 어떠한 설화 유형보다도 설화의 소설화 원리를 잘 보여줄 것으로 추측된다. 앞으로 본고와 같은 일차적인 연구를 토대로 하여, 차후에 좀 더 심도 있는 연구를 진행하기로 한다.

■ 연명설화의 소설화 기법 연구

1. 서론
2. 연명설화 소설화에 따른 세 가지 성향
3. 연명설화 소설화의 문학사적 의미
4. 결론

∴ 연명설화의 소설화 기법 연구

1. 서론

    설화의 소설화小說化에 대해서는 그 동안 꾸준히 논의가 이루어져 왔으며,[1] 실제로 다수의 소설 작품들이 구전 혹은 문헌설화와 관련되어 있다고 할 수 있다.[2] 이에 대한 논의는 설화와 소설이 어떤 측면에서 상관성을 가지고 있느냐 하는 것으로 요약될 수 있다. 설화와 소설의 상관성은 계승과 변화의 측면에서 논의가 가능하다고 본다. 계승의 측면은 소설의 내용과 구조가 어디에서 비롯되었는가를 논한다면, 변화의 측면은 설화를 소설화하면서 어떤 변화를 가져왔는가를 논한다고 할 수 있다.

---

[1] 김일렬, "설화의 소설화,"『한국문학연구입문』, 지식산업사, 1982, 145~153쪽에 그 동안의 논의가 정리되어 있어서, 이에 대한 전반적인 논의의 흐름을 살피는데 매우 유용하다.
[2] 조희웅, "고전소설 속의 설화,"《어문학논총》14집, 국민대학교 어문학연구소, 1995, 53~59쪽에서는 설화가 이용된 고전소설의 목록이 정리되어 있다. 이를 보면 상당수의 고전소설이 설화와 관련을 맺고 있음을 알 수 있다.

계승과 변화의 실상을 드러내어 이를 일반화하기 위해서는 그러한 계승과 변화를 가능하게 한 요인에 관심을 가질 필요가 있다. 어떤 이유에서 그러한 계승과 변화가 일어났는지 살펴야 한다는 말이다. 계승을 가능하게 한 요인, 그리고 변화를 가져오게 한 요인에 주목하면, 설화의 소설화 원리가 드러날 수 있다고 본다. 이를 위해서 설화를 소설화하는 경우에 고려할만한 세 가지 지표를 상정할 수 있다. 즉 설화를 소설화하는 작가, 설화의 향유자이자 소설화된 작품을 읽는 독자, 그리고 이들을 둘러싸고 있는 현실이 바로 그러한 세 가지 지표라고 할 수 있다.

설화를 소설화하는 데에 있어서 무엇보다 먼저 고려되어야 할 요소는 작가라고 할 수 있다. 작가는 자신의 인식과 의도에 따라서 설화를 소설화할 것이기 때문이다. 동일한 설화를 소설화한다고 해도, 작가에 따라서 상이한 작품이 산출될 수 있는 것도 바로 이러한 연유에서이다. 따라서 작가는 계승과 변화의 일차적인 요인이라고 할 수 있다. 아울러 작가는 독자와 현실을 함께 고려할 것으로 보인다.

작가는 독자의 흥미와 관심을 끌 수 있는 방향으로 설화를 소설화해야 하기 때문이다. 소설을 읽고 향유할 독자의 성향이나, 그 시대의 사회적 현실을 감안하는 것이 필연적인 것이다. 따라서 작가는 시대와 현실에 부합될 수 있도록 설화를 계승하는 한편 변화시켜 작품화할 것으로 본다.

결국 설화가 소설화 될 때, 작가·독자·현실이 중요한 계승요인과 변화요인으로 작용한다고 생각된다. 더구나 설화의 소설화는 일반적인 창작과는 다르다는 점에서 본다면 작가는 자신보다는 오히려 독자와 현실에 더욱 높은 비중을 두고 있다고 할 수 있다. 작가 자신의 인식과 더불어 독자들의 흥미와 취향, 시대적인 상황이나 현실적인 요구에 더욱 충실하였을 가능성이 높다. 따라서 설화의 소설화 원리를 고찰하기 위해서는 작가·독자·현실에 입각한 작가의 의도를 규명할 필요가 있다.

2. 연명설화 소설화에 따른 세 가지 성향

 이러한 작가의 의도를 살피기 위해서 다음과 같은 세 가지 성향을 제안하고자 한다. 즉 작가는 설화를 소설화하기 위해서 유형화類型化, 확대화擴大化, 현실화現實化 성향을 가진다는 것이다. 이러한 세 가지 성향은 소설적인 골격을 갖추고, 또한 독자들의 흥미를 지속시키기 위해서 필수적인 내용들이라고 할 수 있다. 이를 통해서 설화의 내용을 계승하는 한편으로 이를 적절하게 변용하게 된다고 본다.
 첫째, '유형화類型化 성향'은 소설의 내적 골격을 갖추는 일과 같다. 이는 독자들에게 설화가 아닌 소설로서 인식되기 위한 조건인 셈이다. 이를 위해서는 기존의 소설적 관습을 어느 정도 수용할 필요성이 제기된다고 할 수 있다. 그럼으로써 기존의 소설적 관습에 익숙한 독자들에게 용이하게 접근할 수 있게 된다. 흔히 고전소설의 인물·사건·배경은 전형화典型化되어 있고, 서사구조는 유형화되어 있다고 한다. 이러한 관습을 지니고 있는 고전소설의 경우에는 유형성類型性이 가지는 영향력이 더욱 클 것으로 보인다. 새로운 영웅소설 작품이 독자들의 지속적인 인기를 유지하기 위해서는 이미 잘 알려진 유형에 의해 창작되었던 것도[1] 이러한 연유 때문이라고 할 수 있다. 이는 영웅소설의 작가들이 독자의 흥미 유지를 위해 유형성을 중시했다는 점에서도 짐작되는 바이다. 이러한 독자의 흥미와 유형성에 대한 배려가 영웅소설의 유형성을 더욱 견고하게 했을 가능성도 있다. 영웅소설의 독자들은 도리어 이러한 유형성을 향유하고 있었다는 것도[2] 이와 무관하지 않다. 이렇듯이 작가들은 이러한 독자들의 성향을 무시할 수 없었으리라고 본다.

둘째, '확대화擴大化 성향'은 소설의 외형적 모습을 갖추는 일이라고 할 수 있다. 설화가 소설화되기 위해서는 소설에 적합한 분량과 구조를 갖추는 것이 필수적인 조건이 된다. 외형적으로 볼 때 설화와 소설의 차이는 일차적으로 그 분량에 있다고 할 수 있다. 설화가 비교적 간단한 서사양식이라면 소설은 보다 복잡한 갈등과 주제를 포함하게 마련이다. 이러한 소설적 면모를 갖추기 위해서 작가는 설화를 확대하려는 성향을 가진다고 본다.

셋째, '현실화現實化 성향'은 시대와 현실에 부합되는 모습을 갖추는 일이다. 이는 설화와 소설 사이에 존재하는 시간적 격차를 줄이는 일과 같다. 설화는 소설보다 먼저 발생하여 전승되다가, 후에 소설화하게 된다. 따라서 설화적 상황이나 내용들을 그대로 소설화할 경우에는 독자들에게 설득력을 얻지 못할 가능성이 있다. 소설화할 당시의 현실에 비추어 볼 때, 현실성이 떨어지는 내용은 적절하게 변화시킬 필요가 있는 것이다.

---

1) 조동일, 『한국소설의 이론』, 지식산업사, 1981, 399~410쪽.
2) 조혜란, "소설의 유형성과 독서과정," 《이화어문논집》 11집, 이화여대 한국어문학연구소, 1990, 296~297쪽.

이와 같이 설화의 소설화 과정은 작가·독자·현실을 좌표로 하여 유형화·확대화·현실화의 세 가지 성향으로 구현될 것으로 생각된다. 유형화는 소설로서의 내적인 골격을 갖추기 위한 것이라면, 확대화는 소설로서의 외형적인 모습을 갖추기 위함이다. 한편 현실화는 현실과 시대와의 거리를 좁혀주기 위함이다. 이러한 성향은 독자와 현실에 대한 고민의 소산인 셈이다.

2.1. 유형화類型化 성향

(1) 상황과 인물의 설정

상황과 인물은 서사의 기본적인 요소이다. 이러한 기본적인 요소의 설정에서부터 설화의 소설화는 시작된다. 먼저 설화에서의 상황은 막연한 시공간을 배경으로 하지만, 소설은 구체적인 시공간을 배경으로 한다. 설화는 "옛날 옛적에"로 시작되어 "아주 행복하게 잘 살았다."라는 말로 끝맺는 것이 일반적이다.[3] 이러한 서두와 결말은 소설화되면서 특수화되고 구체화된다.

> 히동 죠선국 숙종왕 직위 초의 경상도 상주 북면 오수동의 한 사름이 잇시되 셩은 홍이요 명은 규라 …… 즈숀들이 션부의 베살을 이여 딕딕로 영화가 극진하더라[4]

---

3) Stith Thompson, 『설화학원론』, 윤승준·최광식 역, 계명문화사, 1992, 559쪽.
4) <홍연전>(한국정신문화연구원 소장본), 1쪽 및 60쪽.

넷 진나라 시절에 긔쥬 소흥현 응텬부에 일위명환이 잇스니 셩은 ㅅ요 명은 인이요 ㅈ는 츈원이니 …… 그후 ㅈ손이 왕록을 누리니 사적이 하 긔이ᄒ기로 디강 긔록ᄒ야 후셰에 젼ᄒ노라5)

<홍연전>과 <사대장전>의 서두와 결말을 옮긴 것이다. 이를 보면 구체적인 시공간을 배경으로 하고 있음을 알 수 있다. 설화와는 달리 이는 소설에서는 구체적인 시공간을 설정하는 관습을 받아들인 결과라고 할 것이다. 또한 결말을 보면 '대대로 부귀영화를 누렸다.'라고 하거나, 아니면 '사적을 대강 기록한다.'라는 언술로 끝맺고 있다. 이러한 어사는 설화에서도 일부 보이기도 하지만, 소설에서는 거의 공식화公式化된 표현이라고 할 수 있다. 이처럼 설화가 소설화되면서 구체적인 상황이 설정되고 있으며, 이는 관습화慣習化된 어사로 표현되고 있음을 볼 수 있다.

한편 인물 설정에 있어서도 소설적 관습이 영향을 준다. <연명설화>의 주인공인 단명소년은 단지 귀자貴子의 면모만이 부각된다.

그는 구체적이고 특정한 인물일 필요는 없다. 하지만 소설의 주인공으로 설정되기 위해서는 구체적이고 특정한 인물일 필요가 있다.6) 아울러 고전소설의 주인공처럼 초현실적 성격이 부여되어 있다.

---

5) <사대장전>(광학서포본廣學書舖本), 1쪽 및 33쪽.
6) 소설의 작중인물이 되기 위해서는 고유명칭을 가지는 것은 필수적인 조건이라고 할 수 있다. 가쓰는 작중인물의 조건으로서 ① 소리, ② 고유명사, ③ 복합적인 체계로 나타나는 생각들, ④ 지배개념, ⑤ 문자조직의 수단, ⑥ 위장된 양식의 추리, ⑦ 표현력의 원천을 들고 있다. 이중에서 첫 번째와 두 번째의 조건이 바로 구체적인 고유명칭에 해당한다.(William H. Gass, "The concept of characters in fiction," *Issues in Contemporary Literary Criticism*, edited by Gregory T. Polletta, Little Brown and Company, 1973, p.708(조남현, 『소설원론』, 고려원, 1982, 134쪽에서 재인용.)

잇찌 홍규의 안너 최쓰 발셔 십식으 당ᄒᆞ야 알으니 졍신니 혼미
ᄒᆞ야 누엇더니 쳔상으로셔 션여 둘이 ᄂᆞ려와 ᄋᆡ기을 싯겨 뉘이고
왈 이 ᄋᆡ기난 긔경비상ᄐᆞᆫᄒᆞ던 이ᄐᆡ빅이가 인도환싱ᄒᆞ야 부인의게
ᄐᆡ여시니 잘 질너 영화을 보게 ᄒᆞ옵쇼셔 ᄒᆞ고 간ᄃᆡ 업거날 부인이
졍신 쳐려 보니 과연 옥동자라 노쇼 과부가 ᄋᆡ기를 보고 딕히ᄒᆞ야
몽사를 기록ᄒᆞ고 이ᄐᆡ빅이을 음ᄒᆞ야 일홈을 홍연이라 하고 자는 ᄐᆡ
평이라 하다…7)

<홍연전>의 주인공 홍연의 출생 장면이다. 천상 선녀가 내려와 홍연의 출생을 도와주고, 그가 이태백의 환생임을 알려준다. 이러한 주인공의 출생은 고전소설에서는 관습화된 현상이다. 이러한 양상은 다른 작품에서도 유사하다. <전관산전>의 주인공 전관산은 뒷산 석불의 점지로 태어난다. <사대장전>의 사안 역시 서천 추월사에 불공을 드린 후에 석가의 점지로 태어난다. <십생구사>의 주인공 이운선은 동해용왕의 아들인데 득죄하여 인간에 적강하게 된다.

남주인공뿐만 아니라 여주인공까지 초월적 존재로 설정되기도 한다. <전관산전>의 여주인공 정소저는 옥황상제의 서녀로서 상제에게 득죄하여 적강한 존재이다. <십생구사>의 여주인공 김옥향은 전생에 이운선과 천생연분이 맺어져 있고, 사람의 길흉화복을 예지할 줄 알며, 귀신을 부릴 줄 아는 인물이다. 이처럼 여주인공도 남주인공과 같이 초월적인 성격으로 형상화되어 있음을 알 수 있다.

이렇게 주인공에게 구체적인 이름이 부여되고 천상적 존재로 설정됨으로써, 독자들은 소설의 세계로 몰입하게 될 것으로 생각된다.

서사적으로 동일한 이야기이지만, 독자들에게는 설화가 아닌 소

---

7) <홍연전>, 1~4쪽.

설로서의 연명이야기를 접하게 되는 분기점으로서 작용하게 될 것으로 본다.

(2) 서사구조

서사구조는 다른 어떤 측면보다도 유형성이 강한 요소이다. 이는 소설 작품을 전후반부로 나누어 생각해보면 쉽게 짐작된다. 전반부는 남주인공의 연명담延命談으로 이루어져 있는데, 이는 바로 연명설화를 소설화한 부분이다. 그런데 후반부는 남주인공(혹은 여주인공)의 입공담立功談으로 이루어져 있는데, 이는 전반부의 연명담과는 아무런 인과관계가 없이 연결되어 있는 것처럼 보이기도 한다.[8]

그러나 영웅의 일생이라는 서사구조에 비추어 보면, 비로소 연명담과 입공담의 유기성이 드러난다.

<홍연전>을 들어 이를 살펴보기로 한다.

<영웅의 일생>[9]	<홍연의 일생>
A.고귀한 혈통	A.홍연은 구대진사의 부요한 가문의 아들이다.
B.비정상적 출생	B.홍규의 유복자로 태어났다.
C.탁월한 능력	C.이태백의 환생이다. 얼굴은 두목지요 글은 사마천과 이 태백이며, 필법은 왕희지를 압도하였으며, 사서삼경을 통달하였다.
D.기아 및 죽을 고비	D.단명운을 타고났으며, 어려서 모친 슬하를 떠났다.
E.구출·양육자의 원조	E.노파 모녀와 김소저의 도움을 받아 단명운을 도액하였다.
F.자라서 위기 봉착	F.흉노가 침범하였다.
G.투쟁에 승리	G.홍연은 패하였으나, 김소저 승리하여 호국왕에 봉해졌다.

---

[8] 김정석, "단명담·추노담의 소설적 변용과 그 성격," 성균관대학교 박사논문, 1994, 110~111쪽.

이렇게 영웅의 일생 구조에 비추어 홍연의 일생을 정리하면 대체로 일치하고 있음을 알 수 있다. 물론 고귀한 혈통이 비교적 약화되어 있다는 점이나 단명운을 피하기 위하여 부모 슬하를 떠나는 점, 그리고 마고할미 같은 초월적 존재가 아닌 노파의 도움을 받는 점 등에서 약간의 차이점이 나타나기는 한다. 그렇지만 본질적으로는 유사한 구조로 이루어져 있다고 할 것이다.

결국 홍연의 일생은 영웅의 일생 구조에 부합된다고 할 수 있다. 이는 작가가 연명설화를 소설화하면서 영웅의 일대기 구조를 염두에 두었을 것을 보여주는 분명한 단서이다. 그러므로 표면적으로는 유기성이 떨어지는 것처럼 보이는 연명담과 입공담도 영웅의 일생에 견주어 보면 긴밀하게 짜여 있음을 알 수 있다.

다른 작품의 경우에도 이와 유사한 양상이 나타난다. 괄호 속의 내용은 여주인공의 일생을 함께 정리한 것이다.

    [반필석의 일생]
    A. 반필석은 반고의 후예이자 팔대진사의 후손이다.
    B. 반필석은 독자로 태어났다.
    C. 반필석은 어린 나이에 시어에 무불통지하였다.
    D. 반필석은 등과하면 횡사할 운명을 타고났지만, 과거차 모친 슬하를 떠났다.
    E. 반필석은 산중여인, 노구, 김소저의 도움을 받아 단명운을 도액하였다.
    F. [1]표수읍에 도임하는 신원이 계속 횡사하였다.
       [2]대국의 총첩으로 변신한 노호老狐가 필석을 죽이려 하였다.

---

9) 조동일, "영웅의 일생, 그 문학사적 전개," 《동아문화》 10집, 1971, 169쪽.

³겁탈을 당한 용녀가 지하국 대적에게 잡혀 갔다.
G. ¹조화를 부린 지렁이와 노호를 퇴치하고 좌승상을 제수받았다.
²매와 강아지를 가져가 노호를 죽이고, 황제로부터 벼슬을 제수받았다.
³대적을 물리친 후 용녀를 구하고, 용왕에 즉위하였다.

[전관산의 일생]
A. 전관산은 참판 전광월의 아들이다. (정소저는 정승상의 딸이다.)
B. 전관산은 부친 전광월이 마흔 살에 얻은 만득자이다. (정소저는 옥황상제의 서녀로서 적강하였다.)
C. 전관산은 비범한 자질을 갖고 있었다. (정소저는 천문지리를 통달하였다.)
D. 전관산은 열다섯 살에 단명할 운명을 타고났으며, 그는 진명일盡命日이 가까워 오자 부모 슬하를 떠났다.
E. 전관산은 판수, 노구 모녀, 정소저의 원조를 받아 단명운을 도액하였다.
F. 대명 천자가 옥새를 잃어버렸다.
G. (정부인이 대국에 가서 도술로 옥새를 찾고, 번국의 음모를 밝혀냈다.) 천자는 관산을 번국왕에 봉하였다. 귀국하여 관산은 좌정승에 올라 부귀를 누렸다.

[사안의 일생]
A. 사안은 대대로 명문거족인 예부상서 사인의 아들이다.
B. 사안은 서천 추월사에 불공을 드리고 얻은 만득자이다.
C. 사안은 비범한 자질을 갖추었으며, 문무를 겸전하였다.
D. 사안은 열다섯 살에 단명할 운명을 타고났으며, 열세 살 때 하인과 함께 출가하여 유랑하였다.
E. 사안은 조정(점장이), 유모, 황소저의 도움으로 단명을 도액하

였다.

 F. 대안왕과 남이왕이 결탁하여 모반하였다.
 G. 사안이 출정하여 반군을 평정한 후, 그는 대안왕에 봉해져 복락을 누렸다.

 [이운선의 일생]
 A. 이운선은 명문거족 이상서의 외아들이다. (김옥향은 각노 김용수의 외딸이다.)
 B. 이운선은 만득자로 태어났다. (김옥향은 만득녀로 태어났다.)
 C. 이운선은 적강한 용자龍子이다. (김옥향은 화용월태와 비범한 재주를 지녔다.)
 D. 이운선은 열다섯 살에 3차 횡액橫厄을 당할 운명을 타고났으므로, 집을 떠나 풍상을 겪었다.
 E. 이운선은 맹선생, 노파 모녀, 김옥향의 도움을 받아 단명운을 도액하였다.
 F. 형주성에 극난한 옥사가 발생하였다.
 G. 이운선이 형주자사로 부임하여 옥사를 처결한 후, 부귀공명을 누렸다.

 이렇듯 주인공의 일생을 보건대 대체로 영웅의 일생 구조에 부합한다고 할 수 있다. 부분적으로 전형적인 영웅의 일생과 상이한 부분이 보이기는 하지만, 크게 문제되지 않을 것으로 본다. <이운선전>을 '비유형非類型'이라고 하거나,[10] <사대장전>을 특이한 구성을 가진 작품[11]으로 이해하는 시각은 재고되어야 한다고 본다. 결국

---

10) 김기동, "비유형 고전소설의 연구,"《한국문학연구》5집, 동국대학교 한국문학연구소, 1982, 20~23쪽.
11) 김기동, "사대장전,"『이조시대 소설의 연구』, 성문각, 1974, 108쪽에서는 <사대장전>은 짧고 유치한 영웅소설이면서도 플로트에 있어서는 남녀주인공의 결연과정

<연명설화>를 소설화한 다섯 작품의 서사구조는 영웅의 일생 구조를 바탕으로 하고 있음을 알 수 있다. 이를 통해서 유기성이 떨어지는 것으로 보이는 연명담과 입공담이 긴밀하게 연결되어 있다고 본다.

(3) 서술방식

인물과 상황의 설정과 서사구조뿐만 아니라 서술방식에 있어서도 유형화 성향이 나타난다. 이를 서술시점과 관습적 표현으로 나누어 살펴보기로 한다. 고전소설의 서술시점은 문어체소설과 판소리소설 사이에 차이가 있다. 문어체소설은 기록문학이 지닌 서술(diegesis) 충동에 충실한다면, 판소리소설은 판소리가 지닌 모방(mimesis) 충동에 보다 충실하다는 점이다.[12] 이때 서술 충동과 모방 충동이라는 것은 이른바 '이야기하기'(telling)와 '보여주기'(showing)의 개념에 해당한다.[13] 즉 문어체소설은 장면화場面化하여 극적으로 재현하기보다는 서술자가 시종일관 이야기를 전해준다는 말이다. 이는 상황에 따라서 서술자의 말이 직접 서술되는 경우, 서술자의 목소리가 인물의 목소리에 침투하는 경우, 대화가 제시되는 전형적인 방식 등을 통하여 실현된다.

먼저 서술자가 이야기를 말해주는 경우를 보기로 한다.

이 특이하여 독창적이라고 평가한 바 있다.
12) 김병국, "고대소설 서사체敍事體와 서술시점,"《현상과 인식》16호, 1981(이상택·성현경 편,『한국고전소설연구』, 새문사, 1983에 재수록.) 이외에도 김병국, "판소리의 문학적 진술방식,"《국어교육》34집, 한국국어교육연구회, 1979, 115~124쪽도 함께 참고하였음을 밝혀둔다.
13) Wayne C. Booth, *The Rhetoric of Fiction*, 이경우·최재석 역, 한신문화사, 1987, 8쪽.

① 老姑 졍싀을 불상니 여겨 晝夜로 들며 나며 약쇽을 졍ᄒ던니 필경 진命日니 당ᄒ여난지라 ② 실푸다 公子 子시면 죽을 쥴노 알고 父母을 싱각ᄒ고 졍신니 아득ᄒ야 奴主 셔로 붓들고 통곡ᄒ니 山川草木과 飛禽走獸덜니 다 슬허ᄒ더라 ③ 어인지간 날니 겨물미 老姑 日 죽을지라도 들어가 보라 ᄒ며 약쇽한 일을 낫낫치 일으고 들어 가라 ᄒ거날…(번호 - 필자)14)

전관산이 노구의 도움을 받아 졍소저의 처소로 들어가기 직전의 대목이다. 이때 ①은 서술자가 노구의 행동과 상황을 서술하는 부분이고, ②는 관산과 충남의 행동을 서술해주는 부분이며, ③은 다시 노구의 말을 전해주는 부분이다. 여기에서 ①과 ③은 비교적 서술자가 등장인물의 행동과 상황을 이야기하고 있음은 두말할 필요가 없다. 그런데 ②는 등장인물의 행동만을 이야기하고 있는지 의문이다.

왜냐하면 "슬프다."라는 발화는 등장인물의 말이 아니라 서술자의 말이기 때문이다. 이처럼 서술자는 상황과 등장인물의 행동을 서술하면서 이야기를 전해주기도 하고, 이에 대한 자신의 생각을 드러내기도 한다.

이때 서술자는 상황에 대한 해설이나 논평을 보여줌으로써 자신의 모습을 드러내기도 한다.

한참 싱각ᄒ시다가 갈오되 용모가 이러ᄒ니 필시 츙신일다만은 엇지 외국의 일개신ᄒ을 익기고 후궁의 통첩을 죽기리요 ᄒ고 다시 응답할 비 읍다 ᄒ시니 불상ᄒ고 가련ᄒ다 필셕이여 몃 번 쥭을 뻔ᄒ다 쏘 살더니 일기 노호의 간계예 싸져 만리 타국의 쥭께 되엿

---

14) <전관산전>, 8쪽.

> 시니 쳐즈부모가 알며 일가친척이 알으리요 쉬이나니 한심이요 흘
> 리난니 눈물리라 목이 메여 말을 못ᄒ되 간신 쥬달 왈…15)

반필석이 대국에 들어가 죽게 될 위기에 처하자, 이에 대한 서술자의 직접적 언술을 보여준다. 노호의 간계에 빠진 필석의 사정을 서술자 자신의 목소리를 빌어 해설해주고 있다. 이처럼 서술자는 등장인물이나 상황에 대한 정보를 전지적으로 전달해 주기도 하는데, 이때에는 서술자의 개입이 확연하다고 할 수 있다. 이처럼 서술자는 등장인물의 말을 통해서, 또는 직접적인 언술을 통해서 다양한 모습으로 이야기를 들려준다.

또한 회장체回章體로 이루어진 <사대장전>의 경우에는 각회의 끝부분에 작품 외적 작가의 발화가 나타난다.

> 제1회의 끝부분 : 필경 엇지ᄒ고 하회를 보라(6쪽.)
> 제2회의 끝부분 : 공쟈의 경영이 엇지된고 하회를 보라(11쪽.)
> 제3회의 끝부분 : ᄯ또 하회를 보라(17쪽.)
> 제5회의 끝부분 : 원쉬 승첩ᄒ고 ᄯ또 엇지된고 ᄯ또 하회를 보라 (27쪽.)

이처럼 4회를 제외한 나머지 회에서는 작품 외적 작가의 직접적인 언술을 찾아볼 수 있다. "하회下回를 읽어보라." 하는 말은 실제독자實際讀者를 대상으로 한다.16) 그것은 독자들의 흥미를 지속시켜 독서행위를 계속하게 하려는 의도를 지닌 발화인 것이다. 이와 같은

---

15) <반필석전>, 34쪽.
16) Seymour Chatman, 『이야기와 담론談論』, 한용환 역, 고려원, 1991, 179쪽.

작품 외적 작가의 직접적인 발화행위는 회장체로 되어 있거나, 연작으로 이루어진 대하소설에서 찾아볼 수 있는 언술 형태이다. 이는 설화가 회장체 소설로 재구성되면서, 기존의 서술방식을 수용한 결과라고 생각된다.

한편 실제독자를 대상으로 하는 언술은 일부 작품의 말미에서 나타나기도 한다.

> 독자 졔군이여 이 ᄉᆡ쟝젼이 취미진진홈은 이무가론이어니와 지어단편쇼셜ᄉ부로 말ᄒᆞ면 기권즉희희ᄒᆞ여 만종셰려를 부지쟝ᄋᆞ 대희ᄒᆞ고 입맛이 져졀로 붓게 되오니 만히 구독ᄒᆞ옵쇼셔17)

사안의 사적이 기이하기로 대강 기록하여 전한다는 말은 서술자의 해설적 언술이다. 사실 이것으로써 <사대장전>은 마무리된 것이나 다름없다. 그런데 그 다음에 '독자 제군'들에게 구독을 권유하는 말이 덧붙여져 있는 것이다. 그 요지는 <사대장전>은 흥미가 진진하니 많이 구독해 달라는 것이다. 이는 작품에 대한 선전에 해당한다. 그렇다면 이는 발행자의 말이기도 한 것이다. 이처럼 <사대장전>에는 독자의 독서행위를 유도하거나 권유하는 작품 외적 작가나 발행자의 언술이 함께 들어 있음을 알 수 있다.

다음은 서술자의 목소리가 인물의 목소리에 침투하는 경우를 보자.

> 寬算니 판슈을 이별ᄒᆞ고 노ᄌᆞ 츙남을 다리고 曰 판슈 말니 여ᄎᆞ여ᄎᆞᄒᆞ나 진명일니 머지 안니 ᄒᆞ니 웃지ᄒᆞ여야 죠흘이요 ᄒᆞ니 츙남

---

17) <사대장전>, 33쪽.

니 답 曰…18)
　로퓌 왈 로첩은 과연 황승상되 유모압더니 불힝ᄒ야 지아비 죽은 지 슈년이라 지난 밤이 지아비 긔일이옵기로 졔를 지닉고 잠싼 죠으더니 쑴에 지아비 와서 일오딕 이리이리 ᄒ라 ᄒ옵기로 공ᄌ 오시기를 기다리더니…19)

　이들 예문은 등장인물의 말 속에 '이리이리 하라.' 혹은 '여차여차 하라.'라는 말이 들어간 경우이다. 이런 표현은 등장인물의 말이 아니다. 서술자가 개입하여 등장인물의 말을 요약하여 서술하고 있다고 할 것이다. 이와 같이 등장인물의 말 속에 서술자의 말이 침투하고 있음을 볼 수 있다.20)

　결국 이들 다섯 작품의 서술시점을 살펴본 결과 문어체소설의 서술방식을 따르고 있음을 알 수 있다. 서술자는 등장인물의 행동이나 상황에 대한 해설이나 논평을 통해서 직접적인 언술을 보여주기도 하고, 등장인물의 대화 속에 침투하기도 한다. 이렇게 다양한 서술자의 개입을 보여주는 서술과 작품 외적 작자의 발화, 등장인물의 말과 서술자의 침투와 같은 현상은 다문체적多文體的 면모를 잘 보여준다고 하겠다.21)

　한편 서술방식의 유형성은 표현의 관습성에서도 잘 나타난다. 관

---

18) <전관산전>, 6~7쪽.
19) <사대장전>, 11쪽.
20) 이런 예는 <반필석전>과 <십생구사>에서도 찾아볼 수 있다. "노귀 직삼 부이언 왈 여ᄎ여ᄎᄒ라 만일 셩수ᄒ면 부귀을 겸ᄒ리라"(<반필석전>,쪽.) "첩의 부친이 만도하온 곡절을 뭇거던 이리이리 대답하시고 또 화문석과 백문석을 일제로 노왓거던 화문석에 안지말고 백문석에 안지시면 그 곡절을 물을거시니 대답하시되 여차여차 하압소서 우리 백년계약은 이중의 잇사오니…"(<십생구사>, 17쪽.)
21) 황패강, "소설의 문체," 『조선왕조소설연구』, 증보판, 단국대학교출판부, 1981, 189~190쪽.

습적인 표현은 등장인물의 모습을 묘사하는 경우, 경치를 묘사하는 경우, 특정장면을 묘사하는 경우에 특히 잘 드러난다.

그 아히 졈졈 주라미 총명과 지혜 범인과 갓지 아니ᄒ더라 그 父母 사랑ᄒ기을 장중 寶玉갓치 여기더라 歲月니 여유ᄒ여 나니 五六歲 되미 詩書 빅가을 無不通知ᄒ니 李젹선 杜목지을 압두할너라 얼골언 관옥갓고 풍치난 두목지라[22]

그 화용 틱도은 셰상의 무쌍이라 졍졍유슉함과 요죠한 틱도은 동졍츄월니 흑운의 버심갓고 화즁션여 그림니요 월즁션여라[23]

<전관산전>에서 남녀주인공의 모습을 묘사한 부분이다. 남주인공의 경우 시서백가를 무불통지하다느니, 관옥같은 얼굴을 가졌다느니, 두목지의 풍채를 가졌다고 묘사된다. 남자로서 갖추어야 할 외적 용모와 내적 지혜를 이렇게 표현하고 있는 것이다. 이러한 남자 인물에 대한 묘사는 전관산에게만 한정되는 것이 아니라, 홍연·반필석·사안·이운선에게 모두 사용되고 있다. 여주인공의 경우 화용월태와 요조한 태도를 지니고 있는 것으로 묘사된다. 서시나 양귀비 같은 역사적 인물은 물론 초월적인 선녀에 비유되기도 한다. 이러한 여주인공에 대한 표현은 다른 작품에서도 쉽게 찾아볼 수 있으며,[24] 하물며 주인공이 아닌 경우에도 이러한 표현이 사용되기도 한다.[25]

---

22) <전관산전>, 3쪽.
23) <전관산전>, 9~10쪽.
24) 정주동, 『고대소설론』, 수정판, 형설출판사, 1983, 197~210쪽.
25) <홍연전>에서는 노고의 딸에게도 이러한 표현이 사용되고 있다. "홍연이 문틈으

또한 경치를 묘사하는 표현들도 관습화되어 있음을 볼 수 있다.

> 寬算니 집을 써난니 山川은 흠악흔듸 一處을 발아본니 층암절벽은 반공의 소사잇고 老松綠竹은 은은한듸 두견은 슬피 울고 산식은 펼펼 날아들고 황금갓튼 쇠쏘리은 양유간의 往來흐니 별류天地別乾坤이라26)

전관산이 집을 떠나 유랑하다가 절승을 만나는 부분이다. 단명운을 도액하기 위하여 집을 떠났다는 점을 생각한다면, 이러한 절경에 대한 묘사는 사실 중요하지 않다고 할 것이다. 그러나 등장인물이 정처 없이 유랑한다는 상황에 따라 이러한 관용적인 묘사는 필수적으로 나타난다. 예를 들어 반필석이 과거차 상경하다가 홀연 절경을 찾아가는 장면이나, 이운선이 정처 없이 다니다가 산곡으로 들어가는 장면이 그러한 대표적인 경우이다.

이러한 관습적 표현은 유가遊街나 혼례 장면에서도 잘 나타난다.

> 左右 졔신을 도라보아 曰 흐날니 영웅을 닉여 짐을 쥬심이로다 흐시고 만심 환희흐시며 어쥬 三盃을 쥬신 후의 어스화와 청나숨을 쥬신니 수은슉비흐고 물너나와 금안쥰마의 둘여시 안잔니 몸의난 청나삼을 입고 허리의난 옥딕을 씌고 머리의난 어스화을 씨고 숀의난 옥호을 쥐고 청홍기난 반공의 쇼사난듸 左右화동을 쌍쌍니 셰우고 풍악을 갓쵸고 장안 딕도상의 두렷시 안즈 나온니 구경흐난 스람니 구름 모니듯 흐더라27)

로 엿보니 인물은 보던 비 처음이요 연광은 이팔의 지닉지 못흐엿시니 요죠한 틱도와 수려한 말소릭는 장부의 호탕한 마음을 자아닉는다"(8쪽.)
26) <전관산전>, 5쪽.
27) <전관산전>, 14~15쪽.

전관산의 유가 장면인데 어사화·옥대·옥홀·청나삼·청홍개·금안준마·풍악소리·화동 등을 나열하고 있다. 그런데 이러한 서술은 이운선의 유가 장면에서도 거의 그대로 나타난다. 이런 현상을 보면 등장인물에 상관없이 유가 장면의 치레는 관습화되어 있다고 할 수 있다.

이러한 관습적 표현은 혼례 장면에서도 사용되고 있다. 예를 들어 전관산과 반필석의 혼례장면은 유사한 내용으로 이루어져 있는 것이다. 유사한 표현이 서로 다른 작품에서 사용될 수 있는 것은 그러한 표현이 관습화되어 있기 때문으로 생각된다. 이러한 관습적 표현은 설화를 소설화하는 과정에서 나타난 변화라고 할 수 있다.

2.2. 확대화擴大化 성향

확대화 성향은 설화가 소설화되기 위한 외형을 갖추기 위한 필수적인 과정이다. 한편의 설화가 소설로 발행되고 읽히기 위해서는 적어도 구활자본 1권 정도의 분량은 되어야 하기 때문이다. 이러한 조건을 갖추기 위하여 등장인물이나 사건을 확대하거나 첨가하여 이야기를 확대시키기 마련이다. 이를 사건의 반복, 삽입, 첨가의 경우로 나누어 살펴보기로 한다.

(1) 사건의 반복

반복은 그 양상에 따라 단순반복, 발전적 반복, 구조적 반복으로 나누어 볼 수 있다.28) 먼저 단순 반복은 동일한 사건이 아무런 상황의 변화 없이 반복되는 것을 말한다. 이러한 대표적인 예로는 3차에 걸쳐 이루어지는 홍연의 도액과정을 들 수 있다.

    1차 : ① 시주승이 세 명의 소저와 혼인해야 한다고 가르쳐준다.
           (예언)
        ② 홍연이 세 명의 소저를 찾아가 결연을 맺는다.(방책)
        ③ 신장이 나타나 홍연을 잡아가려 한다.(위기)
        ④ 김소저가 황건역사를 불러 신장을 물리친다.(극복)

    2차 : ①´ 김소저가 삼각산 노인에게 가서 빌어야 한다고 가르쳐
           준다.(예언)
        ②´ 홍연이 삼각산 노인을 찾아가 빈다.(방책)
        ③´ 신장이 나타나 홍연을 내달라고 한다.(위기)
        ④´ 삼각산 노인이 뇌공장군을 불러 신장을 물리친다.(극복)

    3차 : ①″ 김소저가 황구 세 마리를 그린 그림을 내어주면서 최
           소저와 혼인하라고 알려준다.(예언)
        ②″ 최소저와 혼인한 홍연은 살인죄로 사형될 위기에 처하
           다.(위기)
        ③″ 홍연은 황구 세 마리를 그린 그림을 형관에게 내어 준
           다.(방책)

---

28) 반복은 설화에서 중요한 서사방식의 하나이다. 흥미로운 사건은 통상 3차례 반복되는 것이 일반적이며, 모방담에서는 상반된 상황과 인물에 의해 동일한 사건이 구조적으로 반복되기도 한다. 이런 반복은 고전소설에서도 즐겨 사용했던 서사방식이라고 할 수 있다.(Axel Olik, "Epic laws of Folk Narrative," *The Study of Folklore*, edited by Alan Dundes, Englewood Cliffs: Prentice - Hall, Inc., 1965, pp.133~134 ; 장덕순 외,『구비문학개설』, 일조각, 1971, 61~62쪽 ; 서대석, "모방담의 구조와 의미," 장덕순 외,『한국고전문학연구』, 동화문화사, 1981, 55~73쪽 ; 김홍균, "복수주인공 고전장편소설의 창작방법 연구," 한국정신문화연구원 석사논문, 1990, 54쪽.)

④ "홍연의 무죄가 밝혀져 살아난다.(극복)

　이러한 3차례의 도액과정은 시주승, 김소저, 삼각산 노인의 지시에 따라서 각기 상이한 방책을 실행하는 것으로 이루어진다. 본래 <연명설화>에서는 한번으로 도액이 성사되지만, 소설에서는 유사한 이야기의 사건을 가져다가 2차, 3차 도액을 거듭하여 거치도록 하고 있다. 즉 혼인도액형 이외에 칠성감응형이나 재판설화의 삽화를 가져다가 중첩시키는 것이다.
　이와 같은 단순반복 현상은 <반필석전>의 노파 원조 장면 및 괴물(지렁이와 노호) 퇴치 장면, <전관산전>의 초당 잠입 장면 및 혼인 장면, <십생구사>의 초당 잠입 장면 및 도액 장면에서도 흡사하게 나타난다. 따라서 유사한 사건을 단순반복함으로써 작품의 분량을 늘이는 한편, 그 내용을 풍부하게 하고 있다고 하겠다.
　다음 발전적 반복은 동일한 사건이 반복되면서 상황이 진전되는 것을 말한다. 즉 반복되는 각각의 사건은 크게 보면 또 하나의 서사적 단계에 해당한다고 할 수 있다. 따라서 발전적 반복은 서사적 전개와 긴밀하게 관련되어 있다고 할 것이다. 이러한 발전적 반복을 보여주는 예로는 예언 장면을 들 수 있다.
　<연명설화>에서의 예언은 이인에 의해서 한 차례 이루어지는 것이 일반적이다. 이때 이인은 삼정승 딸과 혼인해야 한다는 방책을 제공하게 된다. 그런데 소설에서는 예언 장면이 두 차례에 나뉘어 단계적으로 이루어지기도 한다. <십생구사>의 예를 들어보기로 한다.

① 시주승이 이운선의 단명을 예언하고 집을 내보내도록 한다.
  (1차 예언)
② 이운선이 집을 떠난다.(실행)
③ 이운선이 점쟁이에게 문복하니 김각노의 딸과 결연해야 한다고 가르쳐준다.(2차 예언)
④ 이운선이 김옥향을 찾아가 결연을 맺는다.(실행)

1차 예언은 단명운이 있다는 정도로 예언된다. 그에 대한 방책도 집을 떠나면 요행히 살 수 있다는 것으로 다소 막연하다고 할 수 있다. 그러나 2차 예언은 매우 구체적이다. 이운선은 '십사일 술해시'를 넘기지 못할 것이며, 김각노의 딸과 결혼해야만 이를 넘길 수 있다고 하였다. 이처럼 구체적인 예언과 함께 그에 대한 방책 또한 구체적이고 한정적이다. 이는 막연한 방책에서 구체적인 방책으로 발전되고 있음을 말해준다.[29]

이러한 발전적 반복은 두 가지 효과를 가져왔다고 할 수 있다. 하나는 작품의 분량을 확대하는 것이고, 다른 하나는 독자의 흥미를 배가하는 것이다. 한번에 처리할 수 있는 것을 두 번으로 나누어 형상화하였으니 분량이 늘어날 수밖에 없다고 본다. 또한 독자들은 점차 구체적인 방책의 실행을 따라가면서 이야기에 몰입하게 되었을 것으로 본다.

---

[29] <십생구사>에서 볼 수 있는 것과 같은 발전적 반복의 예는 <반필석전>, <전관산전>, <사대장전>에서도 찾아볼 수 있다. <반필석전>에서는 과거에 급제하면 횡사할 운명을 타고났다는 1차 예언, 김소저와 혼인하면 횡사를 면할 수 있다는 산중여인의 2차 예언이 반복되어 있다. <전관산전>에서는 석불이 관산의 단명을 점지하는 1차 예언, 정승상 딸을 만나야 연명할 수 있다는 점쟁이의 2차 예언이 나타난다. <사대장전>에서도 도인에게 문복하여 단명운을 알아내는 1차 예언, 황소저와 결연해야 한다는 2차 예언을 볼 수 있다.

다음으로 구조적 반복은 등장인물의 행동 자체가 아니라 그것의 기능이 반복되는 것을 말한다. 이런 예는 <반필석전>에서 찾을 수 있다. 즉 반필석과 산중여인, 그리고 반필석과 자물쇠와의 관계가 이에 해당한다.

① 산중여인이 이방에게 늑혼을 당한다.(위기)
② 산중여인은 반필석의 도액을 도와준다.(대리자 원조)
③ 반필석이 도액한 후 감사에 제수된다.(대리자 성공)
④ 반필석이 이방을 처치한다.(위기극복)

①´ 동자가 자물쇠로 변신을 당한다.(위기)
②´ 자물쇠는 반필석의 노호 퇴치를 도와준다.(대리자 원조)
③´ 반필석이 노호를 퇴치하고 귀국한다.(대리자 성공)
④´ 도중에 자물쇠의 집에 들려 사람으로 변신한다.(위기극복)

①~④는 반필석과 산중여인 사이에서 일어난 사건이고, ①´~④´는 자물쇠와의 사이에서 일어난 사건이다. 이때 산중여인과 자물쇠는 모두 위기에 처하였으나, 스스로는 이를 극복할 수 없는 존재이다. 이들은 자신의 위기를 극복하기 위하여 반필석을 도와주고, 반필석은 반대로 산중여인과 자물쇠의 위기를 극복시켜 준다.

이렇게 본다면 반필석과 산중여인, 반필석과 자물쇠 사이의 사건은 모두 동일한 기능의 연쇄로 이루어져 있음을 알 수 있다. 즉 '위기 - 대리자 원조 - 대리자 성공 - 위기극복'이라는 동일한 구조를 반복하고 있는 것이다. 표면적으로는 등장인물과 사건이 상이하지만, 내면적으로는 동일한 기능의 연쇄를 반복하고 있다.

(2) 사건의 삽입

사건의 삽입은 하나의 사건 속에 다른 사건이 끼어드는 것을 말한다. 이때 삽입된 사건은 본래의 사건에 별다른 영향을 주지는 않는데, 현몽화소가 대표적 예이다.

> 이때 맛참 황승상집 유모집 졔일이 금월 십스일이라 졔물을 츠려 졔를 지뇌고져 ᄒ더니 스몽비몽간에 졔 지아비 와셔 일오딕 명일 오시에 혼 공ᄌ 올거시니 부딕 관딕ᄒ고 시기ᄂ 일을 수화라도 피치 말나 이 공ᄌᄂ 하ᄂᆞᆯ이 닉신 스름이니 일으ᄂ 말딕로 힝ᄒ면 그 은혜를 잇지 아니ᄒ리니 부딕 명심불망하라 ᄒ고 간딕 업거늘 놀나 씌다르니 쑴도 아니요 싱시도 아니어날…30)

유모의 남편이 현몽하여 사안을 도와주라고 당부하는 부분이다. 이때 남편의 현몽은 삽입된 사건이라고 할 수 있다. 제사를 준비하던 사람이 갑자기 비몽사몽간에 빠진다는 상황을 감안한다면 이를 쉽게 짐작할 수 있다. 왜냐하면 제를 지내련던 사람이 홀연 잠이 들어 꿈을 꾼다는 것은 소설로서는 매우 어색한 구성이기 때문이다. 그렇지만 이러한 어색함에도 불구하고, 일단 분량을 확대하는 데는 일정하게 기여했다고 할 수 있다.

이러한 양상은 이운선이 맹선생에게 문복하는 장면에서도 그대로 나타난다.

> 이째 맹인이 주야 문복에 골몰하야 심히 뇌곤하여 잠간 조으더니

---

30) <사대장전>, 10쪽.

비몽사몽간에 한 노승이 와서 일너 왈 불상한 한 아희가 지금 문복하러 오니 잠을 쌔여 정신을 차려 죽기를 면케 하여 아모조록 살 도리를 가라쳐 주라 하거늘 놀나 쌔다르니 침상일몽이라 머리를 치며 몽사를 생각하더니 문득 문밧게 한 아희 와 찻거늘…31)

주야로 문복에 골몰하던 맹인이 노곤하여 잠깐 동안 졸았다고 하면서 비몽사몽간에 한 노승이 현몽하여 이운선에게 살 도리를 가르쳐 주라고 했다는 것이다. 이러한 현몽화소의 유무는 이야기의 전개에는 별다른 영향을 주지는 않는다. 현몽화소가 서사적 진행과는 심각하게 관련되어 있지 않기 때문이다. 이는 남편과 노승의 현몽이 독립적인 성격을 지니고 있어서 삽입과 결락이 자유롭다는 것을 말해준다. 이러한 제반 사정을 감안한다면 현몽담은 작가에 의해 의도적으로 삽입된 것으로 보인다. 이렇듯 독립적인 성격의 사건을 삽입하는 것은 무엇보다도 먼저 작품의 분량을 확대하는 데 일조했을 것으로 보인다.

(3) 사건의 첨가

사건의 첨가는 하나의 사건이 마무리된 이후 또다른 사건이 병렬적으로 이어지는 것을 말한다. 이렇게 첨가되는 사건은 본래의 사건과는 독립되어 있을 수도 있고, 그렇지 않을 수도 있다. <홍연전>을 예로 들어 보기로 한다.

---

31) <십생구사>, 9쪽.

① 중원에 흉노가 침범하자 구원병을 청한다.
② 홍연이 출정하였다가 패하여 포로가 된다.
③ 김소저가 출정하여 승리하고 홍연을 구해낸다.
④ 부귀영화를 누린다.

이는 남녀주인공의 입공담이라고 하겠는데, 입공담은 그것 자체로 완결성을 가진다. 즉 각각의 이야기 속에 '위기 - 극복' 혹은 '문제 - 해결'과 같은 논리적 완결성을 갖추고 있다는 말이다. 따라서 이들 이야기는 독립된 이야기로 향유될 수도 있다. 이러한 양상은 다른 작품에서도 그대로 나타난다.

반필석전 : ① 표수읍에 도임하는 신원이 계속 죽어 폐읍이 된다.
② 필석이 도임하여 지렁이와 노호를 퇴치한다.
③ 대국으로 달아난 노호가 총첩이 되어 필석을 죽이려 한다.
④ 필석이 매와 강아지를 가지고 가 노호를 죽인다.
⑤ 귀국길에 자라를 살려준다.
⑥ 용왕의 사위가 된다.
⑦ 공주가 적한에게 잡힌다.
⑧ 필석이 적한을 죽이고 공주를 구한다.
⑨ 수국의 용왕이 된다.

전관산전 : ① 대명 천자가 옥새를 잃어버린다.
② 정소저가 대국에 들어가 옥새를 찾아주고, 반국을 함락시킨다.
③ 부귀영화를 누린다.

사대장전 : ① 대안왕과 남이왕이 결탁하여 모반한다.
　　　　　② 사안이 반군을 평정한다.
　　　　　③ 부귀영화를 누린다.

십생구사 : ① 형주성에 극난한 옥사가 발생한다.
　　　　　② 운선이 도임하여 범인을 잡아 옥사를 처결한다.
　　　　　③ 부귀영화를 누린다.

이처럼 사건의 첨가는 작품의 분량을 효과적으로 늘여주었다는 점에서 큰 의의가 있다고 본다. 이는 서사구조상의 필요성과 아울러 독자의 흥미를 증진시켜 주었을 뿐만 아니라, 소설작품으로서 최소한의 분량을 갖추게 하는 데도 크게 기여했을 것으로 보인다.

2.3. 현실화現實化 성향

현실화 성향은 설화가 소설화되면서 시대적 상황이나 현실적 상황에 맞게 변화되는 것을 말한다.[32] 이러한 현실화 성향은 화소와 내용, 주제의식 등에서 구체적으로 나타난다.

---

[32] 이런 현실화 경향이 나타나는 까닭은 설화와 다른 면모를 갖춤으로써 독자의 관심을 끄는 데 유리하기 때문이라고 할 수 있다. 아무리 설화를 소설화한 작품이라고 할지라도 소설의 독자들은 설화와 다른 재미와 의미를 찾으려고 하는 것이 당연하다. 이러한 독자들의 요구에 부응하기 위해서 시대와 현실에 맞도록 설화를 개작하고 의미를 부여하는 성향이 나타났을 것으로 본다.

(1) 화소와 내용

먼저 현실화 성향은 화소에서부터 나타난다. 가장 간명한 예는 남주인공의 도액을 주관하는 여성인물의 숫자이다. 연명설화에서는 통상 삼정승의 딸과 혼인해야 하는 것으로 되어 있다. 그것도 하룻밤에 동침해야 한다고 하였다. 그러나 이런 내용은 현실과는 거리가 있다. 현직에 있는 삼정승의 딸이 함께 모여서 공부한다는 상황도 그러하지만, 여러 명의 여성과 같은 방에서 동침하는 것은 일반적인 윤리 규범에 어긋난다. 이러한 상황이 설정된 것은 설화이기 때문에 가능하다고 본다.

그러나 이런 상황은 소설화되면서 좀 더 현실적 상황에 맞게 바뀐다. <홍연전>에서는 비교적 설화의 상황과 유사하지만, 다른 작품에서는 단 한 명의 여성과 결연하고 있다. <반필석전>에서는 김승상의 딸과 1차·2차 결연을 맺은 후, 다시 산중여인을 찾아가 혼인한다. <전관산전>에서는 정소저와 1차 결연을 맺은 후, 정소저의 도움으로 도액한다. 후에 공주와도 혼인하지만, 두 여성과 함께 동침하는 내용은 없다. <사대장전>에서는 황승상의 딸과 혼인할 뿐이며, <십생구사>에서는 김각노의 딸과 결연한다. 이렇듯 소설화되면서 현실적 규범과 상황에 맞추어 화소의 변화가 생겼음을 볼 수 있다.

또한 남주인공의 결연 요구에 대한 여주인공의 반응에서도 현실화 성향을 찾아 볼 수 있다.

<홍 연 전> : 김소저는 부모께 득죄할지라도 구대 독자의 가문을 멸할 수 없다고 하면서 홍연의 청을 받아들인다.
<반필석전> : ^{1}김소저는 천연天緣을 인력으로 어찌할 수 없다고 하면서 필석에게 옥반가효를 대접한다.
^{2}공맹의 예의를 들어 결연을 거절하다가 김소저는 결국에는 필석의 뜻에 따르기로 한다.
<전관산전> : 정소저는 천생연분이지만 부모의 허락이 없이 이성지례二姓之禮를 맺을 수 없다고 끝내 거절한다.
<사대장전> : ^{1}황소저는 처음에는 이곳이 염라대왕전이 아니니 수명의 장단을 처결할 수 없다고 한다.
^{2}타일他日에 버리지 말라고 하면서 황소저는 친히 이불을 펴고 사안과 결연을 맺는다.
^{3}황소저는 사안의 홍패를 감추어 혼인을 결정짓게 한다.
<십생구사> : 김소저는 처음에는 주저하다가 천정연분을 살리려고 이운선의 뜻에 따르기로 한다.

이러한 여주인공의 태도는 유교적 규범과의 상충에 기인한 것이다. 즉 여성은 부모의 명에 따라야 하고, 정절을 지켜야 한다는 규범 때문이다. 이런 상황 속에서 <전관산전>의 정소저처럼 부모의 명을 우선시하여 정절을 지키기도 하고 <반필석전>, <사대장전>, <십생구사>에서처럼 천생의 연분을 내세워 자의自意에 따라서 결연을 맺기도 한다.

이러한 여주인공의 태도의 변화는 곧 작가층의 인식을 반영한 것이라고 할 수 있다. 작가 역시 여주인공과 마찬가지로 상충되는 사회적 규범 사이에서 고민하였음을 말해준다. 여성의 정절이 무엇보다도 중시되는 현실상황에 비추어 볼 때, 이러한 작가의 인식은 당연한 일이라고 보인다. 그 결과 설화에서와는 다른 인물의 태도를 보여주게 되었으며, 이는 바로 작가의 현실화 성향에서 기인된 결과라고 본다.

(2) 서술방식

연명설화를 소설화한 다섯 작품은 고전소설의 일반적인 서술방식을 크게 벗어나지 않는다. 하지만 부분적으로는 기존의 서술방식과는 다른 경우를 찾아볼 수 있다. 미약하나마 이러한 상이한 서술방식은 단지 작가의 부주의 때문이라고 치부할 수도 있겠으나, 이들 작품이 향유되었던 시기를 감안하면 나름대로 의미가 있지 않을까 한다.

먼저 대화 제시 방식에서의 상이한 경우를 보기로 한다.

> (관산이 - 필자) 다시 쏘 길을 ᄎᄌ 가던니 한 곳의 다다르믹 日色니 져물거날 酒店에 드러 쉬던니 그 이웃집의셔 들네는 쇼릭 나거날 主人다려 문曰 져 집의 무삼 연고 잇난야 主人니 답曰 問卜ᄒ난 ᄉ룸니 잇셔 졈들 ᄒ난니다 寬算니 답曰 졈니 웃더ᄒᆞ뇨 <u>졈은 웃더ᄒ지 모로건니와 복칙은 五十兩式 밧넌다</u> ᄒ던니다 寬算니 노ᄌ 츙남을 다리고 판슈을 ᄎᄌ가 문슈ᄒ러 온 ᄉ연을 通ᄒ니 판슈 들어오라 ᄒ거날 寬算니 드러가 답예 問曰 잇기난 강원도 금강산 下 학동촌의 잇삽던니…[33]

---

[33] <전관산전>, 5쪽.

전관산이 유랑 도중에 주점의 주인과 문답하는 대목이다. 다른 말들은 모두 대화를 유도하는 부분과 관형어적 어사(즉 日)로 이루어져 있다. 그런데 유독 밑줄친 부분은 이러한 관습을 따르지 않고 있어 주목된다. 즉 대화를 유도한 서술과 관형어적 어사가 없이, 곧바로 문답이 이어지고 있다. 이는 작자 혹은 필사자에 의한 누락일 수도 있지만, 단순히 실수로 치부하기에는 아쉬움이 남는다. 다른 부분에서도 이런 현상이 자주 나타나기 때문이다. 특히 <전관산전>에서 이러한 현상이 집중적으로 나타나고 있는데, 이는 작가의 실수라기보다는 작가에 의한 서술방식의 변화라고 추정된다.

또한 <전관산전>에는 판소리 문체가 반영되어 있어 주목된다.

> 寬算이 노즈 츙남을 시겨셔 산 나귀 솔질ᄒ여 슌금 안장 넌짓시 올라 ᄒ시고 신슈 죠흔 분셰수 졍ᄒ고 감틔갓튼 죠흔 멀니와 룡소로 솰솰 흘여 빗계 즌반갓치 널계 따ᄒ 진궁쵸 널은 당기 셕우황 달아 밉시 잇게 쓸더리고 셰쵸듸로 흉복통을 눌너 미고 나귀등의 셥젹 올나 홍당션을 훨젹 폐여 日光을 가리우고 포연니 써나가넌 양은 스룸의 일쳔간쟝니 다 슨여지난 듯 一家罔極ᄒ여 哭聲니 진동ᄒ며 쵸목금슈라도 다 슬허ᄒ난 듯 ᄒ더라[34]

관산이 집을 떠나는 장면인데, 이는 <춘향가>의 이도령이 광한루 구경을 나가는 대목을 연상시킨다.[35] 나귀 대령하는 사설과 이도령이 치장하는 사설이 간략하게 되어 있기는 하지만, 대체로 부합되고 있음을 짐작할 수 있다.

---

34) <전관산전>, 4~5쪽.
35) <박순호 소장 99장본 춘향가>(김진영 외편, 『춘향전전집』 권1, 박이정출판사, 1997, 398~399쪽.)

결국 연명설화를 소설화하면서 문어체소설의 서술방식이 부분적으로 지켜지지 않고 있음을 알 수 있다. 등장인물의 대화나 독백을 제시하는 방식에서 그런 현상을 찾아볼 수 있었다. 이런 현상이 나타난 이유는 첫째로는 작가가 판소리소설의 서술방식을 수용한 것으로 보이며, 둘째로는 문어체소설의 서술방식이 무너져가는 시대적 상황이 반영된 때문으로 보인다. 그러므로 이러한 서술방식의 변화도 시대적 상황을 감안하려는 작가의 현실화 성향의 일면이라고 할 것이다.

(3) 주제의식

마지막으로 주제적 측면에서의 현실화 성향을 살펴보기로 한다. 그것은 부패한 상층사회에 대한 비판, 여성중심적 인식, 남녀간의 애정실현, 신분제도의 한계 등으로 정리할 수 있다. 먼저 상층사회의 부패상은 과거 부정을 고발하는 장면에서 잘 나타난다.

> 홍연이 이러나 그로딕 귀신 장졸이 엇지 날을 주바가레 ᄒ던잇가 쇼계 가로딕 승당의 션딕으셔 그 신중이 급제을 한거셜 봉닉를 도리고 일홈을 박고와 과거을 쎅시한 고로 그 신중이 피을 토ᄒ고 죽어 원이 되야 셩고의 션죠을 다 주기고 이변의 승당을 주겨 원수을 갑고자 ᄒ야 왓다 ᄒ더니다 이변은 변은 무수히 보닉써이와 훈일노 쏘 이놈의 환이 잇슬거시니 삼가 조심ᄒ야소셔 하더니…36)

---

36) <홍연전>, 23쪽.

홍연의 선조들이 급제 직후 횡사한 이유를 과거부정科擧不正이라고 하였다.[37] 이는 단명의 사유를 초월적인 운명이 아니라 현실적인 사회문제에서 찾고 있다는 점에서 주목된다. 이와 같은 과거부정에 대한 비판은 <홍연전> 뿐만 아니라 <반필석전>, <전관산전>, <십생구사>에서도 나타난다. 이러한 양상은 연명설화를 소설화하면서 이른바 과폐科弊에 대한 비판적 입장을 가미한 결과라고 할 수 있다.[38] 그렇지만 이들 주인공에 대한 과거부정에 대해 그다지 부정적인 시각을 보이지는 않는다. 이는 과거급제가 입신양명의 전제적 조건임을 인정할 수밖에 없기 때문으로 보인다. 이와 같이 과거부정에 대해 일면 부정적이면서 이를 인정하는 듯한 어중간한 태도는 작가의 현실비판의식이 성숙되지 않았음을 말해준다.

다음 <전관산전>에서는 여성중심적 시각이 두드러진다.

> 쇼제 曰 진졍 글허ᄒ오면 쳡니 ᄎ질 도리 잇ᄯ온니 의향의 웃더ᄒ신잇가 判書 曰 天下 ᄉ롬이 아지 못ᄒ난 일을 웃지 규중 안여ᄌ가 아올잇가 쇼제 曰 萬民은 임군의 子息니요 임군은 萬民의 父母라 天下의 막즁한 일을 당ᄒ여 愚夫愚婦덜 엇지 모로릿가 쳡은 가군을 위ᄒ미요 가군은 임군을 위ᄒ미요 임군은 天子을 위ᄒ미니 웃지 규중여ᄌ들 몰나라 ᄒ올잇가[39]

---

37) 홍연의 조상이 사용했던 과거부정을 절과絶科라고 한다. 절과는 관리들을 매수하여 이름을 바꾸는 방법으로 가장 악질적인 과폐로 알려져 있다. 이외에도 과폐에는 수종隨從, 조정무呈, 협서挾書, 차술借述, 혁제赫蹄, 역서용간易書用奸 등이 있었다.
38) 조선시대 과거제도의 폐해에 대해서는 송준호, "조선후기 과거제도,"《국사관논총》63집, 국사편찬위원회, 1995, 37~99쪽 ; 조우호, "학제와 과거제," 『한국사』권 10, 국사편찬위원회, 1981, 170~175쪽 ; 이성무, 『한국의 과거제도』, 개정증보판, 집문당, 1994를 참고하였다.
39) <전관산전>, 23쪽.

정소저가 관산에게 하는 말인데, 그 요지는 아녀자도 막중한 일이 있으면 국사에 참여할 수 있다는 것이다. 막중한 대사에 임해서는 남녀의 구분이 있을 수 없으며, 오히려 남자보다 우월할 수도 있다는 인식을 보여준다. 이러한 정부인의 여성 우위적인 태도는 남복男服이 아닌 여복女服을 입고 여사신女使臣의 자격으로 대국大國에 들어가서 활약하는 장면에서 절정에 이른다.40) 이는 <전관산전>의 작가가 여성 중심적인 시각을 가지고 있음을 잘 보여준다.41)

한편 <사대장전>에서는 남녀간의 애정 실현 의지를 보여주는 한편 신분제도의 한계를 지적하는 주제의식을 엿볼 수 있다.

    츠시 시비 홍픠를 가져 부인ᄭᅴ 드리니 부인이 보고 소져를 준ᄃᆡ 소져 봄이 피봉에 ᄒᆞ얏스되 례부상셔 ᄉᆞ인의 아자 ᄉᆞ안이라 ᄒᆞ얏거늘 소져 반겨 홍픠를 안고 침소로 도라가니 시비 의괴ᄒᆞ야 부인ᄭᅴ 이 소유를 고ᄒᆞᆫᄃᆡ 부인이 듯고 경의ᄒᆞ야 소져 침소에 일으러 보니 과연 흔지라 부인이 려셩 왈 이 무슴 일이뇨 실ᄉᆞ를 말ᄒᆞ라 소져 놀나 일어나 안지며 왈 젼일에 야야 말슴ᄒᆞ기를 금번 쟝원으로 소녀의 비우를 졍ᄒᆞ리라 ᄒᆞ심을 소녜 귀로 듯고 모친도 ᄯᅩᄒᆞᆫ 드르신 비라 소녜 엇지 부명을 거역ᄒᆞ오며 ᄯᅩ 엇지 틱틱의 명을 어긔오리

---

40) "쇼졔 曰 신쳡니 말니타국의 왓다 ᄒᆞ온들 이딕지 과딕하온니 황공 감ᄉᆞᄒᆞ여이다 天下은 한 사람의 天下 안니옵고 萬民의 천하온니 국ᄉᆞ 막즁한 일니 잇실진딘 안여ᄌᆞ의 몸인들 웃지 몰나라 ᄒᆞ오릿가 ᄯᅩ 신쳡은 가군을 위ᄒᆞ미요 가군은 국왕을 위ᄒᆞ미요 국왕은 황상을 위ᄒᆞ미니 임군 셤기기난 남녀 일반이라 웃지 안여ᄌᆞ의 틱도를 지키잇가"(<전관산전>, 25~26쪽.)

41) 이러한 인식은 여성영웅소설에 등장하는 여주인공의 모습과 활약상과 비교할 때 분명하게 드러난다고 할 수 있다. 즉 정부인의 태도는 여성주인공이 보조적인 역할을 하거나, 남복을 입고 출전하는 경우보다 훨씬 강력한 여성 우위를 주장하고 있다고 생각된다.(이인경, "여성영웅소설의 유형성에 관한 반성적 고찰," 『한국서사문학사의 전개』 IV, 사재동 편, 중앙문화사, 1995, 1345~1376쪽.)

잇가 외당의 신은이 나히 십오셰라 ᄒᆞ오니 소녜 이예 죽ᄉᆞ와도 홍픽눈 닉놋치 못ᄒᆞ리로소이다 틱틱ᄂᆞᆫ 하량ᄒᆞᆸ소셔[42]

황소저가 사안의 홍패를 감춘 후에 모친과 논쟁하는 장면이다. 황승상 내외는 이미 장원 급제자를 황소저와 혼인시키기로 작심한 상태이다. 또한 사안이 장원급제하였으니 황소저와 사안의 혼인은 이미 이루어진 것이나 다름없다. 그런데도 황소저는 죽어도 홍패를 내놓을 수 없다고 모친에게 항변한다. 이는 사안에 대한 애정의 표현이며, 혼인을 성사시키기 위한 적극적인 행동이라고 할 것이다. 겉으로는 부명父命을 지켜야 한다는 명분을 내세우면서도 속으로는 사안과의 애정을 실현하고자 하는 욕망과 의지를 보여준 셈이다.

한편 다음과 같은 내용은 신분제도에 대한 비판의식을 엿보게 한다.

기인이 고왈 쇼인은 본듸 쳔인이라 국은을 닙ᄉᆞ와 외람ᄒᆞᆫ 즁임을 당ᄒᆞ온 즁 원수의 명교 여ᄎᆞᄒᆞ시니 불승황공ᄒᆞ여이다 원쉬 왈 그듸ᄂᆞᆫ 이런 말 말나 왕후쟝상이 엇지 씨가 잇스리오 그듸ᄂᆞᆫ 군정을 도으라 기인이 쳥령ᄒᆞ고 물너 군즁에 듸령ᄒᆞ니라[43]

사안은 대안왕과 남이왕의 반군을 정복하러 가면서 기인을 중군장에 임명한다. 기인은 바로 사안이 도액을 위해 출가할 때 함께 집을 떠났던 하인이다. 기인은 자신이 천인임을 들어 사안의 명을 거절한다. 이에 사안은 왕후장상의 씨가 따로 없으니 무방하다고 타이른다. 신분이라는 것은 본인의 의지와는 상관없이 부여되는 것인데,

---

42) <사대장전>, 15~16쪽.
43) <사대장전>, 23~24쪽.

사안은 왕후장상의 씨가 따로 없다고 한 점은 그러한 신분제도를 부정하는 언술이라고 할 것이다.

이는 불합리한 신분제도에 대한 비판의식이 반영된 결과라고 할 수 있다. 이렇듯 <사대장전>에는 남녀간의 애정을 실현하려는 적극적인 의지와 신분제의 한계를 지적하는 주제의식이 투영되어 있음을 알 수 있다.

결국 <연명설화>가 소설화되면서 시대적 상황에 부합되는 주제의식이 반영되었다고 본다. 단명의 극복이라는 설화적 주제에 덧붙여 과거부정에 대한 사회적 비판의식, 남성에 대한 여성중심적 인식, 적극적인 애정 성취 의식, 신분제도의 비판 의식 등의 주제의식이 부여된 것이다. 이러한 주제의식의 변화는 근본적으로 시대적, 현실적 상황의 소산이라고 할 수 있다. 즉 현실적이고 시대적인 내용을 담으려는 현실화 성향이 이런 변화를 가져왔다고 본다.

3. 연명설화 소설화의 문학사적 의미

이러한 연명설화의 소설화 양상은 문학사적으로 어떠한 의미를 가지는가. 이는 한마디로 영웅소설의 마지막 단3계를 잘 보여주고 있다는 의미를 가진다고 본다. 즉 소멸기 영웅소설의 특징을 잘 보여주고 있다고 할 수 있다. 이는 작품 내외적인 단서에 의거한 판단이다.

작품 내적으로 볼 때, 이들 작품이 가지는 특징은 세 가지로 요약될 수 있다. 첫째, 구조적으로 영웅의 일생 구조가 불완전하다는 점이다. 특히 전반부의 연명담은 영웅소설의 전반부와는 상당히 다른 내용으로 이루어져 있다. 둘째, 서술방식에 있어서 부분적으로 문어체소설의 서술방식을 벗어나고 있다는 점이다. 대화 제시 방식에서 구어체적 문체가 보이고, 판소리적 문체가 수용되어 있다. 셋째, 주제의식에 있어서 영웅소설의 주제의식을 이어받으면서 또한 다양한 현실적인 주제의식을 포함하고 있다는 점이다. 사회현실 및 신분제도에 대한 비판, 여성중심적 시각, 적극적 애정실현 등 다양한 주제가 투영되어 있다.

이와 같은 세 가지 특징에 의거하면 이들 작품은 비교적 후대에 창작(또는 각색)되어 필사본筆寫本으로 향유되다가, 일부가 구활자본舊活字本으로 출판된 것으로 보인다. 이는 구활자본 출간 시기에 근거한 추론이다. 본고에서 다룬 다섯 작품 중에서 구활자본으로 출간된 것은 <사대장전>과 <십생구사>이다. <사대장전>은 1926년 광학서포廣學書舖에서 1회 발행되었으며, <십생구사>는 1923년에 대성서림大成書林, 1933년에 삼문사三文社와 성문당서점盛文堂書店에서 각각 발행되어 총 3회에 걸쳐 발행되었다.[1]

결국 <연명설화>를 소설화한 작품이 구활자본으로 처음 출간된 것은 1920년대 초·중반이라고 할 수 있다. 구활자본의 전성기는 1910년대라는 점을 감안한다면, 1920년대는 구활자본의 쇠퇴기라고 할 수 있다. 1919년 이후에는 새로운 구활자본 소설 작품은 급격하

---

1) <십생구사>의 발행현황은 우쾌제의 논의를 따랐는데, 권순긍의 목록에서는 1933년 발행현황이 실려 있지 않다.(우쾌제, "구활자본 고소설의 출판 및 연구현황 검토," 『고전소설연구의 방향』, 한국고전문학회 편, 새문사, 1985, 129쪽 ; 권순긍, "1910년대 활자본 고소설 연구―그 개작·신작의 역사적 성격," 성균관대학교 박사논문, 1990, 154~167쪽.)

게 줄어들고, 문학사적으로 중요한 작품은 거의 없다고 한다.[2] <연명설화>를 소설화한 작품이 구활자본으로 출간된 시기는 이처럼 구활자본의 쇠퇴기였던 것이다.

이러한 시대적 배경을 감안한다면, <연명설화>를 소설화한 작품이 구활자본으로 출간될 수 있었던 이유를 짐작할 수 있다. 하나는 1919년 이후 새로운 내용의 작품을 모색하는 과정에서 <연명설화>를 소설화한 작품이 선택되었을 가능성이다. 1910년대의 구활자본 소설은 판소리 개작 소설류, 군담소설류, 중국소설의 번역·번안류를 순차적으로 유행시켰다. 따라서 1920년대에는 이들과는 다른 이야기거리를 모색했던 것으로 보이며, 이 과정에서 연명설화와 같은 설화가 선택되었을 가능성이 높다.

이러한 작품 내외적인 이유 때문에 <연명설화>는 소설화되었던 것으로 보이며, 이들 작품은 영웅소설의 마지막 모습을 보여주었다는 점에서 의의가 있다고 하겠다.[3] 그러므로 이들 작품은 영웅소설의 유형성을 닮으려고 하는 한편으로 이에서 벗어나려고 했던 것으로 보인다. 유형화 성향이 전자의 경우라면, 현실화 성향은 후자의

---

[2] 권순긍, 앞의 논문, 20쪽.
[3] 조상우는 <전관산전>이 여성이인소설에서 여성영웅소설로 이행되는 중간적인 작품이라고 보았다.(조상우, "전관산젼 연구," 단국대학교 석사논문, 1985, 83~85쪽.) 이는 <전관산전>이 여성영웅소설의 초기작품이라는 의미로 이해된다. 그러나 이 견해는 여성영웅소설의 출현 동인과 연명설화의 소설화 동인을 고려하지 않은 견해라고 본다. 먼저 여성영웅은 남성영웅에 의거하여 설정되고, 점차 여성의 우위가 두드러지는 방향으로 발전되었다고 보는 것이 타당하다. 그런데 전관산의 일생은 불완전한 영웅의 일생을 보여주고 있으며, 정부인의 활약은 상당히 후대적인 모습으로 그려져 있다. 이는 <전관산전>이 적어도 영성영웅소설의 후대적 모습임을 보여주는 단서이다. 다음 연명설화가 소설화될 수 있었던 것은 군담의 인기가 하락된 이후라고 보아야 한다. 군담의 인기가 여전하다면 굳이 새로운 이야기거리를 모색할 필요가 없기 때문이다. 이 또한 <전관산전>이 후대적인 영웅소설일 가능성을 보여준다.

경우에 해당된다고 할 수 있다.

4. 결론

이상으로 <연명설화>를 소설화한 <홍연전>, <반필석전>, <전관산전>, <사대장전>, <십생구사>의 다섯 작품을 중심으로 하여 설화의 소설화 양상을 살펴보았다. 그 결과 연명설화가 소설화되는 과정에는 작가의 의도에 따라 세 가지 성향이 나타나고 있음을 알 수 있었다. 그것을 각각 유형화類型化・확대화擴大化・현실화現實化 성향이라고 이름 짓고, 이들의 구체적인 양상을 다루어 보았다. 이는 바로 독자의 흥미와 인기를 지속시키기 위한 하나의 방편인 것이다.

유형화 성향은 기존의 소설적 관습을 닮으려는 성향을 말한다. 이런 유형화 성향은 인물과 상황 설정, 서사구조, 서술방식을 중심으로 살펴보았다. 확대화 성향은 소설로서의 외형을 갖추기 위한 목적을 가진 작가의 의도를 말한다. 이는 새로운 인물이나 갈등의 설정, 사건의 확대를 통해서 구체화되어 있다. 특히 사건의 확대는 사건을 반복・삽입・첨가하는 방식으로 이루어지되, 반복은 다시 단순반복, 발전적 반복, 구조적 반복으로 나누어 볼 수 있었다. 한편 현실화 성향은 설화적 상황을 현실적, 시대적 상황에 맞게 하려는 작가의 의도를 말한다. 이러한 성향은 화소와 내용의 측면에서부터 서술방식과 주제의식에 이르기까지 일어나는 것으로 보았다.

이처럼 <연명설화>를 소설화한 다섯 작품은 작가의 의도에 따라

유형화・확대화・현실화 성향을 드러내고 있음을 알 수 있다. 따라서 이들 다섯 작품은 무엇보다도 하나의 설화 유형이 소설화되는 원리를 보여주고 있다는 점에서 큰 의의가 있다고 할 수 있다. 하나의 설화 유형이 이처럼 여러 작품으로 소설화한 경우가 많지 않기 때문에 그 의의는 더욱 크다고 본다.

한편 <연명설화>의 소설화는 영웅소설의 마지막 단계의 특징을 잘 보여주고 있다는 점에서 그 문학사적 의미를 찾을 수 있었다. 이들 작품은 구조, 서술방식, 주제의식의 측면에서 볼 때 비교적 후대에 소설화되어 필사본과 구활자본으로 향유되었던 것으로 보인다.

특히 구활자본은 1920년대 초・중반에 발행되었는데, 새로운 내용의 작품을 모색하는 과정에서 연명설화와 같은 이야기가 소설화되었던 것으로 볼 수 있다. 이런 점에서 연명설화의 소설화는 고전소설사의 마지막 국면을 장식한 작품이라고 할 수 있다.

■ 설화에 나타난 한국인의 행복관

1. 세 선비의 소원과 오복五福
2. 장수長壽에 대한 소망 혹은 비명非命에 대한 회피
3. 부귀에 대한 소망 또는 빈천한 삶의 탈피
4. 다남多男 혹은 자손번창에 대한 소망
5. 오복관념의 진실 혹은 가르침 : 무수옹無愁翁의 행복

∴ 설화에 나타난 한국인의 행복관

1. 세 선비의 소원과 오복五福

　사람은 누구나 행복하게 살기를 원한다. 고귀한 가문에서 태어나 높은 벼슬에 올라 부귀와 명예를 누리고, 무병장수하며 부모와 자손들이 화목하게 살기를 원한다. 대체로 이러한 조건을 충족시키는 삶은 행복하다고 할 수 있다. 누구나 다 이러한 삶을 살아간다면 이 세상이 곧 유토피아가 아닐 수 없다.

　하지만 세상사는 그렇지 않다. 어떤 사람은 장수하지만 어떤 사람은 요절한다. 어떤 사람은 부귀한 생애를 누리지만 어떤 사람은 빈천한 생애를 살아간다. 또한 부귀한 사람이 단명하기도 하고 반대로 빈천한 사람이 장수하기도 한다. 아울러 부귀한 사람이 반드시 행복한 것은 아니며 빈천한 사람이 불행한 것도 아니다. 이처럼 세상 사람들이 누리는 삶의 양태는 그야말로 구구절절이 다르며, 그들이 느끼는 행복감 역시 각양각색을 면치 못한다. 이렇듯 사람마다 느끼는 행복감이 다른 것은 사실이지만, 모든 사람이 행복을 추구한다는 점은 동일하다. 누구나 다 자신의 이상과 입장에 비추어 보아 최상의 행복을 누리길 소망한다.

저승에 잘못 잡혀갔다가 다시 살아나온 세 선비의 이야기는 이를 잘 보여준다.

옛날 어떤 마을에 세 선비가 살았는데 모두 풍채와 문장이 뛰어나 과거공부에 힘쓰고 있었다. 그들은 화창한 봄날을 맞이하여 산에 올라 경개를 구경하며 술을 마셨다. 그런데 술을 너무 많이 마셨던 관계로 곽란藿亂이 나서 인사불성이 되었다. 이때 마침 사람을 잡으러 나왔던 저승차사가 살아있는 세 선비를 지부로 데리고 갔다. 세 선비가 자신들의 억울한 죽음을 하소연하자 염라대왕은 생사치부책을 확인하여 보니 아직도 수명이 10년이나 남아 있었다. 이에 염라대왕은 그들을 인간세상으로 돌려보내되 한 가지씩 소원을 들어주기로 하였다. 첫 번째 선비는 용맹한 장부의 기상을 타고나 무과에 장원급제한 후에 훈련대장과 병조판서를 거쳐 대장인을 허리에 비껴 차고 천군만마를 호령하는 장수가 되게 해 달라고 청하였다. 두 번째 선비는 선풍도골의 선비로 태어나 알성문과에 장원한 후 육조의 판서를 두루 거쳐 좌의정에 올라 만조백관을 총독하고 싶다고 하였다. 이에 두 선비의 소원을 받아들여 용호방龍虎榜1)을 차려놓고 문무관文武官을 점지하여 주었다. 한편 세 번째 선비는 법가의 자제가 되어 벽계에 모옥을 짓고 소요하며 장수하다가 병 없이 고종명考終命하게 해 달라고 청하였다. 이 말을 들은 염왕은 도리어 화를 내며 그런 일을 임의로 할 수 있다면 염라대왕 자리를 내놓고 스스로 하겠다고 하였다.2)

---

1) 조선 시대에 문과 혹은 무과에 합격한 사람의 이름을 게시하던 나무판을 말하며, 나중에는 종이를 사용했다.

이 이야기는 「삼사횡입황천기三士橫入黃泉記」라는 단편의 줄거리인데, 세 선비가 염라대왕에게 청했던 소원이 새삼 주목된다. 왜냐하면 세 선비의 소원은 곧 한국인의 행복관幸福觀을 시사하는 것으로 보이기 때문이다. 그들이 소원했던 좋은 가문, 장원급제, 높은 관직, 자손의 번창 등등은 곧 한국인이 보편적으로 바랐던 행복의 조건이 아니었을까.

행복한 삶! 이것보다 더 사람들이 갈망하는 것이 있을까. 그렇지만 행복은 그리 쉽게 우리 앞에 그 얼굴을 드러내지 않는다. 어떤 사람은 돈이 많으면 행복하다고 하고, 어떤 사람은 자식이 많으면 행복하다고 한다. 또한 높은 직위에 오르면 행복하다는 사람도 있고, 온 가족이 무사무탈無事無頉하면 행복하다는 사람도 있다. 이처럼 사람들은 나름대로의 행복을 추구해 가면서 살아간다.

그렇다면 과연 우리 민족은 무엇을 행복이라고 생각하였는가? 나아가 그와 같은 행복한 삶을 어디에서 찾고자 했던가? 사뭇 궁금한 일이 아닐 수 없다. 다행히도 설화 속에는 그러한 의문에 대하여 나름대로 진지하면서도 솔직한 답변이 담겨져 있다. 특히 동양문화에서 중시했던 오복五福과 관련된 이야기를 섭렵한다면, 그 속에 형상화되어 있는 행복한 삶의 모습을 엿볼 수 있을 듯하다. 그런데 오복에 대해서는 여러 가지 설이 있다.『서경書經』에서는 '수壽・부富・강녕康寧・유호덕攸好德・고종명考終命'의 다섯 가지를 들고 있고,『통속편通

---

2) 김동욱 교주,『단편소설선』, 민중서관, 1976, 504~519쪽.『삼설기三說記』에는 「삼사횡입황천기三士橫入黃泉記」를 비롯하여 「오호대장기五虎大將記」, 「서초패왕기西楚覇王記」, 「삼자원종기三子遠從記」, 「황주목사계자기黃州牧使戒子記」, 「노녀녀가노처녀가老處女歌」, 「황새결송決訟」, 「녹처사연회鹿處士宴會」, 「노섬상좌기老蟾上坐記」의 총 9편의 이야기가 수록되어 있다.

俗編』에서는 '수수壽·부부富·강녕康寧·귀귀貴·자손중다子孫衆多'의 다섯 가지를 언급하고 있으며, 또한 최근 한국인의 복 인식에 대한 글에서는 '수수壽·부부富·귀귀貴·다남자多男子'를 제시하고 있다.[1] 이런 사정을 감안한다면 어느 것이 절대적이라고 단정하기 어렵다. 따라서 대략 이러한 내용을 언급하고 있는 이야기를 중심으로 논의를 진행한다면 소기의 성과를 얻을 것으로 생각한다.

2. 장수長壽에 대한 소망 또는 비명非命에 대한 회피

오복의 첫머리는 수壽이다. 즉 장수하는 삶을 첫째로 꼽는 것에 대부분의 사람들이 동의한다는 것을 말한다. 오래 살지 않고서야 부귀와 영달이란 애초부터 소용없는 일이며, 다남과 자손(혹은 가문)의 번창 역시 불가하다. 이런 까닭에 장수에 대한 이야기는 매우 활발하게 전승되고 있음을 볼 수 있다.

구비설화 중에서 장수에 대한 소망이 잘 나타난 것으로는 무엇보다 먼저 <연명설화延命說話>를 들 만하다.

> 어떤 사람이 독자獨子를 기르고 있었다. 하루는 지나가던 신승神僧이 아이의 관상을 보고 19살에 단명할 것이라고 하였다. 아버지가 연명의 방법을 간청하니, 신승은 내일 남산 꼭대기에 올라가 바둑을 두는 두 스님에게 애원해 보라고 가르쳐 주었다. 다음날 소년은 남산에 올라가 두 스님에게 살려달라고 애원하였다. 그런데 추한

---
[1] 최정호, "복에 관한 연구," 《월간조선》 1983년 9월호~1984년 9월호.

얼굴의 스님은 못들은 체 하였으나, 고운 얼굴의 스님은 살려주자고 하였다. 두 스님은 한참 논쟁을 하였으나 결국 고운 얼굴의 스님이 간청한대로 살려주기로 하였다. 추한 얼굴의 스님은 명부命簿를 꺼내어 소년의 수명을 '십구十九'살에서 '구십구九十九'살로 고쳐 주었다. 소년은 백배치사하고 집으로 돌아왔다. 추한 얼굴의 스님은 북두칠성이고 고운 얼굴의 스님을 남두칠성인데, 사람의 수명은 북두칠성에게 달려 있다고 한다.[2]

단명할 운명을 타고난 아이가 북두칠성신에게 빌어 수명을 연장했다는 이야기로서, 이른바 연명설화 유형군類型群의 대표적인 각편 중의 하나이다. 중국의 설화집인『수신기搜神記』에는 이와 유사한 설화가 실려 있으며,[3] 또한 우리 구비설화에는 저승차사나 염라대왕에게 간청하여 수명을 연장하는 변이형變異型도 전승되고 있다. 하지만 이들은 간구의 대상만 다를 뿐이지 모두 신령에게 빌어서 단명할 운명을 극복하였다는 점에서 그 친연성親緣性을 엿볼 수 있다.

이러한 연명설화는 분명 장수에 대한 간절한 소망에서 비롯되었다고 해도 과언은 아닐 것이다. 왜냐하면 그 이유야 어찌 되든 단명소년이란 결국 어린 나이에 숨지는 아이들이 상당히 많았다는 것을 의미하기 때문이다.[4] 그러한 현실에 비추어 사람들은 신령의 힘에

---

2) 손진태,『한국민족설화의 연구』, 을유문화사, 1947, 11~12쪽. 생
3) 간보干寶,『수신기搜神記』, 권3 ; 장소張甦·진체진陳體津·장각張覺,『전본수신기평역소본搜神記評譯』, 상해 : 학림출판사, 1994, 55~56쪽.
4) 정약용은 5세 미만의 아이는 마마나 역질로 사망하는 경우가 많기 때문에 인구수에 포함시킬 수 없다고 주장할 정도로 유아사망률이 높았으며, 실제로 조선후기 어느 사족 가문을 대상으로 자녀의 수명을 연구한 결과에서도 절반 이상의 아이가 유아기에 사망한 것으로 추정된 바 있다.(정약용,『경세유표經世遺表』, 권13 ; 한영국, "조선후기 어느 사족가문의 자녀생산과 수명,"『택와 허선도선생 정년기념 한국사학논총』, 일조각, 1992, 554쪽.)

의존하면 장수를 누릴 수 있다는 생각을 연명설화를 통하여 보여주었다고 할 수 있다.

이러한 사고는 장수하는 삶뿐만 아니라, 부귀와 다남까지 누리는 다복한 삶으로 확장되기도 한다.

> 어떤 사람이 과거를 보러 상경하였다가 과점科占을 보게 되었다. 그런데 점쟁이가 과거를 보기 전에 죽을 운수라면서 세 정승의 딸과 동품을 해야 벗어날 수 있다고 하였다. 그 사람은 주인집 할머니와 그 딸의 도움을 받아 마침 세 정승의 딸이 함께 공부하는 있는 초당에 들어가 자신이 처한 딱한 사정을 고하였다. 이에 세 정승의 딸들은 사람을 살려야 한다면서 함께 동품5)하였다. 다음 날 총각은 과거에 장원급제하였으며, 그 후 세 정승의 딸을 부인으로 맞이하여 행복하게 잘 살았다.6)

단명할 운수를 타고난 것은 동일하지만, 세 정승의 딸과 혼인해야 살아날 수 있다는 발상이 이채롭다. 일정기간 동안 절에 들어가 수도를 해야 한다거나 집을 떠나 유랑하면서 고행해야 한다는 그럴듯한 방식도 있는데, 굳이 세 정승의 딸과 동침해야 한다는 발상이 흥미 있다. 그럼에도 불구하고 이 설화가 진지하게 느껴지는 것은 그 속에 담겨져 있는 간절한 소망 때문이다. 즉 단명할 운수를 벗어나 장수를 누리는 동시에 과거에 급제하여 사회적으로 입신양명하고, 재상가의 사위가 되어 부귀를 누리며, 아울러 세 부인으로부터 많은 자손을 볼 수 있게 된 것이다. 그야말로 수·부·귀·다남을 충족시

---

5) 동침同寢의 잘못된 말이지만, 실제 구연 상황을 고려하여 그대로 사용한다.
6) <삼정승의 딸을 얻은 아이>, 『한국구비문학대계』 1-4, 70~74쪽.

킬 수 있는 이상적인 행복의 전형을 보여준다고 할 수 있다. 그만큼 장수에 대한 희구는 또 다른 행복을 위한 필수 불가결한 요소로 인식되었다고 할 것이다.

이렇듯 구비설화에서 나타나는 장수에 대한 소망은 문헌설화에서도 그대로 나타난다.

> 문정공文正公 권부權溥[7]는 임술년壬戌年 임자월壬子月 기미일己未日 기사시己巳時에 태어났는데, 점쟁이가 보고 수명이 길지 않다고 하였다. 이에 그 아버지 문청공文淸公 권단權㫜이 덕을 쌓으면 조금 수명을 연장할 수 있을 것이니, 길을 갈 때 가운데로 다니지 말고, 목욕할 때 흐르는 물에서 하지 말며, 먹을 때 좋은 것만 가려먹지 않도록 하였다. 권부는 종신토록 부친의 말씀을 명심하여 잠시라도 어기지 않았다. 결국 국재는 85살의 수명을 누렸으며, 벼슬이 일품에 이르렀다. 또한 가문에서 봉군한 이가 아홉 사람이나 되었으니 복록의 융성함이 고금에 없을 정도였다.[8]

권부가 단명할 운명을 타고났는데, 부친의 말씀에 따라 세 가지 덕행을 행함으로써 장수할 수 있었다는 것이다. 이때 부친이 내려준 세 가지 덕목, 즉 길 가운데로 다니지 말고 흐르는 물에 목욕하지 말

---

7) 권부(1262~1346)는 고려 후기의 문신이자 학자로서 본관은 안동이고, 자는 제만齊滿, 호는 국재菊齋이다. 안향安珦의 문인으로 박전지朴全之·오한경吳漢卿·이진李瑱 등과 함께 4학사의 한 사람이며, 충숙왕 이후 미묘했던 대원관계에서 여러 차례 어려운 정국을 해결했다. 충렬왕 5년에 문과에 급제하고, 이듬해 전시를 거쳐 우정언·첨의사인·시강학사·찬성사·판총부사 등을 지냈다. 충숙왕 1년 민지閔漬와 함께『세대편년절요世代編年節要』편찬에 참여했으며, 태조 이래의 실록을 약찬했다. 또한『사서집주』의 간행을 상소하여 간행되게 함으로써 성리학 보급에도 기여했다. 이밖에『은대집銀臺集』20권을 주석했으며, 아들 준準과 사위 이제현李齊賢과 함께 역대 효자 64명의 행적을 기린『효행록』을 편찬했다. 시호는 문정文正이다.
8) 서거정,「필원잡기筆苑雜記」,『대동야승大東野乘』, 권3.

며 좋은 음식만 가려먹지 말라는 것은 『예기禮記』에 나오는 말과 관련이 깊다.9) 그것은 자신을 낮추는 대신 웃어른을 높이는 공손과 겸양의 실천이며, 유가의 일상적인 예법에 해당한다고 할 수 있다. 이렇듯 내적인 수신을 통하여 단명운短命運을 극복하였을 뿐만 아니라, 그 자신이 일품 벼슬에 올랐으며 가문에서도 9명이나 봉군하였으니 융성한 복록을 누렸다는 것이다.

 이런 점에서 권부의 연명담은 앞에서 보았던 단명소년의 연명담과는 분명한 차이가 있다. 단명소년의 연명담에서는 초월적 존재에 기대어 일종의 재액을 회피할 수 있다는 사고가 강하게 드러났었다. 더욱이 그것은 몇 십 년이나 더 살게 되었다는 물리적인 수명의 연장에 초점을 두고 있다. 그에 비해 권부의 연명담에서는 겸손한 행실과 지명知命의 태도를 견지함으로써 자신의 운명을 스스로 바꿀 수 있다는 것을 보여준다. 이때 단명은 더 이상 불행이나 재액으로 인식되지 않으며, 얼마나 연장되었는가 하는 점보다 어떻게 살았는가 하는 것에 초점을 두고 있다. 이는 구비설화의 연명담이 무속과 불교적 인식에 의거하고 있는 반면에 문헌설화의 연명담은 성리학적 인식에 기대고 있기 때문으로 보인다. 각 시대별로 지배적인 사상이 변화하면서 이러한 인식적 프리즘이 나타났다고 할 수 있다.

 이와 같이 구비설화나 문헌설화 공히 어느 정도 수명을 연장할 수 있다는 인식은 분명하게 살펴볼 수 있다. 이러한 이야기가 활발하게 전승된다는 것은 곧 장수에 대한 희구를 반영한 결과라고 하지 않을 수 없다. 그것은 곧 요절이나 비명횡사에 대한 두려움의 표현이자

---

9) "爲人子者 居不主奧 坐不中席 行不中道 立不中門 食饗不爲槪 祭祀不爲尸 聽於無聲 視於無形 不登高 不臨深 不苟訾 不苟笑"(『예기禮記』 <곡례曲禮>)

그를 이겨내기 위한 간절한 소망의 표출이라고 할 수 있다. 어떠한 방책을 선택하던지 간에 장수는 우리고 누리고자 하는 첫 번째의 복임은 틀림이 없다.

3. 부귀에 대한 소망 또는 빈천한 삶의 탈피

장수에 이어 사람들이 소망하는 것은 부귀한 삶이 아닌가 한다. 부귀는 곧 부와 귀를 합친 것인데, 구비설화에서는 부에 대한 소망이 집중적으로 나타나는 반면에 문헌설화에서는 귀에 대한 소망이 한층 강하게 드러나고 있어 주목된다. 먼저 다른 사람의 복을 빌어 잘 살았다는 <차복설화借福說話>를 들어 이러한 양상을 살펴보자.

> 옛날에 어떤 사람이 나무를 팔아 근근이 죽을 먹고 살았다. 그는 좀 더 잘 살아보기 위하여 하루에 나무를 세 짐씩 하였는데, 밤마다 나뭇짐이 어디론가 사라졌다. 그래서 나무장수는 나뭇단 속에 숨어 엿보았다. 한밤중에 회오리바람이 불어 나뭇짐을 하늘로 가져갔는데, 이때 나무꾼도 함께 승천하였다. 나무꾼은 옥황상제에게 좀 더 잘살게 해달라고 간청하니, 옥황상제가 '차복'이라는 사람의 복을 빌려주면서 후에 복주인이 태어나면 돌려주라고 하였다. 그 후 나무꾼은 금방 부자가 되었다. 드디어 차복 기한이 된 어느 날, 그릇장수 내외가 마차 위에서 하룻밤을 묵었는데, 새벽에 아들을 낳아 차복이라고 이름 지었다. 나무꾼은 자기 아들과 차복 사이에 형제지의를 맺어주고 함께 살도록 하였다. 그래서 가난한 나무꾼이 평생 동안 잘 살게 되었다.[1]

몹시도 가난한 나무장사가 살았다고 했다. 그는 어떻게 해서라도 가난한 삶을 벗어나길 원했으며, 이를 위해서 평소보다 세 배나 많은 나무를 하는 근면한 노력을 기울인다. 그러나 옥황상제는 주어진 복분福分을 초과한 부를 누릴 수 없도록 나뭇짐을 하늘로 가져간다.

이에 나무꾼은 나뭇짐을 타고 승천하여 타인의 복분을 빌려와 잘 살게 된다. 결국 이 설화는 주어진 복분에 따라 살아야 한다는 생각과, 근면과 지혜로써 그 이상의 복분을 누릴 수 있다는 생각을 동시에 보여준다. 이처럼 나무꾼의 소망은 어떻게 해서든지 가난한 삶을 벗어나는 것으로 맞추어져 있다. 이런 소망을 실현하기 위하여 나무꾼은 현실적인 노력을 기울이는 한편, 초월적 존재의 도움을 받아내기도 한다.

이를 보면 나무꾼의 바람은 부유하게 사는 삶에 대한 희구로 가득하다고 할 수 있다. 그런데 나무꾼이 소망하는 부유한 삶이란 결코 호의호식하는 삶을 의미하지 않는다. 그것은 단지 죽을 먹는 정도에서 밥을 먹는 정도로의 향상을 말한다. 한 마디로 <차복설화>에서는 빈곤한 삶의 모면하고픈 절실한 인식이 자리 잡고 있다고 할 것이다.

한편 <구복여행설화求福旅行說話>에서는 부에 대한 소망이 잘 그려져 있다.

> 조실부모한 석순이가 도저히 먹고살 도리가 없어 서천서역국에 가서 복을 빌려오기로 하고 길을 떠났다. 도중에 처녀 혼자 사는 집에 유숙하였는데, 처녀가 자기 남편감이 누구인지 알아다 달라고 부탁하였다. 또 어떤 노인 댁에 유숙하였는데, 배나무에 배가 열리

---

1) <나무꾼 차복이>, 『한국구비문학대계』, 4-1, 100~103쪽.

지 않는 이유를 알아다 달라고 부탁하였다. 며칠 후 큰 강물에 당도 하였는데, 이무기가 수 천 년이 되어도 승천하지 못하는 이유를 알 아다 달라고 부탁하면서 강을 건네주었다. 서천서역국에 당도하여 노인에게 부탁받은 질문을 물어 보았다. 노인은 자기 일도 못하는 놈이 남의 일까지 한다고 하면서 세 가지 질문에 답변해 주었다. 돌 아오는 길에 이무기에게 여의주를 하나만 가져야 한다고 하였더니, 이무기는 여의주를 뱉어 총각에게 주고 승천하였다. 다음 노인을 만나 배나무 아래 묻혀 있는 금단지를 파내야 한다고 하였더니, 노 인은 금단지를 파내어 총각에게 주었다. 처녀를 만나 처음 만난 남 자가 배필이라고 하였더니, 총각이 바로 첫 번째 남자라고 하면서 혼인하였다. 석순은 결국 여의주와 금단지를 얻고 처녀와 혼인하여 돌아와 잘 살게 되었다.[2]

가난한 석순이가 도저히 먹고 살 도리가 없어서 서천서역국으로 복을 구하러 갔다고 하였다. 도중에 그는 처녀・노인・이무기의 부 탁을 받아, 신(노인)에게 물어 문제를 해결해 준다. 그 대가로 석순은 여의주와 금단지를 얻게 되고, 또한 처녀와 혼인하여 잘 살게 되었 다는 것이다. 그런데 신이 세 가지 질문에 답변해준 것은 바로 가난 한 총각의 이타적(利他的) 태도 때문이다.[3] 가난한 총각이 자신보다 타 인의 문제를 우선적으로 해결해 주고자 하는 마음을 갸륵하게 평가 한 것이다. 이를 보면 주인공의 이러한 구복 노정은 자신의 행복만

---

2) <서역국에 가서 복 타운 석숭>, 『한국구비문학대계』, 4-5, 321~326쪽.
3) 이는 중국 자료와 비교해 보면 분명하게 드러나는 부분이다. 예를 들어 <범단고사 范丹故事>에서는 부처는 자신의 질문과 타인의 질문을 동시에 할 수 없다고 한다. 이에 총각은 설령 자신은 가난할지라도 세상 사람은 부귀하게 되기를 바란다고 하면서 자신의 질문을 포기한다.(淸水, 『해룡왕적여아海龍王的女兒』, 1929. 이 자료 는 婁子匡, 『중산대학민속총서中山大學民俗叢書』, 권7, 대북·동방문화공응사, 1970, 63쪽에 수록되어 있다.)

을 생각하는 이기적 사고에서 타인의 행복을 함께 추구하는 이타적 사고로의 전환을 가져오는 깨달음의 편력이라고 할 수 있다.

구복 노정을 출발할 때의 주인공의 소망은 자신의 간고한 현실을 극복하기 위함이었다. 이는 <차복설화>의 주인공과 크게 다르지 않지만, 결말은 전혀 다르게 나타난다. 즉 구복여행에서 돌아오면서 주인공은 세 번에 걸쳐 이타행利他行을 하게 되고, 그에 따른 행운을 얻게 된다. 그가 얻은 세 가지 행운, 곧 여의주와 재물과 배필이야말로 우리 민족이 보편적으로 추구했던 행복을 상징하는 것이 아닌가 한다.4) 이와 같이 구비설화에서는 부유한 삶에 대한 소망이 확연하게 드러나고 있으며, 더욱이 그것이 재물의 축적이 아닌 빈곤의 탈피에 있다는 점에서 한층 절실하게 느껴진다.

이와 달리 상층민의 삶을 형상화한 문헌설화에서는 부보다는 귀에 대한 인식이 두드러지게 나타나는데, 이는 주로 급제와 출사 등과 관련되어 있다.

> 이귀李貴는 이덕형李德泂, 박경신朴敬新, 윤섬尹暹과 함께 한 마을에 살면서 같이 공부했다. 하루는 네 사람이 모여 점쟁이 이인명李麟命에게 장래를 물었더니, 그는 이귀가 가장 출세할 것이고 이덕형은 그 다음이며, 나머지 두 사람은 급제는 하지만 그저 그렇다고 하였다. 이에 가장 총명했던 박경신은 이인명의 점괘가 틀렸다고 비웃었다. 훗날 이덕형은 영의정이 되었으나 53세에 죽었고, 박경신은 관찰사로서 60세를 간신히 넘겼으며, 윤섬은 홍문관 응교로 40세에 죽었다. 그러나 이귀는 부원군에 봉해지고 77세까지 살았으며, 두

---

4) 이런 점에서 본다면 여의주는 완전한 불법佛法, 신묘한 능력, 세속적 부귀 등의 다양한 상징성을 가진다고 할 수 있다.

아들은 봉군되고 한 아들은 통정에 오르는 등 자손들이 크게 번창하였다. 뒤에 이귀는 항상 박경신의 얘기를 하면서 웃었다.5)

이인명이라는 점쟁이의 점괘가 신통하게 적중했다는 이야기인데, 그 속에 들어있는 화소를 보면 사대부들이 원했던 행복한 삶을 엿볼 수 있다. 즉 가장 좋은 운명을 타고난 것으로 점쳐진 이귀의 삶과 그렇지 않은 나머지 세 사람의 삶을 비교해보면 사대부가 누리고자 했던 이상적인 삶의 모습이 분명하게 드러난다. 영의정에 오른 이덕형은 53세에 죽었으니, 출세는 하였으되 장수를 누리지 못했다고 할 수 있다. 박경신과 윤섬은 높은 관직에 오르지도 못하였을 뿐만 아니라 수명 역시 그리 장수한 편이 아니다. 그에 비하여 과거공부에 게을렀던 이귀는 부원군에 봉해졌고 77세까지 살았으며, 자손 또한 현달하였으니, 장수와 부귀와 자손의 번창이라는 복을 두루 누렸던 것이다.

이를 보면 사대부들이 누리고자 소망했던 행복은 기실은 장수와 더불어 높은 관직에 올라 영달하는 것, 그리고 자손과 가문이 번창하는 것으로 수렴되고 있음을 알 수 있다. 일반적으로 볼 때 오래 살아야만 높은 관직에 나아갈 가능성이 높고, 입신양명立身揚名해야만 그 후손이 번창할 수 있는 기회가 많아진다. 이런 점에서 사대부들은 수·귀·자손번창의 행복을 함께 엮어 인식하였다고 할 것이다. 하지만 높은 관직에 나아가는 것은 필연코 부의 축적에도 도움이 되었을 것으로 보임에도 불구하고 이들 설화에서는 부에 대한 언급은 그리 많지 않다.

---

5) 이덕형, 『죽창한화竹窓閑話』.

4. 다남多男 혹은 자손번창에 대한 소망

우리 선조들은 아들이 많은 사람을 복력인福力人이라고 하였으며, 또한 그 아들들이 문무에 능하여 가문을 빛낸다면 아들은 많을수록 좋다고 생각하였을 정도로[1] 아들에 대한 선호도가 높았다. 이러한 인식과 밀접하게 관련되어 있는 것이 <다남운설화多男運說話>이다.

> 어떤 내외가 가난하게 살고 있었는데, 연년年年으로 쌍태雙胎를 세 번이나 하여 6형제를 두었다. 점을 쳐보니 앞으로도 쌍태를 세 번이나 더 할 팔자라고 하였다. 내외는 자식을 낳지 않기 위하여 단산斷産할 때까지 떨어져 살기로 하였다. 그 후 남편은 집을 떠나 돌아다니다가 어떤 부자집에 기숙하게 되었다. 그런데 집주인은 첩을 셋이나 두었으나 자식을 두지 못한 처지였다. 이에 집주인이 자기 처첩과 하룻밤씩 동침해 달라고 하여 그렇게 하였다. 그런데 셋째 첩이 집주인이 죽일 것이라고 하면서 도망치게 해주어 집으로 돌아왔다. 세 첩은 각각 쌍둥이를 낳아 집주인은 6형제를 두게 되었다. 부자가 죽은 후 6형제는 재산을 처분하여 친부를 찾아왔다. 가난하던 내외는 12형제와 더불어 잘 살게 되었다.[2]

12형제를 둘 팔자를 타고난 사람이 일시적으로 그러한 운명을 피할 수 있었다고 하였다. 본처가 단산할 나이가 될 때까지 집을 떠나 유랑함으로써 다남운多男運을 모면하고자 한 것이다. 그렇지만 유랑 걸식하는 동안 어떤 부자의 씨내리 남성[3]으로 선택되고, 부자의 처

---

1) 이규경, <다남변증설多男辨證說>, 『오주연문장전산고五洲衍文長箋散稿』, 권60(영인본, 명문당, 1982, 937쪽.)
2) <쌍태 세 번 더 할 팔자>, 『한국구비문학대계』, 5-4, 120~125쪽.
3) 씨내리는 자식을 낳지 못하는 남성이 다른 남성으로 하여금 자신의 부인과 동침하

첩을 통하여 나머지 아들을 출산하고 돌아온다. 후에 부자의 처첩에게서 태어난 아들들이 친아버지를 찾아옴으로써, 결과적으로 주인공의 다남운은 모두 실현되었다고 할 수 있다.

이 설화의 기저에는 정명론적定命論的 운명인식과 다남에 대한 소망이 긴밀하게 결합되어 있다. 즉 하늘에 의해 주어진 팔자 혹은 운명은 반드시 실현된다는 입장에서 씨내리를 통하여 남편의 다남운을 현실화시킨다. 또한 다남을 바라고 있었기에 다른 가문에서 태어난 아들들이 친부를 찾아오는 것으로 형상화한 것으로 보인다. 주인공이 씨내리를 하게 된 이유는 간고한 현실 때문이며, 이것이 해결된다면 아무리 아들은 많을수록 좋다는 생각이 내재되어 있다.

이 설화는 문헌에도 실려 있는데, 거기에서는 가난한 서울 선비와 부유한 시골 상민 사이에 씨내리를 한 것으로 그려져 있다. 후에 부유한 시골 노인이 죽자, 부인들은 서슴없이 양반 소생임을 알려주어 생부를 찾아가게 한다. 이를 보면 문헌설화에서는 경제적 요인과 신분적 요인을 관련지어 해석하고 있음을 짐작할 수 있다. 즉 경제적으로 부유하면서 동시에 신분적으로 상층민이고 싶어 하는 심리가 개재되어 있다고 할 것이다. 이처럼 <다남운설화>는 많은 아들을 낳아 기르면서 부유한 삶을 누리는 것을 최고의 행복으로 말하고 있음을 알 수 있다.

게 함으로써 아기를 잉태·출산하는 풍속이다. 이는 불임의 원인이 남편 쪽에 있는 경우에 행해지는 방법으로써, 그 성격상 씨받이와는 반대의 경우에 해당한다.

5. 오복관념의 진실 혹은 가르침 : 무수옹無愁翁의 행복

동양문화에서는 이른바 '오복五福'이라는 것이 있는데, 『서경書經』에서는 이를 다음과 같이 설명하고 있다.

> 오복이란 첫째는 장수하는 것이요, 둘째는 부유한 것이며, 셋째는 건강하고 평안한 것이며, 넷째는 덕을 좋아하는 것이며, 다섯째는 천수를 다하는 것을 말한다.[1]

장수하는 것과 부유한 것 그리고 건강하고 평안하게 사는 것은 일단 크게 거부감 없이 받아들여진다. 부유함이란 오래 살지 않고서는 의미가 없으며, 또한 건강하고 평안하지 않고서는 오래 사는 것은 의미가 없다. 그런 점에서 수壽·부富·강녕康寧은 상호간에 밀접하게 관련되어 있다고 할 수 있는데, 이를 성호星湖 이익李瀷은 다음과 같이 설명하고 있다.

> 하늘이 준다는 것을 말하면 오래 살지 않고는 착한 일을 해낼 수 없는 까닭에 수壽를 첫째로 삼았다. 성인聖人도 반드시 부유한 다음이라야 가르쳤다. 죽는 자를 구제하고 싶어도 힘의 여유가 없으면 어찌 예의禮義를 행할 겨를이 있겠는가. 이러므로 부富가 다음으로 되었고, 혹 난리와 질병으로 인해 걱정이 있었으면 역시 착한 일에 힘이 미칠 수 없는 까닭에 강녕康寧이 또 다음으로 되었다.[2]

---

1) "五福 一曰壽 二曰富 三曰康寧 四曰攸好德 五曰考終命"(『서경書經』 <홍범洪範>)
2) "天錫言 則無壽 則初無爲善之路 故爲先 聖人必富以後敎之 救死不贍 奚暇禮義 故

장수를 누리지 않고서는 선행을 할 수 없기에 수壽를 첫 번째 복으로 삼았고, 재물의 여력이 없으면 가난하고 불쌍한 사람을 구제할 수 없기에 부를 두 번째 복으로 삼았다고 하였다. 또한 난리와 질병 등의 걱정이 있으면 착한 일에 관심을 두기 어렵기에 강녕康寧을 세 번째 복으로 삼았다고 하였다. 이를 보면 수壽·부富·강녕康寧의 순서가 어떻게 정해졌는지 분명하게 알 수 있다.

이들 세 가지 복과는 달리 네 번째의 유호덕攸好德은 쉽게 수긍되지 않는 부분이 있다. 말 그대로라면 덕을 좋아하는 것이 복이라고 하였는데, 이는 사람 자신이 그렇게 수양하고 살면 되지 않는가 하는 생각이 앞선다. 그러나 유호덕이란 인간이 그렇게 생각하고 노력한다고 해서 이루어지는 것은 아니다. 여기서 성호 이익의 설명을 더 들어볼 필요가 있다.

> '덕을 좋아한다.'는 것은 착함을 좋아한다는 말이다. 덕을 좋아함은 직접 자신이 하는 것이지만 좋아하도록 만드는 것은 하늘이 준 성품이 어질어야 한다. 그렇지 않은 자는 선을 행하기는 어렵고 악을 행하기는 쉬워서 왕정王政에는 쓸모가 없는 까닭에, 유호덕攸好德이 또한 그 다음으로 되었다.[3]

유호덕攸好德이란 기실은 착함을 좋아하는 것인데, 이는 하늘로부터 어진 성품을 품부받았을 때 가능하다는 것이다. 즉 양순한 성품을 타고나지 않으면 착한 일을 행하기는 어렵고, 악한 일을 행하기

富爲次 或離亂疾病之憂 則亦力不及於爲善 故康寧次之"(이익, <오복불언귀五福不言貴>, 『성호사설』 권24.)
3) "好德好善也 好之在己而所以爲好 則賦性之良順也 不然者爲善難而爲惡易 王政之所棄 故攸好德次之"(이익, <오복불언귀五福不言貴>)

는 쉽다는 생각이다. 그렇게 되면 왕도정치를 구현하는 데에는 도움이 되지 않으니 쓸모가 없게 된다. 결국 네 번째의 복인 유호덕은 양순한 성품을 타고나는 것과 크게 다르지 않다고 할 수 있다.

다섯 번째의 복은 고종명考終命이라고 하였다. 말그대로 자신의 수명을 다 살다가 죽는 것을 의미한다. 얼핏 보면 이는 첫 번째의 수壽와 겹치는 것으로 생각할 수 있지만 사실은 그렇지 않다. 수壽는 하늘이 정해준 수명을 의미한다면 고종명은 그것을 온전하게 하는 인사人事와 관련이 깊다.

> 사람마다 모두 장수하기란 어려운 것이므로 죽을 때까지 타고난 운명을 바로 갖고 몸을 닦으면서 기다리는 것만이 오직 인사人事에 대해 아무 유감이 없는 까닭에 고종명考終命이 다음으로 되었다.4)

사람마다 모두 장수하기 곤란한 것은 그것이 바로 하늘이 하는 일이기 때문이다. 사람이 할 수 있는 것은 타고난 운명을 올바르게 하여야 하는 것인 바, 그렇게 하기 위해서 수신하면서 기다려야 한다는 것이다.

동양문화에 있어서 이와 같은 오복五福을 누리며 사는 삶이란 곧 행복한 삶을 의미한다. 장수하면서 부유하고 귀하며 다른 사람에게 덕을 베푸는 것, 이 얼마나 도덕적으로 수준이 높고 고귀한 행복인가. 오복은 정치를 함에 있어서 백성들을 행복하게 하는 다섯 가지 항목이며, 백성을 괴롭히는 '육극六極'5)과는 반대되는 것으로 간주되

---

4) "人未必皆得壽 其死於正命 而修身以待之者 卽人事之無憾 故考終命次之"(이익, <오복불언귀五福不言貴>)
5) "육극이란 첫째는 일찍 죽는 것, 둘째는 병드는 것, 셋째는 근심, 넷째는 가난, 다섯

었다.

그렇지만 『서경』에서 제시된 오복이 오늘날까지 유효한 것은 아니다. 한국인의 복 인식을 조사한 결과에 따르면, 우리 민족은 수壽·부富·귀貴·다남多男을 중요하게 생각한다고 한다.[6] 이는 강녕康寧·유호덕攸好德·고종명考終命이 빠져 있다는 점에서 『서경書經』과 다르다. 최근에는 치아가 건강한 것, 부인을 잘 얻는 것까지도 오복으로 인식한다고 하여 그 타락상을 한탄하는 목소리도 나오고 있다.[7] 이와 같이 오늘날 우리 민족의 복 인식은 『서경』의 그것과는 상당한 차이가 존재한다.

물론 이러한 차이는 당연한 것이지만, 그러한 차이의 온당성은 다시 한 번 생각해볼 필요가 있다. 왜냐하면 현대화된 오복관념五福觀念이 그것의 타당성까지 담보하지는 않기 때문이다. 특히 오복관념의 타락상에 대한 한탄은 오늘을 살아가는 우리들에게 진지한 반성을 요구한다고 생각한다.

선인들은 자신만을 위해 닫혀 있는 오복관념을 거부한다. 예를 들어 오복 중에 첫 번째인 수壽마저도 선을 행하기 위해 오래 살아야 한다고 하였다. 그렇지 않은 삶이라면 굳이 오래 살 필요가 없다는 말이다. 부富 또한 다른 사람을 구제하기 위한 것이라고 하였다. 자신의 생계유지에서 끝나는 것이 아닌 가난으로 죽어가는 사람을 구하기 위해서 부유해야 한다는 것이다. 강녕康寧 역시 근심과 걱정이 있으면 선에 미칠 수 없으므로 신체적으로 질병이 없어야 하고, 정

째는 악한 것, 여섯째는 약함을 이른다. 六極 一曰凶短折 二曰疾 三曰憂 四曰貧 五曰惡 六曰弱"(『서경書經』 <홍범洪範>)
6) 최정호, "복에 관한 연구," 《월간조선》 1983. 8월호 ~ 1984. 9월호.
7) 김동리, "오복론," 《조선일보》 1982. 6. 15.

신적으로 걱정이 없어야 한다고 하였다. 이처럼 선인들은 자신만의, 자신만을 위한 오복보다 사회적 선행을 위한 오복을 누릴 수 있기를 소망하였다.

아울러 오복을 누리기 위해서는 어질고 겸손한 성품을 지녀야 한다고 강조한다. 어진 성품을 지녀야만 덕을 좋아하여 선을 행하게 된다는 것이 유호덕攸好德의 논리이다. 또한 겸손한 자세로 수신하면서 기다려야만 주어진 명을 바르게 할 수 있다는 것이 바로 고종명考終命이다. 이렇듯이 선인들은 어질고 겸손한 자세로 세상을 대하여야 한다는 인식을 강하게 지니고 있는 것이다.

이에 비하여 오늘날 우리 민족이 생각하는 복 인식은 다분히 세속적이고 개인적인 성격이 강하다고 할 수 있다. 그것은 자신만을 위해 닫혀있는 관념이다. 그것은 다분히 자신만의, 자신만을 위한 복이다. 그만큼 자기중심적이고, 현실지향적이다. 따라서 사사로이 오복을 말하거나 구하면 안 된다는 선인들의 인식은 우리들에게 많은 것을 시사해준다. 이것이 바로 선인들이 누리고자 했던 오복의 진실이며, 오늘날 우리에게 남겨준 가르침이라고 할 것이다.

이런 점에서 <무수옹無愁翁> 이야기는 우리에게 역설적인 가르침을 준다. <무수옹>이란 평생 근심과 걱정이 없이 살았다는 노인에 관한 이야기인데, 대략적인 줄거리는 다음과 같다.

옛날에 어떤 노인이 살았는데 근심이 하나도 없다고 소문이 났다. 소문을 들은 임금이 노인을 불러 걱정이 없는 이유를 물었다. 노인은 나이 칠십에 부부가 해로하고 있고, 아들 삼형제와 며느리의 효성이 지극하며, 천 석 재산을 가지고 있으니 평생에 걱정이 없다고 하였다. 임금은 노인에게 근심을 주기 위하여 옥관자를 하사하고, 다른 사람을 시켜 옥관자를 구경하다가 강물에 빠트리게 하였다. 옥관자를 잃어버린 노인은 근심이 되어 식음을 전폐하였다. 이에 며느리가 노인을 봉양하기 위해 잉어를 샀는데, 그 뱃속에서 잃어버린 옥관자가 나왔다. 석 달 후 임금에게 옥관자를 가져다 바치고 그간의 사연을 고하니, 임금이 참으로 복이 많은 사람이라고 한탄하였다.[8]

근심걱정이 없는 노인, 즉 무수옹이 누린 행복은 다양하다. 나이가 칠십에 이르렀으니 장수한 편이며, 거기에다 내외가 해로하였으니 좋은 배필을 두었다고 할 수 있다. 또한 효성스러운 세 아들과 며느리를 두었으니 강녕하며, 천 석의 재산을 가지고 있으니 부유하다고 할 것이다. 결국 무수옹이 누린 삶이란 수·부·강녕·다남을 포함한 매우 이상적인 행복이라고 하지 않을 수 없다. 이처럼 무수옹 이야기는 오복을 두루 누리면서 걱정이 없이 사는 삶이 가장 복되다는 주제를 피력하고 있다. 즉 세상의 온갖 부귀와 권세를 누린다고 해도 근심과 걱정이 없이 사는 것이 가장 복된 삶이라는 말이다.

그런데 가만히 살펴보면 무수옹 이야기는 다분히 역설적인 부분이 들어 있다. 무수옹이 누린 삶이 행복하다고 하겠으나, 어찌 임금보다 낫다고 할 수 있는가. 또한 잃어버린 옥관자를 되찾는 결말은 다분히 작위적이지 않은가. 이런 점에서 본다면 무수옹 이야기는 오히려 그러한 삶이란 없다는 역설이 내재되어 있는 것 같다. 그것은 바로 아무리 복된 삶이라고 해도 아무런 근심 걱정이 없는 삶은 가능하지 않다는 생각이다.

---

8) <근심걱정 없는 노인, 무수옹無愁翁>, 『한국구비문학대계』, 7-7, 466~467쪽.

참고문헌

1. 국내자료

『高麗史』(동아대학교 고전연구실 역, 동아대출판사, 1971.)
김동욱, 『나손본필사본고소설자료총서』, 보경문화사, 1991.
金安老, 『希樂堂稿』(民族文化推進會 編, 『影印標點 韓國文集叢刊』 卷21, 1988.)
　　　　『龍泉談寂記』, 『大東野乘』 卷13(민족문화추진회 편, 『국역 대동야승』 권3, 중판, 민문고, 1989.)
『蘭室漫筆』(天理大 所藏本: 鄭明基 編, 『韓國野談資料集成』 卷12, 啓明文化社, 1987.)
南孝溫, 『秋江集』 卷5(民族文化推進會 編, 『影印標點 韓國文集叢刊』 卷16, 1988.)
『東野彙集』(天理大 所藏本: 鄭明基 編, 『韓國野談資料集成』 卷16, 啓明文化社, 1992.)
文敎部, 『韓國動植物圖鑑』(植物篇, 木草本類), 三和出版社, 1965.
文化公報部 文化財管理局, 『韓國民俗綜合報告書』(全北編), 1969.
朴湧植・蘇在英 編, 『韓國野談史話集成』, 泰東.
徐居正, 『筆苑雜記』(민족문화추진회 편, 『국역 대동야승』 권1, 중판, 민문고, 1989.)
成　俔, 『慵齋叢話』(민족문화추진회 편, 『국역 대동야승』 권1, 중판, 민문고, 1989.)
孫晉泰, 『朝鮮神歌遺篇』, 東京:鄕土文化社, 1930(『孫晉泰先生全集』 卷5, 태학사, 1981.)
신기철・신용철, 『새우리말큰사전』, 7차 수정판, 삼성출판사, 1986.
沈守慶, 『遣閑雜錄』(민족문화추진회 편, 『국역 대동야승』 권3, 중판, 민문고, 1989.)
沈　鋅, 『松泉筆譚』(鄭明基 編, 『韓國野談資料集成』 卷18, 啓明文化社, 1992.)
魚叔權, 『稗官雜記』, 『大東野乘』 권4.
月村文獻研究所 編, 『한글필사본고소설자료총서』, 1986.
呂榮澤, 『울릉도의 傳說・民謠』, 正音社, 1979.
柳洪烈, 『國史大事典』, 개정증보판, 교육도서, 1989.
李圭景, 『五洲衍文長箋散稿』(上・下), 明文堂, 1982.
李奎報, 『東國李相國集』 卷2(민족문화추진회 편, 『국역 동국이상국집』 권1, 중판, 민문고, 1989.)
李德懋, 『靑莊館全書』 卷27・28・29(민족문화추진회 편, 『국역 청장관전서』 권6, 중판, 민문고, 1989.)

李德泂,『竹窓閑話』,『大東野乘』卷71.

李斗熙・朴龍圭・朴成勳・洪順錫,『韓國人名字號辭典』, 啓明文化社, 1988.

李睟光,『芝峰類說』(南晩星 譯, 乙酉文化社, 1994.)

李　珥,『栗谷全書』拾遺 卷5(한국정신문화연구원 편,『국역 율곡전서(IV)』, 재판, 조은문화사, 1996.)

李　瀷,『星湖僿說』(민족문화추진회 편,『국역 성호사설』, 영인본, 민문고, 1989.)

李　滉,『退溪集』卷5(민족문화추진회 편,『국역 퇴계집(I)』, 중판, 민문고, 1989.)

이희승,『국어대사전』, 27판:민중서관, 1977.

仁川大學校 民族文化硏究所 編,『舊活字本古小說全集』, 銀河出版社, 1983.

一　然,『三國遺事』.

任晳宰,『茁浦巫樂』, 무형문화재조사보고서 79호, 문화재관리국, 1970.

　　　　『韓國口傳說話』全12卷, 平民社, 1987～1993.

鄭明基 編,『韓國野談資料集成』, 啓明文化社, 1987.

丁若鏞,『與猶堂全書』卷1, 경인문화사, 1973.

　　　　『經世遺表』卷13(민족문화추진회 편,『국역 경세유표』권3, 중판, 민문고, 1989.)

　　　　『茶山論叢』, 李翼成 譯, 乙酉文化社, 1972.

최길성,『경북 구룡포읍 범굿』, 무형문화재조사보고서 92호, 문화재관리국, 1971.

최래옥,『전북민담』, 형설출판사, 1980.

최운식,『충청남도 민담』, 집문당, 1980.

編纂委員會 編,『韓國文化象徵辭典』, 동아출판사, 1992.

平昌郡 編,『平昌郡誌』, 1979.

『閑居雜錄』(天理大 所藏本, 鄭明基 編,『韓國野談資料集成』卷1, 古文獻硏究會, 1987.)

한국구비문학회,『한국구비문학선집』, 일조각, 1977.

한국민속사전편찬위원회,『한국민속대사전』, 민족문화사, 1991.

한국정신문화연구원,『한국구비문학대계』전86권,

한글학회,『우리말큰사전』, 어문각, 1992.

『漢文大辭典』, 景仁文化社, 1981.

韓相壽, 『忠南民譚』, 螢雪出版社, 1980.
許　封, 『海東野言』 卷2, 『大東野乘』 卷8.
홍석모, 『동국세시기』, 이석호 역, 대양서적, 1973.
<매화전>(박순호 소장본, 『한글필사본고소설자료총서』 권10, 보경문화사, 1986.)
<반필석전>(숭실대학교 소장본)
<백학선전>(박순호 소장본, 『한글필사본고소설자료총서』 권17, 보경문화사, 1986.)
<사대장전>(廣學書舖本, 『구활자본고소설전집』 권4, 은하출판사, 1983.)
<사안전>(박순호 소장본, 『한글필사본고소설자료총서』 권18, 보경문화사, 1986 ; 김동욱 소장본, 『한국고소설목록』, 정신문화연구원, 1983.)
<설중매화전>(박순호 소장본, 『한글필사본고소설자료총서』 권22, 보경문화사, 1986.)
<십생구사>(大成書林本, 구활자본고소설전집. 권8, 은하출판사, 1983.)
<이운선전>(한국정신문화연구원 소장본, 김동욱, 『나손본필사본고소설자료총서』 권50, 보경문화사, 1993.)
<이진사전>(동국대학교 한국학연구소 편, 『활자본고전소설전집』 7권, 아세아문화사, 1976.)
<전관산전>(진동혁 및 조상우 해제본)
<정비전>(박순호 소장본, 『한글필사본고소설자료총서』 권43, 보경문화사, 1986.)
<홍연전>(한국정신문화연구원 소장본)

2. 국외자료

干　寶, 『搜神記』(金鉉龍 編, 『中國文獻資料集』 卷1, 書光文化社, 1991.)
『論語』(成百曉, 『懸吐完譯 論語集註』, 傳統文化硏究會, 1992.)
婁子匡 편, 『中山大學民俗叢書』 卷7, 臺北:東方文化供應社, 1970.
『新唐書』(下), 景仁文化社, 1977.
『孟子』(成百曉, 『懸吐完譯 孟子集註』, 傳統文化硏究會, 1992.)
『辭海』, 臺灣:中華書局, 1976.
『書經』

『筍子』
劉思志,『嶗山志異』, 北京:中國民間文藝社, 1988.
延邊民間文學硏究會 編,『朝鮮族民間故事』, 上海文藝出版社, 1982(編輯部 譯,『연변의
            견우직녀』, 敎養社, 1988.)
李昉 等編,『太平廣記』卷159, 臺北:古新書局, 1980.
『禮記』
張甦・陳體津・張覺,『全本搜神記評譯』, 上海:學林出版社, 1994.
『莊子』
中國民俗學會 編,『民間月刊』(『中國民俗資料叢書』卷4・5, 複製版, 民俗苑, 1987.)
『中文大辭典』卷9, 中國文化大學出版部, 1973.
『中庸』(成百曉,『懸吐完譯 大學・中庸』, 傳統文化硏究會, 1992.)
『晉書』
淸 水,『海龍王的女兒』, 1929(婁子匡 編,『中山大學民俗叢書』卷7, 臺北:東方文化供應
            社, 1970.
許 愼, 段玉裁注,『說文解字注』, 臺北:黎明文化事業股彬有限公司, 1974.
『後漢書』＜東夷傳＞
『淮南子』

3. 국내논저

강은해, "한국 도깨비담의 형성・변화와 구조에 관한 연구," 서강대학교 박사논문, 1986.
姜秦玉, "口傳說話 類型群의 存在樣相과 意味層位," 梨花女子大學校 博士論文, 1986.
            "설화의 문제해결방식을 통해 본 '인식'과 그 의미,"《口碑文學硏究》3집,
            1996.
高富子, "濟州道의 喪俗,"『韓國民俗學』20집, 민속학회, 1987.
고익진, "한국고대의 불교사상,"『철학사상의 제문제 III』, 한국정신문화연구원, 1984.
            『한국의 불교사상』, 동국대학교출판부, 1987.
곽신환,『주역의 이해』, 서광사, 1990.

權五民,『有部阿毘達磨와 經量部 哲學의 硏究』, 經書院, 1994.
권순긍, "1910년대 활자본 고소설 연구—그 개작·신작의 역사적 성격," 성균관대학교 박사논문, 1990.
금장태, "유교와 무속의 상관관계,"《종교학연구》 4집, 1981.
김근태, "연명을 위한 탐색 이야기의 한 변형—반필석전에 나타난 구술적 서술원리를 중심으로,"《숭실어문》 8집, 숭실어문연구회, 1991.
金起東, "非類型 古典小說의 硏究,"《한국문학연구》 5집, 동국대학교 한국문학연구소, 1982.
　　　, "사대장전,"『이조시대 소설의 연구』, 성문각, 1974.
金洛必, "조선후기 民間道敎의 윤리사상,"《韓國文化》 12집, 서울대학교 한국문화연구소, 1991.
金大琡, "女人發福說話의 硏究," 이화여자대학교 박사논문, 1988.
　　　,『韓國說話文學硏究』, 집문당, 1994.
김동리, "오복론,"《조선일보》 1982.6.15.
김동욱 교주,『단편소설선』, 민중서관, 1976.
金東華,『佛敎學槪論』, 寶蓮閣, 1954.
金斗憲,『韓國家族制度硏究』, 서울대출판부, 1980.
김병국, "판소리의 문학적 진술방식,"《국어교육》 34집, 한국국어교육연구회, 1979.
　　　, "고대소설 敍事體와 敍述視點,"《현상과 인식》 16호, 1981.
金勝惠,『原始儒敎』, 民音社, 1990.
金烈圭,『韓國民俗과 文學硏究』, 일조각, 1971.
　　　, "巫俗的 英雄考,"《震檀學報》 43輯, 1977.
金烈圭 外 3人,『民譚學槪論』, 一潮閣, 1982.
金映遂, "智異山 聖母祠에 就하야,"《震檀學報》 11輯, 1939.
김영태, "서민들의 불교신앙,"『삼국시대불교신앙연구』, 불광출판부, 1990.
김용걸, "성호 이익,"『한국인물유학사』 권3, 조준하 외편, 한길사, 1996.
김일렬, "설화의 소설화,"『한국문학연구입문』, 지식산업사, 1982.
김정석, "홍연전 연구,"《성대문학》 27집, 1991.
金正錫, "短命譚·推奴譚의 小說的 變容과 그 性格," 성균관대학교 박사논문, 1994.

金在恩, 『韓國人의 意識과 行動樣式』, 이화여대출판부, 1987.
金珍根, "새로운 周易觀 定立을 위한 研究," 『周易의 現代的 照明』, 韓國周易學會 編, 汎洋社出版部, 1992.
김춘동, "상례," 『한국민속대관』 권1, 고려대 민족문화연구소, 1980.
김진영 외편, 『춘향전전집』 권1, 박이정출판사, 1997.
金泰坤, 『韓國巫俗研究』, 集文堂, 1981.
　　　　『韓國民間信仰研究』, 집문당, 1983.
김태준, 『조선소설사』, 증보판, 학예사, 1939.
金澔, "『鄕藥集成方』에서 『東醫寶鑑』으로," 《韓國史市民講座》 16輯, 일조각, 1995.
김호태, "고구려 고분벽화에 나타난 하늘 연꽃," 《미술자료》 46호, 1991.
김홍균, "복수주인공 고전 장편소설의 창작방법 연구," 한국정신문화연구원 석사논문, 1990.
金洪喆, "韓國 占卜信仰에 관한 研究," 《韓國宗敎史研究》 3집, 한국종교사학회, 1995.
文相熙, "土俗信仰이 韓國人의 倫理觀에 미친 影響—巫俗信仰을 중심으로," 『哲學思想의 諸問題 III』, 韓國精神文化研究院, 1985.
민속학회, 『한국민속학의 이해』, 문학아카데미, 1994.
朴京俊, "佛敎 業設에서의 動機論과 結果論," 《佛敎學報》 29집, 동국대 불교문화원, 1992.
朴大福, "厄運小說 研究—내용을 중심으로," 《語文研究》 79집, 한국어문교육연구회, 1993.
朴秉濠, 『韓國의 傳統社會와 法』, 서울대출판부, 1985.
박종성, "蛇神說話의 형성과 변이," 국문학연구 103집, 1991.
朴惠仁, 『韓國의 傳統婚禮 研究』, 고려대 민족문화연구소, 1988.
박희병, 『한국고전인물전연구』, 한길사, 1992.
사재동 편, 『한국서사문학사의 전개』 IV, 중앙문화사, 1995.
소재영, "반필석전 논고," 《한국문학》 1975. 1월호.
　　　　『고소설통론』, 이우출판사, 1983.
徐慶田, "韓國의 七星神仰研究," 《논문집》 14집, 원광대학교, 1980.
　　　　"大藏經과 道藏에 나타난 七星經의 比較 考察," 《논문집》 16집, 원광대교, 1986.

서대석, "서사무가 연구—설화·소설과의 관계를 중심으로," 국문학연구 8집, 1968.
　　　"설화와 이조소설의 비교연구,"《국어국문학》64호, 국어국문학회, 1974.
　　　"설화 <종소리>의 구조와 의미,"《한국문화》8집, 서울대 한국문화연구소, 1978.
　　　『한국무가의 연구』, 문학사상사, 1980.
　　　"모방담의 구조와 의미," 장덕순 외,『한국고전문학연구』, 동화문화사, 1981.
　　　"무속과 민중사상,"『한국인의 생활의식과 민중예술』, 성균관대학교 대동문화연구원, 1984.
　　　"구렁덩덩신선비의 신화적 성격,"《고전문학연구》3집, 고전문학연구회, 1986.
　　　『朝鮮朝文獻說話輯要』1·2, 집문당, 1991~1992.
　　　"독경신앙,"『한국민족문화대백과사전』, 한국정신문화연구원, 1991.
설성경, "易의 눈으로 본 여성의 꿈,"《문학사상》 44호, 1976.
성현경,『한국소설의 구조와 실상』, 영남대학교 출판부, 1981.
孫仁銖,『韓國人의 價値觀』, 文音社, 1978.
孫志鳳, "한국 구비문학에 나타난 東方朔,"《鮮文論叢》4號, 鮮文大學校, 1994.
　　　"韓·中 說話에 나타난 石崇,"《口碑文學硏究》3집, 한국구비문학회, 1996.
孫晋泰,『韓國民族說話의 硏究』, 중판, 을유문화사, 1947.
　　　"古代 山神의 性에 就하여,"『韓國民族文化의 硏究』, 乙酉文化社, 1948.
宋俊浩, "朝鮮後期의 科擧制度,"《國史館論叢》63집, 국사편찬위원회, 1995.
신동흔, "정수경전,"『한국고전소설작품론』, 완암김진세선생 회갑기념논문집, 집문당, 1990.
陽圃李相澤敎授 還曆紀念論叢 刊行委員會,『韓國 古典小說과 敍事文學』, 집문당, 1998.
禹快濟, "舊活字本 古小說의 出版 및 硏究現況 검토,"『고전소설 연구의 방향』, 한국고전문학회 편, 새문사, 1985.
劉明鍾, "孔子의 天命觀,"《現代와 宗敎》5輯, 현대종교문제연구소, 1982.
尹鍾周, "韓國家族의 男兒에 대한 選好度 問題,"《人口問題論集》4號, 1967.
　　　"우리나라의 家族計劃 受容에 作用하는 社會·文化的 要因에 關한 考察,"《論文集》2號, 서울女子大學校, 1972.

李光洙, "宿命論的 人生觀에서 自力論的 人生觀에,"《學之光》17호, 1918.
　　　　"八字說을 基礎로 한 朝鮮民族의 人生觀,"《開闢》14호, 1921.
李圭泰,『韓國人의 奇俗』, 麒麟苑, 1980.
이능화,『한국도교사』, 이종은 역주, 보성문화사, 1983.
이민수,『관혼상제』, 을유문화사, 1975.
李相澤,『韓國古典小說의 探究』, 중앙출판, 1981.
이상택・성현경 편,『한국고전소설연구』, 새문사, 1983.
李成茂,『韓國의 科擧制度』, 증보개정판, 집문당, 1994.
이인경, "여성영웅소설의 유형성에 관한 반성적 고찰,"『한국서사문학사의 전개』Ⅳ, 사재동 편, 중앙문화사, 1995.
이중표, "業說과 緣起說의 關係,"『현대의 윤리적 상황과 철학적 대응』, 제5회 한국철학자연합대회 대회보, 한국철학회 편, 1992.
李昌福,『大韓植物圖鑑』, 鄕文社, 1979.
이태진, "高麗後期의 인구증가 要因生成과 鄕藥醫術 발달,"《한국사론》19집, 서울대 국사학과, 1988.
이헌홍,『한국송사소설연구』, 삼지원, 1997.
任慶彬,『나무百科(1)』, 一志社, 1977.
任東權,『韓國歲時風俗』, 서문당, 1973.
　　　　『한국의 민속』, 세종대왕기념사업회, 1975.
　　　　『韓國民俗文化論』, 集文堂, 1983.
　　　　『韓國歲時風俗硏究』, 집문당, 1985.
任晳宰, "韓國巫俗硏究序說,"《亞細亞女性硏究》10輯, 1971.
張德順,『韓國說話文學硏究』, 서울대학교출판부, 1978.
　　　　『說話文學槪說』, 이우출판사, 1980.
張德順 外,『口碑文學槪說』, 一潮閣, 1971.
張秉吉, "韓國固有信仰硏究,"《東亞文化》, 서울대학교 동아문화연구소, 1971.
장철수,『한국전통사회의 관혼상제』, 한국정신문화연구원, 1984.
정규복, "연명설화고,"《語文論集》11집, 고려대 국어국문학회, 1968.
정재민, "연명설화의 변이양상과 운명인식,"《口碑文學硏究》3집, 한국구비문학회, 1996.

"차복설화의 변이양상과 복에 관한 인식," 《口碑文學硏究》 4집, 한국구비문학회, 1997.

정주동, 『고대소설론』, 형설출판사, 1966.

정진홍, 『종교문화의 이해』, 청년사, 1995.

鄭弘俊, "조선후기 卜相의 절차와 방식," 《民族文化硏究》 27집, 고대 민족문화연구소, 1994.

조남현, 『소설원론』, 고려원, 1982.

조동일, "영웅의 일생, 그 문학사적 전개," 《동아문화》 10집, 서울대 동아문화연구소, 1971.

『한국소설의 이론』, 지식산업사, 1977.

"구전설화에 나타난 이인의 면모," 『한국설화와 민중의식』, 정음사, 1985.

조동일 외, 『한국문학연구입문』, 지식산업사, 1982.

조상우, "견관산젼 연구," 단국대학교 석사논문, 1985.

조수동, "윤회와 업," 《人間과 思想》 5집, 嶺南東西哲學硏究所, 1993.

曺勇吉, "業에 대한 고찰," 《韓國佛敎學》 5집, 韓國佛敎學會, 1980.

曺佑鎬, "學制와 科擧制," 『韓國史』 卷10, 국사편찬위원회, 1981.

조윤제, "설화문학고," 《文章》 2권 3호, 1941.

조혜란, "소설의 유형성과 독서과정," 《이화어문논집》 11집, 이화여자대학교 한국어문학연구소, 1990.

조희웅, "수신기 연구," 《口碑文學》 4집, 한국정신문화연구원, 1980.

『한국설화의 유형』, 증보개정판, 일조각, 1996.

『설화학강요』, 새문사, 1989.

『이야기문학 모꼬지』, 박이정출판사, 1995.

"고전소설 속의 설화," 《어문학논총》 14집, 국민대학교 어문학연구소, 1995.

진동혁, "견관산젼," 《어문논집》 27집, 고려대학교 국어국문학회, 1987.

車柱環, 『韓國道敎思想硏究』, 서울대출판부, 1978.

천혜숙, "전설의 신화적 성격에 관한 연구," 계명대학교 박사논문, 1987.

崔吉城, 『韓國巫俗의 硏究』, 아세아문화사, 1978.

崔來沃, 『韓國口碑傳說의 硏究』, 일조각, 1981.

『韓國民間俗信語辭典』, 集文堂, 1996.
최운식, "점복신앙의 意味와 原理,"《國際語文》16輯, 國際語文學硏究會, 1995.
崔仁鶴, 『口傳說話硏究』, 새문사, 1994.
崔仁滉, "韓國 敍事文學에 나타난 延命譚 硏究," 숭실대 석사논문, 1992.
崔貞茂, "口碑文學에의 多元的 接近,"『民譚學槪論』, 金烈圭 外 3人, 一潮閣, 1982.
최정호, "복에 관한 연구,"《월간조선》1983.8.~1984.9.
崔在錫, "朝鮮時代의 家族・親族制,"『전통사회의 가족과 촌락생활』, 한국정신문화
연구원, 1991.
편무영, "시왕신앙을 통해 본 한국인의 타계관,"《민속학연구》3호, 국립민속박물관,
1996.
한국고전문학회 편, 고전소설연구의 방향, 새문사, 1985.
한상복 외,『문화인류학개론』, 수정판, 서울대학교출판부, 1989.
韓榮國, "朝鮮後期 어느 士族家門의 子女生産과 壽命,"『擇窩許善道先生停年紀念 韓
國史學論叢』, 일조각, 1988.
韓永愚, "李睟光의 學問과 思想,"《韓國文化》13집, 서울대 한국문화연구소, 1992.
한우근, "성호사설 해제,"『국역 성호사설』권1, 민족문화추진회편, 중판, 민문고, 1989.
황선명, "운수,"『한국민족문화대백과사전』제16권, 한국정신문화연구원, 1991.
黃浿江, "南孝溫論,"『韓國文學의 理解』, 새문사, 1991.
黃弼昊, "韓國人의 否定的 性格에 대한 宗敎學的 硏究,"『韓國人의 倫理觀』, 한국정
신문화연구원, 1983.
현용준, "濟州의 巫占法,"《濟州道》12호, 1963.
『濟州道 巫俗硏究』, 집문당, 1986.

4. 국외논저

勞思光,『中國哲學史』(古代篇), 鄭仁在 譯, 探求堂, 1986.
方東美,『중국인의 生哲學』, 정인재 역, 탐구당, 1983.
葉大兵・吳丙安 主編,『中國風俗辭典』, 上海:上海辭書出版社, 1990.

王景海 外, 『中國儀禮典書』, 長春:長春出版社, 1992.
왕덕유, 『노자연의』, 조형균 역, 백재문화사, 1994.
窪德忠, 『道敎諸神』, 蕭坤華 譯, 四川人民出版社, 1989.
佐佐木現順, 『業の思想』, 진열 역, 『업 연구』, 경서원, 1988.
赤松智城·秋葉隆, 『朝鮮巫俗の硏究』, 朝鮮總督府, 1937(沈雨晟 譯, 東文選, 1991.)
中村元, 『東洋人の思惟方法』, 東京:みすす書房.
村山智順, 『朝鮮の鬼神』, 朝鮮總督府, 1929(魯成煥 譯, 民音社, 1990.)
村山智順, 『朝鮮의 占卜과 豫言』, 金禧璟 譯, 東文選, 1990.
澤田瑞穗, 『中國の民間信仰』, 東京:工作舍, 1982.
馮友蘭 外, 『中國思想史』, 강재륜 역, 일신사.

Abrams, M. H., *The Mirror and The Lamp*, London:The Oxford Univ. Press, 1953.
Booth, Wayne C., *The Rethoric of Fiction*(『소설의 수사학』), 이경우·최재석 역, 한신문화사, 1987.
Chatman, Seymour, *Story and Discourse*(『이야기와 담론』), 한용환 역, 고려원, 1991.
Cornford, F. M., *From Religion to Philosophy: A Study in the Origins of Western Speculation*(『종교에서 철학으로』), 남경희 역, 이대출판부, 1995.
Dallet, C., 『조선교회사서설』, 정기수 역, 탐구당, 1966.
Eliade, Mircea, 『우주와 역사』, 정진홍역, 현대사상사, 1976.
      『종교형태론』, 이은봉 역, 한길사, 1996.
Ellwood, Robert S., *Mysticism and Religion*(『신비주의와 종교』), 서창원 역, 이대출판부, 1994.
Frazer, James George, 『黃金의 가지』(상·하), 金相一 역, 을유문화사, 1983.
Frost, S. E., 『철학의 이해』, 서배식 역, 현암사, 1982.
Gass, William H., "The concept of characters in fiction," *Issues in Contemporary Literary Criticism*, edited by Gregory T. Polletta, Little Brown and Company, 1973.
Gennep, Arnold van, *The Rites of Passage*, 전경수 역, 을유문화사, 1985.
Mbiti, John S., *Africans Religions and Philosophy*, 정진홍 역, 현대사상사, 1977.
O'Dea, T. E., *The Sociology of Religion*, New Delhi:Prentice - Hall, 1969.
Olrik, Axel, "Epic Laws of Folk Narrative," *The Study of Folklore*, edited by Alan Dundes,

Englewood Cliffs:Prentice - Hall, Inc., 1965.

Otto, Rudolf, 『성스러움의 의미』, 길희성 역, 분도출판사, 1987.9

Propp, Vladimir, 『구전문학과 현실』, 박전열 역, 교문사, 1990.

Taylor, Paul W., 『윤리학의 기본원리』, 김영진 역, 서광사, 1985.

Thompson, Stith, *The Folktale*, New York: Holt, Rinehart & Winston, 1946.

Thompson, Stith, *The Types of the Folktale*, Helsinki: Suomarainen Tiedeakatemia, 2nd re., 1973.

Westermarck, E. Alxander, *A Short History of Marrage*, 최달곤·정동호 역, 박영사, 1981.

저자 약력

정재민鄭在珉

   경기도 양평에서 태어나 양평고등학교, 육군사관학교를 졸업한 후 서울대학교 대학원에서 구비문학 전공으로 문학박사 학위를 받았다. 우리나라 민담 연구에 관심이 있으며, 최근에는 설화문학과 군대문화와의 접점을 찾는 데 주력하고 있다.

   주요논저로 「작문의 이론과 실제」, 「화법의 이론과 실제」, 「문예사조 연구」 등의 공저가 있다. 현재 육군사관학교 교수로 재직하고 있다.

한국 운명설화 연구

초판인쇄   2009년 4월 13일
초판발행   2009년 4월 22일

저자   정재민
발행   제이앤씨
등록   제7-220호

주소   서울시 도봉구 창동 624-1 현대홈시티 102-1206
전화   (02) 992-3253(대)
팩스   (02) 991-1285
전자우편   jncbook@hanmail.net
홈페이지   http://www.jncbook.co.kr
책임편집   이혜영

ⓒ 정재민 2009 All rights reserved. Printed in KOREA

ISBN 978-89-5668-705-6 93810   정가 32,000원

* 저자 및 출판사의 허락 없이 이 책의 일부 또는 전부를 무단복제·전재·발췌할 수 없습니다.
* 잘못된 책은 교환해 드립니다.